董楚平 著

论语钩沉

中 华 书 局

图书在版编目(CIP)数据

论语钩沉／董楚平著.—北京：中华书局，2011.10
（2012.4 重印）
ISBN 978 – 7 – 101– 08154 – 1

Ⅰ.论⋯　Ⅱ.董⋯　Ⅲ.①儒家②论语 – 注释
③论语 – 译文　Ⅳ.B222.2

中国版本图书馆 CIP 数据核字(2011)第 170082 号

书　　名	论语钩沉	
著　　者	董楚平	
责任编辑	石　玉	
出版发行	中华书局	
	（北京市丰台区太平桥西里 38 号　100073）	
	http://www.zhbc.com.cn	
	E-mail:zhbc@zhbc.com.cn	
印　　刷	北京天来印务有限公司	
版　　次	2011 年 10 月北京第 1 版	
	2012 年 4 月北京第 2 次印刷	
规　　格	开本 /880 × 1230 毫米　1/32	
	印张 16　插页 2　字数 380 千字	
印　　数	3001–6000 册	
国际书号	ISBN 978 – 7 – 101– 08154 – 1	
定　　价	48.00 元	

目　录

自　序

　　这本书取名为《论语钩沉》，是自以为从《论语》这口大古井里，钩上了一些历史沉积物。

　　一、10.26，即《乡党篇》最后一章，是《论语》里最特殊的一章，自古以来，一直以"费解"、"无解"著称。本书发现，它是孔子写的一首游山诗，流露出"五十而知天命"后的乐观情绪，题目可定为《雌雉》。

　　二、11.26，即《先进篇》最后一章，今人给它取名为《侍坐》。本书发现，它不是生活实录，而是艺术虚构，其作者可能是曾参。

　　三、14.39，也不是生活实录，而是一篇关于"知音"的诗意寓言，是《列子·汤问篇》"高山流水"寓言故事的先声。此章虽非实录文字，却真实地反映了孔子晚年"莫己知"的愁绪。

　　上述三章都是文学作品，把这三章除外，《论语》才可称是孔子学生记载孔子言行的实录资料。从这些实录文字中，本书发现一些重大的新问题。

　　一、2.4 的"五十而知天命"非常重要，它是孔子一生思想历程的分界线。这以前，孔子基本上是个在野儒士，是半个逸民隐士，思想依违于"行"与"隐"之间，有明哲保身的人生态度，主张"不在其位，不谋其政"，从政欲望不强（2.21、8.12—8.14、17.1、18.8），说过一些出世的风凉话（5.7、9.14、14.37）。"五十而知天命"以后,从政欲望空前膨胀,"不在其位",也"谋其政",有两次甚至到了饥不择食的地步(17.5、17.7),故有四年仕鲁与周游列国的壮举(18.6"评"语)。孔子"知天命"的途径是学《易》、学占筮。由于"五十以学《易》",才会"五十而知天命"。这两者的关系,李零也已写到,但他主要谈"五十以学《易》",忽视"五十而知天命"的重要意义,甚可惋惜。

二、自古以来,人们对孔子的周游列国,都说得灰溜溜的,甚至把那期间的孔子比作"丧家之狗"。本书吸取冯友兰的早年高见,对孔子的周游列国评价甚高,认为它是中国文化史上的破冰之旅,揭开了战国时期百家争鸣的序幕。本书认为"丧家狗"故事不真实,它是秦汉之际的民间传说,由于写入《史记》,后人信以为真,影响极坏,应予纠正。详见本书附录二、16.2、16.3、14.38"评"语等。

三、现当代学者普遍认为孔子是个"知其不可而为之者",用这句话来概括孔子的一生。而朱熹等古代儒者早已指出,这句话是隐士"晨门"对孔子入世精神的歪曲与讽刺,他们把这张讽刺性的漫画扔到地上,踩上一脚。现当代学者却把它从地上捡起来,当奖状献给孔子。本书认为,这种认识上的倒退,是西学东渐引发的援道入儒之风所致。详见14.38、14.21等章。

四、古代学者为了维护孔子的绝对权威地位,都把孔门师生的政治思想与学术思想说成铁板一块。本书用较多笔墨反复揭示孔门师生的政治分歧,详见18.7、16.1、13.3、6.12、6.17、11.17、11.24、3.17、5.22、6.6、13.14、14.12、19.23—19.25等章。本书还指出子夏的学术思想异于孔子,详见19.4—19.7、19.12章;子游的丧礼观点异于孔子,见3.4、19.14等章。

五、现当代学者普遍认为孔子怀疑、否定鬼神的存在,有无神论思想,其主要根据是《论语》的四条材料:1."子不语怪力乱神"(7.21);2."敬鬼神而远之"(6.22);3."祭如在,祭神如神在"(3.12);4."未能事人,焉能事鬼?""未知生,焉知死?"(11.12)本书对这四条材料作了与众不同的解读,认为孔子对鬼神天命深度信仰,"天"或"天命"是他的最高思想范畴,但他的宗教观仍处于时代的最前沿,因为孔子时代,无神论尚未萌芽。详见2.4、5.18、7.35等章。

六、本书试图运用西方心理学来分析孔子师生的心理气质特征,认为子路属胆汁质,子贡属多血质,曾参属黏液质,颜回属抑郁质。孔子属胆汁质与多血质的混合型气质,这种气质的人,后天的可塑性最大,最容易接受社会文化的影响。孔子成为第二个周公,成为中国传统主流文化的集大成者,是先天气质与后天努力的综合结果。孔子的天生性格是偏激的,是"过",不是"不及",这使他的过头话特别多。但他重视修身,在正经场合能做到中规中矩,显得"温良恭俭让"。到了学生面前,由于"老子天下第一",就容易失言。他有自知之明,所以主张"谨言"、"无言",但还是经常失言,孔子的语录远非句句真理。研究孔子,应该重行为、轻言论,重一贯、轻一时,不能被他一时的错话所迷惑。过头话特别多是孔子个性的一个标志,是他的"指纹"。听说现在有"指纹锁",掌握孔子这个"指纹",就能打开他的个性之门。详见1.10、4.6、5.11、5.27、6.3、6.29、9.18、11.12、12.19、14.33、15.29、15.41、17.19等章。

七、本书发现:2.18、5.7、7.12、9.2、9.14等章,都是幽默的俏皮话,反映孔子性格的另一特点:活泼可爱。这些开玩笑的俏皮话,都是反话,字面的意思与孔子所要表达的思想是相反的。自古以来,人们都把玩笑话当作正经话来读,解释得很严肃,使原话的幽默感丧失殆尽。由于反话正读,产生种种误解,扭曲了孔子的真实思想。例如:只要财富可求,孔子什么贱役都愿意干;孔子只想出海当隐士;孔子想到"九夷"生活。本书对这些说法都提出商酌。不过,更值得思考的问题还是:《论语》的俏皮话,为什么如此难以读懂?

本书在章句训诂方面也提出一些新的解释。

1.1 的"朋"字,按汉儒古注,是同学的意思。孔子称弟子为"朋",在《论语》"子曰"里,这是唯一的特例。本章的孔子不是以老师身份训导学生,而是以弟子身份代弟子抒情,是一种集体语气;再考虑全章由三个排比句构成,语言富有音乐性,从而推测本章是孔子写的杏坛校歌或校训。

1.5 与 3.21"人"与"民"对举,杨伯峻、赵纪彬、李零等学者认为,"人"指"官吏","民"指"百姓",是两个对立的阶级。本书论证,这两章的"人"、"民"对举,纯出于修辞需要,并无阶级身份之别。

4.2"仁者安仁",逻辑上犯"同语反复"的错误,原意应该是"性善者安仁"。

4.2"知者利仁"的"利仁",前贤多解释为"利用仁",不但字义不通,而且与孔子的仁学思想矛盾。本书读作"励仁",即努力行仁。

19.4"子夏曰:'虽小道,必有可观者焉。致远恐泥,是以君子不为也。'"本书把它读作两句,上句赞扬"小道",下句批评"致远"。而历来学者都把全章读成一句,添加一些转折词,说"君子不为"的是"小道",不是"致远"。这种传统、流行读法,不但文句不通,而且与子夏重小道的思想不合。子夏的学术思想与孔子有所不同。

7.12"富而可求",《史记·伯夷叔齐列传》引作"富贵如可求",郑注也称"富贵",失之。本章"富"字,指工商业财富,故提到"执鞭之士"(市场管理人员),非指得自官禄("贵")的财富。古今学者皆泛言财富,失之粗疏。

7.21"子不语怪力乱神",传统流行读法是"子不语怪、力、乱、神",本书采纳东晋李充意见,读作"子不语怪力、乱神",并作了详细论证。14.5"南宫适问于孔子曰:'羿善射,奡荡舟,俱不得其死然。禹稷躬稼而有天下。'夫子不答。"夫子为何不答,历来说法纷纭,都是猜测之词,无一可通。本书的答案是:羿与奡既是"怪力",又是"乱神",是"子不语"的双料对象,故"不答","不答"即"不语"。《国语·鲁语下》写了三则孔子"语怪力、乱神"的故事,断不可信,顾颉刚早年已疑其伪,难能可贵。

18.7"道之不行,已知之矣",子路这话,古今学者都认为代表孔子而发。此说无据。此"道"指孔子要恢复的"周道",孔子至死不认为此道"不行",是子路"已知""不行"。《史记》写孔子晚年叹"吾道穷矣",凭空添一"道"字,误人非浅(7.5、9.9)。

3.9"文献不足故也",古今学者都读"献"为"贤",其实大可不必,"献"字自身有博闻聪慧之古义,本章献字指博闻强记的人,与"贤"德无关。

5.13子贡说"夫子之言性""不可得而闻也",与17.3"子曰:性相近,习相远"有矛盾。本书认为,孔子不可能不言"性",而是不言人性的善恶。孔子为什么回避人性的善恶问题呢? 本书作了详细分析,见4.2"评"语。

6.18"文胜质则史"的"史"字难通,本书读作"支"(枝),枝蔓也。史与支(枝)古音、字形皆相近。

9.24"法语之言","语"与"言"重复,失之累赘。"语"应读作"仪",两字古音相近,可以通假。

17.7"佛肸以中牟畔"的"畔"字,不同于17.5的"公山弗扰以费畔"的"畔",前者是抵抗,后者是反叛。《春秋经》定公十三年:"秋,晋赵鞅入于晋阳以叛。冬,晋荀寅、士吉射入于朝歌以叛。"这两个叛字,也是抵抗之意。

4.5"贫与贱是人之所恶也,不以其道得之,不去也",此句自古费解,或说"得"是"去"的误字,或说第一个"不"字是衍文。而定州汉简《论语》此句与今本全同,"误"、"衍"之说缺乏版本根据。本书不改字、不删字,训"道"为道理,训"得"为遇时,则全句完全可通,毫无障碍。

14.34 的"以直报怨"究竟是什么意思,古今学者聚讼纷纭,都是以字解字,空言说经,至今无解。本书另辟蹊径,以14.36孔子对"公伯寮"事件的态度来解释"以直报怨",得出与众不同的新结论。

"圣"字是研究孔子、研究中国传统文化的一个关键词,它的字义历经沧桑之变,但古今学者对这问题似未做过专门研究,往往把本义与变义混为一谈。本书附录一《圣字的本义与变义》,探讨了圣字的字义演变轨迹。

本书对"有教无类"(15.39)、"中庸"(6.29)、"忠恕"(4.15)、

"忠信"(1.8)等概念,也提出自己的浅见。认为"有教无类"不是提倡普及教育;孔子关于"中庸"的言辞,是"反中庸"的典范;"忠恕"与"忠信"都是一个德目,"忠"字读作中(衷),用来形容"恕"与"信"。

本书还对《孟子·告子上》、《荀子·性恶》与郭店楚简《性自命出》做了初步研究,认为中国古代的五种人性论,以"有善有恶论"最符合儿童实际,但最难得到社会认同。孔子可能同意此说,但考虑到教育的结果,而采取回避态度。《孟子》、《荀子》那两篇文章,都闭口不谈儿童,都以成年名人为例,其所谓性善、性恶、性无善无恶,都是预设的前提,不是论证的结果,他们都是借人性说仁义,以表达自己的社会思想,根本没有研究过人性问题。后人把它们捧为中国人性论的经典著作,实乃慕名轻从、上当受骗。详见4.2"评"语。

上面说的,是自以为从《论语》这口大古井里钩上的历史沉积物,是焉?非焉?敬请专家、读者严格鉴定。

去年,我发表三篇论文,都有与李零商榷的内容。有位朋友问我与李零有什么私怨。其实,我与李零还没有见过面,但互相间通过信,赠过书,有点私谊。李零的学养、才气,令我钦佩,他思想自由,文风活泼,富有个性,与这样的人讨论学术问题,觉得特别有劲。这本书的两篇附录文章,都是找李零岔子的,正文中与李零商榷的文字也特别多,但是引用李零高见的次数也不少。总之,我因为喜欢李零,才经常在他的书里,既挑刺,又寻宝。我这本书里,有李零的智慧与汗水。

犹太人特别聪明,举世公认。他们聪明的原因是什么呢?以色列最著名的作家、诺贝尔文学奖得主奥兹说:"犹太民族是个喜欢异议的民族";"质疑与争论,可以视作以色列文化的助推器,从你是一名小学生开始,你就被鼓励去和别人争论";"犹太人买书,似乎就是为了向作者找茬、争执"。因此,犹太人在学术上提倡"怀疑一切",这一点,最值得中国人学习。

我智商不高,幸亏天性好斗,从小喜欢辩论,使脑子得到锻炼,变得不太笨。我喜欢找别人的岔子,更喜欢别人找我的岔子。我没有吕不韦那么多黄金,但有一颗求教的诚心。吕不韦的黄金没有达到预期目的,我的求教诚心希望能引发对《论语》一些问题的讨论,使参与者开发智慧,增进聪明,使《论语》研究有所深入。

2002年夏,我开始患扩张性心肌病,研究工作停顿了四年。2006年11月21日,浙江医院心内科主任沈法荣医师,以高超的技术,给我装了一只三腔起搏器,把我变成半个机器人,效果很好,使我能够全力以赴地研究孔子,空前抓紧时间,以致疏远了亲人与朋友,深悔年轻时虚掷的光阴太多。2009年12月2日凌晨,我灵感来潮,写了一首小诗,题目叫《谢幕之歌》,全文如下:

> 每一张落叶
>
> 　都曾是盛夏的笑脸,
>
> 每一根白发,
>
> 　都有过红嫩的童年。
>
> 衰老使生命更加珍贵,
>
> 寒菊还能有几天鲜艳?
>
> 趁严冬还没有完全降临,
>
> 多播下几颗麦种,

献给来年的春天。

这是偶然的即兴之作，但愿不要一语成谶。

2010 年 1 月 23 日完成初稿

4 月 27 日完成第一次修改

7 月上旬完成第二次修改

11 月 19 日完成第三次修改

2011 年元宵节完成第四次修改

5 月 10 日完成第五次修改

学而篇第一（共十六章）

1.1

子^①曰:"学而时习^②之,不亦说^③乎? 有(友)朋^④自远方来,不亦乐乎? 人不知而不愠^⑤,不亦君子^⑥乎?"

【译】

孔子说:"学了书本知识,又时常实习演练,不也开心吗? 同学们从四面八方而来,不也快乐吗? 未能被人家理解而不愤怒,不就是君子吗?"

【注】

①子,《论语》"子曰"的"子"都指孔子。

②习,演习。孔子所教的六艺"礼、乐、射、御、书、数"都需要实习演练。《史记·孔子世家》:"孔子去曹适宋,与弟子习礼大树下。"习礼就是演习各种礼仪动作。孔子的教学内容,与当时的社会生活有密切关系,教学方法注重实习演练。

③说,音义都与悦字相同。

④有朋,据程树德《论语集释》"考异",汉代古本皆作"友朋"或"朋友"。三国魏人何晏的《论语集解》作"有朋",未知所据。《集解》引汉人包咸注:"同门曰朋也。"阮元《论语校勘记》:郑氏康成注此云:"同门曰朋,同志曰友。"本章之"友朋"或"朋友"犹今

"同学"。汉人的古本古注很珍贵,却被今人忽视,"有(友)朋"常被译成"有朋友",把特定含义的"同学",稀释为泛义的"朋友",像往茅台里注水,太可惜了。杨伯峻《论语译注》说:"宋翔凤《朴学斋札记》说,这里的'朋'字即指'弟子'……译文用'志同道合之人'即本此义。"(中华书局,1980年,第1页。下文引此书,只注明作者与页码)谨按:此"朋"字指孔子的弟子,其说甚确,问题是,孔子为什么称自己的弟子为"朋"?《论语》"子曰"称弟子为"朋",这是唯一的特例,本章为什么如此特殊?"弟子"不等于"志同道合之人","志同道合之人"也不等于"弟子"。杨注杨译似乎皆未搔到痒处。李零说:"这一章好像研究生入学,导师给他们训话。"(《丧家狗——我读〈论语〉》,山西人民出版社,2007年,第52页。下文引此书,只注明作者与页码)谨按:《论语》体例,孔子向学生个人训话、答话,皆称呼其名;如果向学生集体训话,或指称学生集体,则称"二三子"(7.24、9.12、11.11、17.4)、"小子"(5.22、11.17、17.9),本章却称"朋",为《论语》所仅见。根据汉儒古注,此"朋"应该是同学之间的称呼,不是老师对学生的称呼。本章孔子用"朋"字称呼弟子,是代表弟子的集体语气,好比田汉写《毕业歌》:"同学们,大家起来……"本章可能是孔子写的杏坛校歌,详见下文"评"语。

　　⑤愠(yùn运),何晏、李充、皇侃、朱熹等前贤都训为"怒",甚确。何新说:"愠,通郁,郁闷也。愁闷也。旧注释为恼怒,谬。人之不知,常态也,何怒之有?"(《论语新解》,北京工业大学出版社,2007年,第3页。下文引此书,只注明作者与页码)谨按:中国古代文人,因"人不知"而恼怒、愤怒者多不胜数,堪称"常态"。屈原因"国无人莫我知"而激怒,而沉江。孔子只要求学生不怒,没有要求学生不"郁"不"愁"。这样要求是比较现实的。释"愠"为"郁",于训诂也无据。"怒"是"愠"的最常见训义,未见"通郁"之说(详见

宗福邦等主编的《故训汇纂》，商务印书馆，2003 年，第 811 页。下文引该书，只注明书名与页码）。

⑥君子，原义是国君之子，引伸为有地位的人。春秋中期以前，"君子"与"小人"只有身份含义，没有道德含义。春秋中后期，"君子"、"小人"开始有了道德含义。这有深刻的社会原因，由于土地私有化，传统的贵族世袭制正在向官僚制演变，平民通过提高自身素质也可以成为新君子。"词汇意义的演变过程，打下了深深的中国文化平民化走向的烙印。"（吕方：《孔子时代的"君子"和"小人"》，载《孔子研究》2010 年第 1 期）《论语》里"君子"出现107 次，大多指有道德的人，本章"君子"即指有德者。孔子是"君子"新义的重要倡导者，办私学更是促使平民成为君子的重要举措。参阅11.1、11.17"评"语。

【评】

本章语言富有音乐性，由三个"不亦"组成排比句，使全章一气呵成，像是音符流淌的杏坛校歌，歌词作者是孔子，他代学生抒情，故称弟子为"友朋"（同学）。校园气氛"悦"、"乐"而"不愠"。曾任中国足球队主教练的米卢提倡"快乐足球"，孔子提倡"快乐教育"，下文 2.20"子曰：知之者不如好之者，好之者不如乐之者"，干什么事都要以它为乐、乐在其中。本章这个排比句，好像层叠的波浪，带着哗哗的笑声舒卷而来，又哈哈地退去，反复地说，要开心地学习，与同学快乐相处，使自己成为无怒无恨的君子。这个排比句，像轻浪抚沙，抚慰着每一颗年轻上进的心。

孔子写歌，喜用三句（或三段）体。他临终前七天，"歌曰：'泰山其颓乎！梁木其坏乎！哲人其萎乎'"（《礼记·檀弓上》），是三句。10.26 是孔子写的一首游山诗，是三段。孔子对"三"，似有特殊的审美兴趣,《论语》的数字修辞法,用得最多的是"三",例如:"三省"(1.4)、"三友"(16.4)、"三乐"(16.5)、"三愆"(16.6)、"三戒"(16.7)、"三畏"(16.8)、"三疾"(17.16)、"三变"(19.9)等。在中国文化里,"三"有"无穷"的意味,反复诵读本章,余音绕梁,余味无穷。

学习之悦,同学相聚之乐,都容易得到;只有"人不知而不愠"最难达到,故说能做到这样,就可以称为君子。孔子办学就是要培养君子。《论语》下文,还有四句与"人不知而不愠"类似的语录:

1."不患人之不己知,患不知人也。"(1.16)

2."不患莫己知,求为可知也。"(4.14)

3."不患人之不己知,患其不能也。"(14.30)

4."君子病无能焉,不病人之不己知也。"(15.19)

这四章和本章,应是孔子"五十而知天命"以前说的话。《论语》里还有两章,孔子自己却为"人不知"而郁闷:

1."莫我知也夫!……知我者其天乎!"(14.35)

2. 孔子在卫国击磬,为"莫己知"而郁闷。(14.39)

这两章应该是周游列国后期和归鲁后的生活感受。中国古代是专制社会,文人要想用世,非得到当权者的"知"遇赏识不可。用世之心越强烈,越难做到"人不知而不愠";离群索居、缺乏社会责任感的隐士,最容易做到这一点。孔子"五十而知(行)天命"以前,基本上过着校园生活,可算是半个隐士,故不太在乎别"人""知"或"不知"。"五十而知(行)天命"以后,为用世而到处求君行道,就要为"莫我知"、"莫己知"而苦恼了。但他没有因此而愤怒。孔子师生或"行"或"隐",基本上都没有"愠"。但要求他们不"郁闷"、不"愁闷",是不现实的,那只有隐士才可能做到。颜渊是孔子的模范学生,终生未仕。他性格内向,属典型的抑郁质,最后可能患忧郁症而死,但始终没有透露出一丝怒气。他的内心痛楚,全让自己消受,不影响别人,不影响社会。因此,颜渊可称"君子",可称为孔子所要求的"君子"。

孔子一生的主要职业是教师,他的贡献主要表现在教育事业上,《论语》以孔子所写的杏坛校歌开篇,最合适不过了!

1.2

有子^①曰:"其为人也孝弟^②,而好犯上者,鲜矣;不好犯上,而好作乱者,未之有也。君子务本,本立而道^③生。孝弟也者,其为仁^④之本与^⑤!"

【译】

有子说:"他的为人,孝顺父母,敬重兄长,却喜欢触犯上级,那是很少见的;不喜欢触犯上级,而喜欢造反捣乱的人,是从未有过的。君子致力于基础性的修养,基础建立以后,规矩、秩序、办法等就会产生出来。孝与悌这两个品德,就是行仁的基础!"

【注】

①有子,孔子学生,姓有,名若。小孔子 34 岁❶。据说相貌酷似孔子,孔子去世后,代替孔子接受众弟子朝拜。《孔子家语·七

---

❶　据《春秋》经传,孔子卒于鲁哀公十六年夏四月己丑(十一日),即公元前 479 年,无异说。孔子生年有二说:一、《史记·孔子世家》说是鲁襄公二十二年(前 551 年);二、《公羊传》与《穀梁传》说是鲁襄公二十一年(前 552 年)。《公羊》与《穀梁》都说孔子出生前发生日蚀。今据天文史专家江晓原研究,公元前 552 年有日蚀,次年无日蚀。江氏因此认为孔子生于公元前 552 年 10 月 9 日(江晓原:《孔子诞辰:公元前 552 年 10 月 9 日》,载《文汇报》1999 年 7 月 10 日)。江说有文献与天文二重证据,更可信从。古今学者多从《史记》,本书改从江说,孔子享年 74 岁(虚龄),比流行说法多一岁。孔子年龄增加一岁后,他与学生及其他人的年龄差距也就比原来的说法扩大一岁。《史记·仲尼弟子列传》说"有若少孔子三十三岁",今改为 34 岁。其他弟子的年龄也如此处理。

十二弟子解》(下文简称《家语·弟子解》)说他"为人(博闻)强记,好古道"。其名字在《论语》中,见于1.2、1.12、1.13、12.9,出现次数不算多,但这四次谈话内容都很重要,经常被后人称引。古人有名、有字,以字为尊。《论语》记载孔子的学生一般都称字,孔子对学生都称名。只有曾参14章称"子"、有若3章称"子"、冉有2章称"子"、闵子骞1章称"子"。"子"即先生,这说明,这四人的弟子不同程度地参加过《论语》的编纂工作。

②弟,音义同"悌"(ti涕),敬重兄长。

③道,本义是道路,引伸为人行为的正确方向,由此再引伸为道理、秩序、规矩、办法等。

④仁,孔子伦理思想的核心概念,包括修身与"爱人"两方面内容。孔子的仁爱思想,以孝悌为基础,主张从孝悌做起。《管子·戒篇》说:"孝弟者,仁之祖也。"《论语》中"仁"字出现109次,只有1次同于"人"(4.7:"观过,斯知仁矣"),其他108次,都是道德伦理概念。

⑤与,音义同欤,《论语》中欤都写作与。

【评】

第一章写学校,第二章写家庭。

儒家认为,家庭是社会的基础,为了维护社会秩序,人不能有"犯上"行为。不犯上,要从家庭做起,即所谓"孝子出忠臣"。孝悌是维持社会稳定的道德起点。台湾有些企业家,很重视对员工的孝道教育,目的是为了企业的团结与稳定。

《说文》:"仁,亲也。从人从二。"后人多由"从人从二"的字形来解释"仁"的字义,如说两人以上才会有亲、有爱。其实,《说文》还记录有两个古文"仁"字,一作"从千心":忎;一作从尸=:尼。考古资料表明,"仁"的原始字形,并非"从人二",在"从人二"以前,确有"从千心"与"从尸＝"的古文仁字,但它们还不是仁字的最早构形。

仁字出现较晚,甲骨文、西周金文都没有仁字。清儒阮元说,仁字"不见于虞夏商《书》及《诗》三颂、《易》卦爻辞之内,似周初有此言而尚无此字"(《〈论语〉论仁论》,见《揅经室集》上册,中华书局,1993 年,第 179 页)。一百多年过去了,阮元当年的说法还未被考古新资料推翻。

仁字开始出现于何时,至今还难确论。《诗经·郑风·叔于田》有"洵美且仁"之句。《诗经·齐风·卢令》有"其人美且仁"之句。这是我们在传世文献中看到的最早的两个仁字。《诗经·小雅·四月》"先祖匪人"的"人",一些学者认为是"仁"的通假字,恐怕未必。《尚书·金縢》"予仁若考"的"仁",是今文《尚书》(不包括古文《尚书》)里唯一的仁字。不过,从北宋程颐以来,人们怀疑《金縢》作于战国时期。

在考古资料方面,现在仍然没有在甲骨文、西周金文中发现仁字。考古资料的仁字,最早只能上推到战国时期。郭店楚简 67 个仁字皆作"息"。人们普遍认为,《说文》所说的"从千心"的"忎",其实是"息"的变形,"千"是"身"的讹变。

战国金文《中山王礜壶》中的仁字从尸＝(层)。战国玺印文的仁字有四种构形:1. 从尸＝(层);2. 从千心(忎);3. 从身心(息);4. 从人心(忎)。其中,"从尸＝"的"＝",有些学者认为不是数量词的"二"字,而是"心"字的"简省符号"。廖名春说:"许慎《说文》将简省符号'＝'误释成'二',说'仁'字'从人二',实乃大误。"

(廖名春《仁字探原》,载廖著《中国学术史新证》,四川大学出版社,2005年,第63页)《说文》记录的从尸＝,其实是从人心。因为尸与人古通用。所谓"＝",是两条横线,是心字的简省符号。战国玺印文有仁字作"忎"。《孟子·告子上》说:"仁,人心也。"这是义训,也是形训,孟子他们应该还可以看到从人从心的仁字。

到目前为止,我们探索到的仁字最早构形有两个:忎与忈(仁),年代在战国时期。它们之前,可能还有更原始的构形。不过,忎与仁(忈)这两个字形,恰可表示仁的两方面含义:修身与爱人。《尔雅·释诂下》:"身,我也。"与"身"相对的"人"字指的是他人。《礼记·中庸》:"成己,仁也。"忎字表示修身成己,仁(忈)字表示施爱于他人,小自"孝悌",大至"济众",都是"仁"之义。现在,人们往往片面地把"仁"定义为"爱人",而忘记了"克己复礼为仁"。"克己复礼"即修身,是"爱人"的前提条件,忎字可能含有这方面的意蕴。

1.3

子曰:"巧言令色①,鲜矣仁!"

【译】

孔子说:"花言巧语,胁肩谄笑,这种人很少有仁心。"

【注】

①令,美。令色,伪善的脸色,皮笑肉不笑。孔子为人真诚,最讨厌"巧言令色"。

1.4

曾子①曰:"吾日三省吾身②:为人谋而不忠乎? 与朋友交而不信乎? 传不习乎③?"

【译】

　　曾子说:"我每天反复自问:为别人办事不忠诚吗? 与朋友交往不信实吗? 老师传授的知识还没有复习吗?"

【注】

　　①曾子(前505—前432年),名参,字子舆,鲁南武城(今山东费县西)人。其父曾皙(名点),是孔子早期学生。曾参一生只从事教书与著述,是在野儒士,是孔子弟子中传世著作最丰富的一位,是儒家里第一位名副其实的理论家、哲学家。《汉志》称有《曾子》十八篇。今本《大戴礼记》收有曾子著作十一篇:《主言》、《曾子主事》、《曾子本孝》、《曾子立孝》、《曾子大孝》、《曾子事父母》、《曾子制言上》、《曾子制言中》、《曾子制言下》、《曾子疾病》、《曾子天圆》。今本《礼记》收有《曾子问》、《大学》二篇。《史记·仲尼弟子列传》说:"孔子以(曾子)为能通孝道,故授之业,作《孝经》。"《汉志》说:《孝经》者,孔子为曾子陈孝道也。"上述十四篇中,论孝的占了五篇。曾参是孔门弟子中最重要的孝道理论家。他不但有孝的理论,而且有孝的行为,这方面的传说故事很多、很感人。据我研究,《论语》11.26,即《侍坐》章,是曾参的创作,曾参创作《侍坐》的一个重要原因,是出于对父亲曾皙的孝敬。

　　孔子的思想体系由社会思想与伦理思想两大部分构成。曾子是孔子伦理思想的主要继承人,曾子—子思—孟子的思想传承关系十分清楚,他是思孟学派的鼻祖。宋人立儒家道统,于孔子弟子中特尊曾参,明代封曾参为"宗圣",地位非常高。他的学术成就、社会影响都使颜回难望其背。他与颜回不同,他有个性,有自己的独立见解,不随大流,敢于抗争。孔子死后,子夏等人仅因有子相貌酷似孔子,树有子为孔子接班人,接受众弟子的朝拜,遭到曾参反对。曾参的反对,随即得到报应,孔门四科十哲没有曾参的名字(11.3)。按曾参的学术成就、社会影响、道德孝行等方面考量,入德行、文学二科的任何一科,都绰绰有余。孔门十哲无曾参,是这份光荣榜的最大不公。曾参治学的路径也异于子夏,曾参以"大道"统领"小道",子夏重"小道"而轻"致远"(19.4)。今本《论语》有 15 章写到曾参,除 11.18 的"参也鲁"之外,其他 14 章都称曾参为"曾子",这说明《论语》经过曾参弟子的续编。曾参在《论语》中出现 15 次:1.4、1.9、4.15、8.3—8.7、11.18、12.24、14.26、19.16—19.19。

②这是千古名句,已成为中国人修养道德的流行习语。当代残疾人作家史铁生说:"心灵的房间,不打扫就会落满灰尘。"

③传不习,传字有二解,一是老师传给自己(曾参),二是自己传给学生。下面有个习字,应指老师传给自己。这一章可能是曾参当学生时的励志座右铭,后来又把这个座右铭传给学生,由学生记录下来。

1.5

子曰:"道①千乘之国②,敬事而信,节用而爱人,使民以时③。"

【译】

孔子说:"领导一个有千辆兵车的大国,要敬业守信,节约而爱护人民,使用人力要不误农时。"

【注】

①道,读导。

②乘(shèng 剩),古代四匹马拉的兵车。千乘之国,意谓大国。国字本应作邦,为避汉高祖刘邦之讳而改。

③使民以时,即《孟子·梁惠王上》的"不违农时"。

【评】

杨伯峻《论语译注》说："古代'人'字有广狭两义。广义的'人'指一切人群；狭义的人只指士大夫以上各阶层的人。这里和'民'（使'民'以时）对言，用的是狭义。"他把本章的"人"译作"官吏"，把"民"译作"老百姓"（第4页）。

赵纪彬《释人民》一文说："孔门所说的'人''民'，是指春秋时期相互对立的两个阶级；两者在生产关系中是剥削与被剥削的关系，在政治领域中有统治与被统治的区别。"他以本章为例，说："对'人'言'爱'，对'民'言'使'；'爱''使'二字，显示出'人''民'是划然有别的两个阶级。"（《论语新探》，人民出版社，1976年第3版，第1、2页）

李零说："孔子讲节约，是心疼有钱有势有身份的人。没有身份的人，只是使唤的时候要掌握好季节，掌握好节令。"（第58页）

本章的"人"与"民"是否分别为"官吏"与"百姓"？这是一个大问题，关系到孔子仁学思想的具体含义，故不可等闲视之。

对这个问题，前贤已有不同说法。

何晏《论语集解》引汉儒包咸注曰："为国者举事必敬慎，与民必诚信也。节用者，不奢侈也。国以民为本，故爱养之。作事使民，必以其时，不妨夺农务也。"包注完全以"民"代"人"。朱熹《集注》也说："敬事而信者，敬其事而信于民也。"又引杨氏曰："节以制度，不伤财不害民"，"故爱民必先于节用"。他们都是"人"、"民"不分而混用。

皇侃《义疏》说："人是有识之目，爱人则兼朝廷也。民是瞑暗之称，使之则唯指黔黎也。"把"人"与"民"分别说成两个对立的阶级。清儒刘逢禄《论语述何》说:"人谓大臣、群臣。"(《皇清经解》第 1297 卷,第 10 页)刘宝楠《论语正义》先引《说文》"民,众氓也"为据,然后说"人非民"。他们都是从字源学的角度立论,毫不考虑孔子时代"人"、"民"混称的语言实际,有刻舟求剑之嫌。

从字源学的角度言,"人"、"民"当然有别,"人"犹人类,指的是一切人;"民"是"众氓"(《说文》),是无知的劳动大众。但任何字义都不可能一成不变。至少到西周时期,"人"与"民"已经混用不分。《诗经》里有"民"字 85 个(题目"民劳"不算),基本上与"人"同义。商人与周人对自己的祖先多称"先民"(《大雅·那》、《板》、《小雅·小旻》),称"先人"仅一次(《小雅·小宛》)。《大雅·生民》篇写后稷诞生故事,竟称自己的始祖为"民"。后稷可称"民",还有什么人不可称"民"呢? 在《诗经》里,有时"民人"连称(《大雅·桑柔》、《瞻卬》),有时"人民"连称(《大雅·抑》)。《诗经》不但有"庶民"(《小雅·节南山》、《大雅·灵台》、《抑》),而且有"庶人"(《大雅·抑》、《卷阿》)。庶民与庶人同义,都是底层广大农业劳动者。从《宜侯夨簋》、《盂鼎》等西周金文看来,"庶人"往往是被"赐"的人,至今未见"庶民"被"赐"的记录。庶人可能比庶民地位更低。如果今后新增资料证明果真如此,那倒是一个有趣的语言现象。

《诗经》也有"人"、"民"对举的语例,如《大雅·假乐》"宜民宜人",毛传:"宜安民,宜官人也。"后人皆从之,如现代学者注云:"民,劳动人民。人,指群臣百官。"(高亨:《诗经今注》,上海古籍出版社,1984 年,第 412 页)毛传此训,流传两千年,其实缺乏训诂根据,因为"人"字并无"官"之义。毛传释"人"为"官人",更无根据。先秦"官人"有二义：一是动宾短语，谓选拔做官的人才，如《尚书·皋陶谟》："知人则哲，能官人。"二犹名词官吏，如《左传·哀公三年》："官人肃给。"这两种"官人"，都是偏义组合，关键都在官字，不在人字。单个"人"字，绝无"官"或"官人"之义。毛传的权威地位，使错误流传无阻。

西周时期，"民人"连称为一词，泛指君王治下的一切人，不作阶级分析，这是"民人"一词的常义。《假乐》的"宜民宜人"是把"民人"一词拆开使用。该篇喜用这一修辞方法。如"千❶禄百福"、"宜君宜王"、"不愆不忘❷"、"无怨无恶"、"之纲之纪"。"民"与"人"，和"福"与"禄"、"君"与"王"、"愆"与"妄"、"怨"与"恶"、"纲"与"纪"一样，都是同义（或近义）异字，本为一词，拆开使用，是追求文字的变化之美、语言的节奏之美，是一种修辞手法。《诗经》里有"宜其室家"（《周南·桃夭》）、"宜尔室家"（《小雅·常棣》），后人把它们改装为"宜家宜室"、"宜室宜家"使用，语言比原文为美，在民间广泛流传。我母亲的嫁妆衣柜门上，刻着"宜室宜家"。我表兄结婚，洞房门上也贴着"宜室宜家"四字。考其出处，是《诗经》的"宜其室家"、"宜尔室家"。"宜民宜人"就是"宜其民人"、"宜尔民人"的意思。把"民人"拆开，是修辞手法。

《诗经》里"人""民"混称而不分的现象，到孔子时代依然如故。春秋晚期金文《王孙遗者钟》有"龢濝民人"；《论语》11.25 章子路曰："有民人焉。""民"与"人"也连称为一词。《论语》15.25 章子曰："吾之于人也，谁毁谁誉？如有所誉者，其有所试矣。斯民

---

❶　千，原作干，俞樾《群经平议》："干当作千，形似而误。"俞说甚是。

❷　忘，高亨说："也可读为妄。"董按：读妄为是，妄与愆字义更加近同。

也,三代之所以直道而行也。"第一句的"人",即下面"斯民"的"民",都是狭义,都是指三代的社会精英。《礼记·坊记》传为子思所作,它记载孔子的话说:"以此坊民,诸侯犹有畔者。"此"民"即人,包括"诸侯"。

《论语》有两次"人"、"民"对举,除本章外,还有3.21章:"周人以栗,曰使民战栗。"这两章是赵纪彬把"人"、"民"说成两个对立阶级的最重要证据。其实,3.21章的"民"字,也是泛义的"人"。周王室要使之"战栗"的,不只是"被剥削阶级",他们最担心的恐怕还是有权有势的"剥削阶级",尤其是异族的"剥削阶级"。庶民大多远处野外,没有文化知识,可能根本不知道"周人以栗"及其意蕴,也就无从"战栗"。该章的"人""民"对举,与本章(1.5)的"人""民"对举一样,都是一种修辞手法,目的是使文辞略有波澜,不至于过分平淡。

《论语·阳货篇》"惠则足以使人"(17.6),"人"与"民"一样,也可以被"使"。同章的"信则人任焉",《尧曰篇》作"信则民任焉"(20.1),"人"与"民"可以互换。但是,上引《学而篇》1.5章与《八佾篇》3.21章的"人"与"民"难以互换。因为"仁者爱人"是当时的流行习语,先秦典籍多见"爱人",罕见"爱民"。《春秋》三传有10次"爱人",而未见一次"爱民"。墨子提倡兼爱,《墨子》书里"爱人"出现43次,"爱民"仅八次,"爱人"与"爱民"同义,都是"兼爱天下之百姓"。《论语》与《孟子》都只有一次"爱人",未见"爱民"。因"爱人"是流行词,故说"节用而爱人"。上句称"爱人",下句宜称"使民",以免单调重复。"周族人"这个概念,当时多称"周人",虽然后稷也可以称民,却罕见"周民"之称。上句是"周人以栗",下句宜称"使民战栗"。造成这种"人""民"难以互换的特例,原因不是"人""民"的身份不同,而是当时的语言习惯使然。这种个别特例,不足以推翻当时"人""民"早已混用的通例。参阅 20.1 章注⑦。

从西周到春秋,"人"与"民"早已混用,如果单从字义推测本章"人"、"民"的身份,很容易流于望文生义、空言说经。解读本章的"人"、"民"身份,另一重要途径是联系历史背景,看看当时诸侯国政府所"使"的是哪些人,以具体的历史事实来判断本章"人"、"民"的身份。

西周与春秋,奴隶数量不多,他们主要从事家内劳动,不是国家直接役使的对象。政府"使"用人力的工作是兵役与劳役。国人是兵役的主力,国人中的士是主力的主力。士是低级贵族,贵族也可"使"。

西周时,服军赋("供车马甲兵士徒之役")是国人的权利和义务,野人不得参与。到了春秋时期,一因战争频仍,兵源缺乏,二因土地私有化,国野界限趋于模糊,乃至逐渐消失,原来的野人也逐渐要服军赋。但是国人仍然是当兵打仗、供应军需品的主力。宣公十五年,鲁国实行"初税亩",说明鲁国的土地私有化走在多数国家的前列,国人与野人中都出现了大量编户齐民,他们都要承担兵役与劳役。

《左传》关于国人纳君、出君、逐君、弑君的记载层出不尽;每遇大事,国君要询之国人,以定可否;在贵族的内部斗争中,各方也要与国人订盟,以争取他们的支持。这些资料说明,国人既是拥有政治权利的自由人,又是政府"使民"之"民"。

《论语》13.29 章子曰："善人教民七年,亦可以即戎矣。"13.30 章子曰："以不教民战,是谓弃之。"这两章的"民",都是指国人,或主要指国人。照孔子的说法,这些国人要经过七年的业余训练才可上战场。国人平时的军事训练是"使民"的一项重要内容。战争临头时,国人还要"服军赋",即"供车马甲兵士徒之役"。不但人要上战场,车马、甲胄、兵器都要自备,这更是"使民"的一大内容。其所"使"之"民",主要是国人。

综上所述,"使民以时"的"民",有野人,也有国人;有底层劳动者,也有土地私有者,甚至有属于低级贵族的士。"使民以时"的"民",是"道千乘之国"的诸侯所当"爱"的"人"。"使民以时"是"节用而爱人"的重要表现之一。因此,"节用而爱人"的"人",是广义的人,指的是一切人群;"使民以时"的"民",也是广义的人,是"节用而爱人"的"人",即"仁者爱人"的"人"。孔子的仁学是要爱一切人群,也就是"泛爱众而亲仁"(1.6)的"众"。

总之,《论语》本章与 3.21 章的"人""民"对举,都是一种修辞手法,别无深义。

1.6

子曰:"弟子①,入则孝,出则悌,谨而信,泛爱众②而亲仁③。行有余力,则以学文。"

【译】

孔子说:"年轻人,在家孝父母,出门敬兄长;少说话,重信用;博爱大众而亲近仁德。工作之余还有精力,就去学习文献。"

【注】

①弟子,古有二义,一是泛指年轻人,犹"少年";二是指学生、徒弟。此为泛指。

②泛爱众,皇侃《义疏》:"泛,广也。君子尊贤容众,故广爱一切也。"邢昺《注疏》:"博爱众人也。"朱熹也注"众"为"众人"。联系6.30章"博施于民而能济众",可知孔子仁学的"爱人"、"爱众"是爱及劳动大众的。虽然爱有差等,但劳动大众也是仁爱的对象。

③亲仁,古今学者都释为亲近仁人,失之。在孔子的语境里,仁人少之又少,是人中的凤毛麟角,他的学生,没有一个被许以"仁",对自己也谦不称仁。仁人如此稀罕,"弟子"当然无法去亲近。此仁是仁德的意思。"亲仁"是实践仁德,即要"泛爱众"。每个"弟子"身边都有普通人("众"),爱身边的普通人,就是"亲仁"之义,这是人人都可能做到的。

【评】

孔子仁学的"泛爱众"、"博施于民而能济众",与大乘佛教的"普度众生"精神相通。汉代以后的华夏地区,只接受大乘佛教,没有接受小乘佛教与婆罗门教,当与此有关。婆罗门教神化种姓制度,与中国汉代以后的地主经济与官僚制度相抵触;小乘佛教追求个人超脱,与中国主流文化的救世济众精神相矛盾。中国南邻的缅甸、泰国、柬埔寨、老挝,都接受小乘佛教或婆罗门教,唯越南接受大乘佛教,因为越南以儒学为主流思想。同样道理,朝鲜与日本,因以儒学为宗,也只流行大乘佛教。这从一个侧面说明,孔子"泛爱众"的"众",是不分阶级身份的众人、众生。

"入则孝,出则悌,谨而信,泛爱众而亲仁",都是道德修养问题,"行有余力",才去"学文"。本章充分显示了孔子作为道德家的特色,他在德行与知识之间,明显侧重于德行。王晓朝称:"在柏拉图学园门前写着:'不懂几何学者不得入内。'"(王晓朝《柏拉图读本》"导言",新世界出版社,2007 年,第 5、6 页)我想,在孔子的杏坛门前,也可以写道:"不好道者不得入内。"参阅 17.8 章。

1.7

子夏[1]曰:"贤贤易色[2],事父母,能竭其力;事君,能致[3]其身;与朋友交,言而有信。虽曰未学,吾必谓之学矣。"

【译】

子夏说:"(对妻子)重贤德而轻外貌;侍候父母,能全力以赴;服事国君,能有献身精神;与朋友交往,言而有信。这种人即使说自己未曾学道,我也一定说他已经学道有成。"

【注】

①子夏(前 507—前? 年),孔子学生,姓卜,名商,字子夏,小孔子 45 岁,比子游长一岁,比曾参长二岁。卫国温县(在今河南温县西南)人,"家贫,衣若县鹑"(《荀子·大略》)。曾任鲁国莒父宰,又事卫灵公,老年讲学西河,魏文侯、田子方、段干木、李悝、吴起都曾师从于他。李悝、吴起是早期法家的代表人物。后来,《韩非子·外储说右上》说子夏主张国君要"善持势",属法家观点。《礼记·檀弓上》记载,曾参批评子夏在西河教书时,"使西河之民疑(拟)女(汝)于夫子"。孔颖达把这句话解释为"不称其师,自为谈说"(《礼记正义》)。《荀子·非十二子》称子夏为"贱儒"。《韩非子·显学》说,孔子死后,儒分为八,没有提到子夏,是把子夏从儒家中剔出,以子夏为法家宗师。子夏的学术思想与孔子有所不同,似有自立门户的倾向。在《论语》中,子夏出现 21 次:1.7、2.8、3.8、

6.13、11.3、11.16、12.5、12.22、13.17、19.3—19.13。

②贤贤易色，"贤贤"是动宾结构，第一个贤字是及物动词，犹重视、尊重；第二个贤字是宾语，指贤德。"易"有简易、平易之义，是平常、一般的意思，与3.4"与其易也，宁戚"的易字同义。《中庸》"君子居易以俟命，小人行险以侥幸"，易与险对举，也是平常的意思。色指容貌。下文"事父母"、"事君"、"与朋友交"都有特定的人伦对象，惟"贤贤易色"没有写明。不过，"色"字一般指女色，因此这句应指夫妻之伦。儒家认为，婚姻是人伦之始，故先言之。

③致，贡献。

【评】

子夏重实践、轻理论，重小道、轻大道（详见6.13、19.4—19.7、19.12），与曾参有所不同，曾参是以大道统领小道，既重视自身的道德实践，又重视理论研究。《后汉书·邓张徐张列传》载徐防曰："《诗》、《书》、《礼》、《乐》定于孔子，发明章句始于子夏。"章句训诂，是子夏之长。子夏是汉学鼻祖（详见19.4—19.7、19.12），曾参是宋学之师。"虽曰未学，吾必谓之学矣"，正是子夏重实践、轻理论的表现。

1.8

子曰："君子不重则不威，学则不固①。主忠信②。无友不如己者③。过则勿惮改。"

【译】

孔子说："君子不庄重，就缺乏令人敬畏的气魄，学道就不稳固。坚持由衷的诚信。不要与不如自己的人做朋友。有过错，不怕改。"

【注】

①学则不固，此"学"字指学道，不是一般意义上的读书学习。下文6.3孔子答鲁哀公、11.7答季康子之句，说学生中只有颜渊"好学"，也是指学道，非指一般的读书学习。

②主忠信，"忠信"连文见于五章：1.8、5.28、9.25、12.10、15.6。其中，"主忠信"见于三章：1.8、9.25、12.10。"主"都是动词，守也，犹坚持、信守，例同《楚辞·招魂》"主此盛德兮"。《颜渊篇》（12.10）"主忠信，徙义，崇德也"，主、徙、崇都是动词。《论语》"忠信"连文，不是两个德目，而是一个德目，即"信"。15.6"言忠信，行笃敬"，"忠信"与"笃敬"都是一个德目。5.25"十室之邑，必有忠信如丘者焉，不如丘之好学也"，"忠信"与"好学"对举，也是一个德目。《论语》里凡"忠信"连文者，都是一个德目，犹今之诚信。"忠"读作"中"（衷），形容"信"之由衷，详见4.15"评"语。古今学者常把"忠信"说成两个德目，把"主忠信"解释为"要以忠和信两种道德为主"（杨伯峻《论语译注》，第6页），似不确。而且，忠与信并不是孔学的主要德目。

③"无友不如己者"，9.25作"毋友不如己者"。由于"无"与"毋"可有"没有"与"不要"二解，"友"字也可有"朋友"与"交友"二解，所以整句话也有两种解释：一、"没有朋友不如自己"（南怀瑾、李泽厚），朋友身上都有值得学习的东西。今人多持此解。二、"不要跟不如自己的人交朋友"（钱穆、李零），那对自己没有好处。古人都持此解。前解似较合情理，但缺乏文献根据。后解似不合情理，但有文献根据。"无友不如己者"是古代颇流行的交友格言，见于《吕氏春秋》的《观世篇》与《骄恣篇》、《说苑·杂言》、《中论·贵验》等。《吕氏春秋·观世篇》记载："周公旦曰：'不如吾者，吾不与处，累我者也；与我齐者，吾不与处，无益我者也。惟贤者必与

贤于己者处。'"《说苑·杂言》篇写道:"孔子曰:'丘死以后,商也日益,赐也日损。商也好与贤己者处,赐也好说(悦)不如己者处。'"这就是"无友不如己者"的本义:不要跟不如自己的人交朋友。

【评】

现代人读古书,容易犯以今解古的毛病,即以现代人的思想愿望对古书进行"合理化"的改造,只求"言之成理",不求"持之有故"。其实,"持之有故"才是根本原则,否则,随着人类思想的不断进步,古书将被读得面目全非。"无友不如己者",存在"言不成理"的缺点,苏轼就曾批评道:"如必胜己而后友,则胜己者亦不与吾友矣。"苏轼是从语言逻辑的角度批评这句话,现代人往往从思想觉悟的角度批评这句话,例如鲁迅就以此批评孔子有"势利眼睛"(《鲁迅全集》第1卷,人民文学出版社,1956年,321页)。现代多数人认为孔子是大圣人,头脑里不会有势利自私的杂质,因此把这句话解释成"没有朋友不如自己",朋友身上都有值得自己学习的东西。这样一解释,思想境界提高了,孔子却不见了。

1.9

曾子曰:"慎终①追远,民德归厚矣。"

【译】

曾子说:"慎重对待父母的死亡,追念远代祖先,这样,民风会趋向朴实。"

【注】

①终,死亡。

1.10

子禽①问于子贡②曰:"夫子至于是邦也,必闻其政,求之

与？抑与之与？"子贡曰："夫子温、良、恭、俭、让以得之。夫子
之求之也，其诸③异乎人之求之与？"

【译】

　　子禽问子贡说："孔夫子一到那个国家，必定会知道那个国家
的政治情况，是他去问来的呢，还是别人告诉他的？"子贡说："老师
温和、善良、恭敬、节俭、谦让，他是靠这种态度得来的。老师获得
讯息的办法，和别人获得讯息的办法，或许不一样吧！"

【注】

　　①子禽（前511—前？年），陈国人，名亢，小孔子41岁，见于
《史记·仲尼弟子列传》子贡条下，可能是子贡学生。但郑玄注《论
语》和《礼记·檀弓》都说是孔子学生。

　　②子贡（前520—前？年），卫人，姓端木（沐），名赐，字子贡，
古书或作"赣"，这是"贡"的本字。小孔子32岁。曾为信阳宰，仕
于鲁、卫，死于齐。他是杰出的外交人才，《史记》把他的外交成就
概括为"存鲁、乱齐、破吴、强晋而霸越"。他还是孔门唯一的商业
人才，"家累千金"。在《论语》里，子贡出现38次，仅次于子路。见
于1.10、1.15、2.13、3.17、5.4、5.9、5.12、5.13、5.15、6.8、6.30、
7.15、9.6、9.13、11.3、11.13、11.16、11.19、12.7、12.8、12.23、
13.20、13.24、14.17、14.28、14.29、14.35、15.3、15.10、15.24、
17.19、17.24、19.20—19.25。

　　③其诸，齐鲁方言，表示不确定的语气，犹"或者"。

【评】

　　子贡答非所问，但他说的"温、良、恭、俭、让"五字，被后人广泛
称引。"温良恭俭让"不是孔子的天生性格，它是靠后天修养形成
的道德风貌。孔子的天性是偏激的，他的性格表现比较复杂。

西方心理学把人的气质分为胆汁质、多血质、黏液质、抑郁质四种类型。根据《论语》提供的资料,我对孔子及其几位著名学生作了初步的气质分析,今将子路、子贡、曾参、颜渊的气质性格特征列表于下:

心理类型	气质类型	胆汁质	多血质	黏液质	抑郁质
	神经类型	兴奋型	活泼型	安静型	抑制型
	人物	子路	子贡	曾参	颜渊
心理特征	内外向	外向	外向	内向	内向
	可塑性与稳定性	可塑性小	可塑性较大	稳定	刻板
	情绪与行为特征	容易激怒	愉快机敏	冷漠	悲观

除上表所列的四种气质之外,还有多种混合型气质。其中,胆汁质加多血质的混合型气质的人,后天的可塑性最大,是一种与社会文化相关的较稳定的气质类型。孔子就属这种气质类型。他兼有子路与子贡的部分天生性格,他容易接受后天的文化影响。他的天生性格是偏激的、非理性的,是"过"而非"不及",这方面像子路。他活泼机敏,善于社交,富有办事能力,这方面又像子贡。他重视道德修养,容易接受教育,这使他成为中国主流文化的集大成者,成为第二个周公。《论语》第十《乡党篇》,是现代读者最感头疼的一章,但要了解孔子的后天修养,这是非读不可的一章。他"于乡党"(家乡)、"在宗庙、朝廷",那么规行矩步,连大气都不敢出。到了校园里,在学生面前,因为"老子天下第一",其天然性格就暴露出来。在《论语》其他各章里,孔子的过甚之词,随便抓抓就有一大把。他还会打人(14.43)、骂人(5.10)、骗人(17.20)。要说"温

良恭俭让",子贡不比老师差,这孩子比老师更会做人。以"温良恭俭让"称道夫子,恐怕是"小子""自道"。

心理学家说:"气质类型没有好坏之分,任何一种气质类型都能表现为积极的心理特征,也能表现为消极的心理特征。例如,多血质的人反应灵敏,容易适应新的环境,但缺乏适当的教育就可能导致肤浅、注意力不稳定和缺乏应有的沉思的倾向。胆汁质的人热情开朗、精力旺盛、刚强,但如果缺乏适当的教育就可能导致缺乏自制力、生硬急躁、经常发脾气的倾向。黏液质的人冷静、沉着、自制、踏实,但如缺乏适当的教育可能导致对生活漠然处之的倾向。抑郁质的人情绪敏感,情感深刻稳定,但如缺乏适当的教育就会完全沉浸在个人的体验中,过分的腼腆等等。"(孙克勤、叶奕乾、杨秀君:《个性心理学》修订版,华东师范大学出版社,2008 年,第 81 页)心理学家还说:"李白和普希金具有明显的胆汁质特征;郭沫若和赫尔岑具有多血质的特征;茅盾和克雷洛夫属于黏液质;杜甫和果戈理属于抑郁质。"(同上书,第 80—81页)本书对孔子师生的气质分析,只是一次尝试,希望能得到有关专家的指正。

在诸子著作中,《论语》的文字最简练,但读《论语》就像读小说那样有味道,里面性格鲜活的人物不下十个,描写生活细节的文字不少,这为其他诸子著作所未见,《论语》是一堆创作长篇小说的好素材。

1.11

子曰:"父在,观其①志;父没,观其行;三年无改于父之道,可谓孝矣。"②

【译】

孔子说:"父亲在世,看他的志向;父亲去世,看他的行为;三年不改父亲的一贯做法,可称孝了。"

【注】

①其,指父之子,不是指父。

②《礼记·坊记》:"《论语》曰:'三年无改于父之道,可谓孝矣。'"《坊记》作者是子思,子思时,《论语》已编成,故能引用其中的话,并指明书名。这话又见于4.20。

1.12

有子曰:"礼之用,和为贵。先王之道,斯为美,小大由之。有所不行,知和而和,不以礼节之,亦不可行也。"

【译】

有子说:"礼的作用,贵在和谐。先王的治道,以和为美,大小事情都要服从它。有时办不到,为和谐而和谐(不讲原则地和稀泥),不以礼制来约束,也不可行。"

【评】

人类社会,永远有等级,永远有差别,因此,永远有矛盾。必须用制度来协调矛盾,构成一个和谐社会。礼与仁不同,它不是个人道德,而是客观存在的制度、规矩、习俗等。不同的时代,有不同的礼制,推翻旧礼制,必须代之以新礼制。人想要立足于社会,必须接受礼制的约束。礼如严父,面目可敬;仁如慈母,面目可亲。他们是一对天造地设的伉俪,缺一不可。现在法院对民事纠纷,先争取调解,调解不成,才依法判决。"有所不行",有点调解不成的味道;"以礼节之",犹如依法判决。

1.13

有子曰:"信近于义,言可复①也。恭近于礼,远耻辱也②。因不失其亲③,亦可宗④也。"

【译】

有子说:"诚信的诺言符合义理,就容易兑现。恭敬的举止符合礼义,就远离耻辱。相依相从的人相亲相爱,也就像同宗一样可靠。"

【注】

①信,此指诚信之言。朱熹注:"复,践言也。"

②此话又见于《说苑·修文》,称为"孔子曰",可能是有子转述孔子的话。

③因,依也(朱熹注)。或读作姻。改字解经,是不得已之事,原字可通,最好不改。亲,爱也。或释为亲族,与下句"宗"字重复,不可取。亲字古有二义,一指血亲,包括宗亲与姻亲;二指感情,义同爱、睦、近等。"不失其亲",说明此亲是可能失掉的东西。血亲是先天因素,是个不可失因素,可见此亲字指感情。句意是:互相依存的人,不可失掉爱。

④宗,同宗,引伸为可靠。爱能替代同宗,这似乎是孔子仁学的新观念,可惜同类资料不足,暂且存而不论。不过,生活已走在理论的前面。孔子时代,贵族世袭制正在衰退,官僚制已在突起,君子的新概念已渐占优势……

1.14

子曰:"君子食无求饱,居无求安,敏于事而慎于言①,就有道而正焉,可谓好学②也已。"

【译】

孔子说："君子,饮食不刻意追求饱满,居住不刻意追求舒适,办事勤快而讲话谨慎,向有道德的人求教,这样就可以算是好学了。"

【注】

①"敏于事而慎于言",类似的话还见于 2.13、12.3、14.20、14.27、17.19。今人说"沉默是金"。

②好学,主要指爱好学道。《论语》"子曰"的"学"、"好学",主要指学道。孔子的教育思想,是德育为先,智育次之。影响所及,"曾子曰:君子攻其恶,求其过,强其所不能,去私欲,从事于义,可谓学矣"(《大戴礼记·曾子立事》)。所谓"学",全是道。

1.15

子贡曰:"贫而无谄,富而无骄,何如?"子曰:"可也;未若贫而乐道①,富而好礼者也。"②

子贡曰:"《诗》云'如切如磋,如琢如磨'③,其斯之谓与?"子曰:"赐④也,始可与言《诗》已矣,告诸往而知来者。"

【译】

子贡说:"贫穷而不低声下气拍马屁,富裕而不骄傲自大发脾气,怎么样?"孔子说:"还成。不过,总比不上虽贫穷仍乐于讲道理,虽富裕仍彬彬有礼。"

子贡说:"《诗》说'象牙还要切磋,美玉还要琢磨(要精益求精,好上加好)',就是这个意思吗?"孔子说:"子贡啊,可以开始跟你讨论《诗》了。告诉你过去,就知道未来(你能举一反三了)。"

【注】

①今本无"道"字,皇侃《论语义疏》有"道"字,"乐道"与"好礼"对文,较长。

②《礼记·坊记》:"子云:'贫而好乐,富而好礼,众而以宁者,天下其几矣。'"与此接近。

③见于《诗经·卫风·淇奥》。

④赐,子贡名。古人以字为尊,孔子对学生都称名不称字。

【评】

《论语》引《诗》八次。一、1.15 章"如切如磋,如琢如磨"(《卫风·淇奥》);二、3.2 章"相维辟公,天子穆穆"(《周颂·雍》);三、3.8 章"巧笑倩兮,美目盼兮"(《卫风·硕人》);四、8.3 章"战战兢兢,如临深渊,如履薄冰"(《小雅·小旻》);五、9.27 章"不忮不求,何用不臧"(《邶风·雄雉》);六、9.31 章"唐棣之华,偏其反而。岂不尔思,室是远而"(逸诗);七、12.10 章"诚不以富,亦祇以异"(《小雅·我行其野》);八、14.39 章"深则厉,浅则揭"(《邶风·匏有苦叶》)。如果 2.2 章的"思无邪"也算进去,《论语》共引《诗》九次。本章所引的"如切如磋,如琢如磨",在原诗里本是形容某"君子"的风貌像象牙、玉石,经过切、磋、琢、磨,已尽善尽美。而本章的意思是说,那样的德行还不够高,还要更上一层楼。原诗是说"够好了",引诗是说"不够好",与原意相左。这就是春秋用《诗》之风。

陈桐生说:"这种断章取义的说《诗》方法还不能算真正意义上的《诗》学研究,因为运用这种说《诗》方法,《诗》尚未成为独立的客观研究对象,它的意义生成有赖于说《诗》者在某一特定情境下的临时需求,同一首诗在不同情境下可以作不同的解释……说《诗》者言在此意在彼,它的重心最后不是落在《诗》上,而是落在政治、外交、礼仪或某一观点之上,说《诗》者得鱼忘筌,只要成功地表达了某种志意,那么《诗》这个'筌'就理所当然地被抛到一边去了。"(《〈孔子诗论〉研究》,中华书局,2004 年,第165 页)

1. 16

子曰:"不患人之不己知,患不知人也。"

【译】

孔子说:"不怕别人不了解自己,只怕自己不了解别人。"

【评】

本篇以"人不知而不愠"开始,以"不患人之不己知,患不知人也"结束。孔子所说的"君子",是肩负"天命"的社会栋梁,对他们来说,入世最担心的就是"人不知"、"人之不己知",以致无法施展怀抱。要做到"人不知而不愠",是君子道德修养过程中较难通过的一关,故要反复强调。孔子一生仕途并不顺畅,但没有为此而愤怒,做出像屈原沉江这类过激行为,基本上可称"不愠"。他的学生或行或隐,心态都较平和,也有师教之功。

为政篇第二(共二十四章)

2.1

子曰:"为政①以德,譬如北辰居其所而众星共②之。"

【译】

孔子说:"用道德来治国,好比北极星稳定地处在自己的位置上,群星自然会环绕它旋转。"

【注】

①为,从事。为政,执政、治国。

②共,通拱,围也。

【评】

"为政以德"是孔子政治思想的核心,这个"德"有内外两层意思。首先,执政者要以德修身,以身作则;其次,执政者在治民"使民"时要讲究道德。《论语》在这两方面都颇多论述,而更侧重于执政者的"修己"、"行己"、"恭己",即要成为道德模范。见于1.5、2.3、2.20、4.11、5.16、8.2、12.2、12.17、12.18、12.19、13.4、13.6、13.13、14.41、14.42、15.5等章。

2.2

子曰:"《诗》三百①,一言以蔽之,曰:'思无邪②。'"

【译】

孔子说："《诗》三百篇,用一句话来概括,就是没有邪念。"

【注】

①"诗三百",又见于 13.5"诵诗三百"。孔子一再说"诗三百",可见孔子时,《诗经》规模早已定型。早于孔子的吴公子季札,于公元前 544 年到鲁国"观周乐",已有十五国风,名称与今本《诗经》相同。《诗》是经典,应由政府编选,孔子无权删定。《史记》关于孔子"删诗"之说,绝不可信。

②"思无邪",本是《诗经·鲁颂·駉》中的一句。原诗有八个"思"字,都是发语词,无义。《论语》里的这个"思"字,有二说,一说仍是无义的发语词;一说是思想之意。二说皆可通。

【评】

本章孔子以"无邪"评《诗》,后儒莫不如此,从上博楚简《孔子诗论》,到汉代四家《诗》,都以"无邪"这一总口径来解《诗》,例如汉初的毛苌说"变风发乎情,止乎礼义"。但《论语》15.11 章孔子怒斥"郑声淫",17.18 章孔子"恶郑声之乱雅乐","无邪"的三百篇里,竟有不少"淫"诗,说法存在矛盾。古今学者往往以"诗"、"声"不同类为之辩解,说孔子只骂"声",未骂"诗",但孔子时,诗乐一体而未分,岂有声"淫""乱"而诗"无邪"之理?一千多年后,才有朱熹发难,他说:"不是一部《诗》皆'思无邪'。"(《朱子语类》,中华书局,1994 年,第 2065 页)"变风何尝止乎礼义?"(同上书,第 2072 页)朱熹敢说真话,了不起!但朱熹没有解释"思无邪"与"郑声淫"矛盾的原因,本书认为,"思无邪"是祖训,非孔子首创,孔子是鹦鹉学舌,不得不传;骂"郑声淫"才是孔子的真心话。详见 15.11"评"语。

2.3

子曰:"道①之以政,齐之以刑,民免②而无耻;道之以德,齐之以礼,有耻且格③。"

【译】

孔子说:"用政治来领导国家,用刑法来规范社会,人们即使没有犯罪的行为,却也没有耻于犯罪的自觉性。如果用道德来领导国家,用礼教来规范社会,大家不但有自觉的廉耻之心,而且会敬上诚服。"

【注】

①道,读作导,与上篇"道千乘之国"的道相同。

②免,先秦古书单个"免"字,常为"免罪"、"免刑"之义。

③格,读作恪,敬。

2.4

子曰:"吾①十有五而志于学②,三十而立③,四十而不惑④,五十而知天命⑤,六十而耳顺⑥,七十而从心所欲不逾矩⑦。"

【译】

孔子说:"我十五岁开始立志做学问;三十岁知礼行礼,能立身于社会;四十岁思想成熟,不再迷惑;五十岁知道上天赋予自己的使命;六十岁以后,什么话都听得进去,忠言不会逆耳;七十岁以后,随心所欲都不会越轨了。"

【注】

①"吾"字表明,本章是孔子一生的自我回顾,不具有普遍意义,但后人常把它当作人生成长的普遍规律。例如,称三十岁为"而立之年",四十岁为"不惑之年"。

②《白虎通·辟雍》:"十五成童志明,入大学,学经术。"古代只有小学与大学,没有中学。孔子十五岁入大学,就立志做学问,可称少有大志。

③孔子有"立于礼"(8.8)、"不学礼,无以立"(16.13)、"不知礼,无以立也"(20.3)之说,"立"与"礼"不可分。社会由各种礼制组成,个人知礼,才能融入社会,立身其中。

④不惑,杨伯峻说:"《子罕篇》和《宪问篇》都有'知者不惑'的话,所以译文用'掌握了知识'来说明'不惑'。"(第13页)谨按:《子罕篇》、《宪问篇》的"知者不惑"之"知",都要读作智,杨氏也读作智,译作"聪明"、"智慧",不完全是"掌握了知识"的意思。孔子是道德家,做人提倡道德为先、思想挂帅,不允许走"白专"道路,所以译文添上"思想成熟"四字,谅无大误。

⑤五十而知天命,本章以这句最重要,它是孔子一生思想发展的分界线。孔子"五十以学《易》"(7.17),当时的《易》还是纯粹的占筮书,孔子学《易》必学占筮,大概是占筮告诉孔子肩负着非凡的天命。孔子是个急性子,是个知行合一者,他一知天命,就像火烧眉毛一样,急于去行使上天赋予自己的使命:恢复周礼。因此,五十岁以后,从政欲望突然膨胀,有两次(17.5、17.7)竟到了饥不择食的地步。

迷信未必都是绝对的盲从,无言的神示、神谕,有时取决于人的解释,往往是内心愿望的反映。人到五十,生命的太阳开始西斜,人们往往会盘点一下有生以来的收获。儒学的根本精神是入世,孔子办学的目的是培养君子,但将五十时,办了二十年的学,还很少有学生当过官,连老师也还没有出仕!这时的孔子,急需打一场翻身仗,内心的这种需求,必然会反映到对占筮的解释上来。殷人用龟卜,周人多占筮。王夫之称龟卜为"鬼谋",称占筮为"人谋"

(《周易外传·系辞上传》)。因为龟卜由龟甲烧后的裂纹判断吉凶,结论似乎是神定的;《周易》占筮要通过复杂的演算而判断吉凶(详见 7.17 注①),愿望更容易左右结论,王夫之称为"人谋",于是"五十而知天命",出现戏剧性的"脑筋急转弯"。

孔子五十而知天命,使他一生的行为轨迹与常人不同。多数人青壮年是干事业的黄金时期,五十岁以后萌生归隐林泉的念头。孔子恰好相反,他青壮年时期像半个隐士逸民,最后 20 多年才积极入世。这 20 多年的生命比以前更加熠熠生辉,更有个人特色与人格魅力,难怪《论语》主要记载他最后 20 多年的言行,以前的语录收集不多。

⑥耳顺,什么话都能听得进去,忠言不逆耳。

⑦这句话有点倚老卖老。孔子晚年,复礼思想非常顽固,对新事物的接受能力越来越差,与年轻人的代沟越来越深,与子路、冉有的思想矛盾越趋尖锐。自以为"从心所欲不逾矩",其实是顽固不化不逾旧规矩。详见 13.3、18.7 等章。

【评】

天、命、天命,是现代人研究《论语》的最大难点,因为它是孔子思想中距哲学最近的一个板块。现代任何问题,一沾上哲学,就容易变得高深莫测。胡适于 1919 年出版的《中国哲学史大纲》(上卷),由于没有写到这个问题,而受到一些学者的讥笑,说他的哲学敏感性太低,说他的哲学史没有哲学成分。冯友兰于 1934 年出版的《中国哲学史》,才把孔子的天命观摆在重要位置,认为孔子的"天","乃一有意志之上帝,乃一'主宰之天'也"。他于 1948 年在美国出版的《中国哲学简史》,说孔子"到五十、六十岁","懂得了天命和顺命","在这方面,孔子与苏格拉底有点相像。苏格拉底觉得自己是承受了天命来唤醒希腊人;孔子也觉得自己承受了一种神圣的呼召……他意识到那比道德更高的价值"(天津社会科学院出版社,2007年,第43页)。

冯友兰是中国现代最著名的哲学史家,是学贯中西的哲学家,他的文章写得很平实,不会故弄玄虚,装腔作势。上引对孔子"知天命"的解释,用质朴的语言表达传统的观点。古文献的本意,永远只有一个正确答案,后人不必刻意求新,除非原来的答案错误。"天命"就是上天的命令、旨意。稍有古文知识的人,都能懂。

徐复观先生的《中国人性论史(先秦篇)》,天命问题写得很多、很复杂,引进新名词不少,好玩概念游戏,令人如堕五里雾中❶。徐氏该书在大陆影响颇大,听说有几种版本,我案头只有湖北人民出版社2002年的本子,下文引用该书,只注页码。

徐氏说:"过去,因为古今的注释家,都不知道《论语》上的'命',和'天命',有显然地分别,所以对于'五十而知天命',发生过许多不必要的纠结。孔子的所谓天命或天道或天,用最简捷的语言表达出来,实际是指道德的超经验地性格而言。因为是超经验的,所以才有其普遍性、永恒性。……道德的普遍性、永恒性,正是孔子所说的天、天命、天道的真实内容。"(第88页)又说:"孔子五十所知的天命……乃是对自己的性、自己的心的道德性,得到了彻底地自觉自证……决不曾认为那是人格神的存在。"(第90页)

---

❶　笔者固陋,近日才读到傅佩荣先生的《儒道天论发微》、《儒家哲学新论》(中华书局,2010年11月版),二书对徐著《中国人性论史》多所商兑,颇获我心,可惜已来不及一一引录,只能向大家推荐《发微》98页、《新论》199-203页。——2011年6月16日补注。

按照徐氏的上述说法,孔子"五十而知天命",就是到五十岁知道道德的"普遍性"、"永恒性"。孔子一生都是教育家、道德家,他五十岁以前怎么一直不"知"这个道理,五十岁以后是什么原因,使他突然"知"了起来? 此其一。

第二,徐氏把"孔子的所谓天命或天道或天",还有"命",都混为一谈,进行一锅煮。徐氏所说的"天道",没有神性,没有人格神。徐氏把天、命、天命等同于无神的"天道"以后,使它们也都变成没有神性的东西。而在《论语》"子曰"里,根本找不到"天道"的踪影。子贡明明说夫子未言"天道",徐复观先生却说孔子言过"天道"(详见5.13 注②),并把它与"命"、"天命"混同等值而谈。

第三,徐氏说:"《论语》上凡单言一个'命'字的,皆指运命之命而言。"(第 86 页)"孔子乃至孔门弟子,对于命运的态度,是采取不争辩其有无,也决不让其影响到人生合理地生活;而只采取听其自然的'俟命'的态度,实际上是采取互不相干的态度。但《论语》上若提到与天相连的'天命'、'天道',则与上述的情形完全相反,而出之以敬畏、承当的精神。"徐氏此说,颇有影响,有些学者赞扬道:"发现《论语》中'命'与'天命'的不同涵义和运用,并由此发现儒家对'命'与'天命'的不同态度,这是徐复观先生的一个深刻洞见,而儒家命运观与天命观的深刻差别也将由此而得到揭示。"

其实,称"命"为命运,而非"天命",并不是徐复观的创见,而是国学界早已普遍存在的一种观点。郭沫若于1935 年撰写的《先秦天道观之进展》一文说:"孔子所说的'天'其实只是自然,所谓'命'是自然之数或自然之必然性"(《郭沫若全集》历史编第 1 卷,人民出版社,1982 年,第 358 页)。"自然之数或自然之必然性",

就是徐氏所说的没有神性的命运,徐氏有时也称命运为"数"。

《论语》里确有"自然"之"天",见于三章:

8.19:"巍巍乎唯天为大。"

17.19:"天何言哉?"

19.25:"犹天之不可阶而升也。"

除了这三个自然之天外,《论语》还有十一章的天是人格神、主宰神:

3.13:"获罪于天,无所祷也。"

3.24:仪封人说:"天将以夫子为木铎。"

6.28:"予所否者,天厌之! 天厌之!"

7.23:"天生德于予,桓魋其如予何?"

8.19:"唯天为大,唯尧则之。"

9.5:"文王既没,文不在兹乎? 天之将丧斯文也,后死者不得与于斯文也;天之未丧斯文也,匡人其如予何?"

9.12:"吾谁欺? 欺天乎!"

11.9:"颜渊死。子曰:'噫! 天丧予! 天丧予!'"

12.5:"死生有命,富贵在天。"

14.35:"不怨天,不尤人,下学而上达。知我者其天乎!"

20.1:尧曰:"咨! 尔舜! 天之历数在尔躬。"

这些"天",都有明确的人格神的性质,他主宰着人间的生死穷达等命运,赋予"舜"、"文王"、"夫子"神圣的社会使命。

孔子的天命观,包含命运与使命两大内容。"天命"一词的关键字,不是"命",而是"天",是神性的"天",决定人间的"命"。或如郭店楚简《性自命出》所说:"命自天降。"

《论语》言"命"有以下五章:

6.10:"亡之,命矣夫! 斯人也而有斯疾也!"

9.1:"子罕言利,与命,与仁。"

12.5:"死生有命,富贵在天。"

14.36:"道之将行也与,命也;道之将废也与,命也。公伯寮其如命何!"

20.3:"不知命,无以为君子也。"

这五章的"命",都指"天命"(上天之命),有的指寿夭穷达的命运,有的指君子的社会使命,有的包括二者(如9.1)。不管哪种"命",孔子都不是采取互不相干的态度,而是主张积极地去"知"它,自觉地配合它。

孔子认为,人间的命运与君子的使命都是天定的,因此,"命"字有时可与"天"字互换。20.3的"不知命",《韩诗外传》卷六解释为"不知天",这五章的"命",就是天命。孔子除"天命观"之外,没有别的什么"命运观"。

《论语》里"天命"见于两章:

2.4:"五十而知天命。"

16.8:"君子有三畏:畏天命,畏大人,畏圣人之言。小人不知天命而不畏也,狎大人,侮圣人之言。"

这两章的"天命",都可以换成"命"字。"命"与"天命"是一个概念,不是"一对概念"。何晏《论语集解》注"五十以学《易》"章说:"《易》穷理尽性以至于命,年五十而知天命,以知命之年读至命之书,故可以无大过矣。"前句称"知天命",紧接的后句即称"知命"。皇侃《论语义疏》说:"所以必五十而学《易》者,人年五十是知命之年也。"也称"知天命"为"知命"。"天"字可省,因为命由天定,乃古人共识。16.8的"畏天命",就是"畏天"、"畏命"。

与《论语》同时代的《左传》,有些单独的"命"字也指天命。例如,文公十三年"君子曰知命"、定公十五年"存亡有命",这两个"命"字,沈玉成《左传译文》都译作"天命"(中华书局,1987年,第152、546页),甚确。

李泽厚说:"所谓'命',我以为不应解释为'必然性'、'命定性',如许多传统的解说那样,恰恰相反,应释为偶然性,即每一个体要努力去了解和掌握专属自己的偶然性的生存和命运,从而建立自己,这就是'知命'和'立命'。"(《论语今读》,三联书店,2004年,第18页。下文引此书,只注明作者与页码)这里所谓的"命",毫无宗教性,与至上神"天"毫无关系,它完全是今人概念的"命运"之"命",与孔子所说的"天命"之"命"毫无关涉。如果孔子心中的"命"是不可知的"偶然性",他何必白费力气,要以"知命"、"畏天命"作为君子最重要的奋斗目标?

在孔子心目中,"命"、"天命"是由天决定的必然性因素,由于是必然的,所以才是可知的;由于是可知的,所以君子必须"知命"。"知命"的主要办法就是学《易》、学占筮。李零说得很对:"古人知天命,主要靠数术;孔子知天命,主要靠学《易》。"(第151页)孔子时候的《易》,还是纯粹的占筮书,详见7.17。

孔子对鬼神、天命是深度信仰的,这样说,丝毫无损孔子形象。因为孔子时代,还没有无神论萌芽。今人常把《诗经》、《左传》中的"怨天"材料看作是无神论的萌芽,徐复观认为,春秋时代的天,"无复有人格神的性质"(第58页)。其实,"怨天"的前提是心中有天,以天为主宰神。"怨天"情绪最强烈的莫过于周初的商族遗民,他们不是时间更早、数量更大的无神论萌芽群体吗? 而宋国人(商族遗民)到春秋晚期,仍是最信神、最媚神的一族。

傅斯年说:"试看《左传》、《国语》,几为鬼神灾祥占梦所充满,读者恍如置身于殷周之际。"(《性命古训辨证》,广西师范大学出版社,2006年,第118页)这是实话实说。

子产的"天道远,人道迩,非所及也,何以知之"(《左传·昭公十八年》),常被人误解为"无神论"。其实,子产只说天道难"知",并没有否定鬼神天命的存在,否则,他何必搞那么大规模的求神媚神活动? 不但《论语》、《左传》没有无神论成分,《礼记》也没有,近年出土的郭店楚简、上博楚简还是没有❶。到孟子时候,还承认鬼神的存在,承认天的神性,承认祭祀的实在意义。例如《孟子·万章上》记载:万章曰:"尧以天下与舜,有诸?"孟子曰:"否,天子不能以天与人。""然则舜有天下也,孰与之?"曰:"天与之。……使之主祭,而百神享之,是天受之。"丁四新说得对,这"足以说明孟子没有将鬼神虚无化,作为实体性质的鬼神存在仍然是祭祀的基础"(丁文《论楚简〈鬼神〉篇的鬼神观及其学派归属》,载郭齐勇主编《儒家文化研究》第一辑,三联书店,2007年,第422页)。直到《荀子·天论》,才提倡"明于天人之分",将"天"剥掉神的外衣,还原为自然之天;将祭祀仅仅看作是仪式化的文饰。

孔子的宗教观与同时代的人比较,是最先进的。他的至上神仅

---

❶ 丁四新说:"郭店楚书的天命观与《诗》、《书》时代的帝命观或天命观是一脉相承的,上帝对尘世民众具有绝对的权威与主宰能力。"(《郭店楚墓竹简思想研究》,东方出版社,2000年,第248、249页)丁说甚是。上博楚简的天命观也是如此。

称"天",从不称"帝",人格神色彩可能趋淡,这比周公进步;他对神、对天只信而敬之,而不媚而求之,这比子产进步;他的宗教伦理化程度比前人、比同时代的人都更纯粹、更理性;与子路等学生相比,他的社会理想落后守旧,他的宗教观却比这些年轻人理性、进步。孔子宗教观的进步,只能进到这个地步,不能要求他提前跑到孟子前面去。

生卒年比孔子差不多晚一个世纪的墨子(约前468—前376年),其宗教观比孔子落后六个世纪,倒退到商代水平,如说"古圣王治天下也,故必先鬼神而后人者"(《墨子·明鬼下》)。《墨子·公孟》篇攻击儒者公孟子的无神论思想,说:"儒以天为不明,以鬼为不神,鬼神不说(悦),此足以丧天下。"对这条材料,我们不能完全听信《墨子》的一面之词,因为第一,这是一条孤证,没有其他资料可以证明当时儒家中已有"以天为不明,以鬼为不神"的思想流派,即使公孟子有这种异端思想,也只能看作是极个别的特例。第二,墨子当时是最大的反儒专家,他对儒家思想言论的介绍转述,常常夸大其词,引向极端。例如《墨子·耕柱》篇记载,儒者巫马子说自己"爱我身(胜)于吾亲"。这话明显违背儒家的孝道,应是墨家对他的有意歪曲。《墨子·非儒下》甚至说:"孔子为鲁司寇,舍公家而奉季孙。"可谓颠倒黑白,信口乱说。当时,人们对天命鬼神的深度信仰,是居于绝对主导地位的时代思潮,说"儒以天为不明,以鬼为不神",好比现在说某教授"烧香拜佛、求谶问卜"一样,很容易达到丑化对方的目的❶。因此,对《墨子·公孟》这条资料,以存疑为宜。第三,即使这条资料基本属实,时代也晚于孔子。总之,

---

❶　古希腊的孔子——苏格拉底(前469—前399年)遭反对派诬告,被打入大牢,其中一条罪名是说他不信神,其实苏格拉底是信神、敬神的。

孔子的宗教观居于时代前列。

中国的无神论不是萌芽于儒家,而是萌芽于道家。《论语》的最高思想范畴是神性的"天",《老子》的最高范畴是没有神性的"道"。《老子》晚于《论语》。《荀子》的无神论思想可能是受道家影响的结果。儒家本来就以治丧、祭祀为职业,不可能有无神论传统。

2.5

孟懿子①问孝。子曰:"无违②。"

樊迟③御,子告之曰:"孟孙问孝于我,我对曰'无违'。"樊迟曰:"何谓也?"子曰:"生,事之以礼;死,葬之以礼,祭之以礼。"

【译】

孟懿子请教孝的问题,孔子答道:"不违背。"

樊迟为孔子驾车时,孔子告诉他说:"孟孙向我问孝,我答他'不违背'。"樊迟问道:"什么意思啊?"孔子说:"父母活着,依礼制侍奉他们;死了,依礼制埋葬他们,依礼制祭祀他们。"

【注】

①孟懿子(前531—前481年),孟是氏,孟氏即孟孙氏,又称仲孙氏。孟是庶出的长子,伯是嫡出的长子。嫡出的长子继承鲁君。孟孙氏以及叔孙氏、季孙氏当卿大夫。他们都是鲁桓公的后代,人们合称他们为"三桓"。春秋中期以后,三桓擅权。到孔子时代,季孙氏执政,势力最大。孟懿子姓仲孙,名何忌,懿是谥号,子是尊称。孟懿子是死后的称呼,生前称仲孙何忌。他父亲是孟僖子。孔子35岁时,孟僖子死前留下遗嘱,要自己的两个儿子仲孙何忌

和南宫敬叔拜孔子为师(《左传·昭公七年》)。当时仲孙何忌 13
岁。后来,孔子带南宫敬叔到洛邑向老子学习。孟懿子与南宫敬
叔以及宋人司马牛,是孔子学生中身份最高的三位。

②无违,即下文 2.9“不违”,唯唯诺诺,听话服从。

③樊迟,孔子学生,名须,字子迟。小孔子 37 岁。一说齐人,
一说鲁人。《孔子家语·弟子解》说他弱冠(二十岁左右)就“仕于
季氏”。《论语》写到樊须六次:6.5、6.22、12.21、12.22、
13.4、13.19。

【评】

孔子对“无违”的解释,有迂曲之嫌。为什么不明说“无违礼”,
而故意先把礼字藏起来,省略为“无违”,使它变成一个谜语? 王充
《论衡·问孔篇》一开始就提出这个问题。杨伯峻引黄式三的话来
解释:“古人凡背礼者谓之违。”其实,古书里并不存在“违”等于
“违礼”的通例。杨氏引《论衡》为例,说:“‘违’字这一含义在后汉
时已经不被人所了解了。”(第 13—14 页)但是,与孔子同时代的樊
迟为什么也听不懂?“生,事之以礼;死,葬之以礼,祭之以礼”,这
对当时的贵族来说,是极普通的常识,孔子何必转弯抹角卖关子?
其中蹊跷,令人费猜。

2.6

孟武伯①问孝。子曰:“父母,唯②其③疾之忧。”

【译】

孟武伯请教孝的问题。孔子说:“对父母,最重要的是为他们
的疾病担忧(孝子最要关心的是父母的健康问题)。”

【注】

①孟武伯,孟懿子的儿子,即仲孙彘。"武"是谥,"伯"是排行。又见于5.8。

②唯,古今都有把"最重要"夸张为"唯一"的习惯,此"唯"也是"最"的夸张。

③其,指父母。或说指子女。父母最担心子女生病,故子女要重视自己的健康,使父母放心,这是孝的表现。此说也可通,但嫌迂曲。

2.7

子游①问孝。子曰:"今之孝者,是谓能养。至于犬马,皆能有养;不敬,何以别乎?"

【译】

子游请教孝的问题。孔子说:"现在的所谓孝,只说能养活父母就成了。连狗、马都能得到你的饲养;如果对父母只供养而不尊敬,那跟对待狗、马有什么区别呢?"

【注】

①子游,孔子学生,姓言,名偃,字子游,吴人,小孔子46岁。孔门十哲"文学"科之一哲。见于《论语》八次:2.7、4.26、6.14、11.3、17.4、19.12、19.14、19.15。

2.8

子夏问孝。子曰:"色难。有事,弟子①服其劳;有酒食,先生②馔,曾③是以为孝乎?"

【译】

子夏请教孝的问题。孔子说:"儿子侍奉父母时经常和颜悦色是件难事。有事,年轻人担当重活;有酒食,让年长者享用,这样就可以算是孝吗?(更重要的是要有发自内心的和颜悦色。)"

【注】

　　①弟子,晚辈。

　　②先生,长辈。

　　③曾(zēng),质问之词,犹"竟"。

2.9

　　子曰:"吾与回①言终日,不违②,如愚。退而省其私,亦足以发,回也不愚。"

【译】

　　孔子说:"我向颜回讲学一整天,他从不提出不同意见,像傻子似的。下课后,我考察他的言行,对我的学说颇有发挥,颜回并不傻。"

【注】

　　①回(前521—前481年),颜渊名,渊(子渊)是字,鲁国人。其父颜路,是孔子早期学生。颜渊小孔子31岁。一说小41岁,不可能。如果小41岁,孔子52岁仕鲁,颜渊才11岁;孔子56岁周游列国,颜渊才15岁;孔子57岁匡地被围,颜渊才16岁,当时,颜渊已是孔子的得意门生。颜渊在《论语》中出现21次:2.9、5.9、5.26、6.3、6.7、6.11、7.11、9.11、9.20、9.21、11.3、11.4、11.7、11.8、11.11、11.19、11.23、12.1、15.11。

　　②"不违",唯唯诺诺、不会质疑。颜回是"不违"的典范,把一个不会质疑的学生大树特树,树了两千多年,是中国传统文化与传统教育的一处病灶,是孔子教育思想的一个污点。

2.10

子曰:"视其所以①,观其所由②,察其所安③。人焉廋④哉?人焉廋哉?"

【译】

孔子说:"看他所交的朋友,了解他的经历,考察他追求的目标。这个人还能隐瞒得住吗? 这个人还能隐瞒得住吗?"

【注】

①以,读作与,相与往来的人。

②由,由来,经历。

③安,安于什么,即追求目标。

④廋(sōu 搜),藏匿。

2.11

子曰:"温故而知新,可以为师矣。"

【译】

孔子说:"温习旧知识,能悟出新问题,可以为人师。"

2.12

子曰:"君子不器。"

【译】

孔子说:"君子不能成为某种器具。"

【评】

孔子称不上理论家,却是伟大的思想家。他认为,作为社会栋梁的君子,要有思想信仰与广博的知识,不能只有某种技艺。《礼记·学记》"大道不器"(大学问不局限于某一种本领与用途)与此同义。

2. 13

子贡问君子。子曰:"先行其言而后从之。"

【译】

子贡请教怎样成为君子。孔子说:"先干后说。"

【评】

子贡善言、多言。孔子针对子贡这个特点,劝他干了再说、多干少说。参阅1. 14、4. 24、12. 3、17. 19。

2. 14

子曰:"君子周①而不比②,小人比而不周。"

【译】

孔子说:"君子关心整体而不结党营私,小人结党营私而不关心整体。"

【注】

①周,圆周,表示整体、普遍。

②比,私亲。《礼记·缁衣》"大臣不治,而迩臣比矣",郑玄注:"比,私相亲也。"7. 31"君子不党",15. 22"君子矜而不争,群而不党","周而不比"即"群而不党"。

2. 15

子曰:"学而不思则罔①,思而不学则殆②。"

【译】

孔子说:"学而不思一场空,思而不学白日梦。"

【注】

①罔,无。

②《广雅·释诂三》:"殆,败也。"

2.16

子曰:"攻^①乎异端,斯害也已^②。"

【译】

孔子说:"攻击不同意见,这是灾难啊!"

【注】

①攻,有二解,一、攻击,批判;二、读作工,释为治。《论语》"攻"字共出现四次,除本章外,其他三个是:11.17"非吾徒也,小子鸣鼓而攻之可也",12.21"攻其恶,无攻人之恶",都是攻击、批判之意。俞志慧遍考《诗经》、《春秋》及其三传、《孟子》等书,得出的结论是:"'攻'训为'治'的使用语域极为有限,其宾语总是玉石、车辆、城墙等可见之具体事物和疾病,与抽象的思想学说、观念无缘。……由此可以认定,'攻乎异端'之'攻',不当训为'治',只能作'攻击'、'讨伐'、'批判'等义解。"(详见俞文《〈论语·为政〉"攻乎异端,斯害也已"章笺证》,载《孔孟月刊》第35卷第9期,1997年)

②也已,也有二解:一、分读为两个词,训"已"为止。二、"也已"连读,为句尾语气词。上引俞文遍考《论语》五次"也已"、六次"也已矣","无一不是作表加强肯定的语气词连用"。

【评】

没有宗教战争,各种不同宗教能在中国和平共处,是中国历史的一大优点。究其原因,与儒家对异端思想的宽容态度有关。

2.17

子曰:"由^①,诲女知之乎! 知之为知之,不知为不知,是知^②也。"

【译】

孔子说:"由啊,教你对待知识的态度吧!知道了才说知,不知道就说不知,这才是明智。"

【注】

①由(前542—前480年),即仲由,字子路或季路。鲁邑卞人,在今山东泗水东卞桥镇。小孔子10岁,是孔子早期学生。仲由出现次数最多,42章里有他的名字:2.17、5.7、5.8、5.14、5.26、6.8、7.11、7.19、7.35、9.12、9.27、10.26、11.3、11.12、11.13、11.15、11.22、11.24、11.25、11.26、12.12、13.1、13.3、13.28、14.12、14.16、14.22、14.36、14.38、14.42、15.2、15.4、16.1、17.5、17.7、17.8、17.23、18.6、18.7。他是《论语》里性格最鲜活的一人。他对孔子忠心耿耿,但经历周游列国后,政见产生分歧。他对孔子恢复周礼这个最高政治纲领("道")"已知""不行"(18.7);他批评孔子的"正名"主张"迂"腐不识时务(13.3)。

②知,读智。

【评】

"知之为知之,不知为不知,是知(智)也",这是千古名言,在历史上起过广泛的积极作用。但联系孔子与子路的具体关系,本章可能是批评子路的一个优点:勇于发表不同意见。子路与颜回相反,颜回"不违",子路常"违",故要敲他一下,要他放谦虚一些,不要自以为知。在13.3章里,孔子以"不知"训"知"者。

2.18

子张①学干②禄。子曰:"多闻阙疑,慎言其余,则寡尤③;多见阙殆④,慎行其余,则寡悔。言寡尤,行寡悔,禄在其中矣!"

【译】

　　子张请教追求官禄的门路。孔子说："多听存疑,谨慎地说一些别人剩下的废话,就可以少犯错误;多看存疑,谨慎地做一些别人剩下的扫尾工作,就会少有懊悔。说话少犯错误,行为少有懊悔,俸禄就在里面了。"

【注】

　　①子张,孔子学生,复姓颛孙,名师,字子张。陈国阳城人,一说鲁人。小孔子49岁。他在《论语》中出现18次:2.18、2.23、5.19、11.16、11.18、11.20、12.6、12.10、12.14、12.20、14.40、15.6、15.42、17.6、19.1—19.3、20.2。后世有"子张之儒"的说法,可见他能自成一派,但孔门十哲没有他的名字。

　　②干,追求。

　　③尤,过失。

　　④阙殆,与阙疑同义,都是存疑的意思。

【评】

　　李零说,子张"性格外向,为人豪爽,是个小子路。这种性格和官场不合。他向孔子请教吃官饭,孔子劝他慎言慎行,多看多听,少干少说,说话干事都要留有余地。这是针对子张的性格,叫他别冒冒失失。现在在官场混,孔子的话也灵,可惜他自己没混出什么名堂"(第82页)。此说大可商兑。

　　孔子"五十而知(行)天命"以后,虽然当官心切,却不是为了"干禄",他的目标太高了,要变天下"无道"为"有道",这与当时的天下大势背道而驰。仕鲁四年后,再没有人请他进官场,幸亏他学问声誉特隆,在异国他乡的官场之外,也能得到"俸粟六万"的厚"禄",不必应卯上班,不必"慎言""慎行",却享受省部级待遇。在官场之外能吃到如此高级的官饭,从"干禄"的角度言,孔子"混"得最有"名堂",全"天下"找不到第二个例子,堪称登峰造极。但他追求的目标在"道"不在"禄",禄已到手,道却渺茫,所以牢骚满腹,后人称他"不得志"。一个以培养君子为目标的至圣先师,教子张这个毛头小子如何在官场里混日子、涨工资,说的应该是愤世嫉俗的反话,后人千万别上他的当。《论语》这一章,应该倒着读,可以品赏到孔子的幽默风趣。

2.19

哀公①问曰:"何为则民服?"孔子对曰②:"举直错诸枉,则民服;举枉错诸直,则民不服。"

【译】

鲁哀公问:"怎么做才能使百姓服气?"孔子说:"把正直的人放在点头哈腰的人上面,百姓就服气;把歪里歪气的人放在正直的人上面,百姓就不服。"

【注】

①哀公,定公之子,在位 27 年(前 494—前 466 年)。姓姬,名将(一作蒋),哀是谥号。孔子于哀公十一年归鲁,十六年去世。二人相处期间,关系亲善。

②孔子对曰,《论语》体例,臣下答君上,一定要用"对曰"。

2.20

季康子①问:"使民敬、忠以②劝③,如之何?"子曰:"临④之以庄,则敬;孝慈,则忠;举善而教不能,则劝。"

【译】

季康子问:"要使人民恭敬、尽忠和追求上进,应该怎么办?"孔子说:"你对人民严肃认真,他们对你就会毕恭毕敬;你孝顺长辈,慈爱幼小,他们就会对你竭力尽忠;你提拔优秀人才而教育无能者,他们就会追求上进。"

【注】

①季康子,鲁"三桓"之一,姓季孙,名肥,康是谥号。哀公时的正卿。

②以,同与。

③劝,努力,此谓追求上进。

④临,居高临下的"临",此指季康子与"民"的关系。

【评】

在《论语》里,季康子问孔子共六章,除6.8与11.7两章外,本章与12.7—12.9共四章,都是问政。上博楚简有《季康子问于孔子》篇,思想内容与这四章类同。季康子主张以"强"力治国,孔子主张以德治国,观点针锋相对。要解读《论语》这四章内容,了解孔子的仁政思想,简文《季康子问于孔子》不可不读〔该简文载于马承源主编的《上海博物馆藏战国楚竹书》(五),上海古籍出版社,2005年〕。

2.21

或谓孔子曰:"子奚①不为政?"子曰:"《书》云:'孝乎惟孝,友于兄弟,施②于有③政。'是亦为政,奚其④为⑤为政?"

【译】

有人问孔子:"你为什么不去当官从政?"孔子答道:"《尚书》说:'孝啊,孝顺父母最重要,还要友爱兄弟,把这股风刮进政坛吧。'这也是参与政治了,为什么一定要当官才算参与政治呢?"

【注】

①奚,何。

②施,影响。

③有,虚词,无义。

④其,指做官。

⑤为,是。

【评】

本章肯定是"五十而知天命"以前的语录。当时孔子怠于从政,思想依违于"行"与"隐"之间,对当官的事"无可无不可"(18.8)。13.20章说做到孝悌,还只是"次"等的士,真正的士,要当官从政,报效国家。那是"五十而知天命"以后的话,前后差别,显而易见。

2.22

子曰:"人而无信,不知其可也。大车无輗①,小车无軏②,其何以行之哉?"

【译】

孔子说:"做人没有信用,不知道怎么能行啊!好比牛车没有輗,马车没有軏,怎么能走啊!"

【注】

①大车,古代用牛拉的载重车,其车辕前面横木两端的木销子称輗(ní 倪)。

②小车,古代用马拉的载人车,其车辕前面横木两端的木销子称軏(yuè 月)。

2.23

子张问:"十世可知也①?"子曰:"殷因于夏礼,所损益可知也;周因于殷礼,所损益可知也。其或继周者,虽百世可知也。"

【译】

子张问:"今后十代的礼制能够预见吗?"孔子说:"殷朝沿袭夏礼,废掉些什么,增加些什么,今天都可以考证出来;周朝沿袭殷礼,废掉些什么,增加些什么,也可以知道。根据以往的损益规律,那假定有继承周朝的,即使百代以后的礼制,也可以预见个大概。"

【注】

①也,同耶,疑问词。

【评】

孔子太自信了,他连当代的礼制变化趋势都看错了,还谈什么"十世"、"百世"? 不过,孔子的自信,正是他"知天命"的心理基础。孔子的自信,说明他不是一个"知其不可而为之者"。他五十岁以后积极从政、周游列国,都是知其大可而准备大为。详见16.2、16.3。子张小孔子49岁,本章对话,应发生在孔子六七十岁的时候,到了饱经曲折的垂暮之年,他还那么自信,更何况五十多岁周游列国的初期!

2.24

子曰:"非其鬼①而祭之,谄也。见义不为,无勇②也。"

【译】

孔子说:"不是自己的祖先而去祭他,是献媚;应该见义勇为的时候而不挺身而出,是怯懦。"

【注】

①先秦鬼字,一般指已死的祖先,但也偶有泛指的。
②勇,勇气。

八佾篇第三（共二十六章）

3.1

孔子谓季氏①:"八佾②舞于庭③,是可忍也,孰不可忍也?"

【译】

孔子谈到季氏,说:"他在庭院中舞起天子的八佾之礼,这种事如果可以容忍,还有什么事不能容忍呢?"

【注】

①季氏,孔子时代经历季平子(季孙意如)、季桓子、季康子。此季氏指哪一位,古人说法不一。根据《左传》昭公二十五年记载,再根据孔子情绪的激烈程度判断,这季氏应该是季平子。详见下文。

②八佾(yì 逸),古代舞蹈八人一行,每行称佾。周礼规定,天子用八佾,诸侯用六佾,大夫用四佾,士用二佾。季氏只能用四佾。

③庭,李零说:"即西周金文讲册命仪式时常说的'中廷'。'中廷'是堂下的院子。舞是在院子里舞,人是在堂上观。"(第87页)

【评】

孔子多次谴责季氏僭越,以这次情绪最为激烈,"忍无可忍"已成为成语。孔子时代,诸侯、大夫类似"八佾舞于庭"的僭越行为,已司空见惯,孔子情绪这么激烈,可能另有原因。季平子时的鲁君是昭公,昭公是孔子的伯乐、恩人。孔子的妻子是宋国一位大夫的女儿(《孔子家语·本姓解》),这桩跨国婚姻,昭公起过拉线搭桥作用。孔子4岁丧父,18岁丧母,20岁结婚,21岁生了儿子。昭公派人送来鲤鱼,表示庆贺。孔子为了纪念昭公的盛情,给儿子取名鲤,字伯鱼。孔子三十多岁时,昭公派车、派马、派童仆,送孔子到周朝都城洛邑向老子学习,这有点像现在的公费留学。昭公二十五年,孔子36岁,季平子联合孟孙氏、叔孙氏围攻昭公,昭公不敌,逃到齐国。不久,孔子同情昭公,也来到齐国。齐景公打算给孔子以上下卿之间的待遇,这使我们想起孔子原来在鲁国的待遇问题。因为齐国给他的待遇,按理应以孔子在鲁的待遇为参照。从孔子的"公费留学"以及齐国打算给他的待遇看来,他三十多岁办私学时,可能已是鲁国政府的在编人员,而且等级不低。孔子可能是一个公助民办的民办教师,他的私学特别兴旺,远非他人可比,经济后盾可能是个原因。孔子家贫,他收的学费低(7.7),学生基本上是穷人(11.1),如果没有"公助"作后盾,是难以想像的。孔子的特殊待遇,可能源于鲁昭公的爱才之德。孔子是个感情丰富、知恩图报的人,所以鲁昭公流亡齐国,他也去了齐国。昭公死后,季平子把昭公尸体葬于鲁先君的墓道之南,其间挖一条沟,以别而贬之。孔子仕鲁后,建议季桓子填平其沟,使昭公与诸先君的墓合在一起(《孔子家语·相鲁》)。周游列国后期,孔子来到陈国,鲁昭公去世已20年了,他还为昭公辩护,受到陈司败的批评(7.31)。鲁哀公十二年,昭公夫人吴孟子亡故,当时孔子已70岁,还去为她吊丧。为昭公辩护,为昭公夫人吊丧,可能也与他没有忘记昭公的提携之恩有关。由于孔子与昭公的关系特殊,而季平子迫害昭公甚烈,因此孔子对季平子特别反感。

3.2

三家①者以《雍》②彻③。子曰:"'相④维辟公,天子穆穆',奚取于三家之堂?"

【译】

仲孙、叔孙、季孙三家祭祀祖先时,(用天子之礼,)唱着《雍》来撤下祭品。孔子说:"《周颂·雍》篇有这样的句子:'助祭诸公是诸侯,天子端庄又静穆',这两句诗有哪一点可以用在三家的大厅上呢?"

【注】

①三家,指"三桓"。仲孙、叔孙二家也参与迫害昭公。

②《雍》,也作《雝》,《诗经·周颂》的一篇。"相维辟公,天子穆穆"是其中的两句。这次是正常引《诗》,无断章取义之弊。

③彻,祭祀完毕后,撤下祭品。

④相(xiàng 向),助祭人员。根据《雍》诗,助祭者是"公"(诸侯),主祭是"天子",而三家都是大夫,连助祭资格都没有。

【评】

这章情绪没有前章激烈,打击面却遍及"三家",也可能是三四十岁在野儒士的口气。

3.3

子曰:"人而不仁,如礼何?人而不仁,如乐何?"

【译】

孔子说:"做人没有仁爱心,怎能遵循礼制呢?做人没有仁爱心,怎能理解音乐呢?"

【评】

仁是礼、乐的灵魂,礼、乐是仁的载体。下章作具体说明。

3.4

林放①问礼之本,子曰:"大哉问! 礼,与其奢也,宁俭;丧,
与其易也,宁戚②。"

【译】

林放请教礼的根本,孔子说:"好重大的问题啊! (一般说来,)
礼的形式与其奢侈,宁可节俭;(唯丧礼特殊,)丧礼的感情与其一
般合礼,宁可悲哀过分。"

【注】

①林放,鲁人。李零推测"可能是为季氏掌礼的专家。定州八
角廊汉简《论语》有这一章的残简,《儒家者言》的简 2150 有'林放
问礼'四字,整理者推测,后者是与《八佾》重出的内容"(第 88
页)。定县汉墓竹简整理组《〈儒家者言〉释文》,载《文物》1981 年
第 8 期,第 13—19 页。

②"丧,与其易也,宁戚",这句难解,古今注家说法纷纭,似都
未尽如人意,今试说如下。包咸注"易"为"和易",郑玄注"易"为
"简也"。易有平易、简易之义,是平常、一般的意思,与"贤贤易色"
(1.7)的易字同义。根据当时的礼制要求,参加者的感情要节之于
礼,达到平常、一般水平即可,不可过分悲与乐,这就是"易"之义。
"戚"是悲哀,这里与"易"对举,就不是一般的悲哀,而是过分的悲
哀。《礼记·檀弓上》记载:"子路曰:'吾闻诸夫子,丧礼,与其哀不
足而礼有余也,不若礼不足而哀有余也。'"可知孔子允许"丧礼"
"哀有余",这是对"丧"的特殊照顾。孔子不但有这样的言论,而且

有这样的行为表现。"颜渊死,子哭之恸。从者曰:'子恸矣!'曰:'有恸乎? 非夫人之为恸而谁为?'"(11.10)马融注:"恸,哀过也。"孔子认为:"人未有自致者也,必也亲丧乎!"(19.17)"亲丧"是人充分发泄感情的机会,可以过中越礼。孔子重丧,由此可见一斑。子游的说法有些不同,19.14"子游曰:'丧致乎哀而止'",认为丧礼的哀情也要适可而止。造成这种差异的原因,可能是两人的气质性格不同,孔子是音乐家、诗人,感情丰富充沛;子游是理论家,比较理性克制。

【评】

3.3、3.4 以及 3.8,应该连读。这三章说明,"礼之本"是仁,是人之心。现在见到的最初的仁字之一,是从人从心,作"忎"或"伈",详见本书 1.2 章"评"语。

3.5

子曰:"夷狄之有君,不如诸夏之亡也。"

【译】

孔子说:"野蛮民族即使有君主,也不及华夏诸国没有君主(那么文明)。"

【评】

本章与 14.17 章证明,孔子的华夷之辨甚严,这是无可厚非的正常现象;孔子不可能有"乘桴"出海、"欲居九夷"的思想。5.7 与 9.14 说的都是俏皮的反话。

3.6

季氏①旅②于泰山。子谓冉有③曰:"女弗能救④与?"对曰:"不能。"子曰:"呜呼! 曾⑤谓泰山不如林放⑥乎?"

【译】

季氏要去祭泰山。孔子对冉有说:"你不能劝阻吗?"冉有答道:"不可能。"孔子说:"啊呀! 难道说泰山还不如林放吗?"

【注】

①季氏,季康子。

②旅,祭山。周礼规定,只有天子与诸侯可以祭祀名山大川。

③冉有,孔子学生,鲁人,姓冉,名求,字子有,小孔子30岁。公元前492年,接替冉雍的季氏宰职位。冉有与子路并立为十哲的"政事"科,善于理财。冉有在《论语》里出现16次:3.6、5.8、6.4、6.8、6.12、7.15、11.3、11.13、11.17、11.22、11.24、11.26、13.9、13.14、14.12、16.1。

④救,挽救,阻止。

⑤曾,竟,难道。

⑥林放,李零说:"我怀疑,'林放'可能是为季氏掌祭礼的官员。古代管山林的官叫林衡,他也可能是以官为氏。这段话,背景可能是,季氏旅泰山,都是林放的馊主意,此举不合于礼,孔子很生气,说你们怎么什么都听林放的,难道泰山还不如林放吗?你们怎么就不想想,泰山之神会接受这样的祭祀吗?你们糊弄谁,也糊弄不了泰山。"(第92页)

【评】

孔子把季康子祭泰山的僭越责任,推给了林放,这与对季平子舞八佾(3.1)、三家以《雍》彻(3.2)的激烈情绪形成鲜明对比。在人屋檐下,当忍则忍!圣人聪明!

孔子与冉有的关系颇为特殊。冉有说服季康子,以"重币"迎孔子归鲁,尊为"国老",与自己同事一朝。按理说,冉有是孔子的恩人,孔子对他的批评应该有所顾忌,但孔子晚年对冉有的批评最激烈。冉有对孔子既尊敬又不听话。颜渊"不违",冉有与子路一样,常违老师的教诲。孔子对昭公讲究面子,要为尊者讳,对学生原则性很强,即使有恩于己,也不马虎。

3.7

子曰:"君子无所争,必也射乎! 揖让而升,下而饮①。其争也君子。"

【译】

孔子说:"君子没有什么可争。如果争,一定是射礼吧! 互相作揖,然后登堂,比赛完毕,下来饮酒。这种争,叫君子之争。"

【注】

①中靶少者要罚酒。

3.8

子夏问曰:"'巧笑倩①兮,美目盼②兮,素③以为绚兮',何谓也?"子曰:"绘事后素④。"

曰:"礼后乎?"子曰:"起⑤予者商也! 始可与言《诗》已矣!"

【译】

子夏问道:"'酒窝忽现笑盈盈,眼珠一转水灵灵,天生丽质添脂粉',这几句诗是什么意思?"孔子说:"先要长得美,然后再画眉。"

子夏问:"是不是说,先有仁心,后配礼文。"孔子说:"启发我的人,竟然是卜商啊! 现在可以与你讨论《诗》了!"

【注】

①倩(qiàn 欠),笑时出现酒窝的样子。

②盼,眼珠与眼白,黑白分明的样子。

③素,素底。绚,文采。素以为绚,在纯洁的素底上添绘文采。

④绘事,作画。后,后于,同下句"礼后"的"后"。素,打素地。"绘事"喻制礼作乐,"素"喻人之仁心。这三句诗,第一、二句见于今本《诗经·卫风·硕人》,第三句是逸文。

⑤起,启,启发。

【评】

这章要与前面3.3、3.4连读,三章都在说"礼之本"。礼在什么之后,本章没有明说,根据3.3与3.4以及本章"绘事后素"的比喻,明显是说礼在仁之后。只有人有仁爱心,世上才有礼乐文明。

古人用《诗》来论礼论仁,交谈政治外交问题,好像猜谜活动,断章取义、牵强附会,毫不考虑诗本身的内容意义。1.15章与本章的引《诗》,都属春秋时期的"用诗"之风,是对诗歌艺术的肢解、凌迟。中国为什么会有这个文化怪胎,值得好好研究,不能只以"同情的理解"搪塞之。事实上,现在人们只有"同情",而缺乏"理解"。"同情"的理由仅因它是我们自己的东西。不管精华、糟粕,只要是我们自己的,都要"同情"!子夏比孔子小45岁,本章谈话已到哀公时期。哀公时期,断章取义的用《诗》之风已经奄奄一息,快要退出历史舞台,孔子却还在提倡,还在津津乐道。孔子思想守旧,于此可见一斑。

3.9

子曰:"夏礼吾能言之,杞①不足征也;殷礼吾能言之,宋②不足征也。文献③不足故也,足则吾能征之矣。"

【译】

孔子说:"夏代的礼,我能说,可惜现在的杞国不足以证明;殷代的礼,我能说,可惜现在的宋国不足以证明。因为这两个国家的历史典籍与熟悉掌故的'活字典'不多,如果足够多,我就能够进行古今对证。"

【注】

①杞,夏裔国家,周初故城即今河南杞县,后来屡经迁移。夏禹姒姓,以己古通,故国名从己作杞。

②宋,商裔国家,故城在今河南商丘县南。

③文献,何晏《集解》、皇侃《义疏》都引"郑玄曰:献,犹贤也"。朱熹《集注》也说:"文,典籍也;献,贤也。"谨按:此献字不可读作"贤"。古献字有博闻聪慧之义。《尔雅·释言》:"献,圣也。"圣的本义是聪明睿智,《诗经》九个圣字都是这个意思,详见本书附录一《圣字的本义与变义》。《尔雅》以"圣"释"献",则"献"也有聪明睿智之义。《逸周书·谥法》:"聪明睿哲曰献。"《左传》宣公八年"葬郑献公",孔颖达疏引《谥法》:"博闻多能曰献。"本章献字指熟悉典故、博闻强记的人,即所谓"活字典",与"贤"德无涉。

3.10

子曰:"禘①自既灌②而往者,吾不欲观之矣。"

【译】

孔子说:"禘祭从第一次献酒(灌)以后,我就不想看了。"

【注】

①禘,祭名,祭族姓始祖神。始祖神称帝。甲骨文与金文的"帝",都是始祖神、至上神。甲骨文的帝字变体颇多,主要有以下诸形:𥅫、𥅫、𥅫、𥅫、𥅫、𥅫、𥅫、𥅫、𥅫、𥅫、𥅫。为了探索帝字的原始意义,必须把可有可无的笔划略去,留下不可或缺的笔

划。这样的话,上面第一个帝字应该是帝字的基本字形。笔者分析,此字由上、中、下三部分组成。上部的倒三角形象征男根,是祖字,中部一横象征女阴,下部的三笔表示宇宙万象或子孙无数。帝字字形多变,但都没有改变上中下三层结构。帝字变化最多处是中部。上部的倒三角形基本不变,说明帝字的基本含义是"祖",故以此冠首。下部毫无变化,都是三笔,说明帝的功劳是生殖子孙,甚至生殖宇宙万物。中华民族的生殖崇拜、祖先崇拜,以及重孝道、重家庭等文化基因,早已蕴含在帝字的构形之中(详见拙文《"鸟祖卵生日月山"——良渚文化文字释读之一,兼释甲骨文"帝"字》,载《故宫文物月刊》1997 年 3 月号)。帝是始祖神、至上神;禘是祭帝之礼,只有天子有资格举行。鲁国举行禘祭,是僭越行为,所以孔子"不欲观"。

②灌,本作"祼",祭礼中的一个节目。古代祭祀,要用幼小的男女代表受祭者,这受祭代表称"尸"。第一次献酒给尸,称"祼"(灌)。

【评】

"禘"是天子祭帝(始祖)之礼,只有天子可以举行,鲁国举行禘祭,明显属僭越行为。但本章没有批评对象,连"鲁公"、"鲁侯"、"鲁君"等字样都没有,不像谴责三桓僭越那样指明"季氏"、"三家",而且只说自己"不欲观",为什么"不欲观"也不说,语言含蓄温和,与谴责三桓违礼的激烈态度判然不同。孔子祖护公室的态度,于此可见一斑。

3.11

或问禘之说。子曰:"不知也①。知其说者之于天下也,其如示诸斯②乎!"指其掌。

【译】

有人请教关于禘祭的道理。孔子说："不知道。知道这个道理的人,治理天下就了如指掌了。"一边说,一边指着自己的手掌。

【注】

①"不知也",犹上章"不欲观",是不想说、不想看、不便谈的意思。

②示,读视。诸,"之于"的合音。斯,指手掌。

【评】

鲁君举行禘祭,鲁人必有议论,首先,孔子的弟子肯定会向老师发问,此"或问",可能是弟子问。孔子不可能"不知""禘之说"。下面的回答很巧妙,视天下如手掌的人,不就是天子吗?"禘"是天子专用之礼,这是"禘之说"的根本精神。孔子说得如此迂回曲折,其内心痛苦实在难以言表。孔子的政治路线是加强公室,削弱大夫,其"堕三都"即为是。这是"复周礼"最重要的政治措施,谁知鲁君也在破坏周礼,也在僭越违礼,他还能说什么呢? 但是他至死未能醒悟:僭越违礼是时代潮流,势不可挡。本章比上章写得更含蓄温和。

3.12

祭如在①,祭神如神在。子曰:"吾不与祭,如不祭。"

【译】

祭谁,谁就真像在接受祭享;祭各种神祇,神祇也似乎真在受祭。孔子说:"我如果有事不能亲自参加祭祀,决不请别人代祭;请人代祭,等于白祭。"

【注】

①祭如在,古今学者都解释为"祭鬼如鬼在"、"祭祖如祖在",有添字解经之嫌。李零说:"'祭如在',是泛言祭什么就好像什么就在眼前,并不确指是神是鬼,下文递进,才强调'祭神如神在'。"(第95页)李说胜旧说。

【评】

近现代学者,普遍认为孔子怀疑、否定鬼神的存在,或径称孔子为无神论者,如章太炎说:"至于破坏鬼神之说,则景仰孔子当如岱宗北斗。"(《答铁铮》[❶])其主要证据是《论语》里的四章:3.12、6.22、7.21、11.12。本章是重要证据之一。

郭沫若说:"我们要看重那两个'如'字,鬼神是如象在,并不是真正的在。"(《郭沫若全集》历史编第1卷,人民出版社,1982年,第357页)杨伯峻也说:"所谓'如在'、'如神在',实际上是说并不在。"(《论语译注》,第12页)此说颇有影响,其实有点像玩文字游戏。人们寻找某件东西时,往往会说:"那东西好像在某处见到过。"这"好像"("如")是表露寻找者恍恍惚惚的精神状态,别人能抓住"好像"二字,说寻找者不相信某东西的存在吗? 不相信为什么还要找? 鬼神看不见,摸不着,不像活人那样存在,这是常识,是有神论者也承认的事实。而对神虔诚的人,祭祀很投入,会产生与神同在的心境。心境毕竟只是心境,而不是实境,但心境如实境,因此称"如在"。不是所有的人都能产生"如在"的感觉,它是虔诚信徒的专利。孔子祭神时有"如在"的感觉,说明孔子是神的虔诚信徒。由于孔子对鬼神信得特别虔诚,所以他说祭祀一定要亲自参加,如果因故请人代祭,好像没祭一样。

上面的辩论,有点咬文嚼字。孔子究竟信不信鬼神,《礼记》有明确记载。其《中庸》篇是孔子之孙子思所作,它引"子曰":"鬼神之为德,其盛矣夫,视之而弗见,听之而弗闻,体物而不可遗。使天下之人齐明盛服,以承祭祀。洋洋乎! 如在其上,如在其左右。"这是对"祭神如神在"的绝妙诠释。其《祭义》篇记载孔子论鬼神的客观存在,子曰:"众生必死,死必归土,此之谓鬼。骨肉毙于下,阴为野土。其气发扬于上,为昭明,焄蒿凄怆,此百物之精也,神之著也。"

陈来对孔子这两段话解释得很到位,他说:"孔子重祭,故他的这些说法应反映周人对鬼神的看法,众生死后,其气发扬上升,活着的人往往看不到听不到,但这些气常在人的左右,可以感动乎人,以显示其存在;也可以在祭祀时回到祭祀者的面前,享承祭祀。这些发扬于上的气叫做神,广义地也叫做鬼神。祭祀就是求得与这些鬼神的感通。"(《古代宗教与伦理——儒家思想的根源》,三联书店,1996 年,第 131 页)

孔子的鬼神观念来源于古老的亡灵信仰,再加上他对祖先的孝与仁,使他"事死如事生"(孔安国语),对祭祀特别重视与虔诚,故能产生"祭如在"的感觉。

3. 13

王孙贾①问曰:"'与其媚于奥②,宁媚于灶③',何谓也?"子曰:"不然,获罪于天④,无所祷也。"

【译】

王孙贾问道:"俗语说'与其巴结奥神,不如巴结灶神',是什么意思?"孔子曰:"不对。如果(干了坏事)得罪上天,那就什么祈祷都没用。"

【注】

①王孙贾,卫灵公的大臣,见于3.13、14.19。

②奥,屋内西南角,古人认为有奥神,是一屋之主神。

③灶,烧饭的地方,古人认为有灶神,管饮食。

④获罪于天,干缺德事,会得罪老天爷。在孔子心中,"天"是人间的主宰神。

【评】

孔子敬神而反对媚神。敬神的主要途径是个人修德,而不是世俗迷信的种种媚神活动。这种宗教观被一些学者称为"伦理宗教",它比"自然宗教"进步。商文化信奉自然宗教,周文化信奉伦理宗教。中国宗教的伦理化在西周初即已完成,当时的代表人物是周公,春秋晚期的代表人物是孔子。从周公到孔子,宗教思想没有出现断裂与突变。

3.14

子曰:"周监于二代,郁郁乎文哉! 吾从周。"

【译】

孔子说:"周礼借鉴继承夏商两代而制定,多么丰富多彩呀!我依从周礼。"

【评】

"吾从周",在《礼记》一书中出现三次,分别见于《檀弓下》、

《孔子閒居》、《中庸》。"吾从周"几乎成了孔子的口头禅。

孔子是殷人后裔,《礼记·檀弓上》记载,孔子临终时说:"而丘也殷人也。"因为当时的丧礼要依族俗办理,他才说了这么一句。在《论语》里,他从未流露对殷人、商朝的怀旧留恋之情。《论语》写到"殷有三仁"(18.1),写到商汤王"履"(20.1),孔子都没有去认一下亲,他们像是别族人似的。孔子重血亲,但对殷人、商朝并无特殊感情。相反,他对周人、周朝的感情特别浓厚。这可能与他生长在鲁国有关,生活实践比历史知识更能塑造人。

曲阜在历史上作过商朝都城。商王南庚建都于奄,奄在曲阜旧城东。曲阜一带是东部商文化的重要根据地。周灭商后,鲁成为周公的封国,经过周人的长期改造,早就成为西部周文化的东方重镇。鲁是文化大国,《诗经》有十五国风,却没有鲁风,因为鲁国公室、贵族祭祀庆典都演奏豳(bīn 宾)风。豳在今陕西旬邑西南,是周人祖先的立国之地。周公东征后,把豳风带到鲁地,成为鲁的国风(此说是清人张履祥首倡,徐中舒等现代学者作了论证,详见杨朝明著《鲁文化史》,齐鲁书社,2001 年,第 283—287 页)。这只是周人改造东部文化的一个小小例子。到了春秋晚期,鲁国竟成为周文化最完备的根据地,有所谓"周礼尽在鲁"的说法。孔子从小生活在浓厚的周文化氛围之中,他的天生气质属胆汁质与多血质的混合型。有这种气质类型的人,后天的可塑性最大。孔子成为周文化的最后代表,是客观环境与主观天生因素联合作用的结果。

"中国史前文化大致上可分为东西两大系统。西部文化朴实,东部文化浪漫;西部勤于人事,东部繁于祀神……商是东方民族,宗教意识浓厚;周是西方民族,宗教意识淡薄。"(拙文《中国上古创世神话钩沉》,《中国社会科学》2002 年第 5 期,第 163 页)周文化重视人,商文化重视神。用今天的流行话说,周文化以人为本,商文化以神为本。从周初开始,人道逐步取代神道,是中国文化一次历史性的飞跃。孔子的仁学思想来源于周文化的人道精神,他的礼学思想来源于周公的制礼作乐。

商与周虽是两个民族,但属同一个"天下",好比是今天中国内部的两个兄弟民族。陕西岐县北岐山下,古称周原,这里出土了大量商周之际的周人甲骨文。周原甲骨里有周人祭祀殷人祖先的记录。禹是夏人祖先,更被商、周二族共同祭祀。所以周灭商后,周人为夏人建立杞国,为商人建立宋国,这叫"继绝世"(延续香火)。国外著名的华人历史学家、美国文艺与科学院院士何炳棣教授,盛赞中国古代的"继绝世",说它是举世无双的人道主义政策。周人为什么如此人道呢? 因为夏、商、周都是华夏人,是兄弟民族。文化上"吾从周",是择善而从,无可厚非。

3. 15

子入太庙①,每事问。或曰:"孰谓鄹②人之子知礼乎? 入太庙,每事问。"子闻之,曰:"是礼也。"

【译】

　　孔子走进太庙,每件事都发问,有人便说:"谁说叔梁纥的这个儿子懂礼啊? 进入太庙,什么事都要请教别人。"孔子听到这话,说:"不懂就问才是礼。"

【注】

　　①太庙,开国之君称太祖,太庙是太祖之庙。周公旦是鲁国最初受封之君,这太庙即周公庙。

②鄹(zōu 邹)，又作郰，地名，在今曲阜东南十里的西邹集。鄹人，指孔子父亲叔梁纥。叔梁纥作过鄹大夫，相当于该地县长。

【评】

孔子"每事问"，是好学的表现。颜渊的特点是"不违"(2.9)、不好问，孔子却一再称赞他"好学"，奇怪！难道孔子只喜欢自己问，不喜欢别人问吗？

3.16

子曰："射不主皮①，为②力不同科③，古之道也。"

【译】

孔子说："演习射礼，只要射中目标就可以，不必射破靶子的皮革，因为各人的力气不一样，这是古已有之的老规矩。"

【注】

①古代箭靶称"侯"，原料有皮或布。最中心画着各种猛兽等物，称"正"或"鹄"。《仪礼·乡射礼》也有"礼射不主皮"之说。

②为(wèi 畏)，因为。

③同科，同等。

3.17

子贡欲去告朔之饩羊①。子曰："赐也，尔爱其羊，我爱其礼。"

【译】

子贡想把鲁国每月初一祭祖庙的那只活羊省掉不用。孔子反对，说："赐啊，你爱的是羊，我爱的是礼。"

【注】

①告朔之饩羊，每年秋冬之交，周天子把第二年的历书发给诸

侯,诸侯把历书藏于祖庙。每月初一,诸侯杀一只羊祭祖庙,然后回朝听政。这祭庙叫"告朔",听政叫"视朔"或"听朔"。"朔"是初一。"告朔"是告诉大家一个月又开始了。饩(xì 戏)羊,是杀而不烹的生羊。到孔子时代,鲁君既不亲临祖庙"告朔",也不临朝"视朔"或"听朔",只有祖庙的管理官员还要杀一只"饩羊"虚应故事。子贡觉得这是浪费,建议连羊也不杀算了。孔子却留恋残"礼",主张还是要杀。

【评】

孔子的恋旧情结太顽固了,哪怕是毫无作用的旧礼残存形式,都要千方百计保留下来。子贡没有这么守旧,因为子贡小孔子32岁,古称三十年为一世或一代,孔子与子贡等学生之间存在"代沟",由于处在社会大变革时期,这条代沟比较深、比较宽。

3. 18

子曰:"事君尽礼,人以为谄也。"

【译】

孔子说:"服事君主,尽心守礼,别人认为是拍马屁。"

【评】

这可能是夫子自道。孔子主张加强公室,"事君尽礼",被人"以为谄"。孔子如何"事君尽礼",《乡党篇》有生动记录,他可能因此遭到别人的讥讽。

3. 19

定公问:"君使臣,臣事君,如之何?"孔子对曰:"君使臣以礼,臣事君以忠。"

【译】

鲁定公问道:"国君使用臣子,臣子服事国君,应该怎么使、怎么事?"孔子答道:"国君应该按照礼制来使用臣子,臣子应该忠心耿耿地服事国君。"

3.20

子曰:"《关雎》①乐而不淫②,哀而不伤。"

【译】

孔子说:"《关雎》这首诗,欢乐而不过分,悲哀而不至于伤害身心。"

【注】

①《关雎》是《诗经》的第一篇,是典型的爱情诗。

②淫,过度。

【评】

"乐而不淫,哀而不伤",不符合《关雎》的实际情况。诗里说:"求之不得,寤寐思服。悠哉悠哉,辗转反侧。"如此"思服",难免"伤"及身心。各民族的优秀爱情诗,大多因乐而淫、哀而伤,才喷发出来。感情不痛不痒,波澜不惊,是写不出好诗的。孔子大概为了对年轻人进行正面教育,故意说假话,道德家自有他的难处。汉初的《毛诗大序》闭着眼睛说大话:"关雎,后妃之德也。"把一首典型的爱情诗,解释成十分严肃的政治诗。与这些后儒相比,孔子的话还不算离谱。"乐而不淫,哀而不伤",虽不符合《关雎》的实际情况,却是一条重要的恋爱指南,它教导恋人们要理性地克制情绪,不要过分冲动,这样的教导是正确与必要的。

3. 21

哀公问社①于宰我②。宰我对曰:"夏后氏以松,殷人以柏,周人③以栗,曰使民④战栗。"子闻之,曰:"成事不说,遂事不谏,既往不咎。"

【译】

鲁哀公问宰我,国土神的牌位用什么树木制作。宰我答道:"夏人用松树,殷人用柏树,周人用栗子树,(用栗子树的)目的是使人民战战栗栗、害怕发抖。"孔子听到这些话,(责备宰我,)说:"既成的事实就别提了,已经做过的事就不必劝导,已经过去就不要追究。"

【注】

①社,国土神。此指"社主",即土地神的木制牌位。

②宰我,姓宰名予,字子我。鲁人,与子贡同列孔门十哲之"言语"科。小孔子30岁。宰我是孔子学生中思想最活跃的一位,敢于提出重大的不同意见,与颜渊的"不违"恰成鲜明对照。《史记·仲尼弟子列传》说:"宰我为临淄大夫,与田常作乱,以夷其族,孔子耻之。"《论语》里出现五次:3. 21、5. 10、6. 26、11. 3、17. 21。

③④本章的"人"与"民"都是泛义的"人",并无身份之别,详见1. 5章"评"语。

【评】

宰我说:"周人以栗,曰使民战栗。"孔子不满。因为孔子"从周",认为周文化最人道,最讲仁政、德政。但是任何政权都有"使民战栗"的一面,宰我快人快语,说出从周公到孔子都不愿意说破的另一面。孔子无法正面否认,只能说"既往不咎"。意思是说,

"使民战栗"是以往的事,今后不会出现。这是自欺欺人之谈。

3.22

子曰:"管仲^①之器小哉!"

或曰:"管仲俭乎?"曰:"管氏有三归^②,官事不摄^③,焉得俭?"

"然则管仲知礼乎?"曰:"邦君树塞门^④,管氏亦树塞门。邦君为两君之好,有反坫^⑤,管氏亦有反坫。管氏而知礼,孰不知礼?"

【译】

孔子说:"管仲的器量小啊!"

有人说:"他是不是太节俭了?"孔子说道:"管仲收了百姓大量市租,他手下的官员都是一人一职,从不兼差,所费的俸禄当然就多,怎么能说节俭?"

那人又问:"那么管仲懂礼制吗?"孔子说:"国君宫殿的门前立照壁,管氏盖房子,门口也立个照壁;国君招待外国君主,宾主之间有放置酒杯器皿的土台子,管氏也有土台子。假使管氏可称知礼,还有谁不知礼呢?"

【注】

①管仲(前686—前643年),春秋时齐国最著名的辅佐大臣,名夷吾,协助齐桓公称霸。《论语》评管仲四次,本章是批评,14.9、14.16、14.17三章都是表扬。

②三归,有多种说法,杨伯峻逐一比较分析,采纳"市租"说,可从。

③摄,兼职。

④塞门,犹今照壁,用以间隔内外视线。

⑤反坫(diàn 店),用土筑成,放置器物。

【评】

本章孔子批评管仲不"俭"、"不知礼",下文 14. 16、14. 17 孔子称管仲为"仁"、"仁者",都是就事论事,说得有根有据,不认为好人一切都好、坏人一切都坏,体现了孔子的务实精神。管仲只在某些小事上"不知礼",他的主要事业"尊王攘夷",是知礼、护礼的。

3. 23

子语鲁太师乐,曰:"乐其可知也:始作,翕①如也;从之,纯如也,皦②如也,绎如也,以成。"

【译】

孔子把演奏的道理告诉鲁国太师:"音乐演奏的规律是可以掌握的:开始时金鼓齐鸣,先声夺人;接下去,清纯和谐,节奏分明,缠绵不绝,然后完成。"

【注】

①翕(xī 吸),聚合,指金鼓齐鸣。

②皦(jiǎo 矫),明亮清晰,似指节奏。

【评】

孔子是个音乐理论家,能给鲁国的宫廷乐官上音乐课。

3. 24

仪封人①请见,曰:"君子之至于斯也,吾未尝不得见也。"从者见之②。出曰:"二三子何患于丧乎? 天下之无道也久矣,天将以夫子为木铎③。"

【译】

仪邑管社的官员请求见孔子,说:"凡是君子来到这个地方,我从未不得见面。"孔子的随行学生带他见了孔子。他出来以后,对学生们说:"诸位不必有失落感,天下无道太久了,上天将让他老人家来摇木铎、发政令。"

【注】

①仪封人,仪,卫国边疆地名,或说在今开封,或说在今兰考县境。封人,边防线上的小官。《周官·地官·封人》记载:"掌设王之社坛,为畿封而树之。凡封国,封其四疆。造都邑之封城者,亦如之。"郑玄注:"聚土曰封。"封人是管理边疆社坛植树工作的小官。

②从者见之,从者,孔子随行弟子;见之,引见孔子。

③木铎,铜质木舌的摇铃,古代摇木铎以发布政令。

【评】

这事应该发生在孔子周游列国初期,孔子大概对仪封人宣传天下大势,内容与16.2、16.3相同。仪封人是小人物,受孔子接见,已受宠若惊,听了孔子的形势教育,大受感化。在《论语》里,孔子的学生反而未见附和一声。

3. 25

子谓《韶》①,"尽美矣,又尽善也";谓《武》②,"尽美矣,未尽善也"。

【译】

孔子评论舜时的《韶》乐,说"美极了,又善极了";评论武王时的《武》乐,说"美极了,却不够善"。

【注】

①《韶》,舜时的乐曲名。

②《武》,武王伐纣时的乐曲名。

【评】

舜的天子之位由尧禅让得来,舜又禅让给禹,故说"尽美""尽善"。周武王的位子由战争得来,故说"尽美"而"未尽善"。孔子爱和平,不爱战争。

3. 26

子曰:"居上不宽,为礼不敬,临丧不哀,吾何以观之哉?"

【译】

孔子说:"居于上位却不宽恕,行礼的时候却不恭敬,参加丧事而缺乏哀情,我怎么看得下去啊?"

【评】

这种不指名的批评,可能针对鲁君。

里仁篇第四(共二十六章)

4.1

子曰:"里^①仁为美。择不处仁,焉得知^②?"

【译】

孔子说:"住在有仁德风气的地方真好啊!选择居处而不考虑仁,怎能算聪明?"

【注】

①里,动词,居住。

②知,《论语》智字都作知。

4.2

子曰:"不仁者不可以久处约,不可以长处乐。仁者安仁^①,知者利仁^②。"

【译】

孔子说:"不仁的人不可以长期处身于穷困之中,也不可以长期处身于安乐之中。天性善良的人能安心于仁,天性聪明(而不善)的人要努力行仁。"

【注】

①仁者安仁,此话在逻辑上存在"同语反复"的毛病,好比说

"好人人好"、"智者聪明"。包咸注云:"惟性仁者,自然体之,故谓安仁也。"皇侃疏云:"禀性自仁者,则能安仁也。"包、皇二氏把"仁者"解释为"性仁者"、"性自仁者",都添上一个"性"字,这很对。但是,"性"是天生的,"仁"是后天修养的道德;性中无仁,仁不可称性。本章的"仁者",应该指天性善良的人,这句话的正确说法应该是"性善者安仁"。

②知者利仁,古今学者都把"利仁"解释为"利用仁"。此说有两大问题。首先是文义不通。"利国利民"难道是利用国家、利用人民吗? 其次,与孔子思想不合。在《论语》里,孔子四次谈到利,"没有一次赞扬个人之利"(详见9.1注①)。在孔子思想中,个人之"利",与"仁"、与"义"都是对立的,他怎么会说要用"仁"谋"利"? 诚然,"人必有私"(李贽语),人皆思利,但孔子重仁轻利,至少在言论上不可能提倡以仁谋利。李泽厚不把利字解释为利益、利用,而是释为"锐利",把"知者利仁"译作"聪明的人敏锐地追求仁"(第107页),这在思想上可通,比旧说正确,在训诂上仍不可通,因为"利"字虽有"敏锐"之义,却无"追求"之义,在这里,"追求"才是关键。前贤时俊有个共同特点,即对"利"都如字解读,结果都扞格难通。考诸古书,"利"与"厉"训义略同,可互用。《左传》文公七年"训卒利兵"的"利兵",即僖公三十三年"厉兵秣马"的"厉兵"。而厉与励古通,《广雅・释诂一》:"励,劝也。"王念孙释证:"聘义云:诸侯相厉以礼。厉,与励通。"励有劝勉、勉力、力行诸义。"利仁"应读作"励仁",犹"励志"、"励节"、"励操"、"励精",是努力行仁的意思。程树德《论语集释》引《册府元龟・品藻部》:"钟繇等对魏文帝曰:'仁者安仁,性善者也;知者利仁,力行者也。'"所说甚是。《大戴礼・曾子立事》"仁者乐道,智者利道";《礼记・表记》"仁者安仁,智者利仁,畏罪者强仁";《礼记・中

庸》："或安而行之,或利而行之,或勉强而行之,及其成功,一也。"这三处的"利"字,都与本章"利"字相同,都要读作"励",力行也。本章的"智者",应该是天性智而不善者,如果既智又善,更可"安仁",何必"利(励)仁"?孔子为什么把"善者安仁"说成"仁者安仁"?为什么把智而不善者励仁说成"智者利仁"呢?我猜想,他可能有意回避人性的善恶问题,而不惜犯逻辑错误。详见下文"评"。

【评】

　　子贡说:"夫子之言性与天道,不可得而闻也。"(5.13)说孔子不关心"天道",可以理解,且符合事实,《论语》"子曰"从未言天道;说孔子不关心人"性"问题,则很难理解,因为教育家、道德家是不可能不重视人性问题的。17.3"子曰:性相近也,习相远也",这不是"言性"吗?但孔子从不言人性的善恶问题。孔子不言人性的善恶,令人费解,因为他的学生漆彤开、宓子贱是"言性有善有恶"的代表性人物(详见下文),孔子对他们的人品特别称赞(5.3、5.6)。漆彤开只小孔子12岁,宓子贱只大子贡1岁,孔子与子贡不可能不知道他们的人性理论,他们的高论在孔门中必曾盛传,子贡等学生可能请教过老师,想听听老师的意见,孔子大概"不答",像14.5章对待南宫适的提问那样,使子贡等学生"不可得而闻也"。孔子为什么"不答"呢?这问题有点复杂,容我慢慢试说。

　　中国古代的人性论共有五种两大类。一、孟子的性善论;二、告子的无善无恶论(见于《孟子·告子上》);三、荀子的性恶论;四、漆彤开、宓子贱等人的有善有恶论;五、扬雄的善恶混论。前三种认为每个人的天性都一样,或皆善,或皆恶,或皆无善无恶,可称为"人性划一说";后两种认为每个人的天性不一样,有的善,有的恶,可称为"人性差别说"。人们对前三种"人性划一说"比较熟悉,对后两种"人性差别说"不太了解。其实,这五种人性论中,出现最早的还是"性有善有恶"论。王充《论衡·本性篇》记载:

> 周人世顾,以为人性有善有恶。举人之善性,养而致之则善长;性恶,养而致之则恶长。如此,则性各有阴阳善恶,在所养焉。故世子作《养书》一篇。宓子贱、漆彫开、公孙尼子之徒,亦论情性,与世子相出入,皆言性有善有恶。

漆彫开、宓子贱是孔子的弟子,世硕与公孙尼子是孔子的再传弟子,"人性有善有恶"论盛行于春秋晚期至战国早期的孔门。可惜,他们的著作,今皆亡佚。这种人性论,像流星一闪而过,沉没于茫茫夜海之中。值得庆幸的是,郭店楚简有一篇《性自命出》,上博楚简有一篇《性情论》,这是同一篇论文的两种不同抄本,前者较完整,后者残缺较多。《性自命出》上篇第二段❶说:"善、不善,性也;所善、所不善,势也。"(译:人的天性有的善,有的不善;人们的所作所为善或不善,则取决于后天的客观影响。)这是现在所能看到的谈论人性善不善问题的最早记录,证明王充所言不虚。郭店楚简与上博楚简的出土,好比从沧海里捞到两千四百多年前的那颗遗珠。世硕、漆彫开、宓子贱、公孙尼子,都可能是这颗遗珠的原主与失主。

---

❶ 《性自命出》的篇、段次第,本书采用李天虹的分法,详见李著《〈性自命出〉研究》,湖北教育出版社,2003 年。

《性自命出》下篇第九段说:"未教而民亟❶,性善者也。"亟,也作恆,是和爱同情的意思。"民"即人❷,泛指一切人。句意是:"未经教育而有爱心的人,是天性善者。"

《性自命出》下篇第三段说"唯性爱为近仁",天性和爱的人接近于仁,但还不是仁。郭店楚简《语丛二》也有"爱生于性"的说法。有些儿童先天具有爱心,这种爱心是培养仁德的基础。

上面说的是"性有善有恶"论,可能只在孔子在世与逝世后一段时间在孔门内流传过一阵,在战国的大部分时间里都默默无闻,孟子、荀子谈人性问题都没有提到它,其他诸子百家也没有人提到它,到东汉初年,王充因赞同这种学说,才专门写了一篇《本性》,从此以后,又鲜有所闻。

西汉扬雄说:"人之性也善恶混,修其善则为善人,修其恶则为恶人。"(《法言·修身》)他认为性善的人身上有恶的成分,性恶的人身上也有善的成分。这种观点与"性有善有恶"论可以互补。"性有善有恶"论是就整个人类而言,"性善恶混"论是就个体人生而言,把两者结合起来,就能全面反映人性的特点。扬雄的学说,也后继无人。如此看来,人们是不喜欢"人性差别说"的。

汉代以后,一直盛传性善说。性善说给每个人都戴上"善"的

---

❶ 这个亟字,简文原作"亘",陈伟注云:"楚系文字中'亘'往往用作'亟',此处疑亦然。"(陈伟:《郭店竹书别释》,湖北教育出版社,2002 年,第 197 页)上博楚简《情性论》此字作"恆",可证陈说之不误。《广雅·释诂一》:"恆,爱也。"王念孙疏证:"恆,亦作亟。"《方言》卷一:"亟、怜、怃、俺,爱也。"但因原简文作"亘",此字现在多读作"恒",解释为"恒心",恐非是。因为恒心不是先天之"性",需要后天培养。《性自命出》下篇第五段"不有夫亘怡之志则慢","亘怡"连文,与傲、慢对举,此"亘"也应读作亟。

❷ 学者常释此"民"为"人民大众",这是《毛诗》旧训的遗误,详见 1.5"评"。

高帽,谁不投它一票?孟子能评上"亚圣",性善说功劳不小。而有善有恶论把人性分为善与不善两大类,谁都不愿意被划到"不善"那边去,所以很难得到社会认同。

现代知识分子普遍认为,儿童像一张白纸,无善也无恶。这种理论并不"现代",中国两千多年前的告子不是这样说吗?在人性问题上,知识分子的说法得自于书本,农村妇女得自于经验。农村妇女常说,我的孩子恶,你的孩子善;这个孩子善,那个孩子恶。她们说的善恶,都指天性,她们称"天生"。

有个名牌幼儿园的招生面试节目很有趣,老师把糖散在地上,要孩子去捡,有的孩子捡到后交给老师;有的孩子握在手里不放;个别孩子把糖剥出来塞到自己嘴里,把包装纸交给老师。

我见过一个女孩,一周岁时就有感人的爱心。保姆擦地板累了,她立即给保姆捶背;晚上看电视,保姆站着,她把保姆拉到沙发边,要她坐下看,保姆很感动;她手里有饼干糖果,总会分给别人吃。当时,她还不会说话,没有受过任何道德教育,她那感人的爱心,显然是从娘胎里带来的。

同样是未受教育的儿童,有的天性自私,缺乏同情心,好吃的东西从来不让别人分享;有的天性凶恶,喜欢打人、欺侮人。

上述那个一周岁的小女孩,现在快二周岁了,有一次看电视动画片,当看到心爱的小鸭子受伤时,她的嘴巴扁起来,泪水汪汪的。而大多数同龄儿童不会像她那么容易动情,有的甚至无动于衷,若无其事。有些父母都很慷慨,儿子自幼吝啬,女儿自幼慷慨……儿童的天性千姿百态,一言难尽。儿童不是白纸,他们在娘胎里已经是彩纸了,每张纸的色彩是不同的。这种先天差别,必然会影响后天的教育,父母应该根据自己孩子的天然底色因材施画。

综上所述,人的天然禀赋,不但存在智力上的差别,还存在善恶等方面的差别。性善者接受仁德教育,好比顺水行舟,比较自然、容易。孔子所说的"仁者安仁"的"安仁",就是这个意思。但是,这种孩子还只能称"性善者",不能称"仁者"。有些儿童天性自私,缺乏同情心,经过教育,也能够成为道德高尚的人。对这些儿童进行仁德教育,像逆水行舟,比较费劲,非"励仁"不可。

有个一岁半的男孩,母亲抱他乘公共汽车,没有人让座,他就去拉一个青年男子的衣服,那男人让了位,惹得满车的人都发笑。这件事有点不寻常,说明那孩子聪明、大胆,但自私、无礼。做父母的往往只表扬前者,不批评后者。其实,这孩子的行为不应该表扬,表扬这种行为很危险,会助长他去干自私无礼的事情。这种孩子长大后,要么是好领导,要么是坏头头,不会是普通群众。犯罪集团的头头,哪个不聪明?哪个没魄力?对缺德的人来说,聪明能干不是优点,而是缺点。智而不善的孩子,最需要尽早"励仁",做父母的要如履薄冰,不能沾沾自喜。孔子所说的"知者利仁",应该是"智而不善者励仁"。

改变儿童的不善天性,并不困难,但宜早不宜迟,越早越容易。孔子有句嘉言:"少成则若性也,习惯若自然也。"(《家语·弟子解》)这是孔子"言性"的又一实例,难得的是还谈到儿童。

《孟子·告子上》是中国古代辩论人性问题最著名的篇章。但是,孟子与告子都是从概念到概念,从比喻到比喻,没有一字提到儿童的实际情况。他们比的是逻辑思辨能力,而不是谁的观点符合人性实际。无独有偶,《荀子·性恶》通篇说的也是大人物的故事。他们三人,好比面对水天一色的长江口"考察"长江源！三人成众,中国古代三个名气最大的"人性划一论"的学者,好像经过开会决定似的,齐刷刷地都闭口不谈儿童。儿童最能体现人的自然本性,这是尽人皆知的常识。他们都不谈儿童,原因大概有二:一、心虚,不敢去碰一下儿童实际,因为儿童的天性差别,会击碎他们的理论。二、他们的重点实际上都不是讨论人性问题,他们是借人性说仁义,所谓性善、性恶、无善无恶,只是他们论证各自社会思想的不证自明的前提,不是论证的结果。两千多年来,中国文人都被他们"忽悠"了,上当受骗了,以为他们真的在研究人性问题！❶ 王充《论衡·本性》写到"人幼小之时"、"孩子"、"孩子始生"、"一岁婴儿"等,因为王充是"人性有善有恶"论者,敢于谈儿童,需要谈儿童。

　　孔子说"性相近"(17.2),没有说性相同。他又说:"生而知之者,上也。"(16.9)"惟上智与下愚不移。"(17.3)"中人以上可以语上也,中人以下不可以语上也。"(6.21)在孔子心目中,人的天性秉赋有上、中、下之别;中间大,两头小,"中人"是多数人,他们之中,还有"仁者"(善者)与"智者"两大类。如此看来,孔子认为人性并不划一,观点不同于孟子、告子、荀子。但孔子不谈人性的善恶,即使他的两个得意门生谈了,他也回避不"言",因为"性有善有恶"论会在学生中制造矛盾,伤害相当一部分人的自尊心,不利于正面教育。我当过教师,教师有时不得不说些善意的假话,不得不回避一些虽然真实但不利于教育效果的话题。孔子大概不想讲假话,因

---

　　❶　徐复观《中国人性论史》(先秦篇)仍然跳不出他们的圈子,仍然闭口不谈儿童,仍然玩概念游戏,仍在空言谈性。

而采取回避不"言"的态度。孔子很重视因材施教,这说明孔子对学生的天性特点了如指掌,但他始终不使用"性善"或"性不善"的概念。"仁者安仁"应该用上"性善";"智者励仁"应该用上"不善",他都避而不用,哪怕逻辑不通,也在所不顾。

我们今天也不宜在学生中谈"善、不善,性也",而要多谈"性相近,习相远",强调教育、学习对人生的决定作用。家长与教师心里却要明白孩子的天性有智不智、善不善的差别,以便因材施教,特别是对那些智而不善的孩子,要尽早加强仁爱教育。写到这里,我真想为"人性有善有恶"论呼冤叫屈!五种人性论中,它最真实,却最不受人欢迎;相信它的人,也只能放在心里,不可到处宣传,连孔圣人都对它退避三舍。凡是人,都喜欢听好话;人性的这个普遍性弱点,使假话永远有广阔的生存空间,区别仅在于:善意与恶意。

心理学家巴甫洛夫曾对爱因斯坦开玩笑说:"你研究的东西,只有你自己懂,随便怎么说都可以,太舒服了。我研究的东西,人人都懂,人人都可以对我评头品脚,多苦啊。"(大意)

巴甫洛夫说的虽然是玩笑话,却道出了心理学的一个重要特点,它是以活生生的人为研究对象的,每个人都是宝贵的实证材料,每个人都有发言权。一般人谈论人性问题,不一定要跑图书馆,只要拿镜子照照自己,看看老婆、儿女、孙子、孙女,再想想亲戚朋友以及他们的孩子们,差不多就够了。活生生的经验之谈,可能有一定的片面性,但比空言说性的《孟子·告子上》、《荀子·性恶》更有学术价值,巴甫洛夫的在天之灵会为我们壮胆、撑腰。

4.3

子曰:"唯仁者能好人,能恶人。"

【译】

孔子说:"只有仁者才能够喜爱某人,能够厌恶某人。"

【评】

孔子天性好斗,爱恨分明,讨厌"乡原"(17.13)。

4.4

子曰:"苟志于仁矣,无恶也。"

【译】

孔子说:"如果立志行仁,就不会干出坏事。"

4.5

子曰:"富与贵是人之所欲也,不以其道得之①,不处②也;贫与贱是人之所恶也,不以其道得之③,不去也。君子去仁,恶乎成名④? 君子无终食之间违仁,造次⑤必于是,颠沛必于是。"

【译】

孔子说:"富与贵人人都想要,如果不是按富贵的道理而碰上,那就不该要。贫与贱人人都不想要,如果不是按贫贱的道理而碰上(按道理应该富贵,却遭遇贫贱),也不必拒绝。君子离开仁,还称得上君子吗? 君子在一餐饭的时间里也不会违背仁,仓促忙碌也一定不离仁,颠沛流离也与仁同在。"

【注】

①③不以其道得之,第一句"其"指富贵,第二句"其"指贫贱。

道,此指道理。《说文解字》段玉裁注:"道之引伸为道理。"《墨子·大取》"今人非道无所行",孙诒让《间诂》:"道与理同。"得,遇也❶。《孟子·离娄下》"子父责善而不相遇也",赵岐注:"遇,得也。"《庄子·大宗师》:"且夫得者,时也。"郭象注:"当所遇之时,世谓之得。"此"时"者,指遇到的时运。本章两个"得"字,都不是指主动争取所得,而是指被动遇得。时运,往往是可遇而不可求的。第一句是说,不该富贵而富贵,不可安于富贵;第二句是说,不该贫贱而贫贱,要安于贫贱。

②处,安也。

④何晏《集解》引"孔曰:'恶乎成名者,不得成名为君子'"。

⑤造次,匆忙。

【评】

"贫与贱是人之所恶也,不以其道得之,不去也",此句自古费解。杨伯峻改"得"为"去",李零删掉第一个"不"字。定州汉简《论语》作"不以其道得之",一字不差。可见"误字"、"衍文"之说缺乏根据,我们应该严格按文本索解,不可轻易改字、删字。本章上半章是劝人安贫乐道,主旨与6.11、7.16相同。《礼记·坊记》:"子云:'君子辞贵不辞贱,辞富不辞贫。'"《坊记》是子思所作,此"子云"符合孔子的一贯思想,应该可信可靠。人间不平事,比比皆是,无法一一合理,都符合"其道"。孔子劝人不要太计较这些,而要达天知命。孔子特别赞美伯夷、叔齐、颜回,原因就在于他们是安贫乐道的典范。

---

❶　我将此"得"字读作"遇",是受学者张诒三论文《〈论语〉训解释疑两则》的启发,张文把本章两个"得"字解释为"遇到而获得"(《孔子研究》2010年第2期)。

孔子论仁,有时说得很平常,仁德、仁者就在你身边;有时说得高不可攀,他的学生没有一个被许为"仁",说自己也不配称"仁";一会儿说冉雍"可使南面";一会儿又不许给他"仁"。"可使南面"的人都不配称"仁",还有谁能称"仁"? 本章下半章把"君子"与"仁"捆在一起,说君子一刻都不乖离仁,离开仁就不是君子。仁是孔子思想的核心概念,都没能说得准确,其他概念也就可想而知。因为他是艺术家,不是理论家,对一些理论问题的叙述,多属随感而发,缺乏严密的逻辑结构。

4.6

子曰:"我未见好仁者、恶不仁者①。好仁者,无以尚之;恶不仁者,其为②仁矣,不使不仁者加乎其身。有能一日用其力于仁矣乎? 我未见力不足者。盖有之矣,我未之见也。"

【译】

孔子说:"我没有见到过爱好仁的人和厌恶不仁的人。爱好仁的人,是再好没有了;厌恶不仁的人,他在捍卫仁,不让不仁的人影响自己。能有整天把全部精力都用在仁上的人吗? 我没有见过能力不足的,(只是努力不够。)大概有(竭全力于仁者),不过,我没有见到过。"

【注】

①类似的过头话还见于《礼记·表记》:"子曰:'无欲而好仁者,无畏而恶不仁者,天下一人而已矣。'"

②为,帮助、维护,与7.15"夫子为卫君乎"的"为"字同义。

【评】

《论语》有九章十一次含有"吾未见"、"我未见"、"我未之见"、

"未闻"等习惯性口语,其中,除 9.21 和 16.6 两章之外,其他七章九次所表达的都是辞过其意的口误性错话。例如:"我未见刚者!"(5.11)"吾未见能见其过而内自讼者也。"(5.27)"有颜回者好学……不幸短命死矣,今也则亡,未闻好学者也。"(6.3、11.7)"吾未见好德如好色者也。"(9.18、15.13)"未见蹈仁而死者也。"(15.35)……其中,错误最严重的要算本章。孔子的本意是痛恨当时"好仁者、恶不仁者"太少,但说"我未见"就是过甚之词。难道与孔子朝夕相处的颜回等弟子们,也不是"好仁者、恶不仁者"吗? 仁是孔子提倡最力的德目,是孔子伦理思想的核心概念,孔子这句话却将它说得如此无人欢迎,如此缺乏群众基础!

人的有些习惯,几乎是天生的,像指纹一样,一辈子都磨不掉。"未见"、"未闻"等可能是孔子情绪过激时的习惯性词语。孔子是音乐家、诗人,身上可能有过多的艺术细胞,情绪容易激动,说话时遣词造句容易出格,"未见"等等就是这种语境里的惯用词语,是孔子的"指纹"。

孔子有自知之明,他所强调的、羡慕的,往往是自己所缺乏的。他讲话容易出格,就一再强调要"慎于言"(1.14)、"讷于言"(4.24),甚至说"予欲无言"(17.19)。《乡党篇》把如何讲话放在最重要的第一章。孔子的天性是偏激的,言辞常常"过"当,不符合中庸之道,所以把"中庸"捧得很高(6.29)。孔子很重视修身,但天性偏激,使他未能修养到位。《论语》是孔子说话的"录音"资料❶,如实"录"下孔子这一富有个性的语言特色,珍贵之至。传为子思

---

❶　孔子说话,有弟子记录,详见 15.6 及其"评"语。

写的《中庸》、《表记》还保留着孔子的一些过头话,而传为子思写的《坊记》"子曰:'好德如好色'",却删掉"吾未见"三字。其他后儒所写的"子曰",把孔子的过头话纠正殆尽,可惜之至!

4.7

子曰:"人之过也,各于其党。观过,斯知仁^①矣。"

【译】

孔子说:"人的过失,各有其群体原因。观察某人所犯的错误,就可以知道他是哪一群体的人。"

【注】

①仁、人古可通用。《后汉书·吴祐传》引此文作"人",可从。

4.8

子曰:"朝闻道,夕死可矣。"

【译】

孔子说:"早晨得到真理,晚上死了都甘心。"

4.9

子曰:"士志于道,而耻恶衣恶食者,未足与议也。"

【译】

孔子说:"读书人既想追求真理,又以粗衣粗食为耻,这种人不配讨论真理。"

4.10

子曰:"君子之于天下也,无適^①也,无莫^②也,义^③之与比^④。"

【译】

孔子说:"君子对于天下事,无可无不可,怎么相宜怎么干。"

【注】

①适,可。

②莫,不可。

③义,宜也。

④比,亲也(皇侃疏引范宁曰)。

【评】

这章可与18.8"我则异于是,无可无不可"同读。这两章可能都是孔子"五十而知(行)天命"以前说的话。

4.11

子曰:"君子①怀②德,小人③怀土④;君子怀刑⑤,小人怀惠⑥。"

【译】

孔子说:"君子重视、关心德政,小民就会安心本土;君子重视为民表率,小民就会感恩谢惠。"

【注】

①君子,执政者。

②怀,《尔雅·释诂》:"怀,思也。"《说文》:"怀,思念。"本章四个怀字,都源于此义。第一、三个"怀"字都是重视、关心的意思,第二个"怀"字是安心的意思,第四个"怀"字是感动、感谢的意思。

③小人,犹小民。

④怀土,安心于原来的土地,即安土重迁,这正是"君子"所希望的。

⑤刑,读作型,模范、表率。本章的"刑"字不是"齐之以刑"

(2.3)的"刑",那个"刑"字使民"无耻",遭孔子非议,此"刑"与"德"相提并论,皆为"君子"所"怀",可知属褒义。但从孔安国开始,何晏、皇侃、邢昺、朱熹等前贤,都释为刑法、刑罚,失之远矣。古代井、刑、型三字通用,其中,"井"是初文,是制砖坯子、模具的象形,原义是模型、模范,后被借为水井之井,久借不还,遂失原义,后人只得另造"型"字。西周金文《录伯㪤簋》、《师虎簋》、《师望鼎》、《番生簋盖》等,有"帅井"一词,《史墙盘》倒作"井帅",《沈子也簋盖》有"井教"一词。戴家祥主编《金文大字典》说:"刑训效法,帅义遵循。"(学林出版社,1995年,第116页)"教"即教导,"帅井"、"井帅"、"井教"都是同义并列组合。"井"字对上是效法,对下即为示范、垂范、教导。金文之井,传世先秦文献多作刑,读作型。《诗·大雅·文王》"仪刑文王"、《思齐》"刑于寡妻"、《孝经》"刑于四海"的"刑"字,即金文的"井"字。毛传:"刑,法也。"此"法"不是今语的刑法,而是效法。"刑于四海"即垂范四海。《左传》襄公二十八年:"赏其德刑。"刑(型)与德并举,都要受赏;与《论语》本章相同,都为君子所"怀"。郭店楚简中十一个井、刑字,七个作"型",即模型、模范。《论语》本章的"君子怀刑"是说,执政者要为民表率,君子要做小人的模范。

　　⑥怀惠,怀念君子的恩惠。《尚书·皋陶谟》"安民则惠,黎民怀之";又《蔡仲之命》"民心无常,惟惠之怀",即本章"怀惠"之义。

【评】

　　本章译注,采用俞志慧新说(详见俞文《〈论语·里仁〉"君子怀德"章考辨》,载《中华文史论丛》总第八十三辑)。传统流行观点认为,本章以"君子"与"小人"的道德作正反对比,"君子"所怀皆为褒义,"小人"所怀皆为贬义,都释"刑"为刑法、刑罚。两千年来,此说基本上没有多大变化差异。但是,"君子怀刑"与孔子重德轻刑思想明显矛盾;"小人怀土",君子求之不得。本章表达的不是君子与小人的道德区别,而是执政者与人民之间的利益连动关系,要求执政者起带头模范作用。这是孔子的德政思想:"为政以德,譬如北辰居其所而众星共之"(2.1);"君子之德风,小子之德草;草上之风,必偃。"(12.19)俞君新说,明显优于旧说。

4.12

子曰:"放①于利而行,多怨。"

【译】

孔子说:"放任自私自利,招致多怨多恨。"

【注】

①放,放纵,放任。

4.13

子曰:"能以礼让①为国乎? 何有②? 不能以礼让为国,如礼何?"

【译】

孔子说:"能以礼让治国吗? 哪有什么难呢? 如果不能以礼让治国,礼还像什么样子啊!"

【注】

①"礼让"连文,《论语》里仅见于此章。先秦时代其他书里,笔者迄未发现"礼让"一词。西汉以后,历史进入"治世","礼让"一词才多见起来。例如《史记·宋微子世家》"宋襄之有礼让也";刘向《战国策书录》"捐礼让而贵战争,弃仁义而用诈谲";王充《论衡·问孔》"孔子所以教者,礼让也"。孔子首创的"礼让"一词,在乱世中沉寂二三百年以后,到治世时才有了知音。这说明"礼让"

决不是春秋晚期,更不是战国时期所能提倡。而孔子却偏偏在那"春秋无义战"的时代,提出要以"礼让为国"。

礼有两层内容:外层是"别",内层是"让"。"别"是别贵贱、别尊卑、别上下、别男女……建立等级井然的社会秩序。"别"的两个对立面之间,必然有矛盾,于是需要"让"来调节,勿使矛盾激化。《左传》襄公十三年说"让,礼之主也",因为让是仁的表现,没有让的礼就是没有仁的礼。礼让连文比单个礼字,要求高得多,难度自然也高得多。

②何有,《论语》有七次"何有",除此章外,6.8 三次,7.2、9.16、13.13 各一次。古人都在后面增一"难"字,把"何有"读成"何有难",把"难辞"变成"不难之辞"。先秦其他书里的"何有",也有"何有难"的读法。此"何有"也是"何有难"的省文。

【评】

本章可与3.3、3.4同读。孔子时代,礼已徒具形式,孔子却坚持"礼让为国",坚持以仁为"礼之本"。其主张虽脱离当时的实际,但其精神可抽象继承❶。每个时代都有相应的礼(制度),孔子迷恋的礼早已"无可奈何花落去",但每个和平、正常时代的礼,都要结合"让",都要以仁为本。今天,要建设和谐社会、和谐世界,礼让问题更会"似曾相识燕归来",这叫抽象继承。

4.14

子曰:"不患无位,患所以立。不患莫己知,求为可知也。"

---

❶　冯友兰在1957年1月8日的《光明日报》上发表《中国哲学遗产底继承问题》,后来又在《哲学研究》1957年第5期发表《再论中国哲学遗产底继承问题》,认为哲学思想具有超阶级的"普遍性形式",可以抽象继承。冯氏之说被称之为"抽象继承法",影响颇大。

【译】

孔子说:"不怕没职位,只怕不会坐。不怕没人知,但求有本事。"

4.15

子曰:"参乎! 吾道一以贯之①。"曾子曰:"唯。"

子出,门人②问曰:"何谓也?"曾子曰:"夫子之道,忠恕③而已矣。"

【译】

孔子说:"参呀,我的学说贯穿着一个基本思想。"曾子说:"是。"

孔子出去后,别的学生问曾子:"怎么说?"曾子说:"先生的学说(贯穿着一个基本思想),那就是忠恕。"

【注】

①《论语》"一以贯之"出现两次,另一次在 15.3 章。15.3 的"一以贯之"讲的是学习方法,本章的"一以贯之"讲的是"忠恕"之"道"。古今学者往往将这两章的"一以贯之"混为一谈,失之,详见 15.3"评"语。15.24 的"一言而可以终身行之",倒与本章的"一以贯之"字虽异而义相同,都讲同样的为人之道,不过,那次称其道为"恕",本章称其道为"忠恕",为什么? 详见下文注③与本章"评"语。

②门人,《九经古义·穀梁》:"古人亲受业者称弟子,转相授者称门人。"参阅 7.24 注①。孔子上课,只对几个得意门生面授,再由这些"二三子"向广大的一般弟子转授,故有弟子"三千"。门人属一般弟子。

③忠恕,《论语》忠字见于 17 章,共有 18 个。其中,"忠信"连

文见于 5 章,有 7 个,都是一个德目("信"),不是两个德目。"忠"字读作中(衷),只形容"信",说明是发自内心的真心实意的信。详见 1.8 注②。《论语》"忠恕"连文仅此一见,什么意思,没有直接解释。《论语》"恕"字出现两次,除本章与"忠"连文之外,还单独见于 15.24:"子贡问曰:'有一言而可以终身行之者乎?'子曰:'其恕乎!己所不欲,勿施于人。'"而《中庸》:"子曰:'忠恕违道不远,施诸己而不愿,亦勿施于人。'"《中庸》"子曰"称它为"忠恕",不称"恕",为什么?详见下文"评"语。

【评】

古今学者,都把"忠恕"拆开解释,认为是两个德目,此说与"吾道一以贯之"的"一"字似有矛盾。

本章"一以贯之"的"道",就是 15.24 的"一言而可以终身行之者",本章称它"忠恕",15.24 称它"恕";15.24 称"己所不欲,勿施于人"为"恕",《礼记·中庸》"子曰"称它为"忠恕"。这说明,"忠恕"即"恕",好比"忠信"即"信",都是一个德目,不是两个德目。忠、中、衷,音同义通,古书中通假之例甚多,详见《故训汇纂》第 773、774 页。"忠信""忠恕"的"忠",都应读作中(衷),表示由衷地"信""恕"。忠字是为形容"信""恕"而增添,故可有可无。

不同的人使用同样的字,可有不同的含义。上面写的是指孔子所说的"忠恕"与"恕",不代表其他人所说的忠、恕含义。在《左传》《国语》里,忠与恕往往等同互用,说成同一种德行,例如"己所不欲,勿施于人",《左传》隐公十一年称"恕",《国语·周语上》称"忠",那要另作别论,不可与《论语》《礼记》里"子曰"的"忠恕"混为一谈。

4. 16

子曰:"君子喻于义,小人喻于利。"

【译】

孔子说:"君子懂义,小人懂利。"

4. 17

子曰:"见贤思齐焉,见不贤而内自省也。"

【译】

孔子说:"见到贤人,要向他看齐;见到不贤的人,要反问自己:有没有与他一样的缺点错误。"

4. 18

子曰:"事父母,几①谏,见志不从,又敬不违②,劳而不怨。"

【译】

孔子说:"服事父母,(如果看到他们的错误缺点,)要细声细语地劝阻。看到自己的意见没有被接受,仍要恭敬而不要冒犯,这样做,虽然劳累,却不埋怨。"

【注】

①几(jī 机),轻微。

②不违,即 2.5"无违""孝顺"之"顺"也。《礼记·檀弓上》:"事亲有隐而无犯……事君有犯而无隐。"孝亲比忠君更要"不违"。

4. 19

子曰:"父母在,不远游;游必有方。"

【译】

孔子说:"父母还在,不出远门;如果出门,要有一定的地方。"

4. 20

子曰:"三年无改于父之道,可谓孝矣。"(已见于1.11)

4. 21

子曰:"父母之年,不可不知也。一则以喜,一则以惧。"

【译】

孔子说:"父母的年龄不能不知道。既为他们的高寿而高兴,又为他们的高寿而担心。"

4. 22

子曰:"古者言之不出,耻躬之不逮也。"

【译】

孔子说:"古人不敢轻出大话,怕自己的行动跟不上。"

4. 23

子曰:"以约失之者鲜矣。"

【译】

孔子说:"因自我约束而产生过失,这种现象很少见。"

4. 24

子曰:"君子欲讷于言而敏于行。"

【译】

孔子说:"君子要说话谨慎、工作勤快。"

【评】

毛泽东有个女儿叫"李讷",有个女儿叫"李敏",这两个名字就是从这里取的。

孔子重实践,轻言论,主张少说多做。与本章类似的话还有:1. 14"君子……敏于事而慎于言";2. 13"君子……先行其言而后从之";12. 3"仁者,其言也讱","为之难,言之得无讱乎?"14. 20"其言之不怍,则为之也难";14. 17"君子耻其言而过其行";17. 19"子曰:'予欲无言'"。

4. 25

子曰:"德不孤,必有邻。"

【译】

孔子说:"有德之人不孤单,必有知音作伙伴。"

4. 26

子游曰:"事君数①,斯辱矣;朋友数②,斯疏矣。"

【译】

子游说:"服事君主太烦琐,就会招侮辱;巴结朋友太噜苏,也会被疏落。"

【注】

①②数(shuò 朔),太多次,太烦琐。下文 12. 23"子贡问友。子曰:'忠告而善道,不可则止,毋自辱焉'"也是这个意思。

公冶长篇第五(共二十八章)

5.1

子谓公冶长①:"可妻②也。虽在缧绁③之中,非其罪也。"以其子④妻之。

【译】

孔子评论公冶长,说:"可以把女儿嫁给他。虽然坐过牢,那不是他的罪过。"便把自己的女儿嫁给他。

【注】

①公冶长(生卒年不详),复姓公冶,名长,字子长。孔子学生。一说齐人,一说鲁人。《论语》里只出现这么一次。《家语·弟子解》说他"为人能忍耻"。

②妻(qì),动词,嫁。

③缧(léi 雷)绁(xiè 泄),拴犯人的绳索,这里代指监狱。

④子,儿女,此指女儿。

5.2

子谓南容①:"邦有道,不废;邦无道,免于刑戮。"以其兄②之子妻之。

【译】

孔子评论南容，说："国家政治清明，他不会被遗弃；国家政治昏乱，也不会遭刑罚。"便把自己哥哥的女儿嫁给他。

【注】

①南容（生卒年不详），复姓南宫，名适（《列传》作刮），字子容。孔子学生，鲁人。《论语》里见于5.2、11.6、14.5。

②兄，孔子之兄孟皮，是父亲二房所生，非嫡出，故称"孟"，患有先天性跛脚。

5.3

子谓子贱①："君子哉若人！鲁无君子者②，斯焉取斯?"

【译】

孔子评论子贱，说："君子啊这个人，如果鲁国没有君子，他取法于谁?"

【注】

①子贱（前521—？，或前502—？），姓宓（音伏），名不齐，字子贱。小孔子31岁，或说小50岁，恐不确。鲁人，曾为单父宰。《论语》仅此一见。

②当时可能有"鲁无君子"的说法，孔子以子贱为例，对这种说法进行诘问。

【评】

《论语》里，孔子指名为"君子"者只有四人：子贱（5.3）、子产（5.16）、南宫适（14.5）、蘧伯玉（15.7）。子产与蘧伯玉是历史上著名贤人。孔子学生中指名为君子的只有子贱与南宫适。子贱在《论语》中只出现一次，南宫适也只有三次，可知孔子尊重那些默默无闻而道德高尚的人。

　　据王充《论衡·本性》记载,宓子贱"言性有善有恶",郭店楚简《性自命出》说:"善、不善,性也。"宓子贱有可能是该简文的作者,详见4.2"评"。

5.4

　　子贡问曰:"赐也何如?"子曰:"女,器也。"曰:"何器也?"曰:"瑚琏①也。"

【译】

　　子贡问道:"赐怎么样?"孔子答道:"你么,好比器具。"子贡问:"哪种器具?"孔子说:"瑚琏。"

【注】

　　①瑚(hú 胡)琏(lián 连),古代祭祀时盛粮食的器具,方形称簠,圆形叫簋,是很尊贵的祭器。

【评】

　　孔子说过:"君子不器。"(2.12)称子贡为"器也",未必说他还够不上君子。这章接在称赞"子贱"为"君子"后面,是《论语》编者所为。瑚琏是庙堂高级祭器,以瑚琏比子贡,是称赞他可为朝廷高级人才。孔子对子贡的比喻十分准确,子贡的突出优点是办事能力强。坐而论道非其所长。子贡天生气质属多血质类型,反应机敏,适应性强,但注意力不稳定,不善于思考问题,与曾参形成鲜明对比,曾参属黏液质类型,性格内向而稳定。

5.5

　　或曰:"雍①也仁而不佞②。"子曰:"焉用佞? 御人以口给③,屡憎于人。不知其仁,焉用佞?"

【译】

有人说:"雍这个人有仁德而缺乏口才。"孔子说:"何必有口才? 口才好会与别人斗嘴,常常招人憎恨。我不知道他够不够仁,仁者何必多言?"

【注】

①雍(前522—?),姓冉名雍,字仲弓。鲁人,孔子学生,小孔子30岁。以德行称,又长于政事,大概是个德才兼备的人物。孔子周游列国,非有子路随行保护不可,就由冉雍去接任季氏宰。《论语》里出现七次:5.5、6.1、6.2、6.6、11.3、12.2、13.2。

②佞(nìng 泞),能说会道。

③给,充足。口给,口才好。

【评】

孔子天生性格失之偏激,过头话很多,他的口才不错,被微生亩讥为"佞"(14.32)。但他重视修身克己,故提倡少言,甚至"无言",故本章一再说"焉用佞"。

孔子对冉雍的当官素质很称赞,曾说"雍也可使南面"(6.1),但又说"不知其仁"。杨伯峻说:"孔子说不知,不是真的不知,只是否定的另一方式,实际上说冉雍还不能达到'仁'的水平。"下文第八章"孟武伯问子路仁乎,子曰,不知也,这'不知'也是如此"(第43页)。

5.6

子使漆彫开①仕。对曰:"吾斯之未能信。"子说。

【译】

孔子叫漆彫开去做官,他答道:"我对这件事还缺乏信心。"孔子听了很高兴。

【注】

①漆彫开(前540—?),复姓漆彫,名启,字子开。孔子学生,小孔子12岁。李零说:"齐陶文有'漆彫里'(高明《古陶文汇编》,北京:中华书局,1990年,200页:3.625、3.626),正作漆彫。漆彫里,是从事漆雕业的工匠居住的地方。"(附录第83页)《论语》里漆彫开仅此一见。据王充《论衡·本性》记载,漆彫开与宓子贱皆"言性有善有恶",他们都是这种人性论的首倡者。详见4.2"评"。

5.7

子曰:"道不行,乘桴①浮于海。从我者,其由与?"子路闻之喜。子曰:"由也好勇过我,无所取材②。"

【译】

孔子说:"信仰难以实行,乘小木排到海外去。肯跟我出去的,大概只有仲由吧?"子路听了很高兴。孔子说:"仲由比我好勇,但不善于取舍。"

【注】

①桴(fú 浮),用木头或竹子编成的簰(排),大者称筏,小者称桴。

②材,读作裁。无所取材,即不知道哪些可、哪些不可,只凭勇气行事。

【评】

桴是小木排,乘桴在泗水里玩玩倒还可以,要"浮于海",移居海外作隐士,这是开玩笑,说说而已。因为孔子再无知,也不会去送死。孔子天生性格活泼机敏,喜欢开玩笑,我们不可太老实。《论语》是中国第一经典,人们读它,向来一本正经。当你正襟危坐、摇头晃脑之际,他老人家有时会突然从书里跳出来,在你腋下"咯吱"一下,让你哭笑不得。

"道不行,乘桴浮于海",与"子欲居九夷"(9.14)一样,这种飘飘然的风凉话,只能在"五十而知天命"以前说说。当时,他以"逸民"自居(18.8),思想依违于"行"与"隐"之间,从政态度是"无可无不可"(18.8)。当时的心态最适合开这种玩笑。当时的子路尚未与他产生政治分歧,故说"从我者,其由与"。子路也"闻之喜"。

李零的看法不同,他说:"孔子明知'道不行',可能在他周游列国的途中(前497—前484年)或他返回鲁国之后(前484—前479年)。在这以前,他不会说这些话。"(第116页)李零的说法颇具代表性,但未能提供任何史料证据。孔子晚年,从不承认自己的"道不行"。72岁时,闻"陈成子弑简公"(14.21),还为卫"道"拍案而起。周游列国晚期,认识到孔子之"道不行"的,是子路,不是孔子,详见18.7"评"语。

周游列国是孔门师生一次规模不小的集体求仕行动,结果两极分化:老师没人要,学生偏"热销"。孔子及其心目中唯一的模范学生颜回始终未被任用;子路、子贡、冉雍、冉有、宰我等学生在政坛上大显身手,这些学生大多有过挨老师批评的不良记录。实践证明:孔子与子路等人存在着"道"的分歧,才会出现这种两极分化的客观后果。孔子的基本政治路线是强公室、弱大夫。子路、冉有等学生却站在擅权的季孙氏一边,帮他们干"无道"、僭越的事情,所以孔子批评子路、冉有不能"以道事君",只能算是备位充数之臣(11.24)。

经过周游列国,子路等学生在政治舞台上干得不亦乐乎。在那激情燃烧的岁月里,子路愿意去海外隐居吗?对隐居会"闻之喜"吗?

5.8

孟武伯①问:"子路仁乎?"子曰:"不知也。"又问。子曰:"由也,千乘之国,可使治其赋②也,不知其仁也。"

"求也何如?"子曰:"千室之邑③,百乘之家④,可使为之宰⑤也,不知其仁也。"

"赤⑥也何如?"子曰:"赤也,束带立于朝,可使与宾客言也,不知其仁也。"

【译】

孟武伯问孔子:"子路仁吗?"孔子说:"不知道啊!"又问。孔子说:"仲由么,一千辆兵车的大国,可以让他去管理军赋,至于他算不算仁,我不知道。"

孟武伯又问:"冉求怎么样?"孔子说:"冉求么,千户人口的县,百辆兵车的大夫封地,都可以让他当首长,至于他算不算仁,我不知道。"

"公西赤怎么样?"孔子说:"公西赤么,穿好礼服,站在朝廷上,可以让他与外宾交谈,至于他够不够仁,我不知道。"

【注】

①孟武伯,见2.6。属三桓之一的孟孙氏。

②赋,此指军赋,包括征兵与军备等武事。千乘之国指大国,子路没有为大国治过赋,孔子认为他还有潜力未发挥。

③千室之邑,当时算是大邑。

④百乘之家,指卿大夫之家。冉有当时任季氏宰,正是"百乘

之家"的宰。

⑤宰，主管官员。当时的"邑"与"家"的主管官员都称宰。

⑥赤，复姓公西，名赤，字华，鲁人，小孔子43岁。赤好礼，是个外交人才。《论语》里出现五次：5.8、6.4、7.34、11.22、11.26。

【评】

本章是11.26《侍坐》章的创作素材之一，由、求、赤是《侍坐》言"志"的"三子"。详见彼章评语。

5.9

子谓子贡曰："女与回也孰愈？"对曰："赐也何敢望回？回也闻一以知十，赐也闻一以知二。"子曰："弗如也；吾与女弗如也。"

【译】

孔子问子贡："你与颜回谁更强？"子贡答道："赐怎敢与回比？回啊闻一能知十，赐呢闻一只知二。"孔子说："不如他啊，我与你都不如他。"

【评】

在《家语·弟子行》里，孔子与子贡称赞颜回可为"王者之相"。《史记·世家》大概根据《家语》这条资料，借楚令尹子西之口，说颜回的"辅相"才能，楚国无人堪比。

孔子与子贡只给颜回说好话，戴高帽，不给实际支援。经过周游列国，孔子归鲁当国老，他的优秀学生个个出仕当官，子贡不但当了大官，还发了大财，只有颜回这个"闻一能知十"、可为"王者之相"的头名高材生、模范生，回陋巷喝西北风。孔子与子贡怎么不伸援手，给他一个"用之则行"（7.11）的机会？难道颜回是个太没有工作能力的书呆子?

5.10

宰予昼寝。子曰:"朽木不可雕也,粪土之墙不可圬①也;于予与何诛②?"子曰③:"始吾于人也,听其言而信其行;今吾于人也,听其言而观其行。于予与改是。"

【译】

宰予白天睡觉。孔子说:"朽木不可雕,粪土一样的墙壁无法粉刷,对宰予这种人何必责备呢?"(他已不可救药。)孔子(后来)又说:"最初我对别人,是听其言就信其行;现在我对别人,是听其言还要观其行。从宰予白天睡觉这件事情以后,我改变了态度。"

【注】

①圬(wū 乌),泥工抹墙的工具。

②诛,责备。

③又出"子曰",表示是另一次说的话。

【评】

王充《论衡·问孔篇》责问:"昼寝之恶也,小恶也;朽木粪土,败毁不可复成之物,大恶也。责小过以大恶,安能服人?使宰我性不善,如朽木粪土,不宜得入孔子之门,序在四科之列;使性善,孔子恶之,恶之太甚,过也。人之不仁,疾之已甚,乱也。孔子疾宰予,可谓甚矣……"古代师生如父子,人格不平等,老师骂学生,体罚学生,不足为怪,不能以今天的教育思想要求古人。王充(27—约97 年)也是古人,上距孔子才四五百年,教育观念基本一致,也认为孔子这次批评宰我失之过分,是"责小过以大恶"。王充的批评应该是公允的。

5.11

子曰:"吾未见刚者。"或对曰:"申枨^①。"子曰:"枨也欲,焉得刚?"

【译】

孔子说:"我没有见过刚强的人。"有人答道:"申枨。"孔子说:"申枨私欲太多,哪能刚强不屈?"

【注】

①申枨(chéng 橙),可能就是孔子学生申党(《列传》)。

【评】

"无欲则刚"的成语,来自此章。"无欲"不是完全没有私欲,而是私心杂念较少。子路是孔子学生中"刚"的代表。一个典型的"刚者"就在自己的身边,却说"吾未见刚者"。这是孔子的习惯性口误。

5.12

子贡曰:"我不欲人之加诸我也,吾亦欲无加诸人。"子曰:"赐也,非尔所及也。"

【译】

子贡说:"我不想别人强加给我什么,我也不想强加给别人什么。"孔子说:"赐啊,这不是你所能做到的。"

5.13

子贡曰:"夫子之(言)文章^①,可得而闻也;夫子之言性与天道^②,不可得而闻也。"

【译】

子贡说："先生谈论文献典籍,可以经常听得到;先生关于人的本性与天意规律的高论,我们听不到。"

【注】

①夫子之文章,此"文章",指《诗》《书》《礼》《乐》等文献典籍。文献典籍本身不"可得闻",根据下文"夫子之言性与天道"语例,此句应补一"言"字。

②"天道"概念出现较晚,《诗经》"天"字135个,其中"天命"出现八次(不包括"维天之命"、"昊天有成命"各一次),而未见"天道"。《尚书》十来篇周初名作,也都没有"天道"。年代较晚的《大禹谟》、《仲虺之诰》、《汤诰》、《说命》、《毕命》各有一次"天道",《泰誓》有一句"天有显道"。《左传》、《国语》才常见"天道"、"天之道"。《左传》、《国语》"天道"、"天之道"的天,都是主宰之天,不是自然之天(详见2.4"评")。《孟子》有一个"天道":"圣人之于天道也"(《尽心下》),这"天道"仍然是天命的道理、天意法则的意思。连《老子》的"天道"、"天之道"都不是"自然规律"。"功遂身退,天之道"、"天道无亲,恒与善人",这两个"天"字,都是天命、天意。不过,《老子》的"天"上还有个自然的"道",自然之"道"才是最高范畴。"天道"是春秋时期的新名词、新概念,却为孔子所不"言",他只谈天命,不谈天命的道理,这说明孔子不喜欢谈论形而上的问题,不长于抽象思维。徐复观说,春秋时期的"天","无复有人格神的性质"(第58页);子贡明明说"夫子之言性与天道,不可得而闻也",徐氏却从中读出:"子贡曾听到孔子把性和天道(命)连在一起说过。"(第90页)游离文本,自由发挥,似为徐文的一大特色。

【评】

单就理论水平言,孔子在哲学方面不如道家,在宗教方面不如墨家,在政治方面不如法家,他只是一个实话实说的道德家,一个勤勤恳恳的民办教师。如果把孔子的思想比作一棵树,颇似冬天寒风中的梧桐,没有绿叶掩映,没有鸟声和鸣,既不高深,又不可爱,像一个平常人在说平常话,缺乏理论深度,没有思辨色彩。被一些学者引以为高深玄奥的"天"啊、"命"啊,大多是当时一般人都能说的平常话,他不喜欢从中抽象出哲学范畴的"道"来,因为他只是思想家,不是理论家、哲学家。

5.14

子路有闻,未之能行,唯恐有闻。

【译】

子路得知一个道理,还来不及实行,只怕又得知一个道理。

【评】

朱熹《论语集注》说:"范氏曰:子路闻善,勇于必行。"子路闻道必急于实行,像"五十而知(行)天命"以后的孔子。

5.15

子贡问曰:"孔文子①何以谓之'文'也?"子曰:"敏而好学,不耻下问,是以谓之'文'②也。"

【译】

子贡问:"孔文子凭什么死后得到'文'的谥号?"孔子说:"他聪明好学,不耻下问,所以称他'文'。"

【注】

①孔文子,是卫国卿大夫孔圉(yǔ 语)死后的称呼,"文"是谥

号,"子"是尊称,名圉,又称"仲叔圉"(14.19),事灵公、出公。钱穆说:"《左传》载其人私德有秽,子贡疑其何以得谥为文,故问。"(第 123 页)孔子在卫国和孔圉有接触。孔圉见于《论语》5.15、14.19。孔子对他的两次评价都不错。子路生前任孔圉邑宰,最后为他献出生命。

②文,《逸周书·谥法》:"学勤好问曰文。"孔子说孔圉"敏而好学,不耻下问",与谥号"文"相合。

5.16

子谓子产①:"有君子之道四焉:其行己也恭,其事上也敬,其养民也惠,其使民也义。"

【译】

孔子评论子产:"有四个方面符合君子标准:他对待自己严格,他对待君主恭敬,他的养民政策使人民得到实惠,他使用民力合理。"

【注】

①子产(?—前 522 年),复姓公孙,名侨,字子产,一字子美,郑穆公之孙,是春秋时期郑国最著名的贤相。郑简公十二年(前 554 年)为卿,二十三年(前 543 年)执政,实行一系列改革措施,使郑国转强。子产见于《论语》5.16、14.8、14.9,共三次。参阅《左传》昭公二十年"仲尼曰"。

5.17

子曰:"晏平仲①善与人交,久而(人)敬之②。"

【译】

孔子说:"晏平仲善于与人交往,相交愈久,愈受人尊敬。"

【注】

①晏平仲,即晏子,名婴,字平仲,是管仲的后人,齐国著名的执政大臣,与孔子同时代而略早于孔子,事齐庄、景二公。《左传》记叙晏平仲,止于昭公二十六年,即公元前 516 年。生卒年无考。《论语》仅见于本章一次。

②古本多作"久而人敬之",可从。"之"指晏平仲。

【评】

孔子敬晏子,晏子未必敬孔子。晏子是老练的外交家,孔子是天真的艺术家,后者当然不是前者的对手。详见 18.3"评"。

5.18

子曰:"臧文仲①居蔡②,山节藻棁③,何如其知也?"

【译】

孔子说:"臧文仲给一只大乌龟盖了房子,斗拱上雕刻山景,大梁的短柱画水草,他怎么会动这种歪脑筋?"

【注】

①臧文仲(? —前 617 年),臧是氏,文是谥,仲是行辈,名辰,又称臧孙辰。历事庄、闵、僖、文四公。他是臧武仲(臧孙纥)的祖父。见于 5.18、15.14 两次。

②蔡,古人称大乌龟为"蔡",认为越大越灵,用于卜卦。居蔡,让蔡居住。

③节,斗拱。棁(zhuō 啄),梁上短柱。

【评】

孔子信神敬神,尊重巫医占筮,相信"凤鸟"、"河图"、"获麟"等祥瑞传说,但不求神媚神,反对铺张浪费的迷信活动,故讥臧文仲不"智"。详见 3.13、6.22、7.35、13.22 等章。

5. 19

子张问曰:"令尹子文①三仕为令尹,无喜色;三已之,无愠色。旧令尹之政,必以告新令尹。何如?"子曰:"忠矣。"曰:"仁矣乎?"曰:"未知②;——焉得仁?"

"崔子弑齐君③,陈文子④有马十乘,弃而违之。至于他邦,则曰:'犹吾大夫崔子也。'违之。之一邦,则又曰:'犹吾大夫崔子也。'违之。何如?"子曰:"清矣。"曰:"仁矣乎?"曰:"未知;——焉得仁?"

【译】

子张问道:"楚国的子文多次担任令尹(宰相),没有喜形于色;多次遭到免职,也没有愤怒的脸色。每次职位交接,总是把自己当令尹时的政务毫无保留地告诉新令尹。这样的人怎么样?"孔子说:"尽忠啊!"子张问:"仁吗?"孔子说:"不晓得;——怎么称得上仁呢?"

子张又问:"崔杼犯上作乱杀了齐庄公,陈文子放弃四十匹马,离开齐国。到了别国,说:'这里的执政者与我们的崔子是一路货色。'就离开这个国家。到了另外一个国家,又说:'这里的执政者与我们的崔子是同路货色。'又离开。这个人怎么样?"孔子说:"清高啊!"子张问:"仁吗?"孔子说:"不知道;——怎么称得上仁呢?"

【注】

①令尹子文,楚国宰相称令尹,子文(? —前605年),即斗谷於菟,字子文。楚人称虎为"於菟",虎身有文,故字文。斗谷是春秋楚国三个显族之一,斗氏是若敖之后。根据《左传》,子文从公元前664年开始做令尹,到公元前637年让位给子玉,首尾相距28

年,这期间可能有几次被免职又被任命,《国语·楚语下》说:"昔子文三舍令尹,无一日之积。"

②未知,和5.5、5.8的"不知"一样,是婉转的否定。

③崔子弑齐君,崔子,指齐国大夫崔杼;齐君,指齐庄公。"崔子弑齐君",见《左传》襄公二十五年。

④陈文子,也是齐国大夫,名须无。《左传》没有记载他去齐之事,却记载他后来在齐国的行为颇多,可能一度离开,最终回来。

【评】

令尹子文只能称"忠",不能称"仁",陈文子只能称"清",不能称"仁",上文5.8子路、冉有(求)、公西赤(华)有政绩,也不能称"仁",这五处的"仁",都应该是仁人、仁者的意思,不是仁德,不是说他们都缺乏仁德。在《论语》里,仁人的人格品位仅次于圣人。

5.20

季文子①三思而后行。子闻之,曰:"再,斯可矣。"

【译】

季文子三思而后行。孔子听到了,说:"想两次就可以了。"

【注】

①季文子(? —前568年),即季孙行父,名意如,字行父,文子是谥,是季孙氏的第一代。

【评】

孔子可能是批评季文子优柔寡断。孔子表扬子路:"由也果,于从政乎何有?"(6.8)孔子办事也很果断,有魄力,周游列国即为显例。夹谷盟会上的表现,正是以果敢取胜。

5.21

子曰:"宁武子①,邦有道则知,邦无道则愚。其知可及也,其愚不可及也。"

【译】

　　孔子说："宁武子这个人,国家清明就发挥聪明才智,国家昏乱就揣着明白装糊涂。他的聪明才智别人还容易达到,他的装傻本领别人达不到。"

【注】

　　①宁武子,宁本是封邑,以邑为氏,名俞,武是谥,子是尊称,卫国正卿,仕于卫成公(前634年—前599年)时期。成公前期,卫国安定,宁武子辅佐建言有功。后来卫国受晋国压迫,成公出逃,政局动荡。宁武子立朝不去,沉默苟安,仅求免身,有"大隐隐于朝"的韬晦精神。

【评】

　　本章应是孔子离鲁居卫时所说,他不能像宁武子那样,对"无道"现象熟视无睹、装聋作哑。否则,他完全可以在鲁国安享高官厚禄的生活,不必自找苦吃,来卫国求仕。所谓"其愚不可及也",是自知任性,缺乏政治家的韬略。

5.22

　　子在陈①,曰:"归与!归与②!吾党之小子③狂简④,斐然成章,不知所以裁之。"

【译】

　　孔子在陈国,说:"回去吧!回去吧!故乡的那些学生们,狂妄自大,(好比布匹,)虽文采斐然,却不知如何剪裁成衣。"

【注】

　　①陈,国名。周武王灭商后,封舜的后裔妫满于陈,都城设在

宛丘(今河南淮阳)。舜居妫水(今山西永济),故姓妫。春秋时陈国拥有现在河南开封以东、安徽亳县以北一带地方。陈的西北有个姬姓的郑国,郑子产伐陈以后,陈国常受郑国操纵。楚兴后,郑国衰落,陈国又依违于晋楚两大国之间。吴王阖闾时,陈又依违于吴楚之间。孔子在陈时,是陈湣公执政。陈湣公是个勤奋好学、礼贤下士的好君主,也给孔子俸粟六万。鲁哀公十七年(公元前478年),楚惠王杀陈湣公,陈亡。孔子卒于哀公十六年,比陈湣公早卒一年。

②"归与!归与",孔子在陈后期,已有归意。

③小子,原指年轻人,如《诗·大雅·民劳》"小子"与"老夫"对举。《论语》"子曰"有"小子"三次,都是孔子对弟子的称呼。此指冉有等在鲁当官的学生。

④狂字从犬,本指疯狗。《说文》:"狂,狾犬也。"又:"狾,狂犬也。"古籍中的狂字,多与疾、病、痴、愚、妄、倨、躁、惑、乱、丑、恶等字近义,基本上是反面、贬义之字,"狂士"多指放荡不羁、狂放无礼的人(《故训汇纂》,第1412、1413页)。

先秦"简"字,有"慢"、"惰"、"傲"等贬义。《诗·邶风·简兮》"简兮,简兮",朱熹集传:"简,简易,不恭之意。"《吕览·骄恣》"自骄则简士",高诱注:"傲也。"《吕览·处方》"而长不简慢矣",高诱注:"惰也。"本章简字,孔安国训为"大",自大也。"狂简",狂妄自大也,故下文说要对它"裁之"。

《孟子·尽心下》说:"万章问曰:孔子在陈曰:'盍归乎来!吾党之小子狂简进取,不忘其初。'孔子在陈,何思鲁之狂士!"转述孔子的话,多出"取进"、"不忘其初"等语,还说孔子因"思鲁之狂士"而思归,却删掉下文"裁之"等语。万章的转述明显不符合《论语》原意。朱熹《集注》给予批评,说孔子思"归",是"恐其过中失正,而或陷于异端耳,故欲归而裁之也"。元人陈天祥《四书辨疑》说:"是抑制狂者","非思之也"(转引自中华书局三大册《论语》中册第1398页)。时贤庞朴也说:"'子在陈'一章,分明以狂简为不足取,亟思回去'裁之',致使'中行'也。"(《蓟门散思》,上海文艺出版社,1996年,第28页)事实证明,他们的理解是正确的。孔子归鲁后,立刻为"用田赋"之事对冉有发出"鸣鼓而攻之"(11.17)的战令。以后对冉有等学生的政治活动不断指手画脚,师生之"道"渐行渐远,矛盾越来越尖锐,这些就是"裁之"的活生生内容。

【评】

　　这章写明是"子在陈"所言。《史记·孔子世家》记载:哀公三年,孔子在陈,季康子召冉有,孔子发此高调。这时,周游列国时间过半,子路、子贡等学生都大受政界欢迎,纷纷走上仕途。老师及其模范学生颜渊还是无人光顾。孔子这时不但不作反省,还要倚老卖老,口出狂言,说要回鲁国给冉有等"小子"们"裁(指导)之"。七年以后,即哀公十一年,由于冉有说服季康子,才使孔子实现"归与"的美梦。教条主义的老师,要靠修正主义的学生帮助,才得荣归故里。孔子归鲁后,的确坚持自己的"道","裁"冉有等"小子"们的"狂简",与他们发生尖锐矛盾。学者们都说孔子在周游列国后期已知自己的"道不行",不知何据?《中庸》:"子曰:'君子遵道而行,半途而废,吾弗能已矣。'"孔子这话完全符合他的性格与生活实践。他至死都不曾认为自己的"道不行",至死都要以自己的失败之"道"来"裁"(指导)"小子"们的成功之道!思想僵化到这个地步,还说自己"七十而从心所欲不逾矩","不逾矩"者,"不逾"的是原来失败之"矩"也!

5.23

子曰:"伯夷、叔齐①不念旧恶②,怨是用③希。"

【译】

孔子说:"伯夷、叔齐不记过去的仇恨、矛盾,别人对他们的怨恨因而很少。"

【注】

①伯夷、叔齐,孤竹国国君的两个儿子,父亲死后,互相让位,都逃到周文王那边。武王伐纣时,他们反对战争,拦住武王的车马劝阻。周朝统一天下后,他们耻食周粟,最后饿死在首阳山。《论语》见于5.23、7.15、16.12、18.8。对他们的高风亮节,孔子非常敬仰。

②旧恶,过去的仇恨。

③是用,因而。

5.24

子曰:"孰谓微生高①直? 或乞醯②焉,乞诸其邻而与之。"

【译】

孔子说:"谁说微生高这个人直爽? 别人向他讨醋,他到邻居家里要来给他(当作是自家的)。"

【注】

①微生高,即《庄子》、《战国策》等书记载的尾生高。尾生高以守信名世。他和一位女子约定在桥下相见,到约定时间,女子没来,水涨了,他坚持不走而被淹死。李零说:"微是国族名;生即外甥的甥,外甥是以母家论,微是他的姥姥家。古人或以母家(姥姥家)为氏,称为某生,西周金文和《左传》有不少例子,高是他的名。"(第125页)微生高,微家的外甥,名高。

②醯（xī 西），醋。

【评】

　　孔圣人太爱管闲事，对讨醋这种鸡毛蒜皮的小事，也要说三道四。而生活小事往往是说不清是非的。以讨醋为例，微生高自己家里没有醋，向邻居讨来给别人，这不是助人为乐吗？他如果向人家"直"说这醋是向邻家讨来的，那可能有表功之嫌，是不是要人家记住以后要还呢？瞒住不说，人家又批评他不"直"。真是说也不是，不说又不是。奇怪的是，连孔圣人也卷入这种婆婆妈妈的官司，真有意思！《论语》真可爱，把孔圣人这么琐碎的生活细节都记下来，有了这些生活细节，孔子就被写活了，使后人明白，孔圣人不是一架开口"天下"、闭口"古今"的伟大机器。或说，本章"讨醋"的微生高，就是 14.32 与孔子辩论"佞"问题的尾生亩，如果他们是同一个人，那么，本章的讨醋风波，可能是孔子对微生高的报复也未可知。如果是借机报复，说三道四，则失之"佞"矣。

5. 25

　　子曰："巧言、令色、足恭，左丘明①耻之，丘亦耻之。匿怨而友其人，左丘明耻之，丘亦耻之。"

【译】

　　孔子说："花言巧语，脸上堆笑，毕恭毕敬，左丘明认为可耻，丘也认为可耻。内心藏怨恨，表面交朋友，左丘明认为可耻，丘也认为可耻。"

【注】

　　①左丘明，生卒年不详，鲁太史。杨伯峻说："孔子这段言语把左丘明放在自己之前，而且引以自重。"（第 52 页）李零称他"是孔

子称道的前贤"（附录第107页）。历来相传左丘明是《左传》作者。钱穆、徐中舒、金德建等认为《左传》作者是子夏或子夏弟子吴起，恐不足信。到目前为止，要完全推翻左丘明与《左传》的关系，还嫌证据不足。

5.26

颜渊、季路侍。子曰："盍①各言尔志？"

子路曰："愿车马衣裘与朋友共，敝之而无憾。"

颜渊曰："愿无伐②善，无施劳③。"

子路曰："愿闻子之志。"

子曰："老者安之，朋友信之，少者怀之。"

【译】

颜渊与季路侍立在孔子两旁。孔子说："为什么不说说自己的愿望？"

子路说："车马衣裘与朋友共同使用，破了也没有怨言。"

颜渊说："不夸耀自己的优点，不宣传自己的功劳。"

子路："想听听老师的愿望。"

孔子说："老人安逸，朋友信任，年轻人得到关怀。"

【注】

①盍，"何不"的合音。

②伐，夸奖。

③施，表现。劳，功劳。

【评】

本章与上文5.8章是《先进》篇《侍坐》章（11.26）的创作素材。据本书研究，《侍坐》不是生活实录，而是艺术创作，艺术创作的部分情节往往借用现成的文字材料。

孔子以社会理想为"志",子路以友谊为"志",颜渊以谦逊为
"志"。三人都不以个人游乐为"志",与《侍坐》主角曾皙之"志"大
异其趣。《侍坐》师生言志这种基本情节摹仿本章,人物摹仿5.8。

5.27

子曰:"已矣乎! 吾未见能见其过而内自讼者也。"

【译】

孔子说:"算了吧,我没有见过能发现自己的过错而内心自责
的人。"

【评】

这又是孔子的习惯性口误。他的学生曾参提倡"吾日三省吾
身",能自我批评、自我反省的人并不少见。孔子的原意是说这种
人难能可贵,不多见,夸张成"吾未见",就犯了言过其实的错误。

5.28

子曰:"十室之邑,必有忠信如丘者焉,不如丘之好学也。"

【译】

孔子说:"只有十户人家的小村子,也一定有像丘一样诚信的
人,但不会像丘这么好学。"

雍也篇第六（共三十章）

6.1

子曰:"雍也可使南面^①。"

【译】

孔子说:"冉雍啊可以让他当大官。"

【注】

①南面,这二字颇伤脑筋。刘向以"南面"为天子。包咸、郑玄均指诸侯,近儒说是卿大夫。"南面"的身份随时间推移而逐级降低。孔子时代,天子与诸侯都是世袭的,孔子最恨僭越,不会鼓励冉雍去当天子或诸侯。但刘向《说苑·修文》说:"上无明天子,下无贤方伯,天下为无道,臣弑其君,子弑其父,力能讨之,讨之可也。当孔子之时,上无明天子也,故言'雍也可使南面',南面者,天子也。"这些矛头直指天子的"造反有理"的话,有点像毛泽东的口气。两千年前的刘向,思想为什么如此解放呢? 因为西汉王朝是在农民起义后建立的,从天子到王侯将相,基本上都是布衣出身。因此,汉初的刘向才敢如此"放肆"。稍后的司马迁写《史记》,把陈涉列入"世家",与孔子同级,遭到班固等后人诟病。刘向与司马迁并不是个人思想特别先进,而是时代意识使然。班固如果生当西汉初年,对陈涉的评价也会很高,因为西汉的布衣王朝是靠陈涉发难

而建立的。发难之初,鲁国诸儒持孔氏礼器投奔陈涉,造反成功后,岂可忘恩负义? 包咸与郑玄是东汉人,东汉政权虽然也建立在农民战争之后,但其天子还姓刘,血统未断,而列侯基本上都已换了姓,故把"南面"降为诸侯。后儒甚至把"南面"降到卿大夫,因为到后来,西汉"布衣王朝"的影响已经消失殆尽。由此可知,古注未必愈古愈可靠,注书人的头脑要受时代意识的影响。孔子时代,卿大夫大多还是世袭,但已松动,孔子周游列国,就是想去当个有实权的卿大夫,这并不触犯当时的礼制。

王引之《经义述闻》云:"雍之可使南面,谓可使为卿大夫也。"《大戴礼·子张问入官篇》:"君子南面临官。"《史记·樗里子传》:"请必言子于卫君,使子为南面。"就"南面"的古义而言,也不一定要当天子、诸侯,"临官"即可称"南面"。

总之,孔子说冉雍"可使南面",是夸他有治世之德,可做卿大夫之类的大官,不是鼓励他去夺天子、诸侯的权。刘向的话只符合他那个时代思潮,不符合孔子的思想实际。

6.2

仲弓问子桑伯子①。子曰:"可也,简。"仲弓曰:"居②敬而行简,以临其民,不亦可乎? 居简而行简,无乃③大(太)简乎?"子曰:"雍之言然。"

【译】

仲弓问子桑伯子怎么样。孔子说:"可以,这个人很简朴。"

仲弓说:"内心严肃认真(敬重上级),执行政务简而不烦(扰民较少),这样治理百姓,不也可以吗? 内心简便(不敬重礼制、上级),执行政务也简便,岂不太简朴太随便吗?"孔子说:"冉雍的话很对。"

【注】

①子桑伯子,第一个子字是尊称,犹"子墨子"。清代学者认为他就是《庄子》的"子桑雽"(《山木》)或"桑户"(《大宗师》)、《楚辞·涉江》的"桑扈"。这些人都是隐者,与本章的"以临其民"矛盾。本章承上章,谈的是"南面"之术。杨伯峻说:"既然称'伯子',很大可能是卿大夫。仲弓说'以临其民',也要是卿大夫才能临民。"(第54页)郑玄说此人是秦穆公时的大夫子桑(公孙枝),有此可能。

②居,居心,内心。钱穆译此句为"居心敬而行事简"(第140页)。《楚辞·九章·悲回风》"居戚戚而不可解",王逸解释说:"思念憔悴相连接也。""思念"与"居"似乎义不相涉,闻一多因而"疑居为思之误"(《楚辞校补》)。然《论语》本章两个"居"字皆为心、为思,不可能一误而再三误之。盖居字本有心、思之义。《论语》12.14"居之无倦,行之以忠",居与行对言,朱熹谓"存诸心",也是心的意思。

③无乃,反问否定之词。

【评】

冉雍主张"居敬而行简,以临其民",对人民要"行简",即轻徭薄赋,这是孔子提倡的仁政。但在社会转型的战争时代,这是行不通的。季康子上台后,以冉有取代冉雍,冉有居敬而行繁,首先考虑加强政权实力,帮助鲁政府"聚敛",遭到孔子的攻击(11.17)。虽遭老师攻击,冉有还是我行我素,因为这是时代新潮流的需要,顾不得道德说教。冉雍离开季氏宰的位置后,似乎就销声匿迹,不再有所作为,再也不见其"南面"表现,大概因为"行简"而不合时宜的缘故。

当时的孔子是在野的道德家,唱高调可以不带本钱,当时的冉有是在朝的政治家,唱高调要付出代价,这使他非切合实际不可。

6.3

哀公问:"弟子孰为好学?"孔子对曰:"有颜回者好学,不迁怒,不贰过。不幸短命①死矣。今也则亡,未闻好学者也。"

【译】

哀公问:"你的弟子谁好学?"孔子答道:"有个叫颜回的弟子好学,自己心烦,不迁怒于人;(见过即改,)从不犯第二次错误。不幸短命死了。现在再没有这样的人,再没有听说有好学的人了。"

【注】

①短命,据《史记·仲尼弟子列传》推算,颜渊生于公元前 521 年,据《公羊传》,颜渊卒于公元前 481 年,虚龄才 41 岁,在古代也可称"短命"。

【评】

这章又是孔子习惯性口误之一例。为了表扬颜渊好学,不惜压低全体学生,颜渊死后,学生中竟找不出一个"好学者"。此话如果符合事实,孔子的教育效果不是太差了吗?

孔子的回答不但言过其实,似乎还答非所问。哀公问"好学",他答的却是"不迁怒,不贰过",说的是道德修养。原来,这里的"好学"之"学",不是一般意义的读书学习,而是学道的意思。颜渊的道德修养固然好,冉雍、闵子骞、曾参等弟子也都以德行著称于世,怎么可以说"未闻好学者"?"好学"二字不管作何解释,说颜渊死后,弟子中再无"好学者",都是过甚之词,大失中庸之道。

6.4

子华①使于齐,冉子②为其母请粟③。子曰:"与之釜④。"

请益。曰:"与之庾⑤。"

冉子与之粟五秉⑥。

子曰:"赤之适齐也,乘肥马,衣轻裘。吾闻之也,君子周急不继富。"

【译】

公西华出使齐国,冉子为他母亲向孔子要点小米。孔子说:"给他六斗四升。"

冉子请求增加一些。孔子说:"再给他二斗四升。"冉子却给她八十石。

孔子说:"公西赤到齐国,坐肥马驾的车辆,穿又轻又暖的皮袍。(还需要我给他母亲这么多小米吗?)我听说过这样的谚语:君子只会雪里送炭,不搞锦上添花。"

【注】

①子华,即5.8章的"赤",名赤,字子华,姓公西。

②冉子,即冉有,时任季氏宰。《论语》里,孔子学生称"子"只有四人:曾参十四次、有若三次、冉有二次(另一次在13.14)、闵子骞一次。

③粟,小米。未脱壳叫粟,已脱壳叫米。

④釜(fǔ 斧),古代量名,约合当时的六斗四升,约合今天的一斗二升八合。这是一个人一个月的食量。

⑤庾(yǔ 禹),古代量名,约合当时的二斗四升,约合今天的四升八合。

⑥秉,古代量名,一秉是十六斛,一斛是十斗,五秉是八十斛、八百斗,可以供一个成年男子吃十年。

【评】

本章写的故事蛮有趣。孔子初意是给六斗四升,结果被冉有刮去八百斗,增至 125 倍。孔子两次表扬冉有"艺":6.8"求也艺";14.12"冉求之艺"。孔子入卫时,冉有为孔子驾车(13.9),这叫"御",是六艺之一。与老师讨价还价,结果增至 125 倍,这或许属于六艺中的"数"吧! 孔子精于"道",而拙于"数",财富面前大概是个马大哈。

公西华因公出差,怎么要老师发补贴? 冉有是否故意敲老师的竹杠? 最后带去的粟,竟是老师最初答应的 125 倍,够公西华妈妈吃 10 多年。这个冉有啊,真是太"艺"了! 不过,此事说明孔子晚年身为"国老",家产颇丰,经得起冉有的"宰割"。

本章故事发生时间有二说:一、阎若璩《四书释地续》认为"在孔子自卫反鲁后";二、金鹗《求古录礼说》认为在孔子五十多岁任鲁司寇时,理由是"夫子为司寇时,故有粟如此之多"。其实,孔子晚年可能是一生最富有时期。钱穆支持金鹗之说(《先秦诸子系年》,中华书局,1985 年,第 79、80 页),令人费解。

第一,孔子任司寇时,冉有才二十岁出头,未出仕,是个普通学生,怎么胆敢在官居全国公检法总长的老师身上敲这么大笔的竹杠? 敝意以为,此事只能发生在"夫子"垂暮之年。当时,"冉子"任季氏宰,是鲁国炙手可热的大红人,与老师矛盾尖锐,可能为报"鸣鼓而攻之"(11.17)的一箭之仇,擅自从孔府里运走五秉粟。孔子虽不愿意,却无力阻挡,只能背后发发牢骚。这一章称冉有为"冉子",说明是冉有的学生所写,是学生在炫耀老师的一场光辉战绩。

第二,根据《史记·仲尼弟子列传》的记载,公西华"少孔子四十二岁",以此推算,孔子五十多岁任司寇时,公西华最多还是个十岁出头的小娃娃,哪能出使齐国? 于是,金鹗疑"四字或为三字之讹"。这种缺乏根据的猜测之词,却被钱穆捧为"甚是",殊难理解。

6.5

原思①为之宰,与之粟九百②,辞。子曰:"毋! 以与尔邻里乡党乎!"

【译】

原思担任孔子家的总管,孔子给他小米九百,他(觉得太多),不肯接受。孔子说:"别推了,(有多余的话)给你家乡(的穷人)吧!"

【注】

①原思,姓原,名宪,字子思,孔子学生,一说鲁人,一说宋人,小孔子37岁。《家语·弟子解》说他"清净守节,贫而乐道","孔子卒后,原宪退隐,居于卫"。《庄子·让王》写到他的贫穷生活。《史记·游侠列传》两次提到他的姓名。见于《论语》6.5、14.1。

②九百,没有量名。何晏《集解》引汉儒孔安国曰:"九百,九百斗也。"后人或嫌太少,程树德《集释》认为是九百斛。钱穆也说:"当是九百斛……略当其时四百五十亩耕田之收益。"(第143页)九百斛是九百斗的十倍。孔子"俸粟六万"斗,是九百斗的74.4倍,是九百斛的7.44倍。孰是孰非,很难判断。

【评】

上章写冉有的"继富"（锦上添花），本章写孔子的"周急"（雪中送炭）。从《论语》这两章看来，孔子对学生很慷慨。《家语·致思》记载："孔子将行，雨而无盖（伞）。门人曰：'商也有之。'孔子曰：'商之为人也，甚吝于财。吾闻与人交，推其长者，违其短者，故能久也。'"孔子批评子夏"吝于财"，也说明孔子是个慷慨的人。这故事又见于《说苑·杂言》。

6.6

子谓仲弓，曰："犁牛①之子骍②且角③，虽欲勿用④，山川其⑤舍诸？"

【译】

孔子评论仲弓，说："耕牛之子长着纯赤的毛、整齐的角，（够得上作牺牲的条件），人们（虽然嫌它出身低贱）不想用它作牺牲，高山大川的神祇难道也会舍弃它们吗？"

【注】

①犁牛，耕牛。孔子时代，早已盛行牛耕法，故孔子学生冉耕字伯牛、司马耕字子牛。古人鄙视耕牛，祭祀不用耕牛作牺牲，甚至认为耕牛之子也不配作牺牲。

②骍（xīn 辛），赤色。周朝尚赤，祭祀时爱用赤色毛的牲畜。

③角，意谓两角长得整齐。

④勿用，不用于祭祀。

⑤其，与"岂"同义。

【评】

《史记·仲尼弟子列传》说，冉雍的父亲是"贱人"。"犁牛之子"比喻冉雍是贱人之子。"骍且角"比喻冉雍有"南面"治世之德。浅薄者"虽欲勿用",高明者("山川"之神)舍得不用吗? 孔子弟子大多是贱人、野人、小人、破落贵族之子。"天下无道"、"礼坏乐崩",使贵族世袭制度开始动摇,为"犁牛之子"们的脱颖而出提供了前所未有的机会。因此,翻遍《论语》,没有一个弟子对"天下无道"、僭越违礼发过一声怨言。老师大喊大叫,学生都没有附和一声。他们与卿大夫、三桓一样,也需要僭越,西周之道愈崩坏,对他们愈有利,共同的利益使他们抱成一团。宰我甚至"与田常作乱","孔子耻之"(《史记·仲尼弟子列传》)。

6.7

子曰:"回也,其心三月不违仁,其余则日月至焉而已矣。"

【译】

孔子说:"颜回呀,他的心能够三个月不离仁,其余的学生的心啊那就只有几天,最多个把月与仁同在。"

6.8

季康子问:"仲由可使从政也与?"子曰:"由也果,于从政乎何有?"

曰:"赐也可使从政也与?"曰:"赐也达,于从政乎何有?"

曰:"求也可使从政也与?"曰:"求也艺①,于从政乎何有?"

【译】

季康子问:"仲由(子路)可让他从政吗?"孔子说:"仲由办事果断,对治理政务哪有什么困难呢?"

又问:"端木赐(子贡)可以让他从政吗?"孔子说:"端木赐通达人情,对治理政务哪有什么困难呢?"

又问:"冉求(冉有)可以让他从政吗?"孔子说:"冉求点子多,能力强,对治理政务哪有什么困难呢?"

【注】

①艺,何晏《集解》引孔安国曰:"谓多才能也。"

【评】

冉雍当过季氏宰,季康子却没有提到他,令人玩味。

"果"、"达"、"艺",都属办事能力,不属道德范畴。孔子虽是道德家,力主"为政以德"(2.1),但还是很重视才干、能力。他自己就是一个干才,可惜思想迂腐,不为世用。

6.9

季氏①使闵子骞②为费③宰。闵子骞曰:"善为我辞焉! 如有复我者,则吾必在汶④上矣。"

【译】

季氏派人请闵子骞作费地的县长,闵子骞对来人说:"好好替我辞掉吧! 如果再来找我,那我一定会逃到汶水之北去了。"

【注】

①季氏,可能是季桓子。

②闵子骞,姓闵,名损,字子骞,鲁人,小孔子 16 岁,是孔子早期学生。以德行称,是著名的大孝子,元人郭居敬辑录的《二十四孝》中,有他的故事,详见 11.5 章注①。见于《论语》6.9、11.3、11.5、11.14。

③费(bì 祕),在今山东费县西北,是季氏的私邑。

④汶(wèn 问),即今山东大汶河,当时是齐鲁国界河。汶上,汶水以北,意指齐国。

6.10

伯牛①有疾,子问之,自牖执其手②。曰:"亡之,命矣夫!斯人也而有斯疾也!斯人也而有斯疾也!"

【译】

伯牛生病,孔子去看望他,从窗口握他的手。(回来)叹道:"完了!这是命啊!这么善良的人却有这么凶险的病!这么好的人却生了这么坏的病!"

【注】

①伯牛,姓冉,名耕,字子牛,伯是行辈,鲁人,孔子早期学生,小孔子7岁。以德行称。见于《论语》6.10、11.3。

②牖(yǒu 有),窗户。伯牛患的是传染性恶疾,不让别人进屋,孔子只能从窗口伸手进去。

6.11

子曰:"贤哉回也! 一箪①食,一瓢饮,在陋巷,人不堪其忧,回也不改其乐。贤哉回也!"

【译】

孔子说:"贤啊颜回! 一竹筐的饭,一瓜瓢的水,住在破巷里,别人不堪其忧,颜回不改其乐。贤啊颜回!"

【注】

①箪(dān 单),古代盛饭的竹器,圆形。

【评】

颜渊为人低调,性格内向,是安贫乐道的典范,孔子给颜回说了不少好话,大多难以令人信服,只有这一章最真实、最感人。本章应与7.16对读。

6.12

冉求①曰："非不说子之道，力不足也。"子曰："力不足者，中道而废，今女画②。"

【译】

冉求说："不是不喜欢老师的政治路线，是我能力不够。"孔子说："能力不够会半途而废，你现在是不肯开步。"·

【注】

①求，此处应称字"有"，为何称名"求"？费解。

②画，"画地自限也"（朱熹注）。

【评】

这一章很重要，暴露孔门师生"道"有不同。孔子晚年归鲁，享受"国老"尊荣，冉有担任季氏宰，两人狭路相逢，经常发生政见冲突，矛盾显得特别尖锐。其他学生走的政治路线与冉有基本相同，而与孔子不同，只由于有些学生与孔子不在一起工作，其"无道"行为容易避过老师视线，尚能与孔子和谐相处，如子贡。

孔子批评冉有"画"，是实事求是的，冉有等学生根本不想复周礼，没有朝这个方向迈出一步。冉有只推托自己"力不足"，而不敢批评老师方向不对，是可以理解的。

6.13

子谓子夏曰："女为君子儒①，无为小人儒！"

【译】

孔子对子夏说："你要做文人中的君子，不要做文人中的小人。"

【注】

①在古文献中,儒字始见于《论语》;在《论语》中,儒字仅见于本章。《说文》:"儒,柔也,术士之称。"主要治丧术,此属"小人儒"的一种。孔子说的"君子儒"是以治天下为己任者。

【评】

本章可能是孔子对子夏的批评。子夏治学的特点是重微观而轻宏观,重"小道"而轻"致远"(详见19.4—19.7、19.12)。孔子可能认为,此为"小人儒",不是"君子儒"。孔子说过:"君子不器。"(2.12)"器"指缺乏终极关怀、工于"小道"的某种专门人才。《家语·弟子解》说子夏"为人性不弘,好论精微,时人无以尚之。尝返卫,见读史志者云:'晋师伐秦,三豕渡河。'子夏曰:'非也!己亥耳。'读史志者问诸晋史,果曰'己亥'。于是卫以子夏为圣"。子夏精于微观研究,是汉学宗师。

6.14

子游为武城①宰。子曰:"女得人焉耳乎?"曰:"有澹台灭明②者,行不由径,非公事,未尝至于偃③之室也。"

【译】

子游任武城县县长。孔子问:"你在那边发现什么人才吗?"答道:"有个叫澹台灭明的人,行大道而不走捷径,非公事,从不到我屋里来。"

【注】

①武城,在今山东费县西南。

②澹台灭明,复姓澹台,名灭明,字子羽,小孔子40岁,或说小50岁,《论语》里只出现这么一次。他是子游发现的人才,作了孔

子学生,后来到楚国发展,相传有弟子 300 人,很有名气。他相貌丑陋,《韩非子·显学》记孔子言:"以容取人乎,失之子羽;以言去人乎,失之宰予。"

③偃,子游姓言名偃。

6.15

子曰:"孟之反①不伐②,奔而殿③,将入门,策其马④,曰:'非敢后也,马不进也。'"

【译】

孔子说:"孟之反不夸耀自己。战败逃奔时留在后面掩护全军。进入城门时,才鞭策自己的马,说:'不是我敢于殿后,是马跑不快才落在后面。'"

【注】

①孟之反,《左传》哀公十一年作"孟之侧"。鲁大夫,姓孟,名侧,字之反。《左传》记载,鲁哀公十一年(前 484 年),齐鲁战,鲁右军败退,孟之反殿后。

②伐,夸耀。

③殿,读臀,在后面。

④策其马,春秋无骑兵,策马以驱车。

【评】

孔子自己谦逊,也喜欢谦逊的人。

6.16

子曰:"不有祝鮀①之佞,而有宋朝②之美,难乎免于今之世矣。"

【译】

孔子说:"如果没有子鱼的口才,却有公子朝的美貌,在当今社会难免会惹祸。"

【注】

①祝鮀,卫灵公的太祝,字子鱼,《左传》定公四年作"祝佗",记有他的外交辞令。见《论语》6. 16、14. 19。

②宋朝,即宋子朝,《左传》昭公二十年和定公十四年都记载他因美貌而惹祸的故事。

【评】

"祝鮀之佞"是"巧言","宋朝之美"不是"令色"。"令色"是指伪善的喜色。"宋朝之美"是天生丽质,何罪之有? 但若没有"巧言"为其辩护,天生之美也会招来莫名之祸。孔子与屈原一样,痛恨世俗对美好事物的嫉妒。

本章可能有弦外之音。史传公子朝与南子有染,二人当时皆有"淫"的恶名。孔子不便为南子辩护,只能转而为公子朝辩护;为公子朝辩护,目的是为南子辩护,也为自己辩护。本章应与6.28章共读。

6. 17

子曰:"谁能出不由户? 何莫由斯道也?"

【译】

孔子说:"谁能不从房门出去? 为什么没有人循(我的)'道'前进?"

【评】

孔子既自信,又困惑。他认为自己的"道"是天下必"由"之路,好比任何人都必须从房门出去一样。但放眼天下,还是如此"无道",连子路、冉求等学生都不循他的道,他实在想不通。但他仍然没有对"斯道"产生怀疑,只惊叹世人走错了路!

这些话可能是孔子晚年临终前所发。

6.18

子曰:"质胜文则野,文胜质则史①。文质彬彬,然后君子。"

【译】

孔子说:"质朴胜过文采就显得粗野,文采胜过质朴就显得枝蔓,文与质配合恰当,显得文质彬彬,然后才称得上君子。"

【注】

"史"字难通,此字应该是形容词,不应该是名词,"史"疑是"枝"的借音字。史在山母之部,枝在章母支部。之与支主元音相近,古可旁转;山与章都是正齿音,古为旁纽字。此"史"当为"枝"的同音假借字。《说文》:"枝,木别生条也。"这里是枝蔓的意思。先秦著作中,有以"枝"为形容词"枝蔓"者,如《周易·系辞传下》"将叛者其辞惭,中心疑者其辞枝"。此"枝"字就是"枝蔓"的意思。

中国社会科学院语言研究所郑张尚芳研究员惠告:"此史字应通'傁',此字《集韵》志韵有'无惭诚貌,一曰细碎'二义,无惭诚即轻浮,细碎即枝蔓。音义皆通。"又云:"傁字,《史记·高祖本纪》'周人承之以文,文之敝,小人以傁',义与《论语》'史'字合。"又浙江大学古籍研究所张涌泉教授惠告:"'史'与'支'(支、枝古今字)字形亦相近,'支'字误作'史',也是有可能的。"问学多助,喜何如也!

6.19

子曰:"人之生也直,罔①之生也幸而免。"

【译】

孔子说:"人能生存于世啊是靠正直,那些走歪门邪道活过来的人啊是侥幸逃过灾祸。"

【注】

①罔,读作枉,不直。

6.20

子曰:"知之者不如好之者,好之者不如乐之者。"

【译】

懂得不如爱好,爱好不如陶醉。

6.21

子曰:"中人以上,可以语上也;中人以下,不可以语上也。"

【译】

孔子说:"中等以上的人,可以谈论上等的道理;中等以下的人,无法谈论上等的道理。"

6.22

樊迟问知。子曰:"务民之义①,敬鬼神而远之②,可谓知矣。"

问仁。曰:"仁者先难而后获③,可谓仁矣。"

【译】

樊迟请教聪明问题。孔子说:"努力引导人民赴义,对鬼神孝敬而不谄媚,可说是聪明。"

樊迟请教仁的问题。孔子说:"吃苦在人前,获利居人后,可说是仁了。"

【注】

①"务民之义",自古以来有两种读法。三国魏人王肃说:"务所以化导民之(向)义。"(努力引导人民向义)朱熹读"民"为人,读"义"为宜,解释为"专用力于人道之所宜"。"专"字原文所无,是朱熹外加。徐复观表扬朱熹"把孔子的态度更说得清楚"(第88、89页)。杨伯峻认为孔子"怀疑鬼神的存在"(第12页),经常用这一观点来解释孔子有关语录。他把王肃的话译作"把心力专一地放在使人民走向'义'上"。"专一"二字乃杨氏外加,与朱熹一样,也想把孔子说成是"专用力于人道"、不兼顾鬼神的无神论者。朱熹与杨伯峻都是享有盛誉的经学大师,也触犯增字解经的忌讳,值得人们深思。

②"敬鬼神而远之",何晏《集解》、皇侃《义疏》都引"包氏曰:敬鬼神而不渎也"。邢昺《注疏》训为"不亵渎"。谨按:远之,不谄媚也,谄神媚神是对神的亵渎。朱熹《集注》解释为"不惑于鬼神之不可知"。《论语》原文并无鬼神不可知之话,朱注完全抛开文本,自说一通。现当代学者都是无神论者,与朱熹有共同语言,都把包咸古注丢在脑后,抱住朱注不放。

③"先难而后获",下文12.21章孔子答樊迟的话中有"先事后得"一语,与此同义。

【评】

本章是现当代学者认为孔子不信鬼神的又一重要证据(其他重要证据在3.12、7.21、11.12)。"敬鬼神而远之",不是孔子的发明,而是周文化的一个固有特点。《礼记·表记》"子曰":"夏道尊命,事鬼敬神而远之……殷人尊神,率民以事神,先鬼而后礼……周人尊礼尚施,事鬼敬神而远之。"夏代邈远,暂且勿论。商文化的特点的确是"事神""先鬼而后礼",还处于自然宗教阶段,把希望都寄托在谄神媚神的迷信活动上。周文化已进入伦理宗教阶段,特点是事鬼敬神而远之,所谓"远之",是不沉迷于媚神活动,凡事求诸己,靠自己"尊礼尚施",争取神佑。如果说"敬鬼神而远之"是无神论,那么,文王、武王、周公等周初伟人,岂不早就是无神论者吗?下文16.13"又闻君子之远其子也",这是陈亢说孔子"远"伯鱼。这个"远"字与"敬鬼神而远之"的"远"字同义,它不是说孔子不爱伯鱼、不信伯鱼,而是说孔子对伯鱼像对待学生一样,一视同仁,不偏私,不溺爱。

解读"敬鬼神而远之"这句话,除文字训诂外,更重要的是孔子一生对鬼神的实际态度。孔子一生对鬼神始终坚持敬而不媚的态度。

3.13 王孙贾问:"媚于奥"神与"媚于灶"神哪个重要?孔子的回答是:对奥神、灶神都不必谄媚,如果"获罪于天,无所祷也"。

5.18 记载,鲁国庄、闵、僖、文四朝元老臧文仲,因谄媚一只大乌龟,被孔子讥为不智。

7.35 记载,孔子在性命攸关时,也不愿意搞仪式化的祈祷活动。

鬼神主要指自己已死的祖先,敬鬼神是出自敬祖先,有时也称"孝"。例如,孔子称赞禹"菲饮食而致孝乎鬼神"。敬鬼神是出于孝心,孝心是仁心的基础。孔子只提敬神,不提求神,不想从神那里得到什么。好比孝敬父母,是出于仁心,不是为了从父母那里多分些财产。世俗迷信,敬神只是手段,求神赐福才是目的,故沉醉于对神的奉承拍马,而放松自身的道德修养与人事努力。在周公、孔子等人看来,这是徒劳的,神不会收你的贿赂,受你的腐蚀,因为"皇天无亲,惟德是辅"(《尚书·蔡仲之命》);"获罪于天,无所祷也"(《论语·八佾》)。

李零对本章评论说:"孔子主张,鬼神还是要祭的,只不过要'敬而远之',把它当做一种仪式化的表演,真正的目的还是教民向义。同样,荀子谈占卜,也是持类似的态度。他说:'卜筮然后决大事,非以为得求,以文之也。故君子以为文,而百姓以为神,以为文则吉,以为神则凶也。'(《荀子·天论》)"(第137页)

李零这些话具有相当大的代表性。可商榷者有三。一、把祭祀"当做一种仪式化的表演",在孔子言行中找不到任何根据,大量事实证明孔子对祭祀"极敬"、极投入,故反对请人代祭。孔子平日最讨厌仪式化的"敬"。自己不信神,却要人民来敬神,这符合孔子的道德思想吗?符合孔子的人格吗?二、"敬而远之"是后世成语,虽源于本章,但原意全失。本章的"敬鬼神而远之"是真心敬,后世成语的"敬而远之"是表面"敬",其实是不敬,不能用后世成语的"敬而远之"来解释本章。三、荀子已有无神论思想,不能拿荀子的话来比附孔子。孔子时代中国还没有无神论,连萌芽也没有,应该让孔子回到自己的时代去,不能让他"越位"。

6.23

子曰:"知者乐水,仁者乐山。知者动,仁者静。知者乐,仁者寿。"

【译】

孔子说:"聪明的人喜欢大川,仁德的人喜欢高山。聪明人好动,仁德者爱静。聪明人乐观,仁德者长寿。"

【评】

冯友兰说:"海洋国家的人聪明,大陆国家的人善良。"(《中国哲学简史》,第25页)我的经验是:安静如山的孩子比较善良,好动似水的孩子比较聪明。参阅4.2"仁者安仁,知者利仁"。

6.24

子曰:"齐一变,至于鲁;鲁一变,至于道。"①

【译】

孔子说:"齐国一变化,就回到鲁国的样子;鲁国一变化,就会回到先王的大路上去。"

【注】

①齐文化较开放,鲁文化较保守。

【评】

这是很形象的历史倒退论,是孔子梦寐以求的时代走向,可惜世与愿违,使孔子"不得志"。后人只为孔子的"不得志"愤愤不平,却不分析"不得志"的原因。相对于孔子那背时的"道"而言,孔子一生则活得太幸运了! 时代并没有亏待他。孔子的在天之灵,有什么悲泪可弹? 后人何必自作多情,为他哭诉不停?

6.25

子曰:"觚①不觚,觚哉? 觚哉?"

【译】

孔子说:"觚不像觚了,觚哪? 觚哪?"

【注】

①觚(gū 孤),古代酒器,每器容量二升。中间束腰,上下作喇叭口。主要流行于商代和周初,西周中期已不流行。孔子时代所称的觚,可能已变形。孔子是借题发挥,所谓"觚不觚",犹"君不君,臣不臣……",要"正名",要循名责实。孔子的"正名"是复周礼的重要手段。

6. 26

宰我问曰:"仁者,虽告之曰:'井有仁焉。'其从之也?"子曰:"何为其然也? 君子可逝①也,不可陷也;可欺②也,不可罔③也。"

【译】

宰我问老师:"有个仁者,告诉他:'井里掉下一个仁人。'他会下去救吗?"孔子说:"为什么要这么做呢? 君子可以杀身以成仁,不可被人陷害;别人可以欺他,不应该骗他。"

【注】

①逝,俞樾《群经平议》读作折,逝与折古通用。折谓杀身成仁。

②欺,欺侮,侮辱。这是硬汉的作风。

③罔,以无充有,诈骗愚弄。这是骗子的伎俩。

【评】

在两千五百年前,学生敢向老师提出这么刁钻的问题,恐怕只有宰我做得到。孔子的回答非常到位,滴水不漏,不愧为至圣先师,宰我听后应该折服。这是中国教育史上一场精彩的师生质疑问难资料。

6.27

子曰："君子博学于文,约之于礼,亦可以弗畔矣夫!"

【译】

孔子说:"君子博览文献典籍,再用礼来约束自己,就不会离经叛道了。"

6.28

子见南子,子路不说。夫子矢①之曰:"予所②否者,天厌之! 天厌之!"

【译】

孔子见了南子,子路不高兴。老师发誓道:"我假使有所失礼,上天厌弃我吧! 上天厌弃我吧!"

【注】

①矢,誓。

②所,杨伯峻说:"假设连词,但只用于誓词中。详阎若璩《四书释地》。"(第64页)

【评】

学生敢于干预老师的男女交往之事,其亲密程度可想而知。

6.29

子曰："中庸①之为德②也,其至矣乎! 民③鲜久矣。"

【译】

孔子说:"中庸的道理至高无上啊! 人们很少做得到,已经太久太久了!"

【注】

①"中庸"一词,始见于《论语》,而《论语》里仅此一见。自古

至今,中庸有三种不同的含义:适中;中等;折中。《论语》本章的中庸,属第一义,类似的概念,还见于《论语》另外三章:一、13.21"子曰:'不得中行而与之,必也狂狷乎!狂者进取,狷者有所不为也。'""中行"与中庸同义,多次见于《周易》(详见13.21注①),《孟子》称它为"中道";二、20.1"尧曰:'……允执其中。'"这四字录自古本《尚书》,"中"即"中庸"。三、11.16"子贡问:'师与商也孰贤?'子曰:'师也过,商也不及。'曰:'然则师愈与?'子曰:'过犹不及。'"此章没有"中"字,而它批评"过"与"不及",也即肯定"中"。上引第一、二条材料说明,尚"中"思想,古已有之,不是孔子首创。"中"字下面加个"庸"字,表示尚中是一种常用的思想方法。

②德,今人常译为"道德",杨伯峻甚至称中庸是"儒家最高的道德标准"(第220页)。但中庸不是道德,而是一种思想方法。儒家"最高的道德标准"是仁,不是中庸。古代德字也不一定都指道德,有些德字是适宜、合理的意思。例如,《释名·释言语》:"德者,得也,得事宜也。"有时与义字并用,例如《尚书·毕命》"惟德惟义",蔡沈集传:"德者,心之理。"《孝经·圣治章》"德义可尊",邢昺疏引刘炫曰:"德者,得于理也。"本书译此德字为"道理",谅无大误。

③民,即人,犹今人们、大家。

【评】

郑玄说:"用中为常道也。"何晏说:中庸是"可常行之德"。朱熹集注:"中者,无过无不及之名也。庸,平常也。"前贤这些解释,不但符合"庸"的字义,而且符合人们的生活经验。午饭吃后很舒服,因为食量适中,不多也不少,符合中庸之道。事情就这么简单,没有什么高深的学问。但是,孔子关于中庸的言论,与此恰恰相反,既赞其奇高("至矣"),又叹其奇难("民鲜久矣"),杨伯峻都搞糊涂了,以致说出上引那些常识性的错话来。孔子关于中庸的极端偏激的说法,居然与"庸"的字义唱反调,这是《论语》里的一大奇观! 再看《礼记·中庸》"子曰"是如何说的:

"子曰:'中庸其至矣乎,民鲜能久矣。'"

"子曰:'(中庸之)道之不行也,我知之矣;智者过之,愚者不及也。道之不明也,我知之矣;贤者过之,不肖者不及也。人莫不饮食也,鲜能知味也。'子曰:'(中庸之)道其不行矣夫!'"

"子曰:'舜其大知也与! 舜好问而好察迩言,隐恶而扬善,执其两端,用其中于民,其斯以为舜乎!'"

"子曰:'人皆曰予智,择乎中庸而不能期月守也。'"

"子曰:'回之为人也,择乎中庸,得一善,则拳拳服膺而弗失之矣。'"

"子曰:'天下国家可均也,爵禄可辞也,白刃可蹈也,中庸不可能也。'"

"子曰:'君子依乎中庸,遁世不见知而不悔,唯圣人能之。'"

由上可知,《论语》本章是从孔子关于中庸的大量语录中挑选出来的。《论语》编者似乎不大赞同乃师的偏激言论,所以只选其中字数最少、偏激程度最轻的一条来敷衍应付,未选的各章,都比本章偏激得多。且看:只有舜,能"执其两端,用其中于民";只有颜回,"择乎中庸"能"拳拳服膺而弗失";只有圣人,"依乎中庸,遁世不见知而不悔";至于孔子自己,"择乎中庸而不能"坚持一个整月。其他人,不管"智""愚""贤""不肖",中庸之道皆"不行"。甚至说,国家可以治平,爵禄可辞掉,利刃可踩上,只有"中庸不可能"。把话讲得这么绝,它本身就在反中庸,是典型的孔子式的偏激言辞。

但是,奇怪得很,这些话的前面,《中庸》第二章却写道:

> 仲尼曰:"君子中庸,小人反中庸。君子之中庸也,君子而时中;小人之(反)❶中庸也,小人而无忌惮也。"

说君子时时刻刻都符合中庸之道,这不是与上引七条"子曰"唱反调吗? 唱这反调的不是"子",而是"仲尼"。在《中庸》篇里,"仲尼曰"仅此一例。称孔子为"仲尼"的人,不会是孔子的弟子或再传弟子,应该是年代较晚的儒者,可能就是《礼记》的编者戴圣。他大概觉得"子曰"太没道理,所以在无理的"子曰"前面,添上几句比较合理的话。不过,"君子"也不可能时时刻刻都符合中庸之道,"小人"更不会肆无忌惮"反中庸",否则,他可能一天也活不成。"反中庸"的倒是"子曰"那七条语录。

作为一种抽象的逻辑形式与思维方式,反对"过"与"不及"的尚中思想,其他国家的哲学家恐怕也不会有异议。中国后来的诸子百家,也无人反对尚"中"而主张尚"过"、尚"不及"。通行本《老子》第五章就说:"多言数穷,不如守中。"尚中思想就这样成为一个人人叫好的不倒翁。只有孔子把"中行"、"中庸"说得那么难,几乎"不可能",这与"庸"字明显矛盾,与人们的尚中经验也明显矛盾。那么经师们怎么解释这个矛盾呢?

何晏《集解》说:中庸本是"可常行之德",由于"世乱,先王之

---

❶　流行本《中庸》原文无"反"字,不通,当有漏字,故补之。

道废,民鲜能行此道久矣,非适今也"。朱熹《集注》引"程子曰:'自世教衰,民不兴于行,少有此德久矣'"。他们把"民鲜久矣"的原因推给了"世乱"、"世教衰"、"先王之道废",是挖空心思臆造出来的理由。查相关资料,孔子并没有把"中庸不可能"怪罪于今世的"教衰"。孔子认为,"中庸不可能"的根本原因在于人性自身:"智者过之,愚者不及";"贤者过之,不肖者不及";尚"中"、用"中"是极个别特例,不合人性之常。"中行"、"中庸"虽然好得不得了("至矣"),可惜只是镜中花、水中月!

查古代典籍,把中庸(中行)说得那么难的,唯孔子一人而已。

孔子把"中庸"、"中行"说得那么"不可能",显然是错误的,而且是个低级错误。孔子犯这个错误的原因,是他天生性格偏激过中。所谓"中庸不可能",是"夫子自道"。他自己经常做不到,就把难度无限夸大,说成"不可能",这是孔子言辞中的一个常见特点。古代经师不敢揭孔子这个短,挖空心思为他辩解,那是受时代条件限制,情有可原;我们如果再为孔子这个低级错误辩护,那就难以理解了。

中庸有三义,上面说的是它的第一义:适中。它的同义词是中行,说的是一种思想方法。中庸的第二义是中等,它的同义词是平庸、凡庸,多指人的材质,其相对词是上智、下愚。此义的"中庸",在古书中最为常见。例如《荀子·王制》:"元恶之不待教而诛,中庸民不待政而化。"贾谊《过秦论》:"材能不及中庸。"《史记·礼书》:"中庸以下,渐渍于失败,被服于成俗。"《汉书·杨终传》:"上智下愚,谓之不移;中庸之流,要在教化。"《颜氏家训·教子》:"上智不教而成,下智虽教无益,中庸之人不教不知也。"唐人颜师古在

《汉书·古今人表序》中,注释"中人以上,可以语上也"时说:"言中庸之人渐于训诲,可以知上智之所知也。"

"中庸"的第三义是折中调和。此义不见于古书,仅见于现当代著作,是现当代一些学者对《论语》"中庸"的误解,不但缺乏训诂根据,而且与孔子"偏激好斗,疾恶如仇"的性格不符。

6. 30

子贡曰:"如有博施于民而能济众,何如? 可谓仁乎?"子曰:"何事于仁! 必也圣乎! 尧舜其犹病诸①! 夫②仁者,己欲立而立人,己欲达而达人③。能近取譬,可谓仁之方也已。"

【译】

子贡说:"如果有人广泛地给百姓实惠而能救济劳苦大众,怎么样? 可称仁吗?"孔子说:"何止是仁? 肯定是圣了! 尧舜或者都怕难以做到! 仁是这样:自己想站起来,便想使别人也站起来;自己想通得过,就想使别人也通得过。就近取譬,推己及人,可称行仁的方法。"

【注】

①其,或者,大概。病,担心。诸,"之乎"的合音。"尧舜其犹病诸",又见于 14.42,这是极言其难能可贵,不是说尧舜也做不到。

②夫(fú 扶),发语词。

③"己欲立而立人,己欲达而达人",这十二字很著名,《论语》里仅见于此,它与"己所不欲,勿施于人"(12.2、15.24)一样,都是"恕"(即"忠恕")的具体内容,都是"能近取譬"、推己及人的为人处世态度。差别仅在于,"己欲立而立人,己欲达而达人"是"恕"的积极面;"己所不欲,勿施于人"是"恕"的消极面。前者说应该怎么

样,后者说不应该怎么样,所要表达的是同一个德目(仁)及其施行方法(恕)。故本章孔子称"己欲立而立人,己欲达而达人"为"仁";12.2章孔子称"己所不欲,勿施于人"也是"仁"。15.24章孔子称"己所不欲,勿施于人"为"恕",《礼记·中庸》"子曰"称它为"忠恕"。"忠恕"与"恕"基本同义,都是行仁的方法("仁之方")。杨伯峻说:"'恕',孔子自己下了定义:'己所不欲,勿施于人。''忠'则是'恕'的积极一面,用孔子自己的话,便应该是:'己欲立而立人,己欲达而达人。'"(第39页)其实,"孔子自己的话"并没有说"己欲立而立人,己欲达而达人"是"忠"不是"恕",孔子只说它与"己所不欲,勿施于人"一样,都是行仁的方法,如此而已,杨说略有失据之嫌。总之,"忠恕"是一个德目,不是两个德目,"忠"只是"恕"的附加形容之字,可有可无。详见4.15"评"语。

【评】

　　孔子论仁,往往联系一些具体德目。例如:"樊迟问仁。子曰:'居处恭,执事敬,与人忠。'"(13.19)"子曰:'刚、毅、木、讷近仁。'"(13.27)"孔子曰:'能行五者于天下为仁矣……恭、宽、信、敏、惠。恭则不侮,宽则得众,信则人任焉,敏则有功,惠则足以使人。'"(17.6)仁,不能仅仅停留在个人的主观修养上,还要使个人的"克己""爱人"之心,产生"得众"、"人任"、"有功"、"足以使人"、"执事敬"、"与人忠"的客观后果。行仁的过程,是由"孝悌"不断扩大的过程,以达到"博施于民而能济众"的广度,这是仁的最高境界。达到这个地步,甚至可以称圣了。本章可能是孔子"五十而知(行)天命"以后的语录,当时,孔子不只是教育家、道德家,而且是胸怀救世大志的政治家,主观上正朝着"博施于民而能济众"的目标而奋斗。

　　本章开始出现圣字,从《论语》开始,圣字成为中国文化的一个关键词。圣的本义是聪明睿智,到春秋晚期,圣字开始出现变义,即含有道德等新义。《左传》少数圣字属变义(或称新义),多数仍属本义。《论语》共有八个圣字,分布于 6.30、7.26、7.34、9.6、16.8、19.2。这八个圣字,只有9.6"太宰"说的"圣者"只是"多能"的意思,仍属本义,孔子师生说的七个圣字,都含高不可攀的变义,是孔子心目中最崇高的人格概念。

　　春秋晚期是圣字变义的萌生期。孔子恰逢其时,为圣字的变义推波助澜,趋向极端,使圣人更加伟人化。这与他的思想、实践有关。他是道德家,无法容忍只言才、不言德;他一生从事的是精英教育,轻视普及教育(17.4),他的教育目标是培养"君子",培养社会栋梁。他的思想实践与圣字的变义新趋势一拍即合,使他成为乘势拔高圣字变义的急先锋,从此拉大社会精英与常人的距离。孔子说自己"述而不作",但对圣字却大"作"一番。不过他是乘势而"作",不是凭空而"作"。当时圣字已有变义趋势,孔子是第一个乘势拔高圣字含义的权威学者。他的权威地位,使他的拔高工作一举成功(详见附录一:《圣字的本义与变义》)。

述而篇第七（共三十八章）

7.1

子曰："述而不作①，信而好古，窃比于我老彭②。"

【译】

孔子说："阐述而不新创，既信古又好古，心底里自比老彭。"

【注】

①作，甲骨文、金文有"乍"无"作"，"乍"是"作"的初文，字形像曲尺，本义是制作，先秦文献多训为"起"、"始"，详见《故训汇纂》1302、1303 页。古称发明创造为"作"，《世本》有《作》篇，专讲各种技术发明。古代"作"字，可能还有写作的意思。商周都有"作册"之官，负责写作简册之事。《汉书·师丹传》："君子作文，为贤者讳。""作文"，即撰写文章。孔子说的"述而不作"，可能还有只口述、不写作的意思。孔子教了一辈子书，没有留下一篇论文，也没有留下一份讲义。这不是什么时代条件的限制，因为早他五百年的周公，有传世的政治论文好几篇。与他同时代的曾参、子夏、子游、子思等人，都有论文传世，唯孔子空空如也。因为他只口述而不写作。

②老彭，人名，《大戴礼·虞戴德篇》有"昔商老彭"，汉人包咸注说："老彭，殷贤大夫。"老彭，即彭祖，是"祝融八姓"的彭姓祖先，

因住彭城而得名,彭城在今徐州。传说彭祖活了800岁,老彭之老表示长寿。马王堆帛书、张家山汉简、上博楚简都有他的名字,可见是古代名人。

【评】

"述而不作"是谦词,划时代的文化巨人都不会"述而不作"。孔子对圣字的性质大"作"了一番;他把大禹治水神话改得面目全非(8.21);他办私学,开创中国教育新局面;他周游列国,揭开百家争鸣的序幕……"信而好古"倒是事实,这使他的社会思想保守落后。

7.2

子曰:"默而识①之,学而不厌,诲人不倦,何有②于我哉?"

【译】

孔子说:"把知识默默地记住,不断地学习而不满足,教别人不知厌倦,这些态度我有吗?"

【注】

①识(zhì 志),记住。

②《论语》有七次"何有",自古以来,学者都增"难"字,读作"何有难",变成"不难之辞"。本章与9.16的"何有",杨伯峻主张不增"难"字。本章若增"难"字,最后一句就要译成:"这些事对我来说有什么困难呢?"这与孔子的谦虚态度不合。不增"难"字,译文是:"这些态度我有吗?""这些事我做到了吗?"有"吾日三省吾身"之意。杨氏新说可从。

7.3

子曰:"德之不修,学之不讲,闻义不能徙,不善不能改,是吾忧也。"

【译】

　　孔子说:"品德不修养,学问不讲习,见义不勇为,缺点不改正,这些都是我所担忧的。"

7.4

　　子之燕居,申申如也,夭夭如也。

【译】

　　孔子在家闲居,衣冠整整,其乐融融。

7.5

　　子曰:"甚矣吾衰也! 久矣吾不复梦见周公!"

【译】

　　孔子说:"我衰老得很啊! 我很久没有梦见周公了!"

【评】

　　这话应是临终前一二年之内说的。孔子因体"衰"而感到"吾"无望,并没有对自己信仰的"道"有所动摇失望。《孔子世家》记载,孔子晚年,曾曰:"吾道穷矣!"这几个字,被后人广泛称引,说孔子晚年觉悟到自己的"道""不行"。但查《论语》,孔子只说"吾衰"(7.5)、"吾已矣夫"(9.9),"吾"下皆无"道"字,《史记》凭空添一"道"字,误世非浅! 详见14.21"陈成子弑简公"章"评"语。

7.6

　　子曰:"志于道,据①于德,依于仁,游于艺②。"

【译】

　　孔子说:"以道为奋斗目标,与德为亲为邻,依据于仁,而游于六艺。"

【注】

①李零说:"这段话见于郭店楚简《语丛三》。'据',简本作'虡',这个字,简文多用为甲字,并且往往有木旁,从上下文看,似应读为'狎',即'狎习'的'狎'。这里作'据'(繁体作據),可能是形近而误。"(第146页)李君译"据于德"为"熟习于德"。谨按:此"据"字似为亲近的意思,即以德为邻。

②艺,指六艺:礼、乐、射、御、书、数。

7.7

子曰:"自行束脩①以上,吾未尝无诲焉。"

【译】

孔子说:"只要亲自呈上十条干肉(作见面薄礼),我从来没有不肯教的。"

【注】

①束脩(xiū 修),一说是干肉(脯),一束十条;一说是束带修饰;一说是年十五以上。译文取干肉说。

【评】

"自行束脩以上,吾未尝无诲焉",这种做法的主观目的是为了扩大生源,以增加经济收益,其客观后果是为中国的教育普及迈出可贵的第一步。一切办私学的人,招生时都不会设置阶级、种族等条件限制,都为中国教育普及作出贡献。孔子培养的学生最多,贡献最大,但不能因此说孔子"提倡普及教育"。详见15.39"评"语。

7.8

子曰:"不愤不启,不悱①不发。举一隅不以三隅反,则不复②也。"

【译】

孔子说："没有苦思力索到实在没有办法的地步,我是不轻易给予开导的。不是到想说却说不出来的时候,我是不给予启发的。不肯举一反三,我就不再教他。"

【注】

①悱(fěi 斐),口欲言而未能。

②不复,不再教之。

7.9

子食于有丧者之侧,未尝饱也。

【译】

孔子在有丧事的人身边吃饭,从未吃饱过。

7.10

子于是日哭,则不歌。

【译】

孔子这一天哭泣过,就不再唱歌。

7.11

子谓颜渊曰:"用之则行,舍之则藏,惟我与尔有是夫!"

子路曰:"子行三军,则谁与?"子曰:"暴虎冯河①,死而无悔者,吾不与也。必也临事而惧、好谋而成者也。"

【译】

孔子对颜渊说:"用,就干起来;不用,就躲起来,只有我与你有这种处世态度啊!"

子路说:"老师如果率领三军,找谁共事?"孔子说:"赤手空拳去跟老虎搏斗,不用舟楫而徒步涉水过河,这种玩命的人,我是不与他共事的。我一定要挑选临阵警惕、善于计谋而能成功的人。"

【注】

①"暴虎冯(píng 凭)河",古代习语,见于《诗·小雅·小旻》:"不敢暴虎,不敢冯河。"暴虎,空手打虎;冯河,徒步涉河,形容鲁莽冒险。

【评】

本章费解。它由上下两段构成,先说上段。孔子这番话,我有两点不懂。第一,"用之则行,舍之则藏",就是后世儒者说的"达则兼济天下,穷则独善其身",这是很通行的君子处世原则,怎么只有"至圣"与"复圣"两个人能达到呢? 孔圣人这句话的打击面未免太大了。

第二,此话与事实出入太大。颜渊从来没有被任"用"过,也就从来没有"行"过,孔子凭什么断定他能"用之则行"呢? 周游列国期间,颜渊的许多同学都当了大官,年龄比他小一岁的子贡,早在周游列国前期就驰骋政坛,风光无限。年龄比他大一岁的冉雍,在周游列国早期就当了季氏宰,进入权力中心。颜渊却一直未被聘用。

可见,孔子说颜渊"用之则行",是违心不实之词。这四个字用在孔子自己身上,倒是合适不过。从鲁定公九年到十二年,孔子从中都宰(县长)开始,继为司空(建设部长)、司寇(公检法总长),于齐鲁夹谷盟会上"摄相事"(代国相),为鲁国立下汗马功劳。

至于"舍之则藏",颜渊当之无愧。孔子曾怀着浓重的感情称赞他:"贤哉,回也! 一箪食,一瓢饮,在陋巷,人不堪其忧,回也不改其乐。贤哉,回也!"(6.11)孔子本人则不然。他没有真正被"舍"过,更没有"藏"过。周游列国是他自己的选择,鲁国政府并没有"舍"他。周游列国期间,虽然未能当官行道,但在卫、陈两国,享受"公养"待遇,"奉(俸)粟六万",即年薪小米六万小斗,大约相当于汉代的二千石,是东周大国上卿、汉代中央九卿和地方封疆大臣、郡太守的俸禄标准。当时,一石是四钧,一钧是三十斤,二千石是二十四万斤。按现在的市价估算,每斤小米二元,二十四万斤小米折合人民币四十八万元。一个在野的知识分子,享受这么高的"公养"待遇,在当时全"天下"找不到第二个例子,今天不知道有没有?

周游列国结束后,孔子回到鲁国,享受"国老"尊荣,鲁哀公、季康子等显贵经常向他"问政",物质待遇更不必说了,故有家宰理财,发给"粟九百"的年薪(6.5)。至于"藏"么,孔子更加谈不上,尤其是"五十而知(行)天命"以后,他的用世之心特别强烈,至死不甘寂寞,满腹政治牢骚,锋芒毕露,不稍收敛,不在其位,也谋其政(14.21)。

总之,孔子只做到"用之则行",未做到"舍之则藏";颜渊只做到"舍之则藏",未做到"用之则行"。师徒各达到一半,都只能打50分,不及格。两个不及格的师徒,怎么都可以吹成"用之则行,舍之则藏"的全能冠亚军呢?笔者深信孔子的谦虚美德,这些貌似不逊的不实之词,大概是在特殊语境中说的。笔者猜测,它可能是周游列国结束后,孔子对颜渊说的安慰话。当时,孔子的优秀学生,一个个都当了官,在政坛上显露才华,只有颜渊失业在家。老师最得意的模范学生反而没人要,师徒两人都没有面子,颜渊可能因此得了忧郁症。于是孔子来安慰颜渊："只有我与你没有工作,只有我与你耐得住寂寞,能做到'舍之则藏'。"谈话的目的是劝颜渊安心过"舍之则藏"的生活。孔子把自己也搭进来,说自己也是"舍之则藏",是为了减轻对方的孤独感,给颜渊一点人情温暖。至于"用之则行",只是套话。

上面的解释,只是推测,不敢确定无疑。该章的下半部分,读起来更不是滋味。

如果这是分别两章,还好一些,连成一章,真令人难受。子路成了一个心胸狭窄、视友为敌的小人,看老师表扬小他 21 岁的颜渊,就不服气,马上跳出来要把这个儿子辈的小同学比下去。孔子也不给这位老学生一点面子,一盆冷水从头浇下,不但把子路这位老学生浇得抬不起头来,把读者的心也浇得冰冷。

这章的前后两部分,内容毫不相干,笔者怀疑它们本是两条笔录资料,是《论语》编者把它们凑在一起,以增强对子路的调侃效果。

在孔子学生中,子路是性格最刚强、为人最正直的大丈夫,与这样的人交朋友最可放心。5.26 写孔子与子路、颜渊"各言其志",子路说:"愿车马衣裘与朋友共,敝之而无憾。"他最重视的"志",竟在交友方面,这符合他那光明磊落的为人之道。这样一位堂堂大丈夫,怎么可能妒忌一位小他 21 岁的小同学呢?《论语》编者的玩笑开得太大了!

孔子对子路的优秀品德很赞赏。9.27 记载:"子曰:衣敝缊袍,与衣狐貉者立,而不耻者,其由也与? '不忮不求,何用不臧?'……"孔子恐怕不会想到,他死后,给他编语录的人,却把子路编成一个妒忌心特别强的小人。

下半章更大的不公还是孔子训子路的那些话。子路是孔门十哲中长于"政事"的一哲,是个出色的政治家,什么时候有过暴虎冯河的行为? 在生命最后一刻,他因太重礼仪而"结缨而死"。如果联系"公山弗扰以费畔"(17.5)、"佛肸以中牟畔"(17.7),孔子皆"欲往"参加,那么,"暴虎冯河"的帽子送给孔子,倒正合尺寸。幸亏子路"临事而惧,好谋而成",两次劝阻孔子,救了孔子两次。

子路是孔门十哲中与冉有并立为长于"政事"的杰出政治家。政治家要讲究谋略,善于韬晦。从上述公山弗扰、佛肸事件可以看出,他的确具备政治家的这种修养。他既刚强率直,又粗中有细、鲁中有计,是孔门弟子中出仕最早、仕途顺畅的难得人才,从来没有被人炒过鱿鱼,而颜回连个被人炒鱿鱼的机会都没有。但是,孔子夸颜回"用之则行",讥子路"暴虎冯河",这到底是孔子一时口误,还是《论语》编者移花接木所致呢? 这问题经常缭绕于笔者心间,挥之不去。

7.12

子曰:"富而①可求也,虽执鞭之士,吾亦为之②。如不可求,从吾所好③。"

【译】

孔子说:"(商业)财富如果能追求得到,即使拿鞭子做个市场守门人,我也愿意。如果它是不可能追求的,还是听从我的爱好吧。"

【注】

①富,此指工商业财富。而,杨伯峻注:"用法同'如',假设

连词。"

②"虽执鞭之士,吾亦为之",是孔子的玩笑话。据《周礼·地官·司市》记载,市场守门人手执皮鞭,维持秩序。

③"吾所好",指读书求道。参阅 15.32。

【评】

"富而可求",《史记·伯夷叔齐列传》引作"富贵而可求",郑玄古注也称"富贵"。司马迁与郑玄都犯了画蛇添足的错误。先秦时代,富与贵是两个不同的概念,富指财富,贵指身份。爵禄兼有致富与致贵的功能。对于来自爵禄的财富,孔子认为可以通过"学"而求得(15.32),他是这方面的大专家。本章却发问:富可求或不可求? 这个"富",显然不是当官致富的富,而是工商业财富,在这方面,孔子是个百分之百的外行。当时,卫国工商业发达,几次政治动乱都有工匠参加,子贡是卫国人,因参加工商业活动而致富。工商业可以致富,是常识,不是问题。但对孔子来说,工商业财富是"不可求"的,他只能从其所好,读书求道。前半章那些假设,全是诙谐的俏皮话(反话)。古今学者普遍上当,作了种种认真严肃的解释。如说,只要能富贵,孔子什么贱役都愿干。

本章的主题是"君子谋道不谋食",孔子绝不愿意弃道"下海",去当"执鞭之士",到商界"谋食"求富。司马迁与郑玄把"富"改为"富贵",就改变了本章"富"字的原义,从而模糊了本章的主题,扭曲了孔子的思想。

朱熹、钱穆、李泽厚、李零等学者,都以"生死有命,富贵在天"来解释"富""不可求",失之。孔子是积极的天命论者,不是消极的宿命论者。他认为人间的寿夭贵贱最终取决于天命,但天命的大框架有相当的弹性,可以让人发挥主观能动性。"君子谋道不谋食",是通过仕途求富;子贡"亿则屡中"(11.19),是通过商业求富。孔子认为,这两种财富都是"可求"的,本章的主题不是宣传"富贵在天",而是提倡"从吾所好",读书"谋道"。至于"富而可求也,虽执鞭之士,吾亦为之",那是开玩笑,孔圣人是个调皮可爱的老顽童,不能把他的玩笑话当圣旨来读。参阅9.2。

7.13

子之所慎:齐,战,疾。

【译】

孔子谨慎对待三件事:斋戒,战争,疾病。

【评】

孔子把斋戒看作谨慎对待的第一要事,说明孔子对神明特别敬重,高于一切。

7.14

子在齐闻《韶》①,三月不知肉味,曰:"不图为乐之至于斯也。"

【译】

孔子在齐国听到《韶》乐,三个月尝不出肉味,说:"想不到音乐的魅力大到这个地步。"

【评】

音乐使孔子长时间回味,说明孔子具有特别浓烈的艺术气质。这样的人,往往不够理性。孔子没有成为理论家;"五十而知天命"以后那么冲动(17.5、17.7);他的过头话特别多……这些不寻常的表现都与"三月不知肉味"具有相同的心理原因,都与他的天生气质有关。古代有不少学者,如韩愈、程颐等,不理解"三月不知肉味",怀疑"三月"是"音"字的误析,把孔子的话改成"子在齐闻《韶》音,不知肉味"(三大册《论语》中册,第1510—1513页)。短时间忘乎所以,他们似乎还相信,"三月"则不可思议。他们的妄改,情有可原,因为他们都是理论家,很理性,平时不会有那么多过头话。

【注】

①《韶》,传说是舜时的音乐。

7.15

冉有曰:"夫子为①卫君②乎?"子贡曰:"诺,吾将问之。"

入,曰:"伯夷、叔齐何人也?"曰:"古之贤人也。"曰:"怨乎?"曰:"求仁而得仁,又何怨?"

出,曰:"夫子不为也。"

【译】

(孔子在卫国的后期,得到卫出公辄的礼遇。)冉有问:"老师会帮卫出公吗?"子贡说:"好吧,我进去问问看。"

子贡进入屋内,问:"伯夷、叔齐是怎么样的人?"孔子说:"古代贤人。"子贡问:"(伯夷、叔齐互让君位,双双出走,最后饿死,)他们怨悔吗?"孔子说:"他们追求仁,最后得到仁,怎么会怨悔呢?"

(伯夷与叔齐兄弟让国,卫出公与父亲争夺君位,孔子称赞伯夷、叔齐,一定不会帮卫出公。)

子贡出来,答复冉有说:"老师不会帮助卫出公。"

【注】

①古"为"字,有帮助义。南怀瑾《论语别裁》读此"为"字为

"做"、"当",把这句话译作:"我们老师真想做卫国的国君吗?"(第284、285页)南怀瑾老先生是浙江乐清人,乐清有两种方言:温州话与台州话。这两种方言至今还称帮助为"为"。孔子当时在卫国是寄人篱下,哪会有夺权"做卫国的国君"的野心?南氏之说,似受胡适影响。胡适《说儒》一书,把孔子的野心写得更大,说孔子自认为是"五百年必有王者兴"的"王者",把《论语》里一些落难时的壮胆话,都与"王者"野心挂上钩,如"天生德于予,桓魋其如予何"(7.23);"天之未丧斯文也,匡人其如予何"(9.5)。胡适还把孔子想答应公山不狃与佛肸之召,也说成是想实现"王者"雄图。胡、南之说失之远矣。

②卫君,指卫出公辄。辄是卫灵公之孙、太子蒯聩之子。

【评】

本章原文好像谜语,为了使读者看懂,译文不得不把谜底一一写出。公元前493年,卫灵公去世,晋国执政赵鞅(简子)武装护送卫太子蒯聩进入卫国,占据戚地(在今河南濮阳北),想立蒯聩为卫国君主,借以控制卫国。蒯聩从前因得罪南子而出逃,投靠赵鞅多年。以卫灵公为首的卫国贵族与赵鞅结怨已深,卫灵公生前自言"予无子",即不同意立蒯聩。灵公去世次年,即公元前492年,卫人立蒯聩之子辄为国君,称出公。卫国出现父子争位的政治局面。

孔子于前489年从楚国叶县回到卫国,卫出公在位已四年,孔子64岁。孔子根据"正名"原则,父要像父,子要像子,儿子不应该跟父亲争君位,故内心倾向于蒯聩当卫公。子路当时担任卫国大夫孔悝邑宰,支持出公。鲁国支持出公,冉有担任鲁国执政季康子的家宰,当然也支持卫出公。孔子领卫出公的"俸粟",是出公之臣,但不"为"出公。按君臣之义言,是否属于不忠?孔子晚年归鲁后,曾批评子路与冉有没有做到"以道事君,不可则止"(11.24)。根据这"八字方针",孔子当时应该劝出公让位。如果出公不让位,他应该放弃"俸粟",离开卫国。我们这样说,是按孔子对学生的要求来要求孔子,是跟孔子开开玩笑。事实上,这是不可能的,我们同情孔子当时的处境。

冉求想了解孔子的政治态度,要通过子贡。子贡也不便直截了当地问,而要借伯夷、叔齐来说事。学生旁敲侧击试探老师的态度,老师转弯抹角表达自己的政见,师生之间一碰到敏感的政治问题,怎么一下子都变得那么陌生、那么隔阂?

7. 16

子曰:"饭疏食①饮水②,曲肱③而枕之,乐亦在其中矣。不义而富且贵,于我如浮云。"

【译】

孔子说:"吃粗粮,喝冷水,弯起胳膊当枕头,乐在其中啊! 不干不净,得来财富与尊贵,我看像浮云。"

【注】

①饭,作动词用,吃饭。疏食,粗粮。郑玄注:"疏、粗古通。"

②水,冷水。热水称"汤"。

③肱(gōng 宫),胳膊。

【评】

本章"子曰"的语言风格,与其他多章的"子曰"大不相同,它很有诗意,像是一首散文诗。它不是孔子物质生活的实录写照,而是孔子抒发安贫乐道的高尚情怀,"饭疏食饮水,曲肱而枕之",只是想像之词,孔子是诗人,他在学生面前抒发这种情怀而被学生记录下来。如果孔子真的过上这种艰苦生活,不知能否如此达观。这种话如果是颜回说,那正合适,但颜回为人低调,不会向别人展示自己。他过着这种生活,却不会说这么漂亮的话。孔子不同,他没有过这种生活,却能说出这么动听的清高话。作为激励教材,本章的客观后果是积极的。为了听其言,观其行,本章要与6.11、10.7对着读。

7.17

子曰:"加我数年,五十以学《易》①,可以无大过矣。"

【译】

孔子说:"让我再活几年,争取到五十来岁把《周易》学好,可以不犯大错误。"

【注】

①"五十以学《易》"的"学",不是初学、浅学,而是研究。研究什么呢?研究占筮。《周易》的占筮,不同于殷人的龟卜。龟甲的裂纹,烧后自然形成,一看就明白是吉是凶;占筮时蓍草的数量变化多端,要人为计算,极其繁琐复什,是一门学问。李约瑟《中国科技史》考证,18世纪初,德国著名数学家莱布尼兹创立二进制代数时,曾对《周易》卦爻的数学意义进行过研究,一位在康熙皇帝手下做过官的耶稣会传教士带给他的两张《易图》,给了他关键性的启发(谢求成《"八卦"和〈易经〉新探》,载《学术月刊》1983年第2期)。孔子以"六艺"教授弟子,六艺中的"数"艺,应该有《周易》的筮法,其中的高深学问,可能是使孔子"韦编三绝"的主要原因。

【评】

现在人们看到的《周易》(或称《易经》),都包括本经与《易传》(或称《十翼》)两大部分,后者是对前者的哲理化解释。本经产生于周初，《易传》出现于何时，说法不一。《史记·孔子世家》说："孔子晚而喜《易》，序《彖》、《系》、《象》、《说卦》、《文言》。"古人五十岁已算进入晚年，但说孔子写作《象》等《易传》，则不可信，欧阳修已驳其非。西晋武帝太康二年，在涿郡魏襄王（前318—前296年）墓中掘得的《周易》，只有上下两篇经，没有《彖》、《象》、《文言》、《系辞》。上博楚简的《周易》，也是只有经，没有传。这至少说明，到战国中后期，《易传》尚未完成。秦始皇焚书坑儒时，它还没有成为儒家经典，故能逃过一劫，照传不误。到东汉才列为六经之首，成为儒家经典中的后来居上者。

李零说："孔子'五十以学《易》，五十而知天命'，两个'五十'，不是巧合。我们要知道，古人知天命，主要靠数术；孔子知天命，主要靠学《易》。"（第151页）"孔子学《易》，是为了知命，知道自己是不是应该出来做官。"（第152页）"他是学《易》后才出仕。所谓'五十而知天命'，可能与此有关。"（第151页）李说甚确。

7.18

子所雅言①，《诗》、《书》、执礼，皆雅言也。

【译】

孔子有时用普通话，读《诗》，读《尚书》，行礼仪，都用普通话。

【注】

①雅言，相对于方言而言。雅言是官方语言，或称"官话"，今称普通话。

7.19

叶①公问孔子于子路，子路不对。子曰："女奚不曰，其为人也，发愤忘食，乐以忘忧，不知老之将至云尔。"

【译】

　　叶公向子路问孔子的为人，子路不答。孔子说："你为什么不说，他的为人啊，发愤读书而忘了吃饭，乐观高兴而忘记忧愁，不知道衰老快要到来，如此罢了。"

【注】

　　①叶（shè 摄）县，原为蔡地，时属楚国。今河南叶县南三十里有古叶城。公元前489年，孔子获楚昭王拯救，摆脱陈、蔡之困，来到叶县，时年64岁。当时叶县县长是沈诸梁，字子高，《左传》定公、哀公年间记有他的事迹，算是一位贤者。楚国僭越，国君称王，大县县长称公，小县县长称尹。大县多是灭国而设，派重臣镇守。沈诸梁是楚司马沈尹成之子，称叶公，对孔子颇尊重。《论语》有三章写到叶公（7.19、13.16、13.18），这三章都颇著名。

7.20

　　子曰："我非生而知之者，好古，敏以求之者也。"

【译】

　　孔子说："我不是天生有知识的人，只是个爱好古代、勤奋追求知识的人。"

7.21

　　子不语怪力、乱神①。

【译】

　　孔子不谈怪异的力与叛乱的神。

【注】

　　①现在能看到的古今《论语》注本，大都读"子不语怪、力、乱、神"。"子不语"的对象有四项。唯东晋李充《论语集注》读"子不

语怪力、乱神"❶。"子不语"的对象是两项。李充,字弘度,江夏(郡治今湖北安陆)人。东晋文学家,明帝时(323—326年)官至中书侍郎。李充任大著作郎时,分群书为经、史、子、诗赋四部。后来,中国图书分经、史、子、集四部,实始于李充。

【评】

"子不语怪力乱神",恐怕是《论语》里知名度最高、口碑最佳的一章,在"打倒孔家店"的运动中,它是店里唯一受保护、甚至得嘉奖的珍宝。《鲁迅全集》有数十处写到孔子,基本上都是对他进行"反封建"斗争的,只有1925年写的《再论雷峰塔的倒掉》一文,把孔子大大地表扬了一番,它写道:"孔丘先生确是伟大,生在巫鬼势力如此旺盛的时代,偏不肯随俗谈鬼神。"不过鲁迅对孔子的表扬,是建立在误读的基础上,他与大家一样,也读"子不语怪、力、乱、神"。他把"不语"误解为不信、反对,认为孔子是无神论者。这就表扬过头了。

《论语》全书,除《述而篇》这一章外,"怪、力、乱、神"出现次数如下:怪字0次,力字12次,乱字14次,神字6次。根据这个统计数字,只有"怪"字符合"不语"的标准,"力、乱、神"都不符合;"力"与"乱"多达十多次,应称"常语"。

面对这些冷峻的数字,有不少学者解释说,"不语"并不是不讲,而是不喜欢。这种解释在训诂学上根本讲不通,也不符合古今语言实际。人都不喜欢死,平时却经常讲到死,"不语"与"不喜欢"

---

❶ 阮刻《十三经注疏》:"李充曰:力不由理斯怪力也,神不由正斯乱神也。"郭沫若《先秦天道观之进展》也读作"子不语怪力、乱神",但没有解释。文中说:"孔子是否认鬼神的。"(《郭沫若全集》历史编第一卷,第357页,人民出版社,1982年)

完全是两回事。即使从喜欢与不喜欢的角度讲，也不能笼统地说孔子不喜欢"怪、力、乱、神"。"怪"与"乱"，孔子的确不喜欢；"力"与"神"却是孔子所敬重的。以"力"为例，孔子是力行主义者，干什么事都主张"竭其力"（1.7）、"尽力"（8.21），只愁"力不足"（6.12）；他把齐桓公"九合诸侯"归功于"管仲之力"（14.16）。先秦著作中的"力"字，或中性，或褒义，没有一个贬义；有时与"功"同义通用，所以《说文》说："治功曰力。"现当代一些学者把"子不语怪力乱神"的力字译作"暴力"，解释为"施暴逞强，以力服人"。而先秦单个力字，并没有这些恶义。详见《故训汇纂》第242、243页。今人为了把"不语"解释为"不喜欢"，才给力字添上这些现代恶义。

至于"神"，更是孔子十分敬重的。孔子特别重视祭祀，祭祀的对象是神，重视祭祀就是敬重神。神字只出现六次，与孔子对神的敬重程度不很相称，原因是被鬼字、天字分流了。《论语》里鬼字五次，具有主宰神性质的天字11次（详见本书2.4评语）。这些天字与鬼字，都与神字基本同义，三者相加是22次，比"力"字、"乱"字要多得多。

总之，孔子常"语"力与乱，敬重力与神，说孔子"不语怪、力、乱、神"，或"不喜欢怪、力、乱、神"，都不符合事实。

那么，读作"子不语怪力、乱神"通不通呢？在《论语》里，除这一章外，再无"怪力"，也无"乱神"。没有，才称得上"不语"。如果《论语》多次说到"怪力"与"乱神"，当然不能称"不语"，这是最普通的语文常识。

那么，什么叫"怪力"，什么叫"乱神"呢？

古代神、怪有别。神指天神、地祇（qí 其）、人鬼。后二者也可称神。人死即称鬼,也可称神。神来自于人,人中有"乱臣贼子",他们死后就是"乱神"。

古代迷信中有许多怪异力量,山有山怪,水有水怪,天上地下都有说不尽的怪力。在神话传说中,有些人也有怪异的力量,如说羿射日、奡荡舟,神话中的这些"怪力",孔子是不相信的。

孔子"不语""怪力"与"乱神",《论语》里还有一条铁证,在《宪问篇》(14.5)里:

> 南宫适问于孔子曰:"羿善射,奡荡舟,俱不得其死。禹稷躬稼而有天下。"夫子不答。

南宫适是孔子的得意门生,还是孔子的侄女婿,他请教的问题,孔子为什么不答? 在《论语》里,学生请教老师,老师"不答",仅此一例。不答的原因,古今注家说法纷纭,都是猜测之词,无一可通。如果联系"子不语怪力、乱神",问题就迎刃而解了。

因为羿与奡都是夏朝的乱臣贼子,死后都是"乱神";他们的怪异力气,都属"怪力"。既是"怪力",又是"乱神",他们是双料的"子不语"对象,所以"夫子不答"。"不答"即"不语"。"夫子不答"反过来又证明,"子不语"的"怪力乱神"应该标点为"怪力、乱神"。

但是,《国语·鲁语下》写了三则孔子"语怪力、乱神"的著名故事:

> 季桓子穿井,获如土缶,其中有羊焉。使问之仲尼……

> 吴伐越,堕会稽,获骨焉,节专车。吴子使来好聘,且问之仲尼……

> 仲尼在陈,有隼集于陈侯之庭而死,楛矢贯之,石砮其长

尺有咫……

这三则故事很著名,但都不见于《论语》与《左传》,写的都是"子不语"的"怪力"与"乱神"。例如,防风氏被禹斩杀(其实是被禹的七世孙杼斩杀❶),按照古人的正统观念,他生前是乱臣贼子,死后是"乱神",说其骨"节专车",属"怪力"。防风氏神话是孔子"不语"、"不答"的双料对象,断不可信。如果真如《国语》所说,吴人把一节大骨头用一辆专车从吴国运到鲁国,请孔子鉴定,孔子发了奇谈怪论,这在当时应是一件很轰动的新闻,《左传》与《论语》不可能不记载。后人把孔子拉进来讲神话,是为了化怪诞为真实,因为孔子是博学权威,以他的名义,怎么说大家都会相信❷。

把本章误读为"子不语怪、力、乱、神",是现当代学者论证孔子不信神的四大证据之一,其所谓证据,其实是误读。"子不语"的不是一般意义的"神",而是"乱神",是乱臣贼子死后的鬼神,是羿、羿之属。

7.22

子曰:"三人行,必有我师焉:择其善者而从之,其不善者而

---

❶　详见拙文《〈国语〉"防风氏"笺证》,《历史研究》1993 年第 5 期;又《夏杼钩沉》,《浙江社会科学》1997 年第 1 期。

❷　《历史研究》1993 年第 5 期发表的拙文《〈国语〉"防风氏"笺证》,开头第一段写道:"禹斩防风氏,是夏朝前期重大历史事件。孔子素以'不语怪力乱神'著称,一碰到防风氏问题,似乎忘了自己的戒条,竟大谈其神……防风氏的神话彩衣,必盖着重要的历史肉躯。"当时,笔者相信《国语》关于孔子大谈防风氏神话的记载,应予纠正。不过,文章主要谈防风氏的"历史肉躯",把防风氏作为历史人物来研究,提出防风氏本是山东土著,后经海路南迁吴越,与越人混为一体的新说,以及所谓禹斩防风,其实是杼斩防风,传说夏王朝封于会稽的无余也即夏杼等基本观点,至今未变,特此声明。顾颉刚早年已不相信《国语》的三则故事与孔子有关,难能可贵! 详见《古史辨》第 2 册第 137 页。

改之。"

【译】

孔子说:"三个人一起走,其中必有我的老师:取其优点而学习,以其缺点作借鉴。"

7.23

子曰:"天生德于予,桓魋①其如予何?"

【译】

孔子说:"天在我身上已种下圣德,桓魋能把我怎么样?"

【注】

①桓魋(tuí 颓),宋国六卿之一。此人有三个氏:一、桓氏,因为是宋桓公后裔,所以称桓魋;二、向氏,因为初封于向,所以又称向魋;三、司马氏,因为先辈当过司马,所以又叫桓司马、司马桓魋。《论语》里仅见于本章一次。孔子学生司马耕(字子牛)是他的弟弟。孔子周游列国期间,离开曹国,经过宋国,与弟子在大树下演习礼仪,桓魋欲杀孔子,拔其树。孔子逃跑途中说了这些话。

【评】

孔子"五十以学《易》"、"五十而知天命"以后,内心非常自负,认为自己是天生的圣人,详见下文9.6的评说。本章"天生德于予"之"德",应指圣德。古代伟人,只要信仰天命,大多有这种精神动力,事业干得越大,越需要这种精神动力,我们今天不能贬之为"骄傲自满"。

7.24

子曰:"二三子①以我为隐乎? 吾无隐乎尔,吾无行②而不与③二三子者,是丘也。"

【译】

孔子说:"各位以为我隐瞒着什么吗? 我没有隐瞒着你们,我没有什么事不向你们公开,这就是丘的为人啊!"

【注】

①何晏《集解》、皇侃《义疏》引"包曰:二三子,谓诸弟子",但不是所有弟子,而是极少数贴心弟子。在《左传》里,"二三子"是国君对卿大夫的称谓。孔子没有给学生上大课,只给几个优秀、贴心的弟子当面授课,再由这些"二三子"转授给广大弟子,所谓"三千弟子",是包括由"二三子"转授的再传弟子。这样理解,"三千"的数字才比较合理。《论语》里的"门人",可能属再传弟子。参阅4.15。

②行,行为,事情。

③与,共、公开的意思。

【评】

两千五百年前的师生关系,有一定的人格依附性质,老师对学生能做到"无隐",很不容易! 实际做得如何,暂且勿论,能向学生表白自己的"无隐"决心,已不简单。孔子待人真诚("忠信"),"无隐"是其表现之一。孔子晚年,与子路、冉有等学生产生政见分歧,学生们还是那么忠于老师,靠的就是老师对学生的真诚"无隐",以学生为知己。不过,孔子不可能对"三千"弟子皆"无隐",只能对"二三子""无隐"。

7.25

子以四教:文,行,忠,信①。

【译】

孔子以四个方面教育学生:文献典籍,道德品行,政事要忠,言语守信。

【注】

①程树德《论语集释》引刘敞《公是弟子记》:"文,所谓文学也;行,所谓德行也;政事主忠;言语主信。"以孔门"四科"解释"四教",有一定道理。

孔子有时"忠信"连文,是一个德目,犹今真诚、诚信,"忠"是"信"的形容词,详见1.8章注②。本章的忠信,是两个德目。这两种"忠信"不可混为一谈。

7.26

子曰:"圣人,吾不得而见之矣;得见君子者,斯可矣。"

子曰:"善人,吾不得而见之矣;得见有恒者,斯可矣。亡而为有,虚而为盈,约而为泰,难乎有恒矣。"

【译】

孔子说:"圣人,我见不到了;能见到君子,就可以了。"

孔子说:"善人,我见不到了;能见到有恒心的人,就可以了。以无冒充有,以虚冒充盈,穷困却装富裕,这种人很难有恒心啊!"

【评】

孔子说:"圣人,吾不得而见之矣。"同时代的鲁国大夫臧武仲,他不是"得而见之"的活圣人吗?《左传》襄公二十二年记载,他被鲁人普遍称为圣人,连对他极不友好的御叔,也不得不称为"圣人"(详见本书附录一)。《孔子家语·颜回篇》记载颜回的话说:"武仲世称圣人。"唯孔子不称他圣人,只称赞他"智","可以为成人"

（14.12）。孔子无限拔高圣人的标准，当然"不得而见之"。但在他内心深处，又认为自己是天生圣人。详见下文9.6章的评语。一切伟人都有自负的一面，自负是他的精神动力，没有这种动力，就干不了伟大的事业。既谦虚又自负，这就是孔子，我们不能把他简单化、平庸化。

7.27

子钓而不纲①，弋②不射宿。

【译】

孔子只用竹竿钓鱼，而不用鱼网围捕；用箭射鸟，不射鸟窝。

【注】

①纲，网字之误。王引之《经义述闻》："纲乃网之讹，谓不用网罟也。"

②弋（yì 亦），古代有缚丝的矢，射中鸟后，丝线能缠住鸟身，使之难以逃脱。此"弋"字作动词用，射也。

【评】

此写孔子有仁慈之心，爱及幼小动物。

7.28

子曰："盖有不知而作之者，我无是也。多闻，择其善者而从之；多见而识之，知之次也。"

【译】

孔子说："大概有一种未吸收前人知识就想凭空发明的人，我不是这样。多听听，选人家的优点而学习；多看看，记住它，这是求知的必经次序。"

7.29

互乡①难与言。童子见，门人惑。子曰："与②其进也，不与其退也，唯何甚？人洁己以进，与其洁也，不保③其往也。"

【译】

互乡这地方的人很难与他们交谈。有个少年却得到孔子的接见，看门的弟子疑惑不解。孔子说："要鼓励人家进步，不要使人退步，何必做得太过分呢？人家洁身自好，要求进步，我们应该帮助他洁身进步，不要老记住人家的过去。"

【注】

①互乡，地名，具体不详。

②与，赞同，支持。

③保，守。

7.30

子曰："仁，远乎哉？我欲仁，斯仁至矣。"

【译】

孔子说："仁很遥远吗？我想仁，仁就来了。"

【评】

孔子平时把仁说得很难、很远，本章又把它说得很近、很容易。说话无定准，是孔子的一个特点，这是他的天生气质决定的，没有办法。

7.31

陈司败①问昭公②知礼乎，孔子曰："知礼。"

孔子退，揖巫马期③而进之，曰："吾闻君子不党④，君子亦党乎？君取于吴，为同姓⑤，谓之吴孟子⑥。君而知礼，孰不知礼？"

巫马期以告。子曰："丘也幸，苟有过，人必知之。"

【译】

陈司败问孔子：昭公懂礼吗？孔子说："懂礼。"

孔子退出房子后，陈司败向巫马期作个揖，上前说："我听说君子不偏不私，君子也偏私吗？鲁君娶吴女作夫人，是同姓结婚，（不敢称她'吴姬'，）而称'吴孟子'。昭公算知礼，还有谁算不知礼呢？"

巫马期把这些话转告孔子，孔子说："我真幸运啊，如果有错误，必定会被人家知道。"

【注】

①陈司败，陈、楚等国的司败，相当于鲁的司寇。

②昭公，鲁襄公庶子，继襄公为君（前541—前510年），"昭"是谥号。孔子于公元前492年到陈，前489年离陈。本章对话应在这期间，上距昭公去世已20年左右。

③巫马期，"巫马"是给马看病的巫医，以官为氏，成为复姓，名施，字子期，孔子学生，小孔子31岁。

④党，本指乡党，即同乡，引伸为私人关系。

⑤昭公娶吴女。吴为太伯之后，鲁为周公之后，都姓姬。周礼规定"同姓不婚"。

⑥吴孟子，按当时礼制，昭公夫子应称"吴姬"，因讳同姓，把姬字隐去，改称"吴孟子"，"孟子"可能是她的字。《左传》哀公十二年也写"昭夫人孟子卒"。

【评】

据杨树达《论语疏证》考证："昭公本习于容仪，盖当时有知礼

之名,故陈司败以为问也。"(江西人民出版社,2007 年,第 112 页)
鲁昭公娶吴女,当时无人谴责。因为当时礼坏乐崩,"同姓不婚"已
成不合时宜的旧教条。国君婚姻要服从现实需要。吴是强国,昭
公娶吴女,关系到鲁国利益,人们不会说三道四。1955 年安徽寿县
蔡侯墓出土铜器将近 500 件,其中 77 件有铭文。《吴王光鉴》两件
是吴王光嫁女给蔡侯的媵器,铭文铸吴女姓名为"叔姬寺吁"。《蔡
侯盘》、《蔡侯尊》铭文表明,它们都是蔡昭侯(前 518—前 491 年)
嫁女于吴王的媵器,铭文称蔡女为"大孟姬"(详见拙撰《吴越徐舒
金文集释》,浙江古籍出版社,1992 年,第 40—58 页)。吴蔡都是姬
姓,双方都大模大样地把"姬"字铸出来,不像鲁昭公那么怕羞,称
夫人为"吴孟子",把"姬"字瞒掉。吴鲁通婚与吴蔡通婚一样,都出
于政治需要,符合鲁国利益,孔子等鲁人都未予谴责。孔子来到陈
国,寄人篱下,鲁昭公娶吴女,无关陈国利益,才有陈司败出来说闲
话。当时的人指责孔子之"过"者一定不少,《论语》只收录这一条
不痛不痒的材料,因为它对孔子形象有益无损。第一,孔子称昭公
"知礼",说明他能"为君讳",这是孔子"知礼"的表现;第二,最后
的自我批评说明孔子有"闻过则喜"之德。至于同姓通婚问题,人
们当时已心照不宣,不太介意。今人还可能表扬孔子有现实感,不
太守旧,亦未可知。

7.32

子与人歌而善,必使反之,而后和之。

【译】

　　孔子与别人一道唱歌,如果那人唱得好,一定请他再来一个,
然后自己和上一遍。

【评】

孔子不但是音乐理论家、音乐鉴赏家、演奏家,还是歌唱家!他身上的艺术细胞太多了,有时会显得过于激动,不够冷静、理性。

7.33

子曰:"文莫①,吾犹人也。躬行君子,则吾未之有得。"

【译】

孔子说:"文献知识么,我与别人差不多,在行动上做一个君子,那我还没有成功。"

【注】

①莫,自古以来,歧解甚多。俞志慧广泛考索古籍资料,认为此莫字只是一个虚词,缀在实词"文"之后,起着舒缓语气的作用(《〈论语·述而〉"文莫吾犹人也"章商兑——兼释"广莫"、"子莫"》,载《华学》第四辑,紫禁城出版社,2000 年)。

【评】

孔子说自己连"君子"都未达到,明显客气过头。他办学目标是培养君子,老师都不是君子,怎么能培养学生成为君子呢?下章说自己不配为"圣与仁",与本章说自己不是君子一样,都是客气话,后人不必过分认真。

7.34

子曰:"若圣①与仁,则吾岂敢?抑为之不厌,诲人不倦,则可谓云尔已矣。"公西华曰:"正唯弟子不能学也。"

【译】

孔子说:"圣与仁,我怎么敢当?只不过不厌倦地追求,对别人不觉疲劳地教诲,就只能说如此而已。"公西华说:"这正是弟子学不到的。"

【注】

①此圣字,不再是《诗经》里与"智"同义的本义的圣,而是最高
人格标准。《群经平议·论语》"若圣与仁"俞樾按:"圣与仁,犹言
智与仁也。"这是以本义说变义。俞樾关于圣犹智的话,应该接在
《子罕篇》9.6太宰问话"夫子圣者与"后面。俞樾把圣字的本义与
变义混为一谈,在学术界具有相当普遍的代表性,详见本书附录
一:《圣字的本义与变义》。

【评】

《孟子·公孙丑上》说:"昔者子贡问于孔子曰:'夫子圣矣
乎?'孔子曰:'圣则吾不能,我学不厌而教不倦也。'子贡曰:'学不
厌,智也;教不倦,仁也。仁且智,夫子既圣矣。'"李零说:"这是孟
子的修正主义。"(第160页)的确,孟子降低了孔子的圣的标准。
在孔子心目中,"学不厌而教不倦"是评不上圣人的。

综观7.33与7.34,孔子不但不承认自己是圣人,连仁人、君子
都推辞。这是客气过分,谦虚过头。李零据此而说孔子不是圣人,
为什么不据此而说孔子连仁人、君子都不配呢?

7.35

子疾病①,子路请祷。子曰:"有诸?"子路对曰:"有之;
《诔》②曰:'祷尔于上下神祇③。'"子曰:"丘之祷久矣。"

【译】

孔子生重病,子路请求祈祷。孔子说:"有这种事吗?"子路说:
"有。《诔》文说:'为你向天神地祇祈祷。'"孔子说:"丘早已祈祷
过了。"

【注】

①"疾病"连文,表示重病。

②诔(lěi 蕾),祈祷文。

③祇(qí 旗),地神。

【评】

孔子一生对神的态度始终是信而不谄、敬而不媚。"丘之祷久矣",充其量是在心里默默祈祷,或躺在病床上念念有词地祈祷,如果搞过仪式化的祈祷活动,子路等弟子不可能不知道。

7.36

子曰:"奢则不孙①,俭则固②。与其不孙也,宁固。"

【译】

孔子说:"奢侈就不谦逊,节俭又太寒酸。与其不谦逊,宁可寒酸相。"

【注】

①孙,同逊。

②固,固陋,寒酸。

7.37

子曰:"君子坦荡荡,小人长戚戚。"

【译】

孔子说:"君子胸怀坦荡,小人眉头常皱。"

7.38

子温而厉,威而不猛,恭而安。

【译】

孔子温和而严肃,威风而不猛烈,恭敬而安详。

泰伯篇第八（共二十一章）

8.1

子曰："泰伯①，其可谓至德也已矣。三以天下②让，民无得而称焉。"

【译】

孔子说："泰伯啊，他的品德可说是至高无上了。多次辞让天下（给弟弟季历），人们不知道如何称赞是好！"

【注】

①泰伯，也作太伯，周族祖先古公亶父的长子。古公有三个儿子：太伯、仲雍、季历。季历的儿子姬昌，就是后来的周文王。相传古公预知姬昌有圣德，想把君位传给幼子季历。太伯为了实现父亲的愿望，偕同仲雍奔吴。后来，君位相继传给季历—昌（文王）—发（武王），最后灭了殷商。

②天下，当时周族偏居西北一隅，所谓"天下"是对未来的预期。

【评】

本章孔子只说太伯让位，没有说太伯奔吴。古今《论语》注家几乎都说太伯为了让位而来到江南太湖平原。其实，奔吴之说始见于《史记》的《周本纪》与《吴太伯世家》，未见于先秦资料。现在,吴为周裔姬姓,虽有充分的金文资料可以证实,而"太伯奔吴"与考古资料相悖。

到目前为止,在长江下游一带,毫无商末时期的先周文化遗存。1954年在江苏丹徒出土一件著名青铜器《宜侯夨簋》,有铭文一百多字。唐兰最先指出,这是康王封建吴国的实物证据(唐兰:《宜侯夨簋考释》,载《考古学报》1983年第3期)。笔者从字义音韵的角度论证铭文的"宜"与"吴"、"虞"可以通假,但此"宜"不是北虞,而是南吴,宜是吴的初名。太伯让位后,仍在北方的虞,或称吴。"吴""虞"二字虽可通假,但作为国名,不是都可通用,北虞可以称吴,南吴不可称虞,原因是北虞早于南吴。《史记·周本纪》说虞由吴分封出来,事实恰好相反,是吴由虞分封出来。吴的始封君不是太伯,也不是虞仲(或称仲雍),而是他们中的某位后人"夨"(详见拙撰《吴越文化新探》,浙江人民出版社,1988年,第145—151页)。

旧史盛传,太伯奔吴,初居苏州与无锡之间的梅里,大误。考古资料表明,从西周康王以后,至春秋中期,茅山东西两边是两个不同的文化区,茅山以西的宁镇地区,是吴文化区;茅山以东的太湖地区,是越文化区。这说明,"宜侯夨"的政治中心在宁镇地区,直到春秋晚期,吴王阖闾才开始进入太湖平原的姑苏一带。越国的政治中心原在古城密布的太湖地区,吴越争霸失败后,才南迁会稽。

8.2

子曰:"恭而无礼则劳,慎而无礼则葸[①],勇而无礼则乱,直而无礼则绞[②]。君子笃于亲,则民兴于仁;故旧不遗,则民不偷③。"

【译】

　　孔子说:"恭敬而不知礼会劳累,谨慎而不知礼会胆怯,勇敢而不知礼会闯祸,直率而不知礼会伤人。当官的真诚地对待亲族,老百姓会兴起仁爱的风气;当官的不遗弃老朋友,老百姓就不会淡漠无情。"

【注】

　　①蒽(xǐ喜),畏惧。

　　②绞,尖刻刺人(杨伯峻注)。

　　③偷,汉人包咸训为"偷薄"。程树德《论语集释》说:"'偷'与'媮'通。"《说文》:"媮,薄也。"此指薄情。

8.3

　　曾子有疾,召门弟子曰:"启①予足!启予手!《诗》云:'战战兢兢,如临深渊,如履薄冰。'②而今而后,吾知免夫! 小子!"

【译】

　　曾子有病,把学生们叫来,说:"看看我的脚吧! 看看我的手吧!《诗》说:'战战兢兢,如临深渊,如履薄冰。'(我终于小心翼翼地走过了一生,)从今以后,我感觉(手脚)豁免(拘束)了,(我自由了,)小伙子们!"

【注】

　　①启,可有二解:一、郑玄注:"启,开也。曾子以为受身体于父母,不敢毁伤,故使弟子开衾而视之。"二、读作棨(王念孙《广雅疏证·释诂》说)。《说文》:"棨,视也。"此取后说,以与下文"战战兢兢"相联系。曾子为什么叫学生看他的脚与手呢? 译文用括弧里

的文字作了解释。曾子拘谨一生,好像手脚戴着铐链过日子。临终时,他觉得铐链没有了。

②这三句见于《诗经·小雅·小旻》,曾子引以形容自己的拘谨人生,甚为贴切。原文好懂,现在还在流行使用,故不译。

【评】

曾子是典型的黏液质气质类型的人,性格内向、安静,思想稳定,言行拘谨。一生只伴洙水沉思,听泗水低吟;在家乡著述授徒,心无旁骛。临终时那么气定神闲,是他一生思想性格的缩影。孔子与他不同,临终前自比"泰山"、"梁木",生命虽已奄奄一息,满腔抱负尚在沸腾,不甘心就此撒手人寰。因为孔子是胆汁质与多血质混合型的人物,他兼有子路的兴奋激动与子贡的活泼愉快,他有音乐家与诗人的天赋,富有激情与天真。"五十而知(行)天命"以后,虽然热衷政治,但仍是一个艺术型的政治家,对自己的政治信仰热情有余,理性不足,一往情深,缺乏韬略。

8.4

曾子有疾,孟敬子①问之。曾子言曰:"鸟之将死,其鸣也哀;人之将死,其言也善。君子所贵乎道者三:动容貌,斯远暴慢矣;正颜色,斯近信矣;出辞气,斯远鄙倍②矣。笾豆③之事,则有司④存⑤。"

【译】

曾子有病,孟敬子去探问他。曾子说:"鸟儿将死,鸣声哀伤;人之将死,语言善良。君子所重视的'道'有三条:整肃仪表,远离粗暴怠慢;端正脸色,使别人感到可亲可信;注意谈吐,远离鄙俗粗野。至于祭祀细节,自有专人负责。"

【注】

①孟敬子,鲁三桓的一支,父孟武伯,已见于《论语》2.6、5.8。孟敬子即仲孙捷,见于《论语》8.4、19.19。《说苑·修文》作"孟仪",刘宝楠《正义》"疑仪是字"。

②鄙倍,鄙是鄙陋粗野,倍读背,违礼。

③笾豆,祭祀盛器,代表祭祀。

④有司,办事人员。

⑤存,在。

【评】

"鸟之将死,其鸣也哀;人之将死,其言也善",这十六字箴言非常有名,接着说"君子所贵乎道者三",读到这里,人们不禁正襟危坐,准备洗耳恭听。谁料下面所谈的"贵""道",竟是"动容貌"、"正颜色"、"出辞气",令人大失所望。曾子当时大概已进入脑衰亡阶段,才会说出这么轻重失调的话来。有些伟人、名人的临终遗言,往往无足轻重,曾子这些话,我们不必重视、深究。

康有为《论语注》抓住本章,大贬曾子,说曾子"仅闻孔子万法之一端而已"(第111页)。对一个将死之人,何必如此刻薄?

《说苑·修文》改"贵乎道者三"为"礼有三仪":"君子修礼以立志,则贪俗之心不来;君子思礼以修身,则怠惰慢易之节不至;君子修礼以仁义,则忿争暴乱之辞远。"这可能是曾子学生所为,换上老师重要语录,替他挽回面子。

8.5

曾子曰:"以能问于不能,以多问于寡;有若无,实若虚,犯而不校①。昔者吾友②尝从事于斯矣。"

【译】

　　曾子说:"有能力请教没有能力,知识丰富请教知识贫乏,有像是无,实像是虚,受人欺侮也不报复。从前我有一位朋友曾经做到这样。"

【注】

　　①校,何晏《集解》引"包氏曰:校,报也。言见侵犯而不报之也"。"犯而不校"意同"以直报怨",参阅14.36。

　　②昔者吾友,马融说是指颜渊,后人多从之。曾参比颜渊小16岁,这话应在颜渊死后曾参对学生说的,故称"昔者"。

8.6

　　曾子曰:"可以托六尺之孤,可以寄百里之命,临大节而不可夺也,君子人与? 君子人也。"

【译】

　　曾子说:"可以把年幼的君主托给他,可以把国家的命运托给他,面临生死存亡关头而不会动摇屈服,这种人是君子吗? 当然是君子!"

8.7

　　曾子曰:"士不可以不弘①毅,任重而道远。仁以为己任,不亦重乎? 死而后已,不亦远乎?"

【译】

　　曾子说:"读书人不可以不弘扬毅力,因为他担子重、路途远。以行仁为自己的责任,还不重吗? 至死方休,还不远吗?"

【注】

　　①弘,章太炎读作"强",杨伯峻、李零均从之。其实,章说缺乏

训诂根据,而且对解释本章没有多大新意,不必慕名轻从。汉人包
咸注:"弘,大也;毅,强而能决断也。""大"是"弘"的本义、常义
(《故训汇纂》,第 723 页);毅字自身就有"强"之义。此"弘"作动
词用,"弘毅",弘扬毅性、毅力。

8.8

子曰:"兴于《诗》,立于礼,成于乐。"

【译】

孔子说:"读《诗》以兴奋感情,靠礼立足社会,在音乐中完成人
格情操。"

【评】

本章讲礼乐文明对人的精神陶冶作用。《诗》与乐作用于人的
感情,礼作用于人的理智。

8.9

子曰:"民可使由之,不可使知之。"

【译】

孔子说:"老百姓可以让他照着办,不必让他知道为什么那
样办。"

【评】

这是《论语》在近现代最受诟病的一章。其实,孔子时代,这是
常识。《老子》"常使民无知无欲";"民其难治,以其知多"。《史
记·商君列传》:"民不可与虑始,而可与乐成。"不过也有说得婉转
好听的,郭店楚简《尊德义》有"民可使道(导)之,而不可使知之。
民可导也,而不可强也"。不管说得如何好听,还是居高临下地为
民做主,"不可使(民)知之"。这些话,当时是理所当然的,孔子才

会不加掩饰地说出来。经历两千五百年的进步、发展,"政务公开"、"财务公开"、"领导财产公开",还那么艰难。今人与其笑古人,还不如笑自己。

8.10

子曰:"好勇疾贫,乱也。人而不仁,疾之已甚,乱也。"

【译】

孔子说:"好勇而自恨贫困,那会出乱子。对为富不仁的人,恨之太深,也会出乱子。"

8.11

子曰:"如有周公之才之美,使骄且吝,其余不足观也已。"

【译】

孔子说:"如果才能有周公那么美妙,只要骄傲而且吝啬,别的方面也就不值得一提了。"

8.12

子曰:"三年学,不至①于穀②,不易得也。"

【译】

孔子说:"读了三年书,没有想到禄米,难得啊!"

【注】

①至,朱熹《集注》"疑当作志",可从。

②穀,禄米,是当时的官薪。《宪问篇》(14.1)"邦有道,穀;邦无道,穀,耻也",两章"穀"字同义,都代表当官。

【评】

8.12、8.13、8.14是一个单元,是孔子三四十岁说的话。当时态度清高,从政欲望不强,还教人明哲保身,与"五十而知(行)天命"以后说的话,明显有别。

8.13

子曰:"笃信①好学,守死善道。危邦不入,乱邦不居。天下有道则见②,无道则隐。邦有道,贫且贱焉,耻也;邦无道,富且贵焉,耻也。"

【译】

孔子说:"坚信好学,死守善道。不进入将要灭亡的邦国,不住在动乱的邦国。国家有道,个人贫贱,应感到羞耻;国家无道,个人富贵,也感到耻辱。"

【注】

①笃,厚实,与19.1"信道不笃"之"笃"同义。笃信,坚信。

②见,读作现。

【评】

《宪问》(14.1):"邦有道,谷;邦无道,谷,耻也。"本章观点与它相同。孔子"五十而知天命"以后,因急于入世,不管"有道"、"无道",都要力争出仕;不管"危邦"、"乱邦",都"欲""入""居",态度与此两章迥然不同,详见17.5、17.7两章。

8.14

子曰:"不在其位,不谋其政。"

【译】

孔子说:"不在那个职位,就别管那边的政务。"

【评】

《论语·宪问》重出"不在其位,不谋其政",与曾子的话"君子思不出其位"编在一章(14.26)。曾子是在野儒士,思想与孔子五十岁以前基本相同,这或可证明"不在其位,不谋其政"是孔子五十岁以前的话。"五十而知天命"以后,即使"不在其位",也"谋其政",甚至爱管别国之"政",并以此为荣,详见14.21"陈成子弑简公"章。

8.15

子曰:"师挚①之始,《关雎》之乱②,洋洋乎盈耳哉!"

【译】

孔子说:"从乐官挚开始演奏,到最后合唱《关雎》,入耳洋洋,心花怒放。"

【注】

①师挚,鲁国的太师(乐官),名挚。古代奏乐,一般先由太师表演。

②"乱"是尾声、终结。《离骚》最后五句,也称"乱"。古书"乱"、"治"同义。《尔雅》、《说文》皆训"乱"为"治"。下文8.20章"乱臣",指治国之臣。

8.16

子曰:"狂而不直,侗①而不愿②,悾悾③而不信,吾不知之矣。"

【译】

孔子说:"狂放而不正直,蒙眬而不老实,空空如而无信用,这种人啊,我真是看不懂!"

【注】

①侗(tóng 童),糊涂的样子。

②愿,谨厚,老实。

③倥（kōng 空）倥，即《子罕》9.8"空空如也"，无知的样子。

8.17

子曰："学如不及，犹恐失之。"

【译】

孔子说："学习啊，既像追赶不上，又怕丢掉什么。"

【评】

新知，怕追不上；旧知，怕丢失掉。孔子也没有"过目不忘"的特异功能。

8.18

子曰："巍巍乎，舜禹之有天下也而不与①焉！"

【译】

孔子说："伟大啊！舜与禹拥有天下，（无为而治）不多干预。"

【注】

①与，借作预。"不与"，不多干预，无为而治不扰民，即下文8.20"舜有臣五人而天下治"、8.21禹"卑宫室而尽力乎沟洫"。

8.19

子曰："大哉尧之为君也！巍巍乎！唯天为大，唯尧则①之。荡荡乎，民无能名焉。巍巍乎其有成功也，焕乎其有文章②！"

【译】

孔子说："伟大啊尧这君主！天最高大，只有尧能比得上。胸怀坦荡啊，老百姓不知怎么样赞美他才好！高山仰止啊他的功劳，多么灿烂啊他的光辉形象！"

【注】

①则,榜样,此作动词用,作榜样学习模仿。

②"文章"已见于5.13,从上下文看来,两处的"文章"似不同义。文与章,都有文采的意思,此指尧的整体形象。

8.20

舜有臣五人而天下治。武王曰:"予有乱臣十人。"孔子曰:"才难,不其然乎? 唐虞之际,于斯为盛。有妇人焉,九人而已。三分天下有其二^①,以服事殷。周之德,其可谓至德也已矣。"

【译】

舜有臣子五人而天下大治。周武王说:"我有治国之臣十人。"孔子说:"常言道人才难得,不是吗? 唐舜之际,人才最盛。(武王的十个治国之臣)有一位是妇女,只能算九位而已。文王得到天下的三分之二,还向殷称臣服事。周的道德,可说是至高无上了!"

【注】

①"三分天下有其二",这是夸张性传说。

8.21

子曰:"禹,吾无间然矣。菲饮食而致孝乎鬼神,恶衣服而致美乎黻冕,卑宫室而尽力乎沟洫。禹,吾无间然矣。"

【译】

孔子说:"禹啊,我没有什么可以挑剔了。自己饮食简单,对鬼神却祭品丰富。平时衣服简陋,祭祀时的衣冠却十分华美。住着低矮的宫室,亲自去开沟排水,尽力于农田水利。禹,我无可挑剔啊!"

【评】

　　"菲饮食而致孝乎鬼神,恶衣服而致美乎黻冕",说明孔子很敬重鬼神、敬重祭祀,这是孔子信神的又一坚证。"卑宫室而尽力乎沟洫",是对大禹治水神话的大胆改造。在孔子口中,禹只是一个粗衣恶食、躬身农田灌溉的古帝王。凿龙门、治洪水、劈山填水、奠定大地等创世(地)神功,被他说成是"尽力乎沟洫"。孔子说自己对古文献"述而不作",但《诗》《书》里的大禹神话形象几乎被他"作"得面目全非。在先秦典籍里,如此世俗、如此朴素的禹,仅此一见。孔子连创世(地)大神都不相信,而要大改一番,使神话历史化、世俗化,思想如此平实的人,其"不语怪力"与"乱神",自在情理之中。

　　世界上许多民族都有洪水神话,这在神话学里称再创世(或称第二次创世)神话。中国的大禹治水故事,就属再创世(主要是创地)神话。但是自古以来,不少人把大禹治水看作是历史事实,到近现代、现当代还有一些著名学者,花费不少精力,去研究大禹治水的具体地点、治了哪几条河流、治平了哪几次洪灾。上古时代,地广人稀,甲地发洪水,可迁到附近的乙地去避洪,完全不必就地抗洪,也没有能力就地抗洪。建造金字塔的古埃及人,在尼罗河泛滥期到来之前,迁到高地上避洪,而不敢对尼罗河进行什么"改造"。殷都数迁,主要是为了避洪。在殷墟卜辞里,求雨祈年的内容占了很大比例,唯不见抗洪治水的记录。商代中后期尚且如此,更何况夏代初期。

　　禹的真实面貌长期被"滔滔洪水"所淹没,孔子曾想把大禹治水从神话的外壳里剥离出历史的内核来,无奈孤掌难鸣,后继无人,大禹至今仍淹没在洪水神话之中。现在该轮到我们来学习孔子的务实精神,为大禹"治水",把大禹从"滔滔洪水"中打救上来。

不过,孔子对神话并不是一概不信,因为他毕竟信神,对一些传统的官方权威神话,他也不得不相信。《上海博物馆藏战国楚竹书》(二)载有《子羔》篇,开头说:"子羔问于孔子曰:'三王者之作也,皆人子也,而其父贱不足称也与? 抑亦诚天子也与?'孔子曰:'善,尔问之也……'"文中的"三王"指禹、契、后稷,孔子在答词中,历述他们的降生神话,承认他们是"天子"。"神话"是外来词,"三王"降生,今称神话,孔子时却是常识,不以为"怪",故予肯定。孔子不相信大禹治水神话,却相信大禹降生神话。我们今天不能笼统地说孔子不相信神话,只能说"不大相信"、"不盲目信从"神话。

子罕篇第九（共三十一章）

9.1

子罕言利①,与②命③,与仁。

【译】

孔子很少谈论私利,而赞许天命,赞许仁。

【注】

①利益的利字,《论语》出现六次❶,其中,属"子曰"者四次❷。这四次中,三次批评"利"(4.12"放于利而行多怨";4.16"小人喻于利";13.17"见小利则大事不成"),有一次肯定"民"之"利":"因民之所利而利之。"(20.2)没有一次赞扬个人之利。故4.2的"利仁",不可以解释为利用仁来为个人谋利。

②与,赞许、肯定、依从。

③命,何晏《集解》释为"天之命",皇侃《义疏》释为"天命",两者同义。

【评】

从何晏《集解》到朱熹《集注》,都说"子罕言"包括"利"、

---

❶ 4.2"知者利仁"的利,应该读作励,不计在内。

❷ 14.12的"见利思义",是子路"曰",不是"子曰",不计在内。

"命"、"仁"三项,全章读成一句。元人陈天祥《四书辩疑》提出新见,说"圣人于三者之中所罕言者,惟利耳,命与仁乃所常言"(三大册《论语》中册,第1619、1620页)。陈说胜旧说,惟称"命"属"常言",欠妥。《论语》言"命"五次,言"天命"二次,共七次(2.4"评语"),比"利"虽然稍多一些,与"仁"、"礼"相比,犹可称"罕"。《论语》言"仁"百余次,绝对不可称"罕"。

　　杨伯峻给本章写了全书最长的注文,力主"罕言"包括利、命、仁三项。其理由迂回曲折、牵强附会。如说孔子平日"少谈"仁,因学生记载仁字多,故《论语》里仁字也多,此说纯出臆想,没有提供任何证据。杨氏学风严谨,文风朴实,惟本章注文一反常态,盖为"命"字所累! 杨氏认为孔子不信天命,故不能解释"与命"为赞许天命,只得译"与"为连词"和"。这样一来,又累及仁字,只得臆说孔子平时"少谈"仁。

　　仁是孔子思想的核心概念,孔子赞扬仁,今人都会理解。至于"命"、"天命",在今人看来,是"迷信落后"的文化垃圾,孔子怎么会赞许("与")它呢? 甚至把它排在"仁"之前? 其实何止仁,其他任何概念只要与"天"、"命"、"天命"同时出现,都要后退让路。

　　　君子有三畏,畏天命,畏大人,畏圣人之言。(16.9)

　　　不知命,无以为君子也;不知礼,无以立也;不知言,无以

　　知人也。(20.3)

"圣人"是孔子的最高人格概念,碰到"天命"也要退避三舍。"礼"是孔子社会思想的核心概念,碰到"命",也降了一级。在《论语》里,没有什么比"命"("天命")更重要、更权威。或如冯友兰所说,天命是"比道德更高的价值"(《中国哲学简史》,第43页)。

9.2

达巷党人①曰："大哉孔子！博学而无所成名。"子闻之，谓门弟子曰："吾何执？执御乎？执射乎？吾执御矣。"

【译】

达巷的乡民们说："伟大啊孔子，学问广博无比，可惜没有一技之长。"孔子听到这话，对学生说："我干什么好呢？赶马车呢，还是拉弓射箭？我看还是赶马车吧！"

【注】

①达巷，地名，无可考。党人，犹今乡民、地方人。

【评】

御是六艺中最低贱的一艺，孔子却说"吾执御矣"。本章与2.18"子张学干禄"、5.7"乘桴浮于海"、7.12"富而可求也，虽执鞭之士，吾亦为之"、9.14"子欲居九夷"等一样，是孔子的俏皮话。孔子的幽默风趣，跃然纸上。

孔子重"道"轻"器"（2.12、5.4、13.25），是"谋道不谋食"的"君子"（15.32），是"大哉""博学"的思想家，"达巷党人"是谋食不谋道的"小人"，双方"道不同不相为谋"（15.40），缺乏共同语言，但双方是友好的，语言是和善的。"达巷党人"并没有像有些学者所说的那样"讽刺"孔子，而是为孔子惋惜。孔子自知无法说服他们，也不必说服他们，只能很礼貌地自嘲一番，好像接受对方的意见似的，显得豁达大度，很有君子之风。

本章的"吾执御矣"，与《史记》的"似丧家之狗"一样，都是自嘲的俏皮话，后者可能是模仿前者而杜撰出来的。孔子主张"辞达而已矣"（15.41），俏皮话的"辞"，有时表达的是相反的意思，因此又称反话。"吾执御矣",不是说孔子真的想当马车夫;"虽执鞭之士,吾亦为之"(7.12),不是说孔子真的愿意当市场管理员;"似丧家之狗",不是说孔子真的承认自己像丧家狗。这些都是幽默风趣的反话,说明孔子的性格很活泼、很可爱。

9.3

子曰:"麻冕①,礼也;今也纯②,俭,吾从众。拜下③,礼也;今拜乎上,泰④也。虽违众,吾从下。"

【译】

孔子说:"礼帽用麻料织成,符合传统礼仪,现在大家都用丝料,为了节俭,我随从大家。古时臣子对君主行礼,都先在堂下跪拜,然后升堂再拜。现在大家只升堂跪拜,做臣子的舒服了。虽然违背大众,我还是主张先要在堂下跪拜。"

【注】

①冕,礼帽。麻冕,大麻纤维织成的礼帽。

②《释文》:"纯,丝也。"此"纯"字指丝制的礼帽。冕字被省掉。

③拜,指跪拜,是臣子见君主的礼仪。先拱手,俯首至手,称拜手;然后双膝着地,双手伏地,头磕地,在地上稽留一会,称稽首。拜下,先在堂下跪拜,然后登堂跪拜。

④泰,安舒。"今"只"拜乎上",免掉"拜下"节目,做臣子的舒服了。

【评】

孔子对礼制的变化,可随众,也可违众,原则有二:一、从俭;二、尊上。孔子时代,政权下移,孔子主张强公室、弱大夫,这是逆水行舟。对君主的跪拜礼简化了,孔子反对。

9.4

子绝四:毋意,毋必,毋固,毋我①。

【译】

孔子做到四个不:不乱猜,不武断,不固执,不自以为是。

【注】

①郭店楚简《语丛三》:"亡意,亡固,亡我,亡必。"

【评】

四个"毋",合起来是一个"毋",不要太主观。本章是孔子的座右铭,是对自己的因材施教,但因个性太强,未能修养到位。五十岁以后,他对天下大势的错误判断、对错误的坚持不改都是太主观的表现。不过,他的担当精神,值得抽象继承。

9.5

子畏于匡①,曰:"文王②既没,文不在兹③乎? 天之将丧斯文④也,后死者⑤不得与于斯文也;天之未丧斯文也,匡人其如予何?"

【译】

孔子在匡城被围,说:"周文王已经不在,文献典籍不都在我的脑子里吗? 苍天如果要割断这根文脉,后人将不会再有这些文化遗产;苍天如果不想割断这根文脉,匡人能把我怎么样呢?"

【注】

①今河南省长垣县西南五十里有匡城,可能就是"子畏于匡"的"匡"。畏,读作围。在上古音里,畏与围都是微部字。《庄子·秋水》"孔子游于匡,宋人围之数匝",字正作围。孔子周游列国的

第二年(公元前496年)，路经匡地。匡人曾受阳虎攻掠，据说孔子相貌像阳虎，被匡人围困五日。《论语》11.23也记"子畏于匡"之事。

②文王，周文王，以"文"为谥号。孔子以周文王为华夏文明代表。

③兹，此，孔子自谓。

④斯文，本是"此文"的意思，后来变成一个词。这里是一个词，犹言文化、文明。译文考虑前后文意，译为"文脉"，即文化传统。

⑤后死者，后人。

【评】

本章很重要。孔子的天命观，他内心的自负，都表露得淋漓酣畅。他把自己与周文王相提并论，以华夏"斯文"自任，没有他，中国将斯文扫地。这就是他内心深处的历史使命感，是他理解的上天赋予的重任。中外古今，划时代的伟人，内心都是很自负的，都是雄心勃勃的，对自己应负的重大使命都有高度的自觉。这种雄心，这种自负的使命感，是他们从事伟大事业的精神动力，是绝对需要的。谦虚的伟人往往很自敛，不会轻易把自己的自负情绪流露出来，孔子就是这样的伟人，他平时不但不接受"圣人"的称呼，连"仁人"、"君子"都坚辞。本章是孔子在生死关头的特殊语境中，平时控制得很严的自负情绪，情不自禁地喷发出来，珍贵之至！《论语》7.23"天生德于予，桓魋其如予何"，也是在生死关头的自然喷发。《礼记·檀弓上》记载，孔子去世前七天，放"歌"自比泰山、梁木，自称"哲人"。这么自负的话，控制到临死前才流露出来。

孔子处于社会转型时期，文献典籍遭到严重破坏，中华传统文化面临断层的危险。孔子兴办私学,整理与传授文献典籍,他首创的儒家学派成为中华文化的主要传承团体,各色人等要想学习传统文化,首选的老师就是孔门儒士。本章记载的孔子之语,要言不烦地点明孔子及其儒家学派在中华文化历史上的特殊地位与无与伦比的突出贡献。

9.6

太宰①问于子贡曰:"夫子圣②者与? 何其多能也?"子贡曰:"固天纵之将圣③,又多能也。"

子闻之,曰:"太宰知我乎! 我少也贱,故多能鄙事。君子多乎哉? 不多也。"

【译】

太宰问子贡:"老先生是圣人吗? 怎么会这样多才多艺?"子贡说:"是老天爷让他成为圣人,又多才多艺。"

孔子听到后,说:"太宰知道我吗? 我少年时期地位低贱,所以学了许多低贱的技艺。出身高贵的君子们会有这么多技艺吗? 不会多的。"

【注】

①太宰,官名,国属有吴、鲁、宋、陈四说。郑玄说是吴太宰嚭。子贡出使过吴国。

②此"圣"字,指"多能",是"圣"的本义。太宰还在使用本义的"圣"。

③此"圣"字,指"天纵之将圣",是新义(变义)的"圣"。子贡在使用新义的"圣"。新义的圣字非指"多能",故在"多能"前加一"又"字。

【评】

　　太宰与子贡对孔子的评语有两点内容,一是"圣",二是"多能",以谈圣为主。子贡对"圣"字作了更进一步的拔高:"固天纵之将圣。"孔子避重就轻,只回答"多能",对圣人问题,尤其重要的天生圣人问题避而不谈。而"太宰知我"四字,似乎默认自己是"圣者"。对子贡"固天纵之将圣"的话没有反驳,似乎也默认自己是天生圣人。孔子默认自己是天生圣人,毫不足怪,他曾理直气壮地说过:"天生德于予,桓魋其如予何?"(7.23)"天生德于予"与"天生圣于予",最多只有五十步之差。自认为天生圣人,与他自认肩负重大使命完全一致,也与他平日以伟人的高标准严格要求自己完全一致。这是信奉天命的古代伟人从事伟大事业必不可缺的精神支柱。

9.7

　　牢①曰:"子云:'吾不试②,故艺。'"

【译】

　　牢说:"先生说过:'我没能被国家录用做官,所以学了一些技艺。'"

【注】

　　①牢,郑玄说是孔子学生。《史记·仲尼弟子列传》无此人。《家语·弟子解》说:"琴牢,卫人,字子开,一字张。"《孟子·尽心下》:"如琴张、曾皙、牧皮者,孔子之所谓狂矣。"

　　②试,试用,录用。古代身份高的贵族子弟(君子),往往年纪轻轻就被国家考试录用当官。参阅11.1章。

9.8

　　子曰:"吾有知乎哉? 无知也。有鄙夫问于我,空空如也。

我叩其两端而竭焉。"

【译】

孔子说:"我有知识吗?没有。"有个乡下人问我一个问题,我脑子空空如也,一无所知。但我从他那问题的正反、上下、左右两端加以盘问,双方都得到启发,问题也就迎刃而解。

【评】

这大概就叫启发式教育吧。可与7.8同读。

读本章,使人想起古希腊苏格拉底的"产婆术"。苏格拉底说,他虽无知,但能帮助别人获得知识,好比他母亲是个助产婆,虽年老不能生育,但能给人接生。苏格拉底说的"产婆术",就是通过问答揭示对方的矛盾,使他逐步认识真理。他的学生柏拉图进而说:知识来自提问。

9.9

子曰:"凤鸟①不至,河不出图②,吾已矣夫!"

【译】

凤鸟不来,黄河不出八卦图,我已完了!

【注】

①凤鸟,古代传说中的祥瑞。

②河图,古代传说中的祥瑞。《尚书·顾命》说西周宫室中有宝物河图。

【评】

相信凤鸟、河图的祥瑞传说,这是孔子信神的又一坚证。本章与7.5都是孔子临终前流露对自己("吾")生命的无望,对"天下有道"迄未失望,参阅14.21。

9.10

子见齐衰①者、冕衣裳者②,与瞽者,见之,虽少③,必作④;过之,必趋⑤。

【译】

孔子看到穿重孝服的人、较轻丧服的人,以及瞎子,看到他们,即使对方年纪比自己轻,也一定站起来;从他们面前走过时,一定加快步伐。

【注】

①齐(zī 咨)衰(cuī 崔),较重的丧服。衰,字同缞。

②冕,《鲁论》作绕,较轻的丧服。衣是上衣,裳是下身穿的裙,古代贵族男子上衣下裙。

③少,年少。

④作,站起来。

⑤趋,快走。

【评】

此写孔子重丧。重丧即重视人的生命,这是孔子仁学的重要内容之一。

9.11

颜渊喟然叹曰:"仰之弥高,钻之弥坚。瞻之在前,忽焉在后。夫子循循然善诱人,博我以文,约我以礼,欲罢不能。既竭吾才,如有所立,卓尔。虽欲从之,末由也已。"

【译】

颜渊喟然感叹:"越仰望,越觉得崇高;越钻研,越感到深刻。看似在前头,忽然到后面。老师循循诱导,学生步步前进;文献使我博学,礼制对我约束,你想停止学习也不可能。我已经竭尽才能,似乎有一点卓然自立。虽想赶上老师,不知从何入门。"

【评】

这些话更像是子贡说的。颜渊是沉默寡言的老实人,怎么也学会奉承拍马? 怪不得孔子那么喜欢他!

9. 12

子疾病,子路使门人为臣①。病间②,曰:"久矣哉,由之行诈也! 无臣而为有臣。吾谁欺? 欺天乎! 且予与其死于臣之手也,无宁③死于二三子之手乎! 且予纵不得大葬,予死于道路乎?"

【译】

孔子病重,子路叫孔子的一些学生充当"臣",以准备丧事。病情缓解后,孔子说:"由啊老是干这种弄虚作假的事! 没有'臣'而装作'臣'。我欺骗谁啊? 是欺骗苍天了! 我与其死在'臣'的手下,宁可死在贴心弟子手中。我没有隆重的葬礼,难道会暴死在大路上吗?"

【注】

①臣,古代诸侯死时,专管办丧事的人员称"臣"。子路为了提高孔子葬礼的规格,事先让一些学生充当"臣"。

②间,差也。此指生病期间病情减轻。

③无宁,无是发语词,无义;宁,宁可。

【评】

子路好心办坏事,仲尼诚实不欺天;弄虚作假犹其次,僭越违礼罪居先。子路不在乎僭越不僭越,当时,许多卿大夫也"僭"行此礼。

9.13

子贡曰:"有美玉于斯,韫椟^①而藏诸? 求善贾而沽诸?"子曰:"沽之哉! 沽之哉! 我待贾者也。"

【译】

子贡说:"有一块美玉在这里,藏在匣子里呢,还是找个识货的商人卖掉?"孔子说:"卖掉它! 卖掉它! 我是块等卖的玉。"

【注】

①韫(yùn 蕴),藏也。椟(dú 独),李零说:"是藏宝的木匣,字亦作匵,金属制品还作鐻。匵,常与匣、匼互训,古人盛放珠宝首饰特别是玉器的盒子,一般叫椟或匵,偶尔也叫匼。但匼往往是大箱,匵则比较小。古人更多是以椟或匵称之。如'买椟还珠'的椟就是这种器物。这类器物的铜制品,考古发现很多,多半是出于女性的墓中,学者或称鼎,或称鬲,或称盒,或称奁,或称匣,其实就是匵。"(第 183 页)

【评】

这是孔子初到卫国时说的话。他在等待卫灵公的接见。孔子是春季来到卫国首都帝丘(在今河南濮阳西南三十里)的,夏天,卫灵公接见他,问他在鲁国的俸禄多少,孔子说"奉(俸)粟六万",即年薪小米六万小斗,约当汉代的二千石(《史记》正义),是东周时大国上卿、汉代中央九卿和郡太守的工资标准。卫灵公"亦致粟六万"(《史记·世家》),可说是"美玉"遇到"善贾"。但卫灵公没有委任孔子任何官职。子路与卫灵公宠臣弥子瑕是连襟(《孟子·万章上》第八章),弥子瑕可能是孔子与卫灵公之间的牵线人。

9.14

子欲居九夷。或曰:"陋,如之何?"子曰:"君子居之,何陋之有?"

【译】

孔子想到未开化的九夷之地定居。有人说:"那地方很落后,怎么行?"孔子说:"君子住下来,还会落后吗?"

【评】

本章与"乘桴浮于海"(5.7)一样,是孔子三四十岁时的俏皮话。徐复观根据本章,说孔子已"打破了种族之见,对当时的所谓蛮夷,都给与以平等的看待"(第72页)。此说恐怕太脱离历史实际。

9.15

子曰:"吾自卫反鲁①,然后乐正,《雅》《颂》②各得其所。"

【译】

孔子说:"我从卫国回到鲁国,然后整理音乐篇章,《雅》归《雅》,《颂》归《颂》,各得其所。"

【注】

①自卫反鲁,时在鲁哀公十一年(前484年)冬。

②《雅》、《颂》所配的都是古典音乐,当时"礼坏乐崩",古典音乐受损最烈,孔子使其"乐正"。

9.16

子曰:"出则事公卿,入则事父兄①,丧事不敢不勉,不为酒困,何有②于我哉?"

【译】

　　孔子说:"在外服事公卿,回家侍奉父兄,丧事不敢怠慢,不贪杯酗酒,这些事我做到了吗?"

【注】

　　①孔子幼年丧父。其兄孟皮女儿的婚事由孔子决定,择学生南宫适为侄女婿(5.2"以其兄之子妻之"),其时孟皮可能过世。孔子说这话时,"入则"无"父",甚至可能连"兄"也无。由此可知,孔子这些话不是说自己,而是教育学生要经常如此自省,犹曾子的"吾日三省吾身"(1.4)。

　　②何有,旧注都添加"难"字,成为"不难之词":"这些事对我有什么困难呢?"如果这些话是说自己,虽嫌不谦,还可说得通。如果是作为君子的一般原则来教育学生,那就欠通。故此"何有"不可加"难"字,是一个难辞。杨伯峻译作"这些事我做到了哪些呢"(第92页),甚确。

9. 17

　　子在川上曰:"逝者如斯夫,不舍昼夜。"

【译】

　　孔子在大河边上感叹道:"往事像此水啊,昼夜不停留!"

【评】

　　据《史记·孔子世家》记载,孔子周游列国,到过黄河边,此"川"可能指黄河。杨伯峻说:"孔子这话不过感叹光阴之奔驶而不复返吧了,未必有其它深刻的意义。《孟子·离娄下》、《荀子·宥坐》、《春秋繁露·山川颂》对此都各有阐发,很难说是孔子本意。"(第93页)

　　当代学者李泽厚在《论语今读》这章最后,写下全书字数最多的《记》,开头说:"这大概是全书中最重要的一句哲学话语。儒家哲学重实践重行动,以动为体,并及宇宙;'天行健'、'乾,元亨利贞'均是也,从而它与一切以'静'为体的哲学和宗教区分开来。……'逝者如斯夫'正在于'动'。"(第259页)人们不禁要问:那些"以'静'为体"的哲学家与宗教家,面对"不舍昼夜"的大川巨河,难道感悟不到"逝者如斯夫"吗? 黄河上的船夫,两岸的农夫,他们没有哲学思想,难道感悟不到"岁月似流水"的朴素真理吗? 面对孔子这句名言,诗人会读出诗意,哲学家会读出玄味,这些都属于诗人和哲学家自己的东西,孔子当年说这句话,未必有那么多深意。即使可能有,文字上没有表现出来,我们也不可随意乱猜。

有多少材料说多少话,应该是治学的一个原则。李泽厚说,《论语》有三句话"充分具有哲学的理性品格,而且充满了诗意的情感内容。它是中国实用理性的哲学"(第3、4页)。这三句话是:一、"逝者如斯夫,不舍昼夜",这"是对人生意义的执着和追求";二、"汝安则为之"(17.21),这"是对伦理行为和传统礼制的皈依论证";三、"吾非斯人之徒而谁与"(18.6),这"是对人类主体性的深刻肯定"(均见第3页)。这三句话,我都读不出"哲学""品格",只能录出来请大家帮助分析。

9.18

子曰:"吾未见好德如好色者也。"①

【译】

　孔子说:"我没有见过爱好道德像爱好女色一样的人。"

【注】

①按原话意思,世上无人好德胜好色,或好德如好色,都是好色胜好德。此话明显不符合事实,但《论语》古注都要为之圆说,不敢批评它一个"错"字。三国魏人何晏的《论语集解》说:"疾时人薄于德而厚于色也,故发此言也。"南朝梁人皇侃《论语义疏》云:"时人多好色而无好德,孔子患之,故云未见,以厉之也。"厉,读作砺,磨砺,有意用过激的话来刺激时人。现代学者,可能受西学东渐影响,认为好色胜好德是客观事实,是人性之常,孔子的话是说出人性的本真。康有为《论语注》说:"色之感目,有电相吸摄,故好之最甚。……故人情之好,未有好色之甚者,虽有好德者,终不如之也。"(中华书局,1984 年,第 235 页)李泽厚把问题提高到"自然之性"的理论层次上来,以加强康说。他说:"食、色,性也;德行,非性(自然之性)也。诚如康说。"(第 425 页)南怀瑾说得更绝:"人都是好德不如好色。"(《论语别裁》,复旦大学出版社,2007 年,第 396 页)

【评】

对这句话最早作出反应的是子思,他在《礼记·坊记篇》里,把"吾未见"三字删掉,改为"子云:'好德如好色'"。其实,他的真实思想可能是要好德胜好色。他大概为了照顾祖父的面子,才手下留情,只删掉"吾未见"三字。

1973 年冬,湖南长沙马王堆第三号汉墓出土众多帛书,其中有一篇被名为《五行篇》。整整二十年后,1993 年冬,湖北荆门郭店一号楚墓出土众多竹书,其中有一篇自名为《五行》。经专家研究,一致确定这两次出土的帛、竹两个文本的《五行》,就是荀子在《非十二子》中作为(子)思孟(轲)学派代表作来批判的那个"五行"。

《五行篇》是子思所作,称好德为"大好",好色为"小好",似乎想把孔子的说法颠倒过来。

《坊记》只删掉"吾未见"三字,不敢以"大好"胜"小好",即不敢改成"好德胜好色"。即使这么一点小手术,也遭到后人的质疑。东汉大经师郑玄说《坊记》这句话"似不足",即说它漏了字,并引《论语》本章的话加以对照。

其实,孔子的真实思想并不是"好色胜过好德",而是相反。孔子一生的言行都可以证明这点。

诚然,"好色"是人的"自然之性","好德"要靠后天培养。但是,人的"自然之性"难道一定能胜过后天培养的"好德"吗?后天培养的"好德"习性难道命定地不能胜过人的"自然之性"吗?《论语》17.2"性相近也,习相远也",人的"自然之性"总是差不多的,甚至与动物也差不多。后天的教育与种种社会影响,才使他与动物拉大距离,也拉大各人之间的距离。

《论语》谈"性"就这么一次,可这"性相近,习相远"六个字,是《论语》里最有资格被评为永恒真理与绝对真理的名言。"仁"啊,"礼"啊,都属于相对真理。可惜孔子、康有为、李泽厚、南怀瑾等人的上述言论都背离了这条最简单的永恒真理。

其实,孔子的真实思想也认为"好德"可以驾驭"好色"。所谓"我未见好德如好色者也",只是孔子的习惯性口误,是他的过激之言,是词不达意的过头话。孔子这种言过其实的口误性错话很多,为了强调某一点,就不及其他,把话说过了头。而后世《论语》注本,总会想出种种办法,把这些错误掩饰过去,甚至把这种错误当作真理来信奉。参阅4.6"评"。

9.19

子曰:"譬如为山,未成一篑^①,止,吾止也。譬如平地,虽覆一篑,进,吾往也。"

【译】

孔子说:"譬如造山,只差一畚箕,却停止了,(使山没能造成,)这是我功亏一篑的缘故。再譬如在平地上,虽然才倒下一畚箕的泥土,只要继续下去,(山就造成,)这是我锲而不舍的缘故。"

【注】

①篑(kuì 愧),畚箕,盛土工具。

【评】

孔子重视恒心。参阅7.26、13.22。

9.20

子曰:"语之而不惰者,其回也与?"

【译】

孔子说:"与他谈话而能毫不懒散地听下去,大概只有颜回吧!"

9.21

子谓颜渊,曰:"惜乎! 吾见其进也,未见其止也。"

【译】

孔子评论颜回,说:"可惜啊,我只看到他前进,没有看见他停步。"

【评】

惜乎回也,只见其进,不见其成;盲从之进,岂能有成?

9.22

子曰:"苗而不秀①者有矣夫! 秀而不实者有矣夫!"

【译】

孔子说:"有的庄稼,苗子长大了,却不吐穗开花;有的吐穗开花了,却结不成谷粒!"

【注】

①秀,吐穗开花。

【评】

汉唐学者多以为孔子这话是为颜回短命而发。如果颜回是个人才,41岁的寿命也够他"秀"、够他"实"了。子贡比他小一岁,冉雍只大他一岁,周游列国初期,他们就驰骋政坛,风光无限。当时,他们都只有二十多岁。颜回为人低调,性格内向,可能不是从政人才,那就埋头做学问吧。孔子"三十而立"后,就满腹经纶,是誉满"天下"的博学大家。子夏、子游、曾参各差一岁,不到三十,就以"文学"而闻名。颜回活到41岁,成就了什么? 或显露出哪方面的才华苗头? 空空如也! 我敢断言,像颜回这种人,即使埋头读书读到七八十岁,也不会有任何创造性的成就。因为他满脑子都是听来的旧知识,没有自己疑出来、想出来的新知识。这种人,虽然拜"天下"第一名师孔子为师,成为"天下"头号名师的头号模范学生,也是毫无成就。希望全中国、全世界的青少年学生,都能引颜回为戒。

9.23

子曰:"后生可畏,焉知来者之不如今也? 四十、五十而无闻焉,斯亦不足畏也已。"

【译】

孔子说:"年轻人是可怕的,哪能断定后来者不如现在的人呢?四十、五十还默默无闻,那就值不得敬畏了。"

【评】

颜回四十而无成,但早就闻名。他的名气大,全靠老师吹;没有老师吹,谁知有颜回?

9. 24

子曰:"法语之言①,能无从乎? 改之为贵。巽与②之言,能无说乎? 绎③之为贵。说而不绎,从而不改,吾末如之何也已矣。"

【译】

孔子说:"符合原则的批评话,能不听从吗? 改正错误才可贵。恭顺赞美的表扬话,谁不爱听? 加以分析最重要。爱听好话不分析,口头接受不改正,我对他真没办法啊!"

【注】

①法语之言,"语"与"言"重复,失之累赘。"语"字当读作仪。语,古鱼部疑母;仪,古歌部疑母。鱼、歌元音相同,可以通转,声母又相同(疑),可通假。"法"与"仪"都有原则、准则的意思。《墨子·法仪》:"天下从事者,不可以无法仪,无法仪而其事能成者,无有。"《荀子·成相》:"君法仪,禁不为。"本章"法仪之言"指原则性的批评之言。

②巽,读作顺。与,赞扬。"巽与之言",赞扬、顺耳的话。

③绎,分析,推理。

9. 25

子曰:"主忠信,毋友不如己者,过则勿惮改。"(已见1.8)

9.26

子曰:"三军①可夺帅也,匹夫不可夺志也。"

【译】

孔子说:"大国军队的帅位可能被人夺走,男子汉的志气是任何人都夺不掉的。"

【注】

①三军,周礼规定,大国可以拥有三个军。后世常以"三军"作为军队的通称,如毛泽东诗句"三军过后尽开颜"。

【评】

这是《论语》里最大气的一句话。孔子一生什么时候、什么事情最配这句话呢?周游列国。当时,他已56岁,从朝廷到家庭,一定有不少人,像《离骚》里的女媭劝屈原那样,劝他与鲁国当政者适当妥协,对自己的"道"不要过分坚持。可能就在这个人生道路的转折点上,孔子说出这句气壮山河的千古名言。两千多年来,多少志士仁人在最困难的时候,都会想起孔子这句话。这句话,成为冬夜的篝火、浪尖的船板,支撑他们成仁赴义,保持人格尊严。

9.27

子曰:"衣①敝缊②袍,与衣狐貉者立,而不耻者,其由也与!'不忮不求,何用不臧?'③"子路终身诵之。子曰:"是道也,何足以臧?"④

【译】

孔子说:"穿破旧的丝绵袍,同穿狐貉皮袍的人站在一起,而不感到惭愧,大概只有仲由吧!《诗》说:'不嫉妒,不贪求,哪能不丰收?'"子路终身背诵这两句诗。孔子说:"就这样念念,德行怎么就会好呢?"

【注】

①衣,穿衣。

②缊(yùn 运),丝绵,或称"絮",古代没有草棉。敝缊,破旧的丝绵。

③"不忮不求,何用不臧",出于《诗经·邶风·雄雉》。忮(zhì至),妒忌。求,贪求。臧,善,美。

④孔子对颜回的表扬总是无保留的,对子路的表扬常常留一手。

9.28

子曰:"岁寒,然后知松柏之后彫①也。"

【译】

孔子说:"寒冬腊月,才知道松柏是最后落叶的。"

【注】

①彫,同凋,叶子凋落。

9.29

子曰:"知者不惑,仁者不忧,勇者不惧。"

【译】

孔子说:"聪明人不会糊涂,仁德者不会悲观,勇敢者无所畏惧。"

9.30

子曰:"可与共学,未可与适道①;可与适道,未可与立;可与立,未可与权②。"

【译】

孔子说:"可以一起学习,未必能够同道;可以同道,未必能够一起建功立业;可以一起建功立业,未必能够一起通权达变。"

【注】

①适,往。

②权,变通,灵活性。《孟子》:"男女授受不亲,礼也。嫂溺,援之以手,权也。"

【评】

孔子对朋友要求较高,他幸亏当教师,有大批弟子。除了弟子,他似乎没有一个知心朋友。不过,历史上的伟人,尤其是政治家,罕有终其一生的知心朋友,不知何故? 孔子在学生中只认颜渊为知己,这个唯一的知己,偏偏是个只知顺从的窝囊货。颜渊如果像孔子那样,富有独立的开拓精神,不知道能不能成为孔子的知己?

本章是孔子的肺腑之言。知心,知己,达不到零距离。每个人心灵深处,都有一块自留地。

9. 31

"唐棣①之华,偏②其反而。岂不尔思? 室是远而。"③子曰:"未之思也,夫何远之有?"

【译】

"唐棣花啊正鲜艳,翻来复去舞翩跹;对你难道不思念,只因我家住太远。"孔子说:"没有真思念,哪里住太远? (如果真思念,还怕路途远?)"

【注】

①唐棣,说法不一,可能就是《诗经·小雅·常棣》的"常棣",即棠梨树。

②偏,或作翩。

③这四句是逸诗,不见于今本《诗经》。

【评】

　　本章自古叹为费解,至今无解。其实,只要紧扣文本,不要一心只想往仁义道德方向高攀,那就一点都不难懂。开头四句,明显是一首爱情诗;"子曰"二句,是孔子批评诗中人口是心非,假情假意。本章可与12. 10共读。这两章可能都是对年轻弟子进行爱情教育的记录。本章主要说,爱要真诚,不可口是心非。12. 10主要说,爱心要专,要恒,不可朝三暮四。这两章的引《诗》都很贴切,没有断章取义之弊。

　　孔门之内,师生亲如朋友,学生可以干预老师的男女交往(6. 28),老师当然要关心学生的爱情生活。

乡党篇第十（共二十六章）❶

10.1

孔子于乡党①，恂恂②如也，似不能言者。其在宗庙、朝廷，便便③言，唯谨尔。

朝④，与下大夫言，侃侃⑤如也；与上大夫言，訚訚⑥如也。君在⑦，踧踖⑧如也，与与⑨如也。

【译】

孔子到了家乡，对乡亲们结结巴巴，好像不会说话似的。他在宗庙里、朝廷上，能言善辩，只是说得不多，很小心。

上朝时候,(君主还没有出来,)与下大夫说话，轻松畅快；与上大夫说话，和悦而带点严肃。国君出来时，先因恭敬而局促，后来慢慢放松。

【注】

①乡党，犹今家乡、乡亲。孔子生于陬邑昌平乡，后迁居曲阜

---

❶ 本篇原不分章，后人分法不一，本书分为26章，是采纳程树德《论语集释》的分法而略作调整。程书分为27章，本书将其第一、二章并为一章。本篇体例特殊，没有对话。全篇具体人物只有孔子、季康子、鲁君、子路四人。最后一章历来"无解"，本书发现它是孔子写的游山诗，极为珍贵。

阙里,亦称阙党。此"乡党"应包括这两处。

②恂(xún 询)恂,同悛悛,不善言辞的样子。

③便(biàn 辩)便,同辩辩,能言善辩的样子。

④朝,上朝,指国君未出来时。程树德《论语集释》以此下为第二章。其实上文的"宗庙朝廷"包括下文的"朝",似不可分。

⑤侃侃,轻松畅快的样子。

⑥訚(yín 银)訚,正儿八经的样子。

⑦君在,此言国君出来时。

⑧踧(cù 促)踖(jí 急),因恭敬而局促不安的样子。

⑨与与,犹徐徐,马融说是"威仪中适之貌"。

【评】

此章写孔子在正经场合如何小心说话。孔子的天生气质使他说话随便,经常出格。他有自知之明,在道德修养上强调"谨言"、"无言"(少言)。《乡党篇》主要记载孔子的道德修养,把如何小心说话列为首章,摆在最重要位置。

10. 2

君召使摈①,色勃如也,足躩②如也。揖所与立,左右手,衣前后,襜③如也。趋进,翼④如也。宾退,必复命曰:"宾不顾矣。"

【译】

鲁君召他接待外宾,他脸色兴奋,脚步快速。向站着的人作揖,左右拱手,上衣随着俯仰,下裙飘动整齐。走到客人前头时,步履小心翼翼。送贵宾回去,(他一定等他们走远看不见才回来,)向君主回报说:"客人不再回头了。"

【注】

①摈(bìn),迎客之礼。

②躩(jué 决),快步。

③襜(chān 掺),裙。襜如,即襜襜如,裙飘动而不乱的样子。

④翼,小心翼翼。

【评】

此写孔子如何接待外宾。

10. 3

入公门①,鞠躬②如也,如不容③。立不中门,行不履阈④。

过位⑤,色勃如也,足躩如也,其言似不足者。

摄齐⑥升堂,鞠躬如也,屏气似不息者。

出,降一等,逞颜色,怡怡如也。

没阶⑦,趋进,翼如也。

复其位,踧踖如也。

【译】

孔子上朝,走进宫门,低着头,弯着腰,好像门的高度容不下身体似的。

过门槛时,靠门的右边,不从中间进,不踩门坎过。

经过群臣的位置,脸色振作,脚步加快,说话似乎中气不足。

提起衣裳的下摆登堂,低头哈腰,大气不出,像停止呼吸似的。

出来时,走下一级台阶,才放松脸色,才有些怡然自得。

走完台阶,快步前进,小心翼翼。

回到自己的位置,心还局促不安。

【注】

①公门,宫门。本章写上朝。

②鞠躬,低头弯腰。

③如不容,好像门太低,容不下身体,形容"鞠躬"。

④阈(yù 域),门槛。

⑤过位,李零说:"是越过群臣站立的地方。群臣站立,是在堂下,院子的左右。中间,有过道通往堂阶。西周金文经常说到'入门,立中廷','入门'的'门'是路门,'立中廷'是站在院子的左右两边,各就各位。"(第 193 页)

⑥摄,提。齐(zī 姿),衣裳的下摆。

⑦没阶,走完台阶。

【评】

此写孔子上朝时的步履仪态。

<h3 style="text-align:center">10.4</h3>

执圭①,鞠躬如也,如不胜②。上如揖,下如授。勃如战色③,足蹜蹜④,如有循。

享礼⑤,有容色。

私觌⑥,愉愉如也。

【译】

(孔子出使外国,先行聘问礼,)孔子拿着玉圭,低头弯腰,好像无力站直似的。上举像作揖,下举像要交给别人。脸色振作,战战兢兢,脚步细密守规矩。

(聘问礼后,)举行享献礼,笑容满面。

以私人身份与外国君臣相见,那就轻松愉快了。

【注】

①圭，一种玉器，上端圆形，或作剑头形，下端方形。君臣都可执。

②不胜（shēng 升），无力承受。

③战色，战战兢兢的脸色。

④蹜，读缩，脚步收缩，即走碎步。以上写聘问礼。古代出使外国，初到时，先行聘问礼。

⑤享礼，就是享献礼，使臣把带来的礼品罗列出来。

⑥私觌（dí 狄），以私人身份与他国君臣相见。

【评】

此写孔子出使外国时的礼节仪态。

10.5

君子不以绀緅饰①，红紫不以为亵服②。

当暑，袗絺绤③，必表而出之。

缁衣④，羔裘⑤；素衣，麑裘⑥；黄衣，狐裘。

亵裘长⑦，短右袂⑧。

必有寝衣⑨，长一身有半。

狐貉之厚以居⑩。

去丧，无所不佩。

非帷裳，必杀之⑪。

羔裘玄冠⑫不以吊。

吉月⑬，必朝服而朝。

【译】

君子不用天青色和铁灰色给衣领、袖口镶边，不用浅红色和紫色作便衣。

大热天,穿葛布内衣,外面一定要套衬衫出门。

冬天,黑色的外衣配紫羔,白色的外衣配麑裘,黄色的外衣配狐裘。

居家的皮袄要做得长些,右边的袖子要短些。

睡觉一定要有小被,比身体长一半。

用狐貉皮的厚毛作坐垫。

满了丧服,什么都可以佩带。

(上朝与祭祀穿的礼服,用整幅布制成,)做其他衣裳都要裁剪。

紫羔裘和黑礼帽,不能用于吊丧。

大年初一,一定要穿着朝服去朝贺。

【注】

①绀(gàn 赣),深青透红,犹今"天青";緅(zōu 邹),青多红少,比绀更暗,今称"铁灰"。这两种颜色都属"青赤色"。饰,滚边,镶边。杨伯峻说:"古代,黑色是正式礼服的颜色,而这两种颜色都近于黑色,所以不用来镶边,为别的颜色作装饰。"(第100、101页)

②亵(xiè 屑)服,平时在家穿的便服。古代大红色称"朱",很贵重。红与紫都属此类,故不作家居便服的颜色。

③袗(zhěn 诊),单衣,此用作动词。绤(chī 痴),细葛布。绤(xì 汐),粗葛布。

④缁,纯黑。衣,罩衣。古代穿皮衣,毛向外,一定要有罩衣。下文的"素衣"、"黄衣"也都是罩衣。

⑤古代说的"羔裘"都是黑色的羊毛,今称"紫羔"。

⑥麑(ní 倪),小鹿,毛白色。

⑦亵裘长,居家的皮袄为了保暖,要长些。

⑧袂(mèi妹),袖。短右袂,为了做事方便。

⑨寝衣,即被。古代大被叫"衾",小被称"被"。

⑩居,坐。狐貉的厚皮毛作坐垫。

⑪"非帷裳,必杀之",帷裳是礼服,上朝与祭祀时穿,用整幅布做,多余的布作褶叠。杀,裁掉。不是礼服,多余的布不褶叠,一定要裁下。

⑫羔裘玄冠,都是黑色,用作吉服。"吊"是丧事,不能穿戴。

⑬吉月,说法不一。此从清夏炘《学礼管释》与程树德《论语集释》之说。

【评】

本章讲穿戴。

10.6

齐,必有明衣①,布②。

齐必变食,居必迁坐。

【译】

斋戒一定要洗澡,然后穿浴衣,用麻布或葛布做。

斋戒一定要改变饮食,住到别的屋里去(不与妻妾同房)。

【注】

①明衣,浴衣。程树德说:"日本国俗,浴时倒有浴衣,犹古制也。清初学者不知浴衣之制,于是种种曲说由此产生。"(《论语集释》)

②布,古无棉布,所谓布,是麻布或葛布。

【评】

本章讲斋戒。

10.7

食不厌精,脍不厌细。

食饐而餲^①,鱼馁而肉败^②,不食。色恶,不食。臭恶,不食。失饪,不食。不时^③,不食。割不正^④,不食。不得其酱,不食。

肉虽多,不使胜食气^⑤。

唯酒无量,不及乱^⑥。

沽酒市脯^⑦,不食。

不撤姜食^⑧,不多食。

【译】

粮食不怕舂得精,鱼、肉不嫌切得细。

粮食霉烂,鱼、肉腐烂,都不吃。食物颜色变了,不吃。气味难闻的,不吃。烹调失当,不吃。不到时间,不吃。宰杀不合格,不吃。没有合适的酱醋,不吃。

肉类虽然多,米粮为主食。

酒不限量,从不喝醉。

市场上买来的酒和肉干,不吃。

吃完饭后,姜不撤除,但不多吃。

【注】

①食饐(yì 懿),粮食受潮;餲(ài 爱),米饭馊臭。

②馁(něi 内),鱼腐烂。败,肉腐烂。

③不时,不是该吃的时候。《吕氏春秋·尽数篇》:"食能以时,身必无灾。"

④割不正,"割"与"切"不同,"割"指屠宰时的肢体分解。古

人有一定的肢解原则,不按那原则分解,称"割不正"。说本王夫之《四书稗疏》。

⑤饩(xì),禾米。食饩,米食,主食。要以米食为主,肉类不能超过主食。

⑥乱,醉。

⑦沽,同酤,买酒。脯,干肉。

⑧"不撤姜食"。饭局结束后,桌上还留着姜食,作为"零嘴"。鲁迅据此诊断"孔子晚年""生了胃病"(引自《六十个孔子》,湖南文艺出版社,2006年,第299页)。凭笔者经验,孔子脾胃虚寒,当可肯定,这与他的"唯酒无量"不无关系。有些人喝不醉("乱"),但伤了胃。

【评】

本章讲饮食。孔子不但是音乐家、诗人,还是美食家、酒仙子,他身上的艺术细胞太丰富了!艺术细胞与能量,都是天生的。他的生活过得有滋有味!请与7.16对读。

10.8

祭于公,不宿肉①。祭肉②不出三日;出三日,不食之矣。

【译】

参加国君的祭祀典礼,分到的祭肉不过夜,当天要吃掉。自家祭祀的祭肉不出三日,超过三日就不吃。

【注】

①不宿肉,杨伯峻说:"古代的大夫、士都有助君祭祀之礼。天子诸侯的祭礼,当天清早宰杀牲畜,然后举行祭典。第二天又祭,叫做'绎祭'。绎祭之后才会各人拿自己带来助祭的肉回去,或者又依贵贱等级分别颁赐祭肉。这样,祭于公的肉,在未颁下来以

前,至少是放了一两宵了,因之不能再存放一夜。"(第104页)

②祭肉,此指其他祭肉,如自家或亲友家的祭肉。

【评】

本章讲祭肉的处理。

10.9

食不语,寝不言。

【译】

吃饭不说话,睡眠不交谈。

【评】

本章写吃饭与睡眠要专心,不能讲话。

10.10

虽疏食菜羹,瓜祭①,必齐如②也。

【译】

虽然是吃粗米饭,喝菜汤,也必须与吃精美的食物一样,拿些出来参加氾(泛)祭,像斋戒那样毕恭毕敬。

【注】

①瓜祭,难通,有些古本作"必祭","瓜"可能是"必"的误字。就餐前,将席上各种食物拿出少许,放在食器之间,祭发明该食物的神,《左传·襄二八》称氾祭,《曲礼》称徧(遍)祭。

②齐如,像斋戒那样严肃认真。

【评】

本章写氾祭。参阅10.17"君祭"。

10.11

席不正不坐①。

【译】

坐席不端正不坐。

【注】

①古代没有椅凳，都是席地而坐。《墨子·非儒篇》说："哀公迎孔子，席不端，不坐。"

【评】

本章写坐席要摆端正。

10. 12

乡人饮酒①，杖者②出，斯出矣。

【译】

乡亲会餐，要等拄拐杖的老人出去了，才可退席。

【注】

①乡人饮酒，举行"乡饮酒礼"。《仪礼》有《乡饮酒礼》篇；《礼记》有《乡饮酒义》篇。

②杖者，古书也称"丈人"，拿拐杖的老人。

【评】

本章写"乡饮酒礼"。

10. 13

乡人傩①，朝服而立于阼阶②。

【译】

乡亲傩祭驱鬼疫，孔子以主持人身份穿朝服，站在东边台阶上。

【注】

①傩（nuó 挪），古代驱鬼习俗，巫师戴面具。

②阼(zuò 祚)阶,东边的台阶,是主持人所立之地。

【评】

本章是孔子信鬼神的一条坚证。徐复观却说,孔子不是信"傩",而是敬"乡人"(第86页),不知何据?

10.14

问①人于他邦,再拜②而送之。

【译】

托人带礼物向在外国的朋友问候,总要向他拜两次,然后送他走。

【注】

①问,问候,问好。古代托人问好,常托人捎带礼物。

②拜,拱手弯腰。

【评】

本章写托人向国外朋友问候的礼节。

10.15

康子馈药,拜而受之。曰:"丘未达,不敢尝。"

【译】

季康子给孔子送药,孔子拜谢接受。说:"丘对这药不大了解,不敢尝试。"

【评】

本章写康子送药。孔子"不敢尝",是不是怕季康子害他? 这是孔子晚年归鲁以后的事。当时,冉有担任季子宰,孔子多次批评冉有帮康子干违礼无道之事,三桓集团对孔子不满,双方有矛盾。详见16.1、11.17、11.24、19.23、19.24、19.25。

10. 16

厩焚。子退朝,曰:"伤人乎?"不问马。

【译】

　　孔子的马棚失火。孔子从朝廷回来,问道:"伤人了吗?"不问马伤了没有。

【评】

　　本章写马厩失火。

　　清宦懋庸《论语稽》说:"大夫不徒行,故有车,有车则有马。诸侯七乘,上大夫五乘,下大夫三乘,士有二车,庶人牛车。又按车一乘四马,孔子上大夫,马数不下二十四。"(引自程树德《论语集释》,中华书局1998年三大册《论语》,第1769页)

　　"问人不问马",传颂两千年,被解释为孔子仁爱思想的突出例子。但是,争论也有两千年,汉人扬雄《太仆箴》说:"厩焚问人,仲尼深丑。"因为圣人仁民爱物,岂可只问人不问马? 一定是先问人,后问马。据李零说:"李敖在凤凰台的节目里说,'不问马'是'后问马'……但他说'不'是'后'的意思,则没有训诂根据。"(第201页)还是古人读书严格,他们抓住古文没有标点的弱点,凭自己的主观意愿,给它标点一番,产生三种读法:一、厩焚。子退朝,曰:"伤人乎不?"(伤着人没有)问马。二、厩焚。子退朝,曰:"伤人乎否?"(读"不"为"否")问马。三、厩焚,子退朝,曰:"伤人乎?""不。"(别人回答)问马。这三种读法都是先问人,后问马;既爱人,又爱物,以人为先,以物为后,真是滴水不漏,无可挑剔。

　　但是我想,马厩是关马的地方,马不但被门关住,而且被绳索拴住,一旦失火,无法逃离。人平时不在厩内,即使在里面,身体自由,逃离容易。因此,马厩失火,马受伤害属必然,人受伤害属偶然。即使先问马,后问人,甚至只问马,不问人,又怎么样呢?难道就犯政治错误吗?难道可以因此而说主人不仁、缺乏人道精神吗?人平时说话,多脱口而出,不可能字斟句酌,照本宣科。想当初,孔子说话,如果像后人要求他那样,他肯定活不到七十四岁,《论语》里,也就看不到那些生动活泼的玩笑话了。

　总之,两千年来,对《论语》这一章的颂扬与争论,实为小题大做,失之矫情。

10.17

　君赐食,必正席先尝之。君赐腥,必熟而荐①之。君赐生,必畜之。

　侍食于君,君祭②,先饭③。

【译】

　国君派人送来熟食,一定摆正坐席先尝一下。国君派人送来鲜肉,一定煮熟先供奉祖先。国君赐活物,一定养起来。

　陪国君进食,国君举行饭前祭礼时,孔子为国君尝饭,只吃米饭,不吃菜肴。

【注】

　①荐,供奉祖先。

　②君祭,祭"先食"。"先食"是指发明各种食物的神,例如"先农"、"先蚕"、"先牧"、"先酒"等。参阅10.10。

　③先饭,先吃米饭,不吃菜肴。

【评】

　本章写国君送赐食物与陪国君进食。

10. 18

疾,君视之,东首①,加②朝服,拖绅③。

【译】

孔子生病卧床,国君来探望,孔子头朝东,披朝服,拖绅带。

【注】

①东首,头朝东。

②加,披、盖。孔子生病卧床,不能穿朝服,只能披在身上。

③拖绅,绅是束在腰间的大带,有一节要垂下,称"拖绅"。

【评】

本章写国君来探病。季康子可能没来探望。

10. 19

君命召,不俟驾,行矣。

【译】

国君召唤,孔子不等马车驾好,就先走了。

【评】

本章写孔子如何对待国君的命召。

10. 20

入太庙,每事问。(已见《八佾》3. 15)

10. 21

朋友死,无所归,曰:"于我殡。"

【译】

朋友死亡,无人收殓。孔子说:"由我来料理殡葬事宜。"

【评】

本章写孔子重视朋友的殡礼,是孔子重丧的又一例证。重丧是重视生命的表现,是仁心的流露。

10.22

朋友之馈,虽车马,非祭肉,不拜。

【译】

朋友的礼物,即使是车马,只要不是祭肉,孔子接受时也不施行拜礼。

【评】

把祭肉看作是最贵重的礼物,也就是把祭祀看作是最重要的事情。把祭祀看作是最重要的事情,正是孔子敬重鬼神的重要表现,是孔子信神敬神的铁板钉钉的证据。至于他某句话怎么说,后人怎么解释,相比于他的重祭祀行为,都显得无足轻重。

10.23

寝不尸①,居②不客。

【译】

睡眠不要像尸体那样,仰面直挺;平日坐姿要随便,不必像做客和接客那样正规。

【注】

①"尸"同"屍",仰面直挺像死了一样,这种睡姿不可取,现代医学主张右侧卧,像卧佛。

②居,坐。坐姿随便,不要像做客和接客那样正规。古人无椅凳,都坐地上。坐姿主要有三种:一、屈双膝,膝盖着地,脚跟顶住臀部。这是做客与见客时的坐姿,最正规、最恭敬、最吃力、难持

久;二、脚板贴地,两膝屈起,臀部向下而不着地,即今"蹲";三、臀部贴地,两腿张开伸直,下体像畚箕。"居不客",即平日在家不用第一种坐法。

【评】

本章写孔子睡眠与平时坐姿的放松、随意。

10.24

见齐衰者,虽狎,必变。见冕①者与瞽者,虽亵②,必以貌。

凶服者式③之。式负版④者。

有盛馔,必变色而作。

迅雷风烈必变⑤。

【译】

看见穿重孝服的人,即使是亲密朋友,也一定要变得严肃一些。看见穿轻孝服的人和瞎子,虽然样子卑微,也要礼貌待之。

车上有穿丧服的人,要俯身向前,手伏车轼,以示同情。有背负"书社版图"的人,也要手伏车轼,俯身致以敬意。

有丰盛的佳肴,一定要改变神色,站立起来(以表示对主人的敬意)。

闻迅雷烈风,也一定要改变神色(以表示对苍天、神明的敬畏)。

【注】

①冕,钱穆说:"冕当作绕,亦指丧服。"(第268页)参见9.10"冕衣裳者"。

②亵,鄙陋。

③式,读轼,车前横木。此作动词,用手伏轼,即俯身致意。

④版,旧注以为"邦国之图籍",至于什么"图籍",语焉未详。窃疑此"版"是指"书社版图",即当时的户口册与土地证。春秋时期,原为公社占有的井田制崩溃,土地为私人占有,各国渐次"履亩而税"。鲁国在宣公十五年开始"初税亩",还算走在前面。于是,原来的农村公社被"书社"组织取代(见于《左传》昭公二十五年、哀公十五年;《吕览·知接》;《史记·孔子世家》;《晏子春秋·内篇杂上第十八》;《战国策·秦策二》等)。所谓"书社",就是把社内的户口、土地数字制成清册,上交给国家,作为对土地私有者征税和力役的根据。版,《周礼·天官·宫伯》郑玄注云:"名籍也,以版为之,今时乡户籍,谓之户版。"图,《周礼·天官·司会》郑玄注云:"土地形象,田地广狭。"此"版"字是书社版图的省称,是新形势下国家命脉之所在,故须特别敬重。

⑤《礼记·玉藻》写得较详细:"若有疾风、迅雷、甚雨,则必变;虽夜必兴,衣服冠而坐。"这是孔子信天、敬天的又一坚证。

【评】

本章写孔子遇到特殊情况的严肃态度。写到"齐衰者"、"绕者"、"凶服者",说明孔子特别重丧,珍视人的生命。参阅3.4"丧,与其易也,宁戚"。

10. 25

升车,必正立,执绥①。

车中,不内顾,不疾言,不亲指。

【译】

上车,一定要站正,拉住绳子。

在车里,不要往里面张望,不要哇哩哇啦,不要指指点点。

【注】

①绥,绳。

【评】

本章写乘车的礼貌。

10. 26

色①斯②举矣,翔而后集③。

曰④:"山梁⑤雌雉⑥,时哉时哉⑦!"

子路共之⑧,三嗅而作⑨。

【译】

　　斑斓的色彩冲向云海,

　　盘旋几下又停了下来。

　　"溪涧木桥上的雌性山鸡啊,

　　遇上好时代啊遇上好时代!"

　　子路向它们抛饵招徕,

　　嗅了几回又拍翅飞开。

【注】

①色,钱穆说:"言鸟见人颜色不善,或四围色势有异,即举身飞去。"(第269页)杨伯峻说:"孔子的脸色一动,野鸡便飞向天空。"(第108页)钱、杨之说,古已有之。还有一些古人说,"色"指子路的脸色。李泽厚把"色"字译作"鸟"(第290页)。李零说:"'色'是'鸟'字之误。"(第135页)何新把"色"字译成"彩色物"(第135页)。何新的译文最接近原文,但仍要把"色"附着在某"物"上,不敢让"色"自己飞"举"起来。自古至今,人们都要把这个"色"字落实到某人某物上。经师解经,追求落实,无可厚非,但

如果遇到空灵的诗句，一落实，诗意就跑掉，诗也就"无解"了。因为诗人写诗，有时要虚化实物实人实事实景，只写最美的片段甚至点滴形象，捕捉瞬间的感触，以增强形象性与含蓄性。如果把实物实人实事实景——揭出，好比魔术师把自己的小布袋完全翻给大家看，魔术也就不魔无术、毫无看头了。

"雉"的突出特点是色彩斑斓。此诗从"色"字切入，又不把它说实，说明作者极富艺术修养。此诗的"色"字，好比杜甫"齐鲁青未了"的"青"字、杜牧"烟笼寒水月笼沙"的"笼"字、"银烛秋光冷画屏"的"冷"字，是诗人独特的艺术感受，一般人是写不出来的。"色斯举矣，翔而后集"，其层次布局，颇似李白的"日照香炉生紫烟，遥看瀑布挂前川"，都是先虚后实。如果把"色"字解释为人的脸色、山势景色，或者把"色"字改为"鸟"字，那就兴味索然了。"色"就是色彩，色彩飞举，这是诗的语言。这个"色"字，是典型的"诗眼"，是全诗水灵灵的眼睛，读懂它，才可能读懂全诗。我于2009年9月14日午睡后，脑子特别清爽，突然发现本章是诗，就是从"色"字突破的。

②斯，语气词，无义，附着于"色"字，使它不至于一字不成词。

③集，原义是鸟止息于树木上，此"集"字也是止息的意思。

④"曰"字很重要，说明此诗是孔子创作，故不称"子曰"。但古今学者都说本章是孔子弟子所记。皇侃《义疏》说："此记者记孔子因所见而有叹也。"就是说，"曰"是孔子叹，他人记之。如果这样，应称"子曰"，不可径称"曰"。故康有为《论语注》说："'曰'上当有'子'字"，他释"曰"为"孔子叹"（第157页）；钱穆译"曰"为"先生说"（第271页）；杨伯峻译"曰"为"孔子道"（第108页）；李泽厚释"曰"为"孔子的感叹"（第290页）；何新译为"孔子说"（第135页）。古今学者都犯了增字解经的大忌，在没有提供任何理由的情

况下,不声不响地在"曰"字前面增一"子"字,从而剥夺了孔子的创作权。幸亏各种古本都只有一个动词"曰"字,别无任何主语,白纸黑字,铁板钉钉,足以把此诗的创作权,锁定在孔子身上。

⑤"山梁"有二解,一说是山脊,一说是溪涧木桥(皇侃《义疏》)。从下文子路与山雉的近距离接触看来,以木桥较妥。这木桥是孔子等人准备过去或已经过去的。可能这时,孔子才看清刚才飞"举"的"色"彩,原来是一群山雉。

⑥雌雉(zhì痣),雉与其他禽类一样,雄比雌美。雄雉色彩华丽,尾巴很长,从头到尾,长达0.9米,飞起来的"色"彩漂亮至极。雌雉就差远了,体较小,尾较短,羽毛灰褐色,呈斑状。山雉雌雄同居,孔子实际看到的应该有雌雉,也有雄雉,最吸引孔子眼球的,应该是雄雉的"色"。但他为什么只写"雌雉"呢? 为什么不混言一个"雉"字,而一定要说它"雌"呢? 皇侃《义疏》解释道:"独云雌者,因所见而言也。"此说失之太实,诗人写诗怎么可能看到什么就只写什么呢? 这个"雌"字大有文章。儒家男尊女卑观念特深,不可能像屈原那么随便,在《离骚》里把楚怀王比作"美人"。孔子如果把君臣相得比作夫妻关系,君要比作丈夫,臣要比作妻子。孔子"五十而知天命"以后,希望得君行道,他永远是臣,如果比喻为雉,应该自喻为"雌雉"。即使看到的明明是雄雉,只要以雉自比,也非把它"改性"一下不可。这是诗人写诗的"特权",不受"所见"限制。

⑦时哉时哉,何晏《集解》注:"言山梁雌雉得其时,而人不得时,故叹之。"后人都从之。但原文并没有说"人不得时"。山雉在山野里自由自在地飞翔,应称"得其所哉",为什么说得其时哉? 因为"时"指时运,即天命。晁福林说:

> "时"在先秦时期除了表示季节时间之意以外,亦指机

遇……依儒家的看法,那就是"天命"。《论语·乡党》载,孔子曾慨叹山梁雌雉翔集谓"时哉时哉"……孔子所慨叹的"时",应当就是天时……便是后来行用颇广的"时命"一语……无论是时命也好,天时也好,其思想的出发点都是"天命",是"天命"决定了人的时运,决定了人的机遇。(《从上博简〈诗论〉对于〈诗·兔爰〉的评析看孔子的天命观》,载《孔子研究》2007 年第 3 期)

晁福林对"时"字的解释很精彩,但他也与大家一样,沿袭何晏旧说,言雉得其时,而人不得其时,则有失据之嫌。此"时哉时哉",是孔子以"雌雉"自喻,说自己因天命所钟,而得遇时运。孔子"五十以学《易》"、"五十而知天命"以后,对天下大势的估计很乐观,从政欲望空前提高。他认为,出仕行道,正当其时。"时哉时哉",是夫子自道。《论语·乡党篇》大多记载孔子仕鲁期间的言行,这首诗也可能写于那个时候,尤其是它的前期,即"堕三都"失败以前。这是孔子政治生活的黄金时期。

这首诗还有个可能的写作时间,那就是周游列国初年。这个意见,大家可能不容易接受,容我作点解释。

现当代学者,往往误用一句话概括孔子的一生,这就是"知其不可而为之"(14.38)。这句话本是隐者对孔子的丑化与讽刺,朱熹早已把这张漫画踩在脚下,加以批判,现当代学者却把它从地上捡起来,作为奖状献给孔子,用它来概括孔子的一生。周游列国更被说成是"知其不可而为之"的最突出例子。这是极大的误解。详见 14.38"评"语。孔子周游列国的目的是为了去迎接一个"天下有道"的新时代,是知其大可而准备大为。详见 16.2、16.3。

孔子到卫国之初，《论语·子路》(13.10)记载：子曰："苟有用我者，期月而已可也，三年有成。"这种兴奋情绪，与孔子写《雌雉》的情绪完全一致。"山梁雌雉，时哉时哉"，他以"雌雉"自喻，认为觅君(雄雉)行道，适逢其时。

⑧子路共之，共同"拱"。此说子路拱手招雉。从下文"嗅"字看来，所谓"拱"，是说子路投饵招雉。

⑨三嗅而作，这四字可能有微言大义，即孔子名言"鸟则择木，木岂能择鸟"之意。他认为自己到哪个国家都行，"此处不留爷，自有留爷处"，显出大文豪的高傲气概。如果这个诠释不误，则此诗作于周游列国初年的可能性更大。作，振作，此指振翅飞去。

【评】

本章历来以"难解"、"无解"著称，都说有"错简"、"阙文"、"误字"等等。原因在于，这是《论语》里最特殊的一章。如果用读《论语》的"常规"思维方式来读，的确"不知所云"、"莫名其妙"。只要改变一下思路，用读诗的方法来读，那就文从字顺，毫无障碍，历来所说的"阙文"、"错简"、"误字"，都烟消云散，一首清丽流畅的游山诗，立刻呈现在你的眼前，可说"得来毫不费工夫"。

这首《雌雉》所写的孔子、子路的山中经历，可能确有其事，也可能是虚构想像所得。《诗经·邶风》有一首《雄雉》，写一女子思念远出的夫君。孔子写《雌雉》，可能受它启发，灵感由它而来。孔子"五十而知(行)天命"以后，求君行道心切，把自己比作雌雉，虚构出山行情节，化而为诗，也是完全有可能的。

马思聪的名作《思乡曲》，创作于1937年的重庆，乐曲取材于绥远(即今内蒙古)民歌《城头上跑马》，用蒙古民歌的曲调，写出抗战时期全国流浪者的思乡之情,传唱一时。有人根据"思乡"的曲名,推测马思聪是蒙古人。其实,他是广东番禺人,没有到过绥远等蒙古人聚居的地方。

王昌龄从未亲事戎马、远戍边疆,他的《从军行》《出塞》,完全是纸上谈兵,却比那些有过"从军"、"出塞"经历的诗人的诗,更加脍炙人口。王维也没有出塞的经历,却留下千古名句:"劝君更尽一杯酒,西出阳关无故人。"

我写过一首七绝:

问 天

巨石阵前鬼发痴,苍穹默默地沉思。

九霄万古何来客,留下千行无字诗?

人们看了这首绝句,或许以为我到过英格兰南部的巨石阵,其实,我至今未去过英国。这是 2009 年春天,我于某日午睡醒来后,在枕头上即兴得来的,流露出我对巨石阵的浓厚兴趣与无限向往。

艺术是可以"伪造"的,但只能"伪造"情节,无法"伪造"感情;"伪造"情节的动因,是为了凸现感情。《雌雉》的情节可能"伪造",却凸现了孔子"五十而知(行)天命"以后那积极用世、觅君行道的真实感情。

《雌雉》是一首在艺术上真正称得上诗的诗,而孔子当时可能把它作"歌"(徒歌)来写。孔子写的"歌"都是三句体,孔子对"三"有特殊的审美兴趣,详见 1.1"评"语。这首《雌雉》又是三句或三段,第一段纯粹写雉,第二段写孔子与雉,第三段写子路与雉。从雉的"色""举"开始,到雉的"作"飞结束,完整无缺,美轮美奂,只花 25 个字,用的是《诗经》的四言体。这是孔子唯一传世的、在艺术上真正称得上诗的诗,太珍贵了!

　　孔子是修养全面的杰出音乐家,他生前可能写过不少"歌",今天可以确认的有三首:一、《论语》1.1 的杏坛校歌;二、《论语》10.26 的《雌雉》;三、《檀弓上》"泰山其颓"。其中,《雌雉》即使以后代严格的艺术标准来衡量,也堪称是一首杰出的诗,一个"色"字,就足以傲视三百篇。但孔子没有留下一篇论文或其他文章。一个划时代的文化巨人,留下的作品,只有三首短歌,太遗憾了!幸亏三首短歌中有一首是杰出的诗,使我们知道,孔子不但是修养全面的音乐家,而且是出色的诗人。

先进篇第十一（共二十六章）

11.1

子曰："先进①于礼乐,野人②也;后进于礼乐,君子也。如用之,则吾从先进。"

【译】

孔子说："先学习礼乐(然后做官)的,是没有世袭特权的'野人';(先做官)然后学习礼乐的,是享有世袭特权的'君子'。如果要选用人才,我要选用先学习礼乐的人。"

【注】

①"先进"、"后进",古人歧解很多,杨伯峻吸收卢辩、宋翔凤、刘宝楠等人精义,认为是指学习礼乐的先后。"进"者,"进学"也。当时,卿大夫子弟,承袭父兄的庇荫,先做官再学习礼乐;一般的士,要先学习礼乐,然后靠自己的能力争取做官。

②"野人",原对"国人"而言,是国都以外的乡下人。到春秋晚期,原来的国、野界限已很模糊。这里与"君子"对言,是指没有世袭特权的一般的士、"小人"、"鄙夫"、"野人"等❶。

---

❶ 参阅赵世超《周代国野制度概述》,载赵著《瓦缶集》,人民出版社,2003 年,第 202—212 页。

【评】

这一章对研究孔子特别重要，要与 6.6、9.6、9.7、11.25、15.32 等章同读。孔子出身低微，他的大多数优秀学生，都是"野人"（如子路）、"贱人"（如冉耕、冉雍、冉求）、破落贵族（如颜路、颜渊、曾皙、曾参）、商人（如子贡）、劳改犯（子张、漆雕启、公冶长）等，原宪、子夏等家境都很贫穷。

西周政坛，几乎是贵族一统天下，春秋时期，开始出现变化，出身寒微之人在政坛上占到26%的比例❶。孔子办私学，客观后果是为新生的官僚制度输送人才，挖了贵族世袭制的墙脚。西汉初年开始形成的举察制度，隋唐以后称为科举制度。广义的科举制度实际上应从西汉算起❷。中国的科举制度是古代世界最先进、最公平的官员选拔制度，深受广大群众欢迎，是传统戏曲常演不衰、人民群众百看不厌的题材。孔子的"先进于礼乐"思想，是中国科举制的思想源泉之一。

11.2

子曰："从我于陈、蔡①者，皆不及门②也。"

---

❶ 详见许倬云：《中国古代社会史论——春秋战国时期的社会流动》，广西师范大学出版社，2006 年，第27—44 页。

❷ 唐玄宗开元二十五年敕书称："今之明经、进士，则古之孝廉、秀才。"（王溥《唐会要》卷七五《帖经条例》）黄炎培说："如果真要说科举的起源，该说西汉，当时的制度不是早已分科射策么？"（《中国教育史要·序言》，商务印书馆，1931 年）西汉的举察制与隋唐的科举制，都是在中央政府统一部署下，不拘身份门第，公开公平地选拔人才，其具体办法有所不同，其公平选拔人才的性质是一致的。因此，西汉的举察制也可称是广义的科举制。广义科举制的生存基础是土地私有制，详见 11.17"评"语注①。

【译】

孔子说:"跟我在陈、蔡蒙难的弟子,都不上门看我了。"

【注】

①陈蔡,据《史记·孔子世家》记载:公元前489年,吴伐陈,楚救陈,军于城父。孔子在陈、蔡之间,被人围困于野,不得行,粮绝。有的学生病倒。后来楚昭王兴师迎孔子,安置于叶县。参阅15.2"在陈绝粮"章。

②及门,上门。这是孔子晚年的伤心话。跟随孔子在陈、蔡蒙难的颜渊、子路于前481年、前480年相继去世,其他学生大多忙于仕途奔波,很少上门来看望老师。

11.3

德行:颜渊、闵子骞、冉伯牛、仲弓。言语:宰我、子贡。政事:冉有、季路。文学:子游、子夏。

【译】

孔子的学生各有所长,德行突出的有颜渊、闵子骞、冉伯牛、仲弓。口才突出的有宰我、子贡。善于政事的有冉有、子路。善于治学的有子游、子夏。

【评】

这份光荣榜不知如何来的。有一点可以肯定,不是孔子圈定,因为十人都称字,不称名。根据各方面资料考察,这份光荣榜最可能编定于孔子初逝、《论语》初编之时。唐代陆德明《经典释文·序录》说:"夫子既终,微言已绝,弟子恐离居以后各生异见而圣言永灭,故相与论撰,因时贤及古明王之语,合成一法,谓之《论语》。郑康成云,仲弓、子夏等所撰定。"这份光荣榜可能就是《论语》初编者仲弓、子夏等人所为。榜上仅十人，冉氏占了三位。冉雍、冉有当之无愧，然将冉有置于季路之前，则明显不公。不公的原因大概是：子路已死，而冉有是当时炙手可热的政治红人。杨义说："冉伯牛是仲弓的父辈，先秦文献对其德行没有其他记载，只记孔子痛惜他患麻风恶疾而死。"（杨义《〈论语〉还原初探》，《文学遗产》2008年第6期）《家语·弟子解》说："仲弓，伯牛之宗族。"伯牛能上榜，除了姓冉之外，似乎没有其他理由可说。此其一。

杨义又说："论才学，子游、子夏列于文学科是相称的，但他们当时还是三十岁左右的晚辈。同辈中的曾参在其后的道统传承中的重要性，不在他们之下，却没有列入十哲。"曾参不但学养深，而且德行（尤其是孝道）高，入"文学"，入"德行"，都绰绰有余。十哲无曾参，是这份光荣榜的一个污点。曾参落榜的原因，可能有二：一、孔子逝世后，子夏等人因有若相貌酷似孔子，而树有若为孔子接班人，接受众弟子的朝拜，此事有点荒唐，遭到曾参的反对。孔门十哲无曾参，可能是子夏对他的报复；二、曾参治学的路径异于子夏，曾参是孔门第一个哲学家，他重理论，重"大道"；子夏重"小道"而轻"致远"（19.4），学术上的分歧也可能遭致子夏的排斥。子夏是《论语》的主编之一，有这个权力。

杨义还说："仲弓在《荀子》中与孔子并列为'大儒'、'圣人'，称说'今夫仁人也将何务哉？上则法舜、禹之制，下则法仲尼、子弓❶之义'，并对'子思唱之，孟轲和之'的另一道统进行猛

---

❶　《荀子》书中，与孔子并称为"圣人"的"子弓"究竟是何人，说法不一。杨倞注《荀子》说："子弓盖仲弓也。言'子'者，著其为师也。"俞樾说："仲弓称子弓，犹季路称子路耳。"（王先谦《荀子集解》卷三）此说甚善。

烈的非议。这样,仲弓、子夏→荀子→秦、汉之学的学统,就浮现出来了。……由此可知,孔门'四科十哲'之说,是或隐或显地透露了仲弓编书的某些信息的。也许有感于此,《孟子·公孙丑上》称说'宰我、子贡善为说辞,冉牛、闵子、颜渊善言德行',惟独在德行中删落仲弓,也是别有深意的。"

11.4

子曰:"回也非助我者也,于吾言无所不说。"

【译】

孔子说:"颜回对我没有帮助,对我的话没有不喜欢的。"

【评】

终于说了颜回的缺点。学生的这个缺点,正是老师喜欢他的原因之一。

11.5

子曰:"'孝哉闵子骞①!'人不间②于其父母昆弟之言。"

【译】

孔子说:"'闵子骞真孝顺啊!'他父母兄弟称赞他的那些话,别人都毫无异议。"

【注】

①闵子骞,名损,"子骞"是字。孔子对学生称名不称字,这次为何破例? 因为这是孔子转引"其父母昆弟"等别人"之言",是别人对他呼字。闵子骞是孔门最著名的大孝子之一,事迹见于《韩诗外传》、《说苑·建本》等书。他幼年丧母,父亲娶继室,生二子。继母给亲子穿丝棉袄,给闵子骞穿芦花棉袄。父亲是小商人,有一天要出门,闵子骞为父亲准备牛车,因天寒地冻,双手哆嗦,绳子掉在

地上,父亲鞭打儿子,棉衣被打破,里面飞出芦花,父亲始知继妻虐待闵子骞,想要休她。闵子骞跪求道:"母在一子单,母去三子寒。"父亲大受感动,留下继妻。继母悔改,成为慈母。《二十四孝》的"芦花顺母"就讲这个故事。

②间,挑剔、非议。

【评】

儒家最重孝行,以孝行为德行之首,是"为仁之本"(1.2)。人若不孝,一切免谈。这种道德观念,体现了孔子的务实精神:大道理要从小道理做起,千里之行始于足下,远大理想从身边开始,否则,都是假、大、空,不可信赖。

11.6

南容三复白圭①,孔子以其兄之子妻之。

【译】

南容反复吟诵"白圭"的诗句,孔子就把哥哥的女儿嫁给他。

【注】

①"白圭",指《诗经·大雅·抑》篇的诗句:"白圭之玷,尚可磨也;斯言之玷,不可为也。"圭(guī 归),长条形玉质礼器,贵族朝聘、祭祀、丧葬时执用。诗句意思是:白圭的污点磨得掉,出口的错话收不回。

【评】

孔子性格偏激,经常失言。他越失言,就越觉得谨言的可贵。中医的"补"是对"缺"而言的,身体里缺什么,才补什么,不缺就不补。南容谨言,孔子觉得特别可贵,可补自己之缺。

11.7

季康子问:"弟子孰为好学?"孔子对曰:"有颜回者好学,

不幸短命死矣,今也则亡。"

【译】

季康子问:"你的弟子中谁称得上好学?"孔子答道:"颜回好学,不幸短命死了,现在再也没有人好学了。"

【评】

6.3记载,鲁哀公也问过同样的话,孔子的回答比较详细,多"不迁怒,不贰过"六字。这两次的"好学"之"学",都是学道的意思,主要指道德修养,不是一般意义的学习读书。就学道而言,难道除了颜回,学生中再没有好学的人吗?

11.8

颜渊死,颜路①请子之车以为之椁②。子曰:"才不才,亦各言其子也。鲤③也死,有棺而无椁。吾不徒行以为之椁。以吾从大夫之后④,不可徒行也。"

【译】

颜回死,颜路请求孔子卖掉车子来为颜回买外椁。孔子说:"不管有才无才,儿子都是儿子。我的儿子鲤死,只有内棺,没有外椁,我不能步行而为他买外椁。以我这个去职大夫的身份,礼制也不容许步行。"

【注】

①颜路(前545年—?),名无繇,字路。孔子早期学生,小孔子7岁。颜渊死时(前481年),他已65岁。《论语》里仅见于本章一次。孔子的母亲姓颜,名征在,颜氏是孔子的外家,孔门有八个姓颜的弟子。

②椁(guǒ果),也作椁。身份地位高的人,葬具有两重,所谓

"内棺外椁"。棺放尸,椁放随葬品。

③鲤(前532—前483年),孔子儿子,诞生时,鲁昭公派人送鲤鱼祝贺,故取名鲤,字伯鱼。比颜渊早卒二年。

④"从大夫之后",孔子做过鲁司寇,身份是大夫。早已去职,但身份犹在。"从大夫之后"是对"去职大夫"的一种谦虚的说法,意谓随后的大夫、排在后面的大夫。

【评】

颜路当时已65岁,脑子大概有点毛病,那样的话怎么说得出口? 但是,从他的不近人情的话中,可以感到孔子与颜渊的关系确实特殊。师生有亲如父子的感情,总是令人羡慕的。"孔颜乐处"成为千古佳话,不无道理。孔子拒绝颜路的要求,毫无疑问是正确的:一、鲤也无椁;二、"从大夫之后",礼制不容许步行;三、孔子反对不自量力的厚葬。详见11.11"评"。三条理由响当当,相形之下,更显出颜路脑子有点不正常。

11.9

颜渊死。子曰:"噫! 天丧予! 天丧予!"

【译】

颜渊死后,孔子痛哭道:"啊! 老天爷要我的命! 老天爷要我的命!"

11.10

颜渊死,子哭之恸①。从者曰:"子恸矣!"曰:"有恸乎? 非夫人之为恸而谁为?"

【译】

颜渊死,孔子哭得很悲痛。跟随的人说:"先生过分悲痛了!"

孔子说:"真的过分悲痛吗? 不为这样的人过分悲痛,还为谁过分悲痛呢?"

【注】

①恸(tòng 痛),马融注:"恸,哀过也。"

【评】

3.4 孔子说:"丧,与其易也,宁戚。"本章是"宁戚"的实例。孔子认为,丧礼特殊,可以破例。参阅 3.4、19.14、19.17。

11.11

颜渊死,门人欲厚葬之。子曰:"不可。"

门人厚葬之。子曰:"回也视予犹父也,予不得视犹子也。非我也,夫二三子也。"

【译】

颜渊死后,孔子的学生们想厚葬他。孔子说:"不行。"

孔子的学生们仍然厚葬他。孔子说:"颜回待我像父亲,我却未能待他像儿子一样(鲤薄葬,回厚葬)。这不是我的主意啊,是学生们干的。"

【评】

孔子反对不自量力、不合礼制的厚葬。据《礼记·檀弓上》记载:"子游问丧具,夫子曰:'称(根据)家之有亡(无)。'"子游曰:"有亡恶乎齐?"夫子曰:"有,毋过礼。苟亡矣,敛首足形,还葬,县棺而封,人岂有非之者哉!"孔子认为,葬礼的丰俭厚薄,要与家庭的财力相称。有财力的,也不可超过礼制。如果没有财力,只要能用衣服盖住尸体,不必停丧,可立即埋葬。绳子吊住棺材,悬空放到坑中就成,并不失礼。由此可见,孔子是反对厚葬的,连自己最宠爱的学生颜回也不例外。墨家非儒,指责儒家厚葬是一大理由,与他们指责儒家"以天为不明,以鬼为不神"(《墨子·公孟》)一样,都是不实之词。

11.12

季路问事鬼神。子曰:"未能事人,焉能事鬼?"曰:"敢问死。"曰:"未知生,焉知死?"

【译】

子路请教服事鬼神的问题。孔子说:"活人都服事不过来,还能去服事鬼神吗?"子路又说:"请问死的问题。"孔子说:"活着的问题都未搞清楚,怎么知道死的问题?"

【评】

解读这一章,要联系孔子一生对死亡、对鬼神的实际态度,而不能拘泥于表面文字。孔子一生特别重视丧礼,特别敬重祭祀,史所公认。丧礼的对象是死人,祭祀的对象是鬼神;重视丧礼就是重视死亡,敬重祭祀即敬重鬼神。《礼记·表记》记载:"子曰:'祭极敬,不继之以乐。朝极辨,不继之以倦。'"孔子祭祀时对神的"敬",不是一般的敬,而是"极敬",可与上朝办理政务的认真态度相提并论。很难想像,"朝极辨"的人不忠于职守,"祭极敬"的人不信鬼神。"儒"的职业本是治丧、治祭祀,是"知死""事鬼"的专职人员,孔子是这方面的头号大专家,岂有不"知死"、不"事鬼"的道理?参阅 6.13 注①。

孔子性格偏激,说话经常偏离中庸之道,《论语》里过头话不少,习惯性口误不断,我们今天研究孔子的原则,应该是"行为重于言谈,一贯重于一时"。联系孔子的一贯行为,《论语》此章的本意应该是:"事人"重于"事鬼","知生"重于"知死",或如李零所说:"孔子对鬼神不是不信,对死亡也非漠然视之",而是"重视活人胜过死人,重视生命胜过死亡"(第212页)。

本章孔子的话,说得很偏激,原因除了他的性格以外,还与训话对象有关。子路的宗教观比孔子落后,平时热衷于世俗迷信、谄神媚神活动(如7.35、9.12),孔子的话是有感而发而说过了头,是因材施教而失之过当。

11.13

闵子侍侧,訚訚如也;子路,行行如也;冉有、子贡,侃侃如也。子乐。"若由也,不得其死然。"

【译】

闵子骞站在孔子身边,温和恭顺;子路刚强直率;冉有、子贡口若悬河。孔子很快乐,不过说:"像子路那样,只怕不得善终。"

【评】

李泽厚《论语今读》说:"在《论语》中,这些著名学生,以及师生间的对话相处,都描绘出不同的经历、个性、特征,颇为形象。其他著名经书、子籍,或以道理(包括孟、荀)、或以想像(如庄子)、或以故事(如韩非子)胜,却缺乏更可感触的现实氛围。"(第301页)

李说甚是。《论语》之所以有这个优点,是由于它是孔子师生的生活实录,重视细节描写,里面性格鲜活的人物不下十个。读《论语》,像读小说一样,脑子里留下一群个性鲜明的文人形象。《论语》是一堆创作长篇小说的好素材。

"若由也,不得其死然",这句话来得太突然,太缺乏人情味!孔子口无遮拦、容易失言的性格特点,由此可见一斑。

11. 14

鲁人为长府①。闵子骞曰："仍旧贯,如之何? 何必改作?"子曰："夫人不言,言必有中。"

【译】

鲁国要改建国库"长府"。闵子骞说："仍用老样子又怎么样?何必改建?"孔子说："此人平时不大开口,如果开口一定能说到点子上。"

【注】

①古代"仓"是粮仓,"库"是兵库,"府"是储藏财物的建筑物。长府是鲁公储货之所。

【评】

本章背景不明,我们只知道,长府曾是鲁昭公二十五年据以攻伐季氏的大本营(《左传》),昭公失败,逃到齐国,后又流亡晋国,昭公三十二年,死于晋。长府对鲁昭公来说,是具有纪念意义的建筑,季氏欲改建,可能想抹去人们对那段往事的记忆。孔子对昭公有特殊感情(详见3.1"评"),见物思人,故激赏闵子骞保留长府旧貌的意见。

11. 15

子曰："由之瑟,奚为于丘之门?"门人不敬子路。子曰:"由也升堂矣,未入于室也。"

【译】

孔子说："仲由弹瑟怎么弹到我家里来?"弟子们因此看不起子路。孔子说:"仲由的琴艺已经入门,只是还没有到家。"

【评】

《说苑·修文》、《家语·辨乐》说"子路鼓瑟,有北鄙(杀伐)之声",可谓琴如其人。孔子喜欢文质彬彬,不是子路的知音,可以理解。孔子第一次的话,太伤子路的面子,第二次的话,给自己纠偏,还算知错必改。

11. 16

子贡问:"师与商也孰贤?"子曰:"师也过,商也不及。"曰:"然则师愈与?"子曰:"过犹不及。"

【译】

子贡问:"子张与子夏,哪个贤?"孔子说:"子张有些过头,子夏有些不足。"子贡说:"这么说,子张强一些?"孔子说:"过头与不足是一样的,都不好。"

【评】

"过"与"不及"都不好,"中庸"最好。在孔子心目中,有两个中庸的典范,那就是舜与颜回(详见6.29"评")。舜是远古之人,不知他具体表现如何。颜回可与孔门其他弟子作个比较。子张与子夏,一个"过",一个"不及",都对当时社会、对历史作出贡献。唯一达到中庸之道的颜回,却是个毫无建树的平庸之辈。从孔子所举的三个学生来看,"过"与"不及"似乎都比"中庸"好。才华过人者,性格往往有点"过",孔子就是这方面的典型。颜渊大概勤奋有余,才华不足。

11. 17

"季氏①富于周公,而求②也为之聚敛而附益之。"子曰:"非吾徒也。小子鸣鼓而攻之可也。"

【译】

　　"季氏比周公还要富,而冉求为他敛财搜括。"孔子说:"他不是我的门徒,你们这些年轻小子们可以大张旗鼓地攻击他。"

【注】

　　①季氏,季康子。

　　②求,冉有的名。孔子对学生呼名不呼字。这些话前面虽无"子曰"、"曰",却是孔子的口气,故加引号。

【评】

　　圣人的咆哮如一场旱天雷,是光打雷,不下雨。孔子并没有把冉有逐出师门,只是发泄一下脾气而已,怒气释放以后,师徒关系依旧。"小子"们大概太熟悉老师的脾性,没有对冉有"鸣鼓而攻之"。感受《论语》的真实"录制",使我们也能如闻其声,如见其人。这场脾气的背景,《左传》哀公十一年(前482)、十二年有记载:哀公十一年冬,"季孙欲以田赋,使冉有访诸仲尼。仲尼曰:'丘不识也。'三发,卒曰:'子为国老,待子而行,若之何子之不言也?'仲尼不对,而私于冉有曰:'君子之行也,度于礼:施取其厚,事举其中,敛从其薄。如是,则以丘亦足矣。若不度于礼,而贪冒无厌,则虽以田赋,将又不足。且子季孙若欲行而法,则周公之典在;若欲苟而行,又何访焉?'弗听。""十二年春王正月,用田赋。"

　　《左传》里的孔子,比《论语》里的孔子温和得多。因为《论语》是"录音"资料,《左传》经过修润。

　　"用田赋"是鲁国第三次赋税改革。第一次是宣公十五年(前594)的"初税亩",第二次是成公元年(前590)的"作丘甲"。"初税亩"是废除井田制,承认土地私有,政府向土地私有者征税。"作丘甲"是要"野人"(丘民)也承担军赋,"国""野"界线从此逐渐消失。"用田赋"是赋税合一,原来"作丘甲"的军赋,并入田税,都视田亩征收,税率提高一倍:"初税亩"是十分抽一,"用田赋"是十分抽二。税率翻倍的原因有三:一是军赋并入;二是使用铁器、发明牛耕、个体劳动等新因素,使劳动效率提高,产量增加;三是战争频仍,国家开支增大。这以前的晋国,税率已十分抽二,详见12.9注②。

　　鲁国的三次赋税改革,不是孤立现象,当时各诸侯国普遍采取类似措施,这是土地公有制向土地私有制转化的必然现象❶。"用田赋"是政府行为,哀公也力主此制(12.9)。历史当事人往往看不清自己所处时代的未来走向,"初税亩"、"作丘甲"、"用田赋",都遭到当时舆论的谴责。

────────────

　　❶ 中国古代史,可分为两大阶段:西周及其以前实行土地公有制,秦汉以后实行土地私有制,春秋战国是过渡时期。过去,我们称西周为奴隶社会,称秦汉以后为封建社会,实乃大误。姑且不说"奴隶社会"之说是否正确,这里只谈"封建社会"。"封建"的本义是指西周的地方行政制度,即分封制,与它前后相承的是郡县制。秦汉以后,废封建,设郡县,是众所周知的常识,怎么可以称为"封建社会"呢?民间甚至盛行"封建迷信"、"封建地主"等"泛封建"的称谓,"封建"成为一只垃圾箱,什么坏东西都往里面丢。其实,"迷信"与"封建"有什么必然联系?实行封建制度的西周,哪有什么地主?历史事实是:封建无地主,地主反封建。近年,冯天瑜对此作了详尽的考证与有力的论辩,著有《"封建"考论》一书,武汉大学出版社2007年已出了第二版。2008年12月,在苏州召开的"封建与封建社会问题学术研讨会"上,冯氏的这一研究工作,得到大家的肯定。至于今后应该用什么名称来取代"奴隶社会"与"封建社会",则见仁见智,说法不很一致。我在会上提出,西周称"领主社会",秦汉以后称"地主社会"。我所说的"地主",是"土地之主"的意思,故要包括自耕农。自耕农是地主社会的基石,决定地主社会的盛衰。领主社会的根本特征是土地公有,地主社会的根本特征是土地私有,其他重要的不同现象都是由此派生出来的。春秋晚期,土地普遍私有化,贵族世袭制度开始松动,孔子才可能办私学,提倡先读书、后做官(11.1)。西汉开始实行广义的科举制,实际上是把孔子的上述观点制度化,这条新的人才培养道路的产生,就是来源于土地制度的变化。

当时孔子刚刚回国,冉有是帮助他荣归的大恩人,他不顾情面,直言不讳,精神可嘉!季康子以"重币"迎孔子归国,给他"国老"待遇。孔子一回国就大骂"季氏""聚敛",其思想言论之自由,令人惊诧!季氏的器量令人敬佩!希腊圣人苏格拉底,因思想论罪被雅典民主政府关进大牢,饮鸩而死。相比之下,孔子堪称是超级福星!

中国文人为孔子叫苦,已叫了两千多年,基本上属无病呻吟,无理取闹。孔子生前,与哀公关系亲密,与季氏有隙。哀公十六年,孔子卒,哀公致悼词,甚悲痛。子贡却批评哀公"生不能用"孔子。当时,季氏专权,"生不能用"是季氏之过,怪罪哀公,即属无理取闹。子贡骂哀公,既可以博得尊师的美名,又可以讨好季氏,手腕堪称高明。

11.18

"柴①也愚,参也鲁②,师也辟,由也喭③。"

【译】

高柴愚笨,曾参迟钝,颛孙师偏激,仲由粗俗。

【注】

①柴,高柴,字子羔或季羔。小孔子 31 岁。个子矮,相貌丑,曾在鲁任费宰(或费郈宰)、武城宰、成邑宰,在卫任士师。或说卫人、齐人。在《论语》里只见于 11.18、11.25 两次。上博楚简有《子羔篇》。

②鲁,旧注都以为"迟钝"。曾参好静,不活跃,性格内向,貌似"迟钝"。

③喭(àn 岸),朱熹注:"粗俗。"

【评】

　　"柴"、"参"、"师"、"由"都是名,不是字,可知本章是孔子说的话,故本书用上引号。"愚"、"鲁"、"辟"、"喭"都是缺点。这四人都是孔子的得意门生,怎么只谈他们的缺点?因为任何人的优点都与缺点相伴,好比米粒与糠皮共生,翡翠与岩石共存。人的道德修养在主观上要力争把握一个"度",实际后果往往或"过"或"不及",不要太"过"、太"不及"就算不错。"愚"与"鲁"都是"不及","辟"与"喭"都是"过"。在心理学上,前二者皆称内向,后二者皆称外向。读者最熟悉的子路,优点是刚猛,而刚猛的人往往失之粗俗。曾参是孔子学生中学术成就最高的一个,他是儒家中最早冒出的哲学家。哲学家怎么会"迟钝"呢?他的所谓"迟钝"("鲁"),实际上是厚道诚实的副产品。厚道诚实的人比之刚猛的人,言行往往慢半拍。与子路相比,他的确有点"迟钝"。但他考虑问题周密稳妥,不会像子路那么冒失。我在《地问——"天圆地方考"》(载《华学》第4辑)一文中,根据《大戴礼·曾子天圆》和其他资料,说"他是一个诚实厚道的人,所谓'迟钝',大概是老实的意思"。说得准确点,迟钝是老实的另一面。《论语》这一章,是孔子说出四位得意门生主要优点的另一面。孔子性格外向,也有"过"与"辟"的特点,这种人,往往比较富有开拓精神,周游列国就是"过"与"辟"的表现,一般人是不敢跨出这一步的。

　　"愚"、"鲁"、"辟"、"喭",是与生俱来的个性特点,孔子说"性相近",不说"性相同",宜哉!孔子认为,人的天性存在个体差别,详见4.2"评"语。

11. 19

子曰:"回也其庶^①乎屡空。赐不受命^②而货殖焉,亿^③则屡中。"

【译】

孔子说:"颜回的道德学问都接近完善,却经常双手空空。端木赐不安分,私自搞经商活动,行情却屡猜屡中。"

【注】

①庶,庶几,差不多(完美)。

②"赐不受命",古今歧解颇多。俞樾《群经平议》说,古代经商要受命于官,"若夫不受命于官而自以其财市贱鬻贵,逐什一之利,是谓不受命而货殖"。此说较少障碍,译文从之。

③亿,读臆。

【评】

本章要与7.12"富而可求"共读,孔子不懂工商业致富之道,故发此叹。

11. 20

子张问善人^①之道,子曰:"不践迹,亦不入于室。"

【译】

子张请教"善人"的为人之道。孔子说:"不踩着别人的脚印走,也不可能登堂入室。"

【注】

①《论语》有五次写到"善人":7.26、11.20、13.11、13.29、20.1。李零说:"我们从13.11和20.1看,'善人'是个老词。这个词是什么意思?其实并不复杂。善人是好人。上面第一条,原文

很清楚,圣人、善人是见不到的,与君子、有恒者不一样。善人比君子和有恒者肯定要高,即便低于圣人,也得和仁人摆在同一层次。还有,我们要注意,上文说,'善人为邦'、'善人教民','善人'不是一般人,而是统治者。"(附录第37页)

【评】

　　孔子的话可能是针对子张的特点说的。子张性格"辟"(11.18),容易"过"(11.16)。他"不践迹",不循旧,有开拓精神,最像子路。孔子认为,这种人能入门、"升堂(正厅)",而难能"入于室(内室)"。11.15谈子路"不入于室",本章对子张说"善人""不入于室"。"不入于室"即难以到家。孔子大概认为,不踏着前人脚印走,难以达到"道"之"室"。

11.21

　　子曰:"论笃是与①,君子者乎? 色庄②者乎?"

【译】

　　孔子说:"人们总是赞许言论厚实的人,这种人究竟是真君子呢? 还是表面装得庄重?"

【注】

　　①"论笃",言论厚实。"是",犹"唯你是问"的"是"(杨伯峻说)。"与",赞许。孔子"论"欠"笃",过头话特别多,故对"论笃"者持保留态度。

　　②色庄,外表庄重。

11.22

　　子路问:"闻斯行诸?"子曰:"有父兄在,如之何其闻斯行之?"

冉有问:"闻斯行诸?"子曰:"闻斯行之。"

公西华曰:"由也问'闻斯行诸',子曰'有父兄在';求也问'闻斯行诸',子曰'闻斯行之'。赤也惑,敢问。"子曰:"求也退,故进之;由也兼人,故退之。"

【译】

子路问:"能闻风而动、说干就干吗?"孔子答道:"爸爸哥哥都还在,(未得到他们同意,)怎么能闻风而动、说干就干呢?"

冉有问:"能闻风而动、说干就干吗?"孔子答道:"闻风而动、说干就干吧。"

公西华说:"子路问你能闻风而动、说干就干吗,先生说'有父兄在'等等;冉有问能闻风而动、说干就干吗,先生却说行。我听糊涂了,胆敢请教(为什么同样问题,答案却完全相反?)"孔子说:"冉求做事缩手缩脚,我鼓励他放开手脚;子路的胆子有两个人那么大,所以要泼泼冷水。"

【评】

子路、冉有、公西华不是在一起发问。因为子路与冉有的问题一字不差,孔子已回答子路,冉有不可能再问。本章是二三条语录的合编。《论语》其他有些篇章也可能是这样。

11. 23

子畏于匡①,颜渊后。子曰:"吾以女(汝)为死矣!"曰:"子在,回何敢死?"

【译】

孔子被包围在匡城时,颜渊后来赶到。孔子说:"我以为你死了。"颜渊说:"老师在,回怎么敢死?"

【注】

①"子畏于匡",已见于9.5。畏,读作围。

【评】

颜渊的忠心,感人千古!

11.24

季子然①问:"仲由、冉求可谓大臣与?"子曰:"吾以子为异之问,曾由与求之问。所谓大臣者,以道事君,不可则止。今由与求也,可谓具臣矣。"

曰:"然则从之者与?"子曰:"弑父与君,亦不从也②。"

【译】

季子然问:"仲由与冉求可称为大臣吗?"孔子说:"我以为你是问别人,竟是问仲由与冉求。所谓'大臣',要以'道'(真理)奉侍君主,如果'道'(真理)无法实行,宁可辞官不干。如今子路与冉求只能算是备位充数的'具臣'。"

季子然问:"这么说,他们会一切服从上司吗?"孔子说:"杀父弑君的事,是不会顺从的。"

【注】

①季子然(生卒年不详),《史记·仲尼弟子列传》引《论语》本章,称作"季孙",应是季孙家族成员。

②"弑父与君,亦不从也",这是儒家之道的底线。

【评】

这段对话,发生在孔子晚年居鲁后期。

季子然没有说冉雍可称为大臣,季氏对冉雍可能有所不满,所以换作冉有。而孔子对冉雍特别称赞,对冉有特别不满。看来,学生内部,也不是铁板一块,除了颜回,还有冉雍,冉雍入德行科,宜哉!道德家可以脱离实际唱高调,政治家则万万不可。

在那"天下无道"、"礼坏乐崩"的时代,能守住儒家之道的底线就不错了,这是师生和谐相处的思想基础。至于那隐现于云端的复礼幻景,只能让老师孤芳自赏。学生的"道"是摸着石头过河,紧跟时代潮流;虽有修正变异,敬师之心却依然如旧。这是孔门内部的"和而不同",千载之后,令人仰止!

孔子周游列国十四年,晚年居鲁六年,这二十年间,老师走投无路,学生游刃有余,鲁、卫、齐等国成为"小子"们从政的乐园,老师最恨的"三桓"之"家",相继邀"二三子"为"宰"。一边是老师骂学生不能"以道事君",一边是学生笑老师"迂"腐教条,悲剧与喜剧同台演出,令人目不暇接,眼花缭乱。

《史记·儒林列传》说:"自孔子卒后,七十子之徒散游诸侯,大者为师傅卿相,小者友教士大夫","子张居陈,澹台子羽居楚,子夏居西河,子贡终于齐"。这些"七十子之徒",如果不紧跟时代潮流,政治上不与老师背道而驰,是不可能如此走红的,孔子的历史地位必将大打折扣。

本章要与18.7最后一段,即子路说的话共读。

11. 25

子路使子羔为费宰①。子曰:"贼②夫人之子。"

子路曰:"有民人③焉,有社稷④焉,何必读书,然后为学?"

子曰:"是故恶夫佞者。"

【译】

　　子路派子羔做费地的长官。孔子说:"这是误人子弟。"

子路说:"那边有人口,有土地,(可以边干边学,)何必读书才算有学问?"

孔子说:"所以我讨厌油嘴滑舌的人。"

【注】

①费是季孙氏私邑,原费宰是公山弗扰。公元前498年,子路任季氏宰,孔子堕三都。次年,周游列国。"子路使子羔为费宰",应在前498年堕三都之后、周游列国之前,子羔才24岁,大概未完成学业,所以孔子反对。子路大概看中他的忠厚诚实、工作有能力,让他提前参加工作。

②贼,动词,害也。

③民人,是一个词,泛指人口。《诗经》里已有"民人"(《桑柔》、《瞻卬》)、"人民"(《抑》)连成一词的现象。

④社是土神,稷是谷神,这里的社稷,也是一个词,泛指土地。

【评】

这场争论的是非暂且勿论,就争论本身而言,子路提出自己的理由,孔子没有提出理由,只批评子路一个"佞"字。佞是逞口才的意思。在孔子看来,老师批评学生,学生都要照办,要像颜渊那样"不违"(2.9),顶嘴本身就是错。别笑孔子不民主,现在中小学学校里、家庭里,恐怕还有这种蛮不讲理的"道理"。

本章没有写出孔子的理由,我想,孔子的理由大概是主张"先进于礼乐"(11.1),要当官,必须先读好书。孔子的原则性很强,灵活性欠缺。

11.26

子路、曾皙①、冉有、公西华②侍坐。

子曰："以吾一日长乎尔,毋吾以③也。居④则曰:'不吾知⑤也!'如或知⑥尔,则何以哉?"

子路率尔⑦而对曰:"千乘之国,摄乎大国之间,加之以师旅,因之以饥馑,由也为之,比⑧及三年,可使有勇,且知方也。"夫子哂之。

"求!尔何如?"

对曰:"方六七十⑨,如⑩五六十,求也为之,比及三年,可使足民。如其礼乐,以俟君子。"

"赤!尔何如?"

对曰:"非曰能之,愿学焉。宗庙之事,如会同,端章甫⑪,愿为小相⑫焉。"

"点!尔何如?"

鼓瑟希,铿尔,舍瑟而作⑬,对曰:"异乎三子者之撰⑭。"

子曰:"何伤乎?亦各言其志也。"

曰:"莫⑮春者,春服既成,冠者五六人,童子六七人,浴乎沂⑯,风乎舞雩⑰,咏而归。"

夫子喟然叹曰:"吾与⑱点也!"

三子者出,曾皙后。曾皙曰:"夫三子者之言何如?"

子曰:"亦各言其志也已矣。"

曰:"夫子何哂由也?"

曰:"为国以礼,其言不让,是故哂之。"

"唯⑲求则非邦也与?"

"安见方六七十、如五六十而非邦也者?"

"唯赤则非邦也与?"

"宗庙会同,非诸侯而何? 赤也为之小,孰能为之大?"

【译】

子路、曾晳、冉有、公西华陪孔子坐着。

孔子说:"我年纪比你们大,人们不会用我了。你们平时说:'没有人知道我呀!'如果有人知道你们的才能,要请你们出去当官,你们会怎么办?"

子路不等夫子点名,随即回答:"一千辆兵车的国家,被挤在几个大国之间,外有敌军威胁,内有受灾饥民。我仲由去治理,不出三年,百姓既有勇气,又懂礼仪。"老夫子微微冷笑一下。

"冉求,你会怎么样?"

答道:"边长六七十里,或者五六十里的小国,我去治理,不出三年,可使人民丰衣足食。至于制礼作乐,只能等待君子。"

"公西赤,你怎么样?"

答道:"我不敢说已有足够本领,只能说我愿意学习;宗庙祭祀的事,或者诸侯会盟的事,我愿意戴好礼帽,穿好礼服,做个小司仪。"

"曾点,你怎么样?"

他弹瑟已近尾声,铿锵地划了一下,把瑟放下,站了起来,答道:"我不同于三位所说的。"

孔子说:"那有什么关系呀,各言其志么。"

他说:"暮春三月,春衣已备,成年朋友五六个,儿童六七人,在沂水里洗洗澡,在舞雩台上吹吹风,然后唱着歌回来。"

孔子深深长叹,说:"我赞同曾点!"

子路、冉有、公西华三人都已出去,曾皙走在后面。曾皙问孔子:"他们三个人的话怎么样?"

孔子说:"各言其志而已(不必过分在意)。"

曾皙说:"老师为什么笑仲由啊?"

孔子说:"治国要靠礼让,他说话却不谦让,所以笑他。"

曾皙又问:"冉求所说的不是国家问题吧?"

孔子说:"何以见得六七十里或五六十里的土地就不算国家?"

曾皙又问:"公西赤讲的不是国家大事吧?"

孔子说:"宗庙祭祀,国际盟会,不是国家大事吗? 公西赤只想做个小司仪,那谁来干大事呢?"

【注】

①曾皙(xī 析),孔子的早期学生,曾参的父亲。名点,字皙。《论语》里仅见于此章。曾皙年龄,史无明文,很多学者根据《侍坐》排名,认为曾皙年少于子路。但《论语》5.26 章开头写道:"颜渊、季路侍",同样是"侍"于孔子,小弟弟排在老大哥前面,可见,《侍坐》开头的名次,不足以证成子路年长于曾皙。《礼记·檀弓下》记载:季武子卒,"曾点倚其门而歌"。季武子卒于昭公七年(公元前535 年)冬,当时孔子才十八岁,子路八岁。后人据此推测,当时曾皙应该有十四五岁,年龄比子路大,才可能如此胆大妄为。曾皙的年龄问题,由于资料不足,目前难以断定,而且这问题意义不大,不必为它耗费心力。

②公西华,根据《史记·仲尼弟子列传》记载,公西华小孔子 42 岁,实际小 43 岁。公西华参加侍坐,孔子的假设年龄应在 70 岁左右,侍坐活动应在归鲁以后,故没有参加周游列国的曾皙也可能参加。但钱穆《孔子传》说:"此章问答应在孔子五十出仕前。"(三联

书店,2006 年,第 21 页)孔子五十岁时,公西华只有七岁,怎么可能参加孔门的侍坐活动?清儒金锷《求古录·礼说》认为,公西华少孔子四十多岁的"四"字是"三"字之误,这纯属猜测,毫无根据,钱穆没有补充任何证据,却说"金说甚是"(《先秦诸子系年》,中华书局,1985 年,第 80 页),失之轻率。

③以,用也。"以吾一日长乎尔,毋吾以也",这句话有两种不同的解释。何晏《论语集解》引孔安国注曰:"言我问女(汝),女(汝)毋以我长故难对。"此注因能显示"圣人和气谦德"而大获后人影从。但与原文对照,关键性的"难对"一语,毫无文本根据,明显存在增字解经之弊。古儒解经,往往也搞政治挂帅,即把圣人经典解释得愈完美愈好,至于文字训诂是否准确,还是第二位要求。为了拔高圣人经典的思想境界,往往不惜增字为释。相对而言,汉儒还比较重视文字训诂,但仍有此病,本注即其一例。

程树德《论语集释》〔别解〕引《丹铅录》:王符云:"'以吾一日长乎尔','长',老也。'无(毋)吾以也','以',用也。孔子言老矣不能用也,而付用于四子也。"程氏《集释》还引其他几家之言,支持这个说法,然后"按"云:"'以'释为'用',与下'则何以哉''以'字相应,于义为长,较旧义似胜。"

刘宝楠《论语正义》注云:"毋吾以者","言此身既差长,已衰老,无人用我也。《释文》云:'吾以,郑(玄)本作已。郑谓毋以我长之故,已而不言。已,止也。'义似纡曲"。谨按:郑玄以"已而不言"解释"毋吾以",而原文并无"言"的文义,郑玄也犯了增字解经之忌。"以"训"用",是古文常义,为《论语》所习见。例如 13.14"如有政,虽不吾以,吾其与闻之",其中的"不吾以"与本章的"毋吾以",字义词序完全相同,都是不用我、不任我的意思。以《论语》解《论语》,是一条最可靠的捷径,刘宝楠以"无人用我"解释"毋吾以",堪称直译,毫无迂曲添字之弊,比孔安国、郑玄这两位汉儒权威的古注强得多。

杨伯峻择善而从,采纳新说,译道:"因为我比你们年纪都大,(老了,)没有人用我了。""没有人用我了"是对原文"毋吾以也"的直译。钱穆因循旧义,译云:"我是长了你们几天,但你们莫把此在意。"其注曰:"我虽年长于尔辈,然勿以我长而难言。"钱译、钱注都无法与原文"毋吾以也"对应,关键性的"在意"、"难言",毫无文本根据。其"优点"是能表现孔子对学生的宽容谦和。这种缺乏文本根据的"优点",实不足训。

综上所述,根据《侍坐》原文,"夫子"当时已老到没有被人任用的可能了。《侍坐》的假设时间应在孔子归鲁以后。

④居,闲居,这里是平时的意思。

⑤⑥知,这两个"知"字,都是"知遇"当官的意思。何晏《集解》引孔安国注云:"女(汝)常居云'人不知己',如有用女(汝)者,则何以为治乎?"夫子问的是如何治国。

⑦率尔,皇本"率"作"卒"。卒,急遽。今本作率,似因形近致误。"率"字本无急遽之义,后来将错就错,相沿成习,也有了急遽之义。

⑧比(bì 闭),原义是亲近,2.14"君子周而不比"的"比",取其"亲"义,私亲也。此取其"近"义,指时间不长。

⑨"方六七十",每边长六七十里。

⑩如,或者。

⑪端章甫,"端"是古代礼服之名;"章甫"是古代礼帽之名。

⑫相,犹今司仪。

⑬作,奋起振作,这里是站起来的意思。前面三子也是站起来发言,惟因他们坐着听讲时,精神就已集中振作,故不必用"作"字。

曾皙是心不在焉地坐着鼓瑟，等"夫子"点了他的名，才精神振作地站了起来，故特用"作"字。这一"作"字，堪称是点睛传神之笔，突出他与众不同的狂士风度。

⑭撰，通诠，说也。

⑮莫，通暮。

⑯沂，水名，源自山东邹县东北，西流经曲阜与洙水汇合，注入泗水。

⑰"风乎舞雩（yú　虞）"，"风"是迎风、吹风的意思。"乎"，通于。舞雩指舞雩台，古为求雨祭坛，在今曲阜南。古人求雨载歌载舞，雩是求雨的祭祀，故称"舞雩"。

⑱与，赞许。

⑲唯，发语词，无义。

【评】

本章是一篇有 315 字的独立文章，有生动的故事情节，深受现代读者喜爱，人们给它取个专名，叫《侍坐》。《侍坐》写"夫子"晚年，与四个年龄从 20 多岁到 60 多岁的三代学生坐在一起，要他们"各言其志"，这个"志"，是得到当权者知遇赏识而当官"为治"的"志"。子路、冉有、公西华都紧扣老师出的题目发言，都说自己要如何发挥个人特长，做好本职工作。只有曾皙离题扯淡，说要过"浴沂咏归"的隐士生活。前面三子的发言，都没有得到夫子的当场表扬，只有曾皙语音一落，"夫子喟然叹曰：'吾与点也！'"勤于职守者遭到冷落，以游乐为志的"狂"士反得表扬，这位"夫子"不是更像庄子吗？

"夫子"这一声赞叹，博得后人如潮掌声。明末清初，著名文学批评家金人瑞是个庄子式的大才子，因激赏圣人这一叹，竟把自己的字改为"圣叹"。"夫子"这一叹,连朱熹都掉入陷阱。他在《论语集注》里,比"夫子"变本加厉。"夫子"只赞许曾皙的游乐生活,他把调门提得更高,盛赞曾皙"其胸次悠然,直与天地万物上下同流"。"夫子"没有批评子路、冉有、公西华的从政行为,最后还肯定他们的社会贡献;朱熹却批评这"三子规规于事","皆欲得国而治"。褒曾皙而贬三子,使自己误入与儒家积极用世的根本精神背道而驰的歧路上去,滑到道家边缘。但朱熹毕竟是个大儒家,晚年对此十分悔恨,说将"留后学病根"(据明人杨慎《丹铅录》记载,转引自中华书局1998年出版的三大册《论语》中册第1866页)。

钱穆对朱熹等宋明学者的观点有所批评,他说:"本章'吾与点也'之叹,甚为宋明儒所乐道,甚有谓曾点便是尧舜气象者。此实深染禅味。朱注《论语》亦采其说,然以后《语类》所载,为说已不同。后世传闻有朱子晚年深悔未能改注此节留为后学病根之说,读朱注者不可不知。"(第300页)可惜钱穆的批评对象仅止于朱熹等宋明学者,未能追溯错误的根源,看穿《侍坐》的虚构性质,深可惋叹!

朱熹等人之所以盛赞曾皙,是因为"夫子"盛赞曾皙。如果"夫子"批评曾皙的"浴沂咏归",朱熹等人肯定也会紧跟不舍,也会加大砝码,提高调门,比"夫子"批得更重更深。错误的根源在于《侍坐》本身,在于"夫子"不真实。

《侍坐》的"夫子"为什么会不真实呢?因为《侍坐》不是生活实录,而是艺术虚构。按艺术标准衡量,它与10.26的《雌雉》,堪称《论语》之双璧。倘按生活实录的标准衡量,它是《论语》里的赝品,它的硬伤与漏洞很多。

　　第一，根据《侍坐》开头所写，夫子当时已入风烛残年。孔子晚年有一句伤心话："从我于陈、蔡者，皆不及门也。"(11.2)子路就是陈、蔡蒙难者，他当时正忙于仕途奔波，参加卫君父子的争位搏斗。孔子晚年，"及门"最多的是子贡，子贡偏偏没有参加侍坐。至于曾皙，更不可能"及门"。据《孟子·尽心下》记载，孔子曾称曾皙为"狂"者。他可能早已与孔门分道扬镳，故在《论语》里，他的名字只在《侍坐》里出现一次。据《礼记·檀弓下》记载，鲁国执政大臣季武子去世时，曾皙靠在他家大门唱歌。如此目无礼仪的狂士，怎么可能参加孔门的侍坐活动？诚如王青博士所说："假若孔子71岁时，子路已经是62岁老人，冉有42岁，此时的他们不仅不可能'侍坐'于孔子，而孔子根本也不会再要求他们'各言其志'。此时的子路与冉有已经是从政很多年，子路作了蒲邑大夫，冉有受季氏重用，孔子怎么可能再对他们说：'居则曰：不吾知也！如或知尔，则何以哉？'"❶只有艺术虚构，才可能出现这种硬伤漏洞。

　　第二，曾皙侍坐时的表现，绝对不可能得到孔子的称赞。"夫子"在与其他三个学生讨论问题时，曾皙却在"鼓瑟"。如此无礼，在古代是绝对不可能的，即使在现当代，也是不允许的。但是，有些生活中不允许的事，在艺术领域里却可能允许。侍坐期间，曾皙鼓瑟，这样写正可突出他的"狂"态，这是艺术夸张，不是生活实录。曾皙课堂鼓瑟，颇似诸葛孔明城楼操琴，一出"空城计"，把中国人骗得团团转。《三国志》没有空城计，到《三国演义》才"演"出空城计，据说，全世界都没有这么富有诗情雅意的战例。能够"骗人"的

---

❶　王青《〈论语·侍坐章〉正读》，载《浙江社会科学》2010年第2期。

艺术，都是好艺术。曾皙鼓瑟，能使古今读者信以为真，说明它在艺术上非常成功。李零是兼通三古（古文字、古文献、考古学）的国学家，他不但不认为曾皙"鼓瑟"是硬伤，反而把它看作是一条坚证，证明孔子上课"一般"要有人"弹琴"，像崔永元主持"实话实说"似的，后台有乐队伴奏。他称孔子的教学方式为"谈话"，说"孔子谈话，一般都是'二三子'，顶多四个人，加一个弹琴的（如《公冶长》5.26）。上课，就是陪老师聊天"，他注明的根据是"《公冶长》5.26"。但是，"《公冶长》5.26"并没有人"弹琴"。李零大概记错了，把《论语·先进》第26章，即《侍坐》误记为《公冶长》5.26。在《论语》里，《侍坐》的"鼓瑟"是唯一的特例，其他几百次师生"谈话"，都未闻伴奏琴声。《论语·先进篇》第十五章记载："子曰：'由之鼓瑟，奚为于丘之门？'门人不敬子路。"子路在孔子家里鼓瑟，孔子不高兴，门人因此看不起子路。字里行间并无上课时伴奏之意，但李零把这一章与《侍坐》相提并论，也证明孔子上课、谈话，"旁边有琴伴奏"（第214页）。笔者孤陋寡闻，读书不多，没有在其他古书里发现古人上课要弹琴伴奏的实录资料（文艺作品除外）。如果有人发现相关资料，敬请赐告，以揭茅塞之蔽。

第三，按古代礼节，四个弟子年龄相差那么大，发言应以年龄为序（特殊情况例外）。曾皙的生卒年虽不可考，但他是孔子早期学生，年龄肯定比冉有、公西华大得多。既然如此，子路发言完毕，"夫子"应该指名曾皙发言，不应该叫冉有发言。《侍坐》把曾皙安排在最后发言，虽然违背生活真实，却符合艺术需要。因为：第一，可以让他在"三子"发言时满不在乎地"鼓瑟"，充分显示狂士风度；第二，把他安排在最后发言，使他的言论异军突起，后来居上，便于

"夫子"立即给他颁奖,凸显"夫子"对他的倾心之情。由此可见,把曾皙安排在最后发言,虽违背生活真实,却符合艺术需要。

第四,古代师生不平等,谈话时,老师坐着说,学生站着听。5.26"颜渊、季路侍"、11.13"闵子侍侧",学生都是站着。只有本章四个学生享受"坐"的待遇。《论语》经过曾子学生的重编,杨义眼光敏锐,他说:"这里的侍坐比起前述的侍立、侍侧待遇更高,而且曾点还有在一边鼓瑟的特殊待遇,大家讲完后还专门留下曾点与孔子一道进行评议,这些地方都不妨看作是经过曾门弟子精心点染的。"(《〈论语〉还原初探》,《文学遗产》2008 年第 6 期)谨按:曾皙之所以获得"特殊待遇",根本原因还在于《侍坐》是艺术虚构,作者是曾参,儿子写父亲,当然要给予"特殊待遇"。详见下文。

第五,《侍坐》写"夫子"独钟曾皙,不符合孔子的思想、形象。孔子有很强的社会责任心与历史使命感,尤其是"五十而知(行)天命"以后,直到生命最后一刻,始终为求道而耿耿于怀,未能释然淡定。休闲娱乐是人生需要,忙碌一生的孔子也不例外,他一生醉心于音乐,即为一例。但休闲娱乐只是他践志求道途中的小息。《侍坐》写的是"各言其志",而不是"各言其乐"。而且"夫子"出的题目,是"知"遇当官时如何践志,即打算怎么当好官。曾皙的回答不但不符合孔子的思想,而且脱离"夫子"所出的题目,自扯一套。如果《侍坐》写的是孔子五十岁以前的一次谈话,或许还有一点可信度,可惜这是绝对不可能的,因为公西华少孔子 43 岁,孔子 50 岁,他才 7 岁。而且,《侍坐》开头,"夫子"说自己已老到"毋吾以"的地步。但他人老心不老,要弟子各言知遇用世之志,不是其他之"志"。这符合孔子晚年的思想状态。但接下去对曾皙的表扬,却与开头的"夫子"打起架来。我们说《侍坐》不真实,这第五点是主要理由。

综合上述五点理由,《侍坐》不可能是生活实录,只能是艺术创作,人物语言生动且富有个性,堪称是一篇微型小说。艺术创作往往有生活素材作蓝本,《公冶长》第八、二十六两章,正是《侍坐》的创作素材。但那两章都没有写到曾皙,而在《侍坐》里,曾皙是主角。把曾皙写成主角,是《侍坐》的最重要创作,也是《侍坐》的最大破绽。

对于上述第二、三点,清儒方观旭与宋儒朱熹曾用"想当然"的办法分别为之辩解。方观旭《论语偶记》说:"《少仪》云:'侍坐弗使,不执琴瑟。'则点之侍坐鼓瑟,必由夫子使之。"朱熹《集注》说:"四子侍坐,以齿为序,则点当次对;以方鼓瑟,故孔子先问求、赤,而后及点也。"方观旭说,根据《礼记·少仪》篇记载,侍坐于尊者,不得弹琴。曾皙(点)侍坐鼓瑟,一定("必")是夫子指使。朱熹说,因为曾皙正在鼓瑟,所以孔子先叫冉求与公西赤发言。经他们这么一解释,《侍坐》里的违礼现象,似乎就涣然冰释了。但是,我们不禁要问:第一,《侍坐》并没有说曾皙鼓瑟是夫子指使,所谓"必由夫子使之",纯属想当然的猜测之词;第二,夫子是召学生讨论问题,不是开音乐会,如果讨论告一段落,叫曾皙弹一下琴,那或许可能。而《侍坐》是讨论与鼓瑟同时进行的,谁听说过这么富有诗意的雅事?难道琴声不会干扰讨论吗?崔永元主持电视节目,讨论与奏乐是穿插进行的,否则的话,不但观众听不清讨论,台上的崔永元也未必能听清楚,除非他有特异功能。方观旭与朱熹的"想当然",用心可谓良苦,可惜逻辑太不周密。

《侍坐》的虚构性质长期未能被人识破,原因有二:

一、经典骗人。愈是名牌,愈容易窝藏假货。《侍坐》如果收在《韩诗外传》、《说苑》之类的书里,人们可能早就看穿它的虚构性质。它偏偏收在中国第一经典《论语》里,虽然有生动的故事情节,体例与《论语》明显不符,但人们仍不敢怀疑它是赝品。古人读《论语》,只为了接受教育,不会对它打问号。

二、艺术骗人。著名华裔作家聂华苓说:"小说家是个骗子,用戏法骗他自己,也骗别人,而且,用尽心计,要骗得人喜欢,骗得自己得意。"(《读书》2004 年第 11 期《小说家是个骗子》)祝英台与她的小丫鬟乔扮男装,混入同龄男子群中,与他们共同生活了三年,迄未露馅。这样的事在现实生活中绝无可能,但在舞台上却大获成功,连卓别林都被"骗"出眼泪。《侍坐》能骗住经师,说明它的艺术性高、艺术效果好,它堪称是中国古小说的萌芽。

既有经典护身,又有艺术攻心,矛与盾一应俱全,故能所向披靡,行"骗"千年。

那么,《论语》里怎么会有这样的文学作品? 它是何人创作呢? 笔者推测,《侍坐》的作者可能是曾参。

曾参是纯粹的知识分子,是在野儒士,一生只从事教书与著述,不像孔子"五十而知天命"以后那样热衷政治,而与孔子"五十而知天命"以前比较近似。《家语·在厄》记载:"曾子敝衣而耕于鲁,鲁君闻之而致邑焉,曾子固辞不受。"这样的人,清高脱俗,思想虽属儒家,生活情趣却和逸民、隐士有一定的相通之处。曾参是著名的大孝子,他对父亲曾晳特别孝顺。儒家提倡"父为子隐,子为父隐"的"亲亲"之道,《论语》其他各章都没有写到曾皙,这对一个儒家大孝子来说是不愉快的。为了弘扬清高淡泊的曾氏家风,曾参可能有激而起,奋笔写了《侍坐》。《侍坐》的主题虽是以激情赞赏曾皙的浴沂咏归,却又在篇末用淡墨肯定一下三子的忠"邦"尽职。后者是对前者的软弱纠偏,使"夫子"不至于完全倒入狂士怀抱。这是在野儒士依违于"行"与"隐"之间的微妙表现,也是曾参作《侍坐》的思想内证。

曾参的弟子是《论语》的重编者,学生重编《论语》时,把老师的作品收进去,是理所当然之事。此外,还不能排除另一可能性:《侍坐》的作者是曾子的某位学生。

颜渊篇第十二（共二十四章）

12.1

颜渊问仁。子曰："克己复礼为仁^①。一日克己复礼,天下归^②仁焉。为仁^③由己,而由人乎哉?"

颜渊曰:"请问其目。"子曰:"非礼勿视,非礼勿听,非礼勿言,非礼勿动。"

颜渊曰:"回虽不敏,请事斯语矣。"

【译】

颜渊请教仁的问题。孔子说:"克制私欲,恢复礼制,这就是仁。一旦克己复礼,天下就回到仁的时代。践行仁德全靠自己,难道靠别人吗?"

颜渊说:"请问具体做法。"孔子说:"不合礼的东西不看,不合礼的话不听,不合礼的话不说,不合礼的事不做。"

颜渊说:"我虽然不聪明,也一定照你说的办。"

【注】

①"克己复礼为仁",复,恢复;为,是。《左传》昭公十二年记载:"仲尼曰:'古也有志:克己复礼,仁也。'"可知"克己复礼为仁"是当时流行习语,"为"字是"是"的意思,与下文"为仁由己"的

"为"字不同。

②归仁，朱熹《集注》："归，犹与也。"与，赞许也。毛奇龄《论语稽求篇》也释"归仁"为"称仁"。杨伯峻译"天下归仁"为"天下的人都会称许你是仁人"。此释失之迂曲。"天下归仁"的直白译文是"天下回归于仁"。儒家厚古薄今，认为尧舜时代人心淳朴，天下清明，故云。下文13.12"如有王者，必世而后仁"，即"复礼为仁"。

③为仁，行仁。此"为"是履行、实践的意思。

【评】

仁不仁，礼为准。礼是社会秩序，仁是个人道德；个人道德要为社会秩序服务。这是儒家区别于道家的根本特征。

"克己复礼为仁"是当时的流行习语，不是孔子的发明。它是针对"天下无道"、礼坏乐崩的时代特点而发的，其主要精神是"复礼"，即恢复社会秩序，变乱世为治世。乱世的人总是把目光往后看，希望再现昔日的辉煌。这种社会心理在中外历史上具有很大的普遍性，不是中国春秋时期的特殊现象。

12.2

仲弓问仁。子曰："出门如见大宾，使民如承大祭①。己所不欲，勿施于人②。在邦无怨，在家无怨③。"

仲弓曰："雍虽不敏，请事斯语矣。"

【译】

仲弓请教仁的问题。孔子说："出门工作好像去接见贵宾，使用民力如承担重大祭典。自己不想要，不可强加给别人。为诸侯办事没有怨恨，为卿大夫办事也没有怨恨。"

仲弓说:"我虽然不聪明,也一定照你说的办。"

【注】

①《左传》僖公三十三年晋臼季曰:"臣闻之:出门如宾,承事如祭,仁之则也。"这两句话与上章"克己复礼为仁"一样,也是当时流行习语。

②"己所不欲,勿施于人",《论语》里出现两次,另一次在15.24。本章称它为"仁",15.24 称它为"恕",《中庸》"子曰"称它为"忠恕"。"忠恕"即"恕"(详见 4.15"评"语),是"仁之方"(6.30),即行仁的方法,故仲弓问仁,孔子答以"己所不欲,勿施于人"。《管子·小问》也说:"语曰:非其所欲,勿施于人,仁也。"语,当时的流行习语。

③包咸注:"在邦为诸侯,在家为卿大夫。"邦,诸侯国;家,指卿大夫之家,非指自己家里。鲁君与卿大夫三桓矛盾很深,"在邦"与"在家"往往是两种立场,要做到两边都"无怨",谈何容易。正因很难,故要强调。

【评】

12.1 与 12.2 两章,都谈仁,侧重面不同,颜渊是道德先生,孔子对他主要谈道德修养。"雍也可使南面",是当官的好材料,孔子对他主要谈工作。12.1 谈对自己如何行仁(修身),12.2 谈对别人如何行仁(事功)。对别人行仁的基本原则是"己所不欲,勿施于人"。类似的话在上文 6.30 已有过"己欲立而立人,己欲达而达人",下文 15.24 又说:"其恕乎!己所不欲,勿施于人。"同样八个字,15.24 称"恕",本章称"仁",似有矛盾,其实是一致的。恕是将心比心,是仁者待人的应有态度。

"在邦无怨,在家无怨",似与"问仁"无关,这是孔子针对鲁国政坛的具体情况与仲弓担任季氏宰这个重要职务而发出的重要告诫。其实,这是做不到的。孔子后来归鲁任"国老",在鲁君("邦")与三桓("家")之间,他明显倾向鲁君一边,结果是哀公无怨三桓怨,孔子死后,鲁国出现"一股潮流,贬孔子而抬子贡"(李零语,第 327 页)。本章可能是仲弓出任季氏宰前夕的一场对话记录,仲弓听了孔子的教导,上任后可能对"邦"、对"家"两边讨好,搞平衡,结果被季氏炒了鱿鱼,换上冉有。冉有可能吸取仲弓的教训,对季氏一边倒,常挨老师骂。11.24 章三桓人物季子然指名"仲由、冉求可谓大臣",把仲弓漏掉,不提仲弓可能是三桓对他不满的反映。这些蛛丝马迹,可能透露鲁国政坛"路线斗争"的"大是大非",不可小看。

12. 3

司马牛①问仁。子曰:"仁者,其言也讱②。"曰:"其言也讱,斯谓之仁已乎?"子曰:"为之难,言之得无讱乎?"

【译】

司马牛请教仁的问题。孔子说:"仁人说话不急不躁。"司马牛说:"说话慢吞吞,就称得上仁吗?"孔子说:"仁,做起来很难,说起来能不慢吗?"

【注】

①司马牛(? —前 481 年),又称子牛,名耕。宋国贵族,是司马桓魋(即 7.23 的桓魋)之弟。《左传》哀公十四年,其兄桓魋作乱,他出奔齐、吴,返宋,死于鲁,比孔子早卒两年。《史记·仲尼弟子列传》说:"牛多言而躁。"孔子的"其言也讱",是针对司马牛的"多言而躁"说的。司马牛在《论语》中出现三次:12.3—12.5。

②讱（rèn 认），出言艰难的样子。

12. 4

司马牛问君子。子曰："君子不忧不惧。"

曰："不忧不惧，斯谓之君子已乎？"子曰："内省不疚，夫何忧何惧？"

【译】

　　司马牛请教君子问题。孔子说："君子不忧愁，不恐惧。"

　　司马牛说："不忧愁，不恐惧，就称得上君子吗？"孔子说："问心无愧，还有什么忧愁、什么恐惧？"

12. 5

　　司马牛忧曰："人皆有兄弟，我独亡①。"子夏曰："商闻之矣：死生有命，富贵在天②。君子敬而无失，与人恭而有礼。四海之内，皆兄弟也，君子何患乎无兄弟也？"

【译】

　　司马牛忧愁地说："别人都有兄弟，唯独我没有。"子夏说："我听说：'死生有命，富贵在天。'君子做事严肃认真，没有过失，待人恭谨有礼，那样的话，四海之内皆兄弟，君子还怕没有兄弟吗？"

【注】

　　①"人皆有兄弟，我独亡"，司马牛有四个兄弟：巢、魋、子颀、子车。桓魋谋反，他们都参加，都失败了。司马牛不赞同他们的行为，独个儿逃亡在外，死于道路（事见《左传》哀公十四年）。所谓"我独亡"，是不承认他们是自己的兄弟，或指兄弟败亡后，只剩下自己一人而言。

　　②"死生有命，富贵在天"，可以换成"死生在天，富贵有命"，因

为孔子师生认为,个人命运取决于天意。子夏说"商闻之",这八字最可能闻于孔子。

12. 6

子张问明。子曰:"浸润之谮①,肤受之愬②,不行焉,可谓明也已矣。浸润之谮,肤受之愬,不行焉,可谓远也已矣。"

【译】

子张请教"明"的问题。孔子说:"慢慢渗透的谗言,切肤之痛的诽谤,都在你身上行不通,你就可称为'明'了——有眼光。慢慢渗透的谗言,切肤之痛的诽谤,都在你身上行不通,你还可称为'远'呢——有远见。"

【注】

①谮(zèn),谗言。《逸周书·谥法解》:"谮诉不行曰明。"

②愬(sù),诬告。

【评】

子张只问"明",孔子答了"明",还进一步赞为"远"。可知孔子对谗诬之言恨之很深。屈原《离骚》也一样,对谗诬小人恨之入骨。其实,谗诬之言,人人痛恨,没有什么可怕。谄媚之言,人人喜欢,如果能做到"不行",即不为所动,那才不简单,那才是明白人,有远见。可惜中外古今,都没有这样的明白人,因为这是人性的普遍弱点。参阅9.11。

12. 7

子贡问政。子曰:"足食,足兵①,民信之矣。"

子贡曰:"必不得已而去,于斯三者何先?"曰:"去兵。"

子贡曰:"必不得已而去,于斯二者何先?"曰:"去食。自古皆有死,民无信不立。"

【译】

子贡请教治国问题。孔子说:"粮食充足,兵器齐备,人民信任。"

子贡说:"如果不得已要去掉一项,在这三者中哪一项可以首先去掉?"孔子说:"去掉兵器。"

子贡问:"如果必不得已要再去掉一项,在剩下的两项中先去掉哪一项?"孔子说:"去掉粮食。人生自古谁无死? 失信于民国必亡。"

【注】

①兵,先秦著作单个兵字多指兵器,偶然个别兵字指军队、士兵。

【评】

本章可与 13.9 共读。读本章不可机械理解,其主旨是说明"民信"的重要,而"民信"往往被专制时代的政治家所漠视。孔子生当两千五百年前,能强调"民信",难能可贵! 这是周公德政思想的延续,也是他自己仁政思想的体现。

12. 8

棘子成①曰:"君子质而已矣,何以文为?"子贡曰:"惜乎,夫子之说君子也! 驷不及舌②。文犹质也,质犹文也,虎豹之鞟犹犬羊之鞟③。"

【译】

棘子成说:"君子只要本质好就够了,何必还要礼节仪式的文饰?"子贡说:"遗憾啊,先生关于君子的高论! 一言既出,驷马难追。本质与文饰都是重要的。如果拔掉有文彩的毛,虎豹的皮和狗羊的皮也就差不多了。"

【注】

①棘子成,仅见于此。郑玄注:"旧说云:棘子成,卫大夫。"

②驷不及舌,古成语,说错话收不回来的意思,犹"一言既出,驷马难追"。

③鞟(kuò 扩),去毛的兽皮。

【评】

本章要与6.18共读:"质胜文则野,文胜质则史(枝),文质彬彬,然后君子。"儒家重视礼貌。

12.9

哀公问于有若曰:"年饥,用不足,如之何?"

有若对曰:"盍彻①乎?"

曰:"二②,吾犹不足,如之何其彻也?"

对曰:"百姓足,君孰与不足? 百姓不足,君孰与足?"

【译】

鲁哀公问有若,说:"年成不好,不够开支,怎么办?"

有若答道:"为什么不实行十分抽一的税率?"

哀公说:"十分抽二,还不够用,怎能十分抽一?"

有若答道:"百姓富足,国君怎会不足? 百姓不足,国君怎会富足?"

【注】

①彻,三代的赋税制度之一。《孟子·滕文公上》:"夏后氏五十而贡,殷人七十而助,周人百亩而彻,其实皆什一也。"古今学者

对此争论纷繁,迄无定论。根据本章所述,彻的税率是十分之一,其他未详。

②二,何晏《集解》:"谓十二而税。"1972年,山东临沂西汉墓出土大量论兵的竹简,其中题为《吴问》的残简,说"范、中行氏""伍税之",即五分抽一,也即十分抽二,这也是《左传》哀公十二年"用田赋"的税率,详见11.17。本章的谈话时间肯定在哀公十二年"用田赋"之后,很可能是在哀公十四年,因为这年鲁国"饥"。

【评】

有若的答话虽然失之迂阔,但其藏富于民的观点,符合孔子的仁政思想,可以抽象继承。参阅11.17章。

12.10

子张问崇德辨惑。子曰:"主①忠信,徙义,崇德也。爱之欲其生,恶之欲其死;既欲其生,又欲其死,是惑也。'诚不以富,亦祇以异②。'"

【译】

子张请教如何提高道德修养与保持理智。孔子说:"坚持由衷的信实,做到唯义是从,这就能提高道德修养。爱她时祝她青春永驻,厌她时咒她一命呜呼;一会儿想她活,一会儿想她死,这叫糊涂。正如《诗》说的:'不是她家比我富,是你见异思迁太糊涂。'"

【注】

①主,守,坚持。

②"诚不以富,亦祇以异",这是《诗经·小雅·我行其野》中的诗句。该诗是一首弃妇诗,怨恨男人见异思迁。程颐、朱熹等认为这两句诗是错简,是从别章误置此处,其实这两句与上文很贴切,毫不费解。

【评】

子张小孔子49岁,《家语·弟子解》说他"有容貌资质",是个聪明的美少年,可能年轻浮躁,爱心不专,对年轻女子见异思迁。孔子因材施教,借机批评。本章最后引两句弃妇诗,道学家觉得费解,认为是错简,因为他们不会想到,《论语》里有恋爱指南。本章要与9.31章共读。9.31章教诫学生,爱心要诚,不可口是心非;本章教诫子张,爱心要恒,不可见异思迁。

12.11

齐景公问政于孔子。孔子对曰:"君君,臣臣,父父,子子。"公曰:"善哉!信如君不君,臣不臣,父不父,子不子,虽有粟,吾得而食诸?"

【译】

齐景公向孔子请教政治问题。孔子答道:"国君要像个国君,臣子要像个臣子,父亲要像个父亲,儿子要像个儿子。"齐景公说:"讲得好啊!如果君不像君,臣不像臣,父不像父,子不像子,虽有粮满仓,我能吃得成吗?"

【评】

这就是孔子的"正名"主张。"正名"是孔子"复礼"思想的重要内容之一,参阅6.25、13.3。

12.12

子曰:"片言①可以折狱②者,其由也与?"

子路无宿诺。

【译】

孔子说:"诉讼时只听单方面的言辞就能够断案,大概只有仲由办得到吧!"

子路没有隔夜的诺言。(他说干就干,断案很快。)

【注】

①片言,古代打官司,原告与被告称"两造",听讼必须兼听两造之辞;一面之词称"片言"或"单辞"。

②折狱,即断案。

12. 13

子曰:"听讼,吾犹人①也。必也使无讼乎!"

【译】

孔子说:"审理诉讼的能力,我同别人差不多。总不如没有诉讼好啊!"

【注】

①犹人,是自谦之辞,孔子当过鲁国司寇,听讼断案能力大概有过人之处。

12. 14

子张问政。子曰:"居①之无倦,行之以忠。"

【译】

子张请教从政问题。孔子说:"思想不倦怠,执行要忠诚。"

【注】

①居,朱熹注:"谓存诸心。"此"居"与6.2"居敬而行简"之"居"、《楚辞·悲回风》"居戚戚而不可解"之"居",都是"心"、"思"之义。

12.15

子曰:"博学于文,约之以礼,亦可以弗畔矣夫!"(已见于6.27)

12.16

子曰:"君子成人之美,不成人之恶。小人反是。"

【译】

孔子说:"君子成全别人的好事,不促成别人的坏事。小人与此相反。"

12.17

季康子问政于孔子。孔子对曰:"政者,正也。子帅以正,孰敢不正?"

【译】

季康子请教从政问题。孔子答道:"政字的意思就是端正。您带头端正,谁敢不端正?"

【评】

12.17、12.18、12.19、2.20,这四章都写季康子问政。上博楚简有《季康子问于孔子》篇,思想内容与《论语》这四章相应,都说"为政"者应该成为人民的道德模范,要以德治国。例如《季康子问于孔子》第2—4简说:"君子在民之上……敬而其德以临民,民望其道而服焉……。"第9、10简,孔子引臧文仲的话,回答季康子的问"强",说:"丘闻之臧文仲有言曰:'君子强则遗,威则民不导,逾则失众,礸则无亲,好刑则不祥,好杀则作乱。'"而季康子主张以"强"治国,所谓"君子不可以不强,不强则不立",孔子与他当面辩论,两人观点针锋相对。孔子周游列国十四年,遇到的争论一定不少,《论语》对不同意见概不记录,成为孔子的一言堂,这是《论语》的最大缺点。孔子周游列国,是中国文化史的破冰之旅,拉开百家争鸣的序幕。把《论语》编成孔子的一言堂,客观后果是抹煞孔子的一大功绩。

12.18

季康子患盗,问于孔子。孔子对曰:"苟子之不欲,虽赏之不窃。"

【译】

季康子苦于盗贼太多,请教孔子。孔子答道:"如果你无私欲,即使奖励盗窃,人家也不会去干。"

【评】

这是当面讽刺季康子私欲太多,孔子了不起!

12.19

季康子问政于孔子曰:"如杀无道,以就有道,何如?"孔子对曰:"子为政,焉用杀? 子欲善而民善矣。君子之德风,小人之德草。草上之风,必偃。"

【译】

季康子向孔子请教政治问题说:"如果杀坏人,亲近好人,怎么样?"孔子答道:"您治理政治,怎么用得着杀? 您想善,人民就会向善。执政者的德行好比风,老百姓的德行好比草;风向哪边吹,草向哪边倒。"

【评】

本章飘满诱人的仁政芬芳。"子为政,焉用杀?"孔子任鲁司寇,难道不"用杀"吗? 孔子说出这种不切实际的漂亮话,有两个原因:一、他当时是在野的道德家,在野的道德家谈政治,容易唱高调;二、孔子的天生性格偏激,经常言之过甚,他的原意是"为政以德",要尽量少杀人,把话说过头,就变成不杀人。

"君子之德风,小人之德草。草上之风,必偃",这倒说出客观规律:执政者的道德水平,对全社会能起示范作用。孔子这话,到现在还是至理名言。但"杀"还是省不了。《家语·始诛》记载,"孔子为鲁司寇,摄行相事","朝政七日而诛乱政大夫少正卯"。《荀子·宥坐》、《史记》、《淮南子》、《说苑》、《论衡》等书也有此说。赵纪彬《关于孔子诛少正卯问题》(人民出版社 1973 年增改本)、郭克煜等著《鲁国史》(人民出版社 1994 年版),均有详细论证。这不违反孔子思想。《家语·始诛》主张"必教而后刑";又《刑政》篇说:"圣人之治,化也,必刑政相参焉。"

12. 20

子张问:"士何如斯可谓之达矣?"子曰:"何哉,尔所谓者?"子张对曰:"在邦必闻,在家必闻。"子曰:"是闻也,非达也。夫达也者,质直而好义,察言而观色,虑以下人。在邦必达,在家必达。夫闻也者,色取仁而行违,居之不疑。在邦必闻,在家必闻。"

【译】

子张问:"读书人怎么样才称得上'达'?"孔子说:"你所说的达是什么意思?"子张答道:"在朝廷上有名声,在卿大夫家族里也有名气。"孔子说:"这叫闻,不叫达。所谓达,是指品质正直讲义气,重视人家的言论与情绪,想的是如何让人。这样的人,在朝廷路路畅通,在卿大夫的家族中事事顺利。至于闻么,表面向着仁而行动相背离,自以为是而毫无自知之明。这种人,在朝廷上追求虚名,在卿大夫的家族中也追求虚名。"

12.21

樊迟从游于舞雩之下,曰:"敢问崇德、修慝①、辨惑。"子曰:"善哉问! 先事后得,非崇德与? 攻其恶,无攻人之恶,非修慝与? 一朝之忿,忘其身,以及其亲,非惑与?"

【译】

樊迟陪孔子在舞雩台下游逛,说:"请问怎么提高道德修养、消除邪念、保持理性?"孔子说:"问得好! 先耕耘后收获,不是可以提高道德吗? 只自我反省,不攻击别人,不是可以消除邪念吗? 一时愤怒,就忘了自己,甚至忘了父母亲人,这不是不理性吗?"

【注】

①慝(tè 特),邪恶。

【评】

子张性格外向,进取心强,但失之偏激,好恶过分。12.10 已"问崇德辨惑",本章又"问崇德"、"辨惑",孔子两次回答,重点都谈"辨惑",即要保持理性,不要冲动。这是孔子因材施教之一例。

12.22

樊迟问仁。子曰:"爱人。"问知(智)。子曰:"知人。"

樊迟未达。子曰:"举直错诸枉,能使枉者直。"

樊迟退,见子夏曰:"乡①也吾见于夫子而问知(智),子曰'举直错诸枉,能使枉者直',何谓也?"

子夏曰:"富哉言乎!舜有天下,选于众,举皋陶②,不仁者远矣。汤③有天下,选于众,举伊尹④,不仁者远矣。"

【译】

樊迟请教仁的问题。孔子说:"仁就是关爱别人。"请教智的问题。孔子说:"智就是善于辨别人。"

樊迟还不明白。孔子说:"把直的放在弯的上面,能使弯的变直。"

樊迟退出房间,去见子夏,说:"刚才我去见老师请教智,他说把直的放在弯的上面,能使弯的变直,什么意思?"

子夏说:"寓意丰富的话啊!舜有了天下,在众人中挑选,提拔了皋陶,坏人就跑掉了。汤有了天下,在众人中挑选,提拔了伊尹,坏人也跑了。"

【注】

①乡,读向,去声,刚才。

②皋(gāo 高)陶(yáo 摇),又作咎繇,偃姓,春秋时英、六等国是其后代。他是舜的刑法长官,被禹选为继承人,因早死,未继位。

③汤,商朝开国之君,孔子的远祖。

④伊尹,汤的辅佐大臣,出身低微。

12. 23

子贡问友。子曰:"忠告而善道①之,不可则止,毋自辱焉。"

【译】

子贡问怎样交朋友。孔子说:"忠心劝告,善意引导,不听就算,不要自找侮辱。"

【注】

　　①道,读导。

12. 24

　　曾子曰:"君子以文会友,以友辅仁。"

【译】

　　曾子说:"君子用学问来会聚朋友,用朋友来辅助仁道。"

子路篇第十三(共三十章)

13.1

子路问政。子曰:"先之劳之。"请益。曰:"无倦。"

【译】

子路请教怎样当官从政。孔子说:"自己先带头,大家齐努力。"子路要求多讲一点。孔子说:"不知疲倦。"

【评】

当官先要勤政,参看12.14"居之无倦"。

13.2

仲弓为季氏宰,问政。子曰:"先有司①,赦小过,举贤才。"

曰:"焉知贤才而举之?"子曰:"举尔所知;尔所不知,人其舍诸②?"

【译】

仲弓任季氏家族的总管,向孔子请教当官从政问题。孔子说:"先给办事人员带个头,不计较人家的小过失,要提拔贤才。"

仲弓问:"怎么发现贤才而提拔他们呢?"孔子说:"提拔你所知道的。那些你不知道的,别人难道会让他埋没吗?"

【注】

①有司,办事人员。"先有司"即上章"先之劳之"之意。

②其,读岂,难道。舍,弃。诸,之。

【评】

上博楚简第三册《仲弓篇》,现存二十八支简,整简只有三支,其余皆为残简,共剩 520 字。该简开头说"季桓子使仲弓为宰,仲弓以告孔子",是上任前来向老师请教该如何从政。《论语》本章内容,该简皆有,文字却芜杂得多,将《论语》本章与上博楚简《仲弓篇》比较可知,《论语》是从大量原始实录资料中精选提炼出来的,故《论语》文字特别精练。

13.3

子路曰:"卫君①待子而为政,子将奚先?"

子曰:"必也正名②乎!"

子路曰:"有是哉,子之迂也! 奚其正?"

子曰:"野哉,由也! 君子于其所不知,盖阙如也③。名不正,则言不顺;言不顺,则事不成;事不成,则礼乐不兴;礼乐不兴,则刑罚不中;刑罚不中,则民无所措手足。故君子名之必可言也,言之必可行也。君子于其言,无所苟而已矣。"

【译】

子路说:"卫出公等待老师去治理国政,老师先抓什么?"

孔子说:"一定先纠正礼制上的名分。"

子路说:"有这个道理吗? 老师真迂腐啊! 为什么要纠正名分?"

孔子说:"粗野啊子路! 君子对自己不懂的事,先要存疑,保持沉默。名分不正，语言就不顺当；语言不顺当，事业就难以成功；事业不成功，礼乐就复兴不起来；礼乐不复兴，刑罚就不得当；刑罚不得当，人民就手足无措；所以君子口中的名分一定能说出个道理来，所说的道理一定可以实行。君子的语言，不能有半点马虎。"

【注】

①卫君，卫出公辄。

②正名，纠正礼制上名与实不相符的混乱现象。由于"天下无道"、礼坏乐崩、僭越违礼，到孔子时代，原来许多"名"已无其实，或实不符名。"正名"是"复礼"的一个具体措施。参阅6.25、12.11。这里的"正名"是指"正"父子之"名"。当时卫国出现父子争位局面，这不符合父子名分。按照传统礼制，辄是儿子，应该让位给父亲蒯聩。孔子持此观点。而子路、子贡、冉有等弟子以及鲁国政府，都支持蒯聩。

③"君子于其所不知，盖阙如也"，这是孔子教训子路，叫他放谦虚点，不要不懂装懂。其实，在"正名"问题上，是孔子以"不知"训"知"者。

【评】

本章对话发生在周游列国后期，具体背景详见7.15"评"语。

子路批评孔子的"正名"主张是"迂"，即迂腐，用今天的话说，就是不识时务、教条主义。孟子的社会思想也有迂腐的一面，故称赞孔子是"圣之时者"(《万章上》)，那是惺惺惜惺惺、迂腐赞迂腐。

13.4

樊迟请学稼。子曰："吾不如老农。"请学为圃，曰："吾不如老圃。"

樊迟出。子曰:"小人哉,樊须也! 上好礼,则民莫敢不敬;上好义,则民莫敢不服;上好信,则民莫敢不用情。夫如是,则四方之民襁负其子而至矣,焉用稼?"

【译】

樊迟请教庄稼活,孔子说:"我不如老农。"樊迟请教菜园子的活儿,孔子说:"我不如老菜农。"

樊迟出去后,孔子说:"小人啊樊迟! 上头好礼,老百姓不敢不敬;上头好义,老百姓不敢不服;上头好信,老百姓不敢不付出真情。如果这样,四面八方的老百姓就会背着襁褓里的婴儿投奔而来,哪里用得着(执政者自己)种庄稼?"

【评】

本章要与15.32"君子谋道不谋食"共读。

13.5

子曰:"诵《诗》三百,授之以政,不达;使于四方,不能专对①。虽多,亦奚以为②?"

【译】

孔子说:"熟读《诗》三百首,交给政务不会办;出使四方诸侯国,不能独立办外交。背诗虽然多,又有什么用?"

【注】

①专对,独立应对。春秋时代的外交场合,常要用《诗》来代替自己的部分语言,故外交人员必须熟诵《诗》,还要善于断章取义地搞古为今用。

②奚,何;以,用;为,表疑问的语气词。

13.6

子曰："其身正,不令而行;其身不正,虽令不从。"

【译】

孔子说："自身正派,不下命令也能行;自身不正派,三令五申无人听。"

13.7

子曰："鲁卫之政,兄弟也。"

【译】

孔子说："鲁国与卫国的政治,像兄弟一样。"

【评】

鲁国长期由三桓擅政,公室无权,是"天下无道"的典范。卫国当时由卫灵公亲自执政,"政不在大夫",符合"天下有道"的一个条件(16.2)。孔子周游列国,首选卫国,大部分时间也在卫国度过,当与此有关。就这方面言,鲁、卫之政恰好相反,不可称"兄弟"。鲁国是周公旦之后,卫国是康叔之后,他们是兄弟。但本章说的是"政",不是历史。清人高士奇研究,春秋时期,鲁国邦交与卫国最为"欢好无间"(《左传纪事本末》卷六《鲁国与列国通好》高士奇语)。本章说"鲁卫之政兄弟也",应该指它们"欢好无间"。本章应该是孔子在卫国时说的话。

13.8

子谓卫公子荆①善居室②,始有,曰苟③合矣;少有,曰苟完矣;富有,曰苟美矣。

【译】

　　孔子说卫公子荆善于节俭治家。开始有一点财产,便说"差不多够了"。稍微多了点,便说"差不多完备了"。富有了,便说"差不多完美了"。

【注】

　　①卫公子荆,吴公子季札称赞的卫国六君子之一。

　　①居室,治家。"居"读"奇货可居"之"居"。

　　②苟,朱熹注:"聊且粗略之意。"

13.9

　　子适卫,冉有仆①。子曰:"庶②矣哉!"

　　冉有曰:"既庶矣,又何加焉?"曰:"富之③。"

　　曰:"既富矣,又何加焉?"曰:"教之。"

【译】

　　孔子到卫国,冉有驾车。孔子说:"人烟多么稠密啊!"

　　冉有说:"人口已经繁殖了,还应该做些什么呢?"孔子说:"使他们富起来。"

　　冉有问:"既然富了,又增加什么呢?"孔子说:"让他们受教育。"

【注】

　　①仆,动词,驾驭马车。

　　②庶,众多,此指人口。

　　③富之,《管子·治国篇》:"凡治国之道,必先富民。"

【评】

　　孔子主张"先富后教"。参阅12.7。

13.10

子曰:"苟有用我者,期月^①而已可也,三年有成。"

【译】

孔子说:"如果用我来治理国家,一年可以有起色,三年很有成绩。"

【注】

①期,同朞(jī 姬);期月,一年。李零说:期月"是从今年某月到明年某月,整整一年的时间。楚占卜简经常使用这种计算方法,如说,'自某某之月以就某某之月……尽卒岁(或集岁)'如何如何,就是这里的'期月'"(第238页)。

【评】

13.9 与 13.10 都是孔子初到卫国、甚至还在路上时说的话,两千五百年后,我们还可以从字里行间感受到孔子当时的亢奋。人们常说,孔子周游列国是"知其不可而为之",或明知不可能成功,却仍然坚持不懈。这种说法没有提供任何史料根据,却能十分流行,真是奇怪! 13.9 与 13.10 证明,孔子当时是"知"其大"可"而准备大"为"。参阅16.2、16.3。周游列国是孔门师生的集体行动,孔子虽然没有达到自己的目的,多数学生还是达到了出仕行道的目的,是非常成功的。一成一败的原因,是他们追求的"道"有所不同,不能以孔子个人的失败,抹煞广大学生的成功。参阅 18.7、11.24、19.23—19.25 等。

13.11

子曰:"'善人为邦百年,亦可以胜残去杀矣。'诚哉是言也!"

【译】

孔子说:"(古话说:)'善人治国一百年,就可以消除暴行,去掉死刑。'这话讲得真好啊!"

13.12

子曰:"如有王者,必世①而后仁。"

【译】

孔子说:"如果有圣王,也一定要三十年,才能使天下回归于仁。"

【注】

①世,古人以三十年为一"世",又称一"代"。"必世而后仁",即 12.1"复礼为仁"。

【评】

13.9 与 13.10 是孔子初到卫国时的近期设想,13.11 与 13.12 是长期展望。从近期到长期,他都非常乐观。

13.13

子曰:"苟正其身矣,于从政乎何有①? 不能正其身,如正人何?"

【译】

孔子说:"如果端正了自身,当官治国有什么困难吗? 不能端正自身,怎么去纠正别人呢?"

【注】

①"何有",读作"何有难"。

【评】

参看 12.17、13.6。三章都说:当官者正人先要正己,正己必能正人。郭店楚简《唐虞之道》有"必正其身,然后正世"之说。

13.14

冉子退朝①。子曰:"何晏也?"对曰:"有政②。"子曰:"其事③也。如有政,虽不吾以④,吾其与闻之。"

【译】

冉有下班回来。孔子说:"怎么这么晚才回来?"答道:"有政务。"孔子说:"季氏家的事务吧。如果是朝廷政务,虽然我不在任,大概也会知道的。"

【注】

①朝,从下文看来,此"朝"不是鲁君的国朝,而是季康子的私朝(或称家朝)。

②政,指国君的政务。

③事,指卿大夫季康子家的事务。

④以,任用。

【评】

本章大可注意,它写哀公与季康子、孔子与冉有的微妙关系。冉有下班晚了,引起孔子的怀疑。冉有说自己在哀公那边办"政"务办晚了,孔子说他在季康子家里办"事"务办晚了。孔子说,如果你在哀公那边办"政"务,我虽然不在任上,也会知道的。这说明孔子与哀公有特殊的密切关系,冉有与季康子之间的有些事要瞒着孔子。冉有是季康子的家宰,首先要忠于季氏。孔子与冉有的矛盾是不可避免的。

13.15

定公①问:"一言而可以兴邦,有诸?"

孔子对曰:"言不可以若是,其几^②也。人之言曰:'为君难,为臣不易。'如知为君之难也,不几乎一言而兴邦乎?"

曰:"一言而丧邦,有诸?"

孔子对曰:"言不可以若是。其几也,人之言曰:'予无乐乎为君,唯其言而莫予违也。'如其善而莫之违也,不亦善乎? 如不善而莫之违也,不几乎一言而丧邦乎?"

【译】

鲁定公问:"一句话就可以振兴国家,有这样的话吗?"

孔子答道:"话不可以说得这么绝对,差不多的话也许有。人们说:'做君主很难,做臣子也不容易。'如果君主知道当君主很难,(他必然会谨慎从事,)这一句话不是几乎可以振兴国家了吗?"

鲁定公问:"一句话可以亡国,有这样的话吗?"

孔子答道:"话不可以说得这么绝对,差不多的话也许有。人们说:'我当国君并不快乐,唯一的快乐是我的话都没有人反对。'如果国君的话正确而无人反对,当然很好;如果国君的话不正确而无人反对,不是几乎一句话就可以亡国吗?"

【注】

①定公,孔子仕鲁定公共四年,从定公九年(前501年)到定公十二年(前498年),孔子52岁至55岁。

②几,差不多。

13. 16

叶公问政。子曰:"近者悦,远者来。"

【译】

叶公请教当官从政问题。孔子说:"要使附近的人高兴,远处的人投奔而来。"

13.17

子夏为莒父^①宰,问政。子曰:"无欲速,无见小利。欲速则不达,见小利则大事不成。"

【译】

子夏当了莒父地方的长官,请教如何从政。孔子说:"不贪快,不贪小利。贪快到不了,贪小利会败大事。"

【注】

①莒父,鲁国的一个公邑,在今山东高密县东南。

13.18

叶公语孔子曰:"吾党有直躬者,其父攘羊,而子证之。"孔子曰:"吾党之直躬者异于是:父为子隐,子为父隐,直在其中^①矣。"

【译】

叶公告诉孔子说:"我家乡有正直的人,父亲偷羊,儿子出来告发。"孔子说:"我家乡正直的人与此不同:父亲为儿子隐瞒,儿子替父亲隐瞒,正直就在隐瞒中。"

【注】

①"直在其中",是幽默的俏皮话,不必深究"直""隐"的字义,别太书生气。

【评】

早期儒家往往孝亲重于忠君。《礼记·檀弓上》:"事亲有隐而无犯……事君有犯而无隐。"郭店楚简《六德》提倡"为父绝君,不为君绝父"。伍子胥为父报仇,背楚投吴,鞭尸楚平王,得到屈原的赞颂与同情。孔子在天之灵,也会表彰他的。

13. 19

樊迟问仁。子曰:"居处恭,执事敬,与人忠。虽之夷狄,不可弃也。"

【译】

樊迟请教仁的问题,孔子说:"在家恭敬,办事认真,待人忠诚。虽到野蛮地区,这种品德不可丢。"

13. 20

子贡问曰:"何如斯可谓之士^①矣?"子曰:"行己有耻^②,使于四方,不辱君命,可谓士矣。"

曰:"敢问其次。"曰:"宗族称孝焉,乡党称弟焉。"

曰:"敢问其次。"曰:"言必信,行必果,硁硁然小人哉^③!抑亦可以为次矣。"

曰:"今之从政者何如?"子曰:"噫! 斗筲之人^④,何足算也?"

【译】

子贡问道:"怎么样才可称为'士'?"孔子说:"对自己的行为有廉耻心,出使四方诸国,不辜负国君的使命,这可以称为'士'。"

子贡说:"请问次一等的。"孔子说:"宗族称赞他孝顺父母,乡里称赞他尊重兄长。"

子贡又说:"请问再次一等的。"孔子说:"说话算数,行为果敢,道德过硬的小百姓,或许也可以算最次一等的士。"

子贡问:"现在的从政者怎么样?"孔子说:"唉! 器量很小的

人,算得了什么?"

【注】

①士,此指读书人,犹今"知识分子"。

②耻,知耻。

③"硁硁然小人哉",硁(kēng 坑)硁,击石之声,形容言行过硬。小人,小百姓,此言身份,非言道德。

④斗与筲(shāo 稍)都是量具。每斗 10 升,每筲 5 升。

【评】

孔子把士分为三等:第一等完成君命,为国立功;第二等能在宗族、乡党里作孝悌模范;第三等是个人言行过硬,但只能作个小百姓,未能为君、国服务。如此看来,孔子虽重道德,更重事功。所以 56 岁以后还要周游列国,觅君行道。2.21 说,做到孝悌,等于参政,不一定要出仕,那是"五十而知天命"以前的话。14.2"士而怀居,不足以为士",这是"五十而知天命"以后的话。本章最后,孔子用轻蔑的口吻把"今之从政者"一概骂到,最令人喝彩,其实这是孔子式的过头话。不过,话虽过头,却很珍贵,它是《论语》里又一条"录音"资料,让两千五百年后的我们,也能如闻其声,如见其人。

13. 21

子曰:"不得中行①而与之,必也狂狷②乎!狂者进取,狷者有所不为也。"

【译】

孔子说:"找不到中庸的人做朋友,只能找'狂'、'狷'的人了!狂者过分进取,狷者有些保守。"

【注】

①中行,行为适中,无"过"无"不及",合乎中庸之道。"中行"一词,多见于《周易本经》,如"中行独复"(《复》)、"得尚于中行"(《泰》)、"有孚中行"(《益》)、"中行无咎"(《夬》)等,都是褒义。《孟子·尽心下》:"孟子曰:孔子岂不欲中道哉? 不可必得,故思其次也。"孟子称"中行"为"中道","中道"也见于《周易·夬》。称"狂狷"是降而求其次的选择。

②狂狷,《论语》有"狂"字八个,分布于下列六章:5. 22、8. 16、13. 21(两个)、17. 8、17. 16(两个)、18. 5。这八个"狂"字,只有本章两个"狂"字,基本上是正面的。本章认为,"中行"(中庸)最理想,可惜太稀罕,只得降而求其次,"狂狷"亦可以。本章的"狂",孔子解释为"进取"。"狂者"犹今激进分子。其他五章里的六个"狂"字,在孔子心目中都是负面的,是狂放无礼的意思,这符合古书"狂"字的常义。本章以"进取"说"狂",在先秦古籍中堪称特例。狷,原文解释为"有所不为",《孟子》作"獧"。皇侃《义疏》谓"应退而不进者也"。朱熹《集注》:"知未及而守有余。"犹今保守。但查"狷"的本义与常义,基本上都是"急"(《故训汇纂》,第1419页),与孔子的解释相反。上博楚简第三册《仲弓篇》第12简,有"独独狷人,难为从政"八字。这"狷"字有孤高狂傲之意,与本章说的"有所不为"似乎矛盾。本章背景不明,孔子对"狂"与"狷"所下的独特定义,可能是在某种特殊语境中的特殊用法。

【评】

在孔子看来,"中行"(中庸)的人找不到,只能跟"过"与"不及"的人相处。在《论语》里,"中庸"只是一道美丽的彩虹,没有人上得去。在《礼记·中庸》篇里,只能指出两个中庸者:

舜与回。舜的表现如何,只有天知道。颜回的表现有据可查,
他很听话,规行矩步,却是孔子优秀学生中唯一的待业青年,既
无事功,又无学术成就,全靠老师的吹捧而名留青史。如果孔
子的学生都像颜回这样,孔子的历史地位必将大打折扣。毫无
疑问,颜回是典型的平庸之辈。如果说,颜回是中庸的表率,中
庸不就是平庸吗? 难怪本章只得说:"不得中行而与之,必也狂
狷乎!"这不是对中庸之道的否定吗? 孔子关于中庸、中行的言
论,是他性格偏激、言辞过中的表现,是"反中庸"的典范,详见
6.29 的注与评。

13. 22

子曰:"南人①有言曰:'人而无恒,不可以作巫医②。'
善夫!"

"不恒其德,或承之羞。"③子曰:"不占而已矣。"

【译】

孔子说:"南方人有句话:'人无恒心,不可以作巫医。'说得
好啊!"

(《易》说:)"朝三暮四,招致羞耻。"孔子说:"不占算了吧。
(因为这种人只有凶,没有吉。)"

【注】

①"南人",郭店楚简、上博楚简的《缁衣》篇,都作宋人。宋在
鲁的西南,是殷的后代,最重卜筮。孔子是宋人、殷裔。

②"巫医"是一个词,古代缺乏专门的医生,医务多由巫兼任。
《礼记·缁衣》有类似的话:"南人有言曰:人而无恒,不可以为卜
筮。古之遗言与?"郭店楚简、上博楚简的《缁衣》,也作"卜筮",不

作"巫医"。《礼记》、郭店楚简与上博楚简的《缁衣》,对"卜筮"都很敬重,其思想来源于《论语》。

③这两句话,出自《易·恒卦·爻辞》。

【评】

巫通鬼神,医托死生,在古代,巫医是个责任重大、受人尊敬的职业。本章显示,孔子也尊重巫医,认为必须由有恒心的人来担任。孔子"五十而知天命",就是通过占筮得"知"的;孔子"五十以学《易》",当时的《易》只是占筮书,尚无哲理化内容,学《易》就是学占筮。杨伯峻因认为孔子"怀疑鬼神的存在"(第12页),推断孔子一定看不起巫医,因此把南人的话译成"人假若没有恒心,连巫医都做不了"(第141页),把巫医看作贱业。杨译与原意明显背离。

孔子十分重视恒德,参阅7.26:"得见有恒者,斯可矣。"他自己就是典型的"有恒者",一生的突出特点就是"学而不厌,诲人不倦"(7.2)。

马王堆出土的帛书《易传》五篇,思想与孔子相悖。如其第四篇,题名为《要》,写孔子与子贡的对话:"子曰:吾与史巫同途而殊归者也。君子德行焉求福,故祭祀而寡也,仁义焉求吉,故卜筮而希(稀)也。"《论语》本章与《礼记》、郭店楚简、上博楚简的三篇《缁衣》都表明,孔子尊巫重卜;孔子一生,特别重视祭祀,从来不"寡"不"稀"。帛书《易传》这些话,与孔子思想大相径庭,而与一百多年后的《荀子·天论》倒还符合。帛书《易传》其他四篇,以及已见于今本的《系辞》,基本思想也是如此,文中的"孔子曰"、"子曰",肯定是后人伪托。

《周易》本是卜筮的工具书。到了战国中后期,一些阴阳家、道家、儒家的门徒,按照他们的政治、哲学思想解释《周易》,才有《易传》之作,才开始哲理化工作。根据现有资料,不但孔子时候《周易》尚未哲理化,到战国早期,也毫无哲理化迹象。孔子思想特别平实,他不可能是《周易》哲理化的先锋。孔子老而好《易》,是醉心于卜筮研究,想从中"知天命",不但要"知"个人的使命,更要"知"天下的命运。今人千万不要看不起历史上的巫,他是人类最早的知识分子,我们大家都是他的徒子徒孙。从社会成员中产生出巫的职业,是人类历史从野蛮时代进入文明时代的一个标志。今人千万别讥笑孔子"迷信落后",当时还没有人不信卜筮。信卜筮,信天命,是当时的精神文明;孔子的宗教观处于时代最前沿,一点都不落后,详见2.4"评"语。

13.23

子曰:"君子和而不同,小人同而不和。"

【译】

孔子说:"君子追求不同因素和谐共处,反对单调同一;小人追求同一,而导致不和。"

【评】

孔子反对攻击异端(2.16)、讨厌乡原(17.13)、提倡礼让(4.13),都是追求"和而不同"的表现。

李零说:"君子是上层,重视和谐胜于平等;小人是下层,重视平等胜于和谐。《礼运》大同是主于同,但那是理想。墨子尚同,孔子不尚同。他讲的礼,追求的是和,不是同。"(第244页)

关于"《礼运》大同",我想补充几句。《礼记·礼运》篇是儒家经典之作，其主题是"极言""礼之急"。但它篇首的两个"大道"，却是典型的道家之道。它曾是天下的主宰，具有非礼的性质。当它"行"时，不见有礼，只有它"既隐"之后，才需要礼出来救世。而且"大道既隐"之后的三代，由礼来接替"大道"，天下也只能维持"小康"局面。"道""隐"而礼行的"小康"，不如"道"行而无礼的"大同"，可见"礼"不如"道"，也就是儒家不如道家。这是大同小康之说客观存在的逻辑结论。这样的逻辑结论，竟然出在"极言""礼之急"的儒家经典里，岂不怪哉？

汉初盛行黄老之学，儒道斗争激烈。《礼运》在"极言""礼之急"以前，先承认非礼的"大道"曾经给世界带来美好的"大同"，这是在敌强我弱形势下的缓兵之计。阴阳五行渗入经义，是汉初儒学的新现象，《礼运》里的"礼"已经环绕阴阳五行"运"转；篇首的"大道"又是道家之道，这些都是《礼运》作于汉初的内证。《礼运》可能是汉初儒家对黄老之学软弱的抗争，难怪在汉武帝独尊儒术以后，我们就再也看不到像《礼运》大同章那样论证"礼之急"的事例了。经常看到有人引《礼运》大同章来阐述孔子的社会理想，其实，孔子与它毫无关系（详见拙文《"礼运大同"考原》，原载《中国文化研究集刊》第3辑，复旦大学出版社，1986年。又载拙撰《农民战争与平均主义》，方志出版社，2003年）。

《礼运》大同章里有"天下为公"四字，经孙中山题字，可说家喻户晓。新中国成立后，出于现实需要，这四字被解释为"天下是公有的"，或"天下成为公众的"，甚至说"天下为公"体现了"公有制原则"，"明显地否定生产资料私有制，主张生产资料公有制"，是旧式农民战争的"最高革命纲领、奋斗目标"。其实,"天下为公"的"公",是公平、公正的意思,说的是人的道德问题,不是生产资料所有制问题。从康有为开始,总有人把"天下为公"说成是孔子的社会理想,纯属张冠李戴(详见拙文《"天下为公"原义新探》,原载《文史哲》1984年第4期。又载拙撰《农民战争与平均主义》,方志出版社,2003年)。

《家语·礼运》开头交代,《礼运》是孔子"为鲁司寇"时对言偃说的话。言偃小孔子46岁,孔子"为鲁司寇"时,他才七八岁,此说断不可信。

13.24

子贡问曰:"乡人皆好之,何如?"子曰:"未可也。"

"乡人皆恶之,何如?"子曰:"未可也;不如乡人之善者好之,其不善者恶之。"

【译】

子贡问:"满乡的人都喜欢他,怎么样?"孔子说:"不行。"

子贡又问:"满乡的人都厌恶他,怎么样?"孔子说:"不行。最好是满乡的好人喜欢他,坏蛋厌恶他。"

【评】

4.3"唯仁者能好人,能恶人";15.28"众恶之,必察焉;众好之,必察焉";17.13"乡原,德之贼也",可与本章互参。孔子不迷信多数,不喜欢和稀泥,他爱憎分明,原则性很强,故不能把孔子的"中庸"(6.29),解释为调和折中。

13.25

子曰:"君子易事①而难说也。说之不以道,不说也;及其使人也,器②之。小人难事而易说也。说之虽不以道,说也;及其使人也,求备焉。"

【译】

　　孔子说:"服事君子很容易,让他高兴却很难。不走正路讨好他,他会发脾气。君子用人,根据各人的特点分配不同的任务。服事小人很困难,让他高兴很容易;不走正路讨好他,他就笑嘻嘻。小人用人,百般挑剔,求全责备。"

【注】

　　①《说苑·雅言》记载:"曾子曰:'夫子见人之一善而忘其百非,是夫子之易事也。'"

　　②器,在孔子的语境里,"器"指各种专业技术,各有所用。与"器"相对的是"道",它的特点是"放之四海而皆准",具有普适性。

13.26

　　子曰:"君子泰而不骄①,小人骄而不泰。"

【译】

　　孔子说:"君子自尊而不骄傲,小人骄傲而不自尊。"

【注】

　　①"泰而不骄",又见20.2。

13.27

　　子曰:"刚、毅、木、讷近仁。"

【译】

　　孔子说:"刚强、坚韧、朴实、谨言,接近于仁。"

13. 28

子路问曰:"何如斯可谓之士矣?"子曰:"切切偲偲^①,怡怡如也,可谓士矣。朋友切切偲偲,兄弟怡怡。"

【译】

子路问:"怎么样才可称得上'士'(知识分子)?"孔子说:"切磋互敬,和睦相处,可称士。朋友之间切磋互敬,兄弟之间和睦相处。"

【注】

①偲(sī 思),敬。

【评】

子路问士,夫子叫他脾气放好一点,因为他是胆汁质气质的武士。13.20 子贡问士,夫子叫他"使于四方,不辱君命",因为他是外交家。

13. 29

子曰:"善人教民^①七年,亦可以即戎矣。"

【译】

孔子说:"善人训练人民七年之后,就可以让他们奔赴沙场了。"

【注】

①这个"民"字,主要指"国人",因为执干戈以捍卫社稷,本是国人的权利与义务。春秋时期,国野界线模糊,原来的野人才逐渐承担一定的军事义务,但主力还是国人。

13. 30

子曰:"以不教民战^①,是谓弃之。"

【译】

孔子说:"用未受训练的人民去作战,可称草菅人命。"

宪问篇第十四（共四十四章）

14.1

宪^①问耻。子曰："邦有道，穀；邦无道，穀，耻也。"

"克、伐、怨、欲不行焉，可以为仁矣^②？"子曰："可以为难矣，仁则吾不知^③也。"

【译】

原宪问什么叫"耻"。孔子说："国家政治清明，可以吃俸禄；国家政治黑暗，如果照样吃俸禄，那就应该感到羞耻了！"

原宪问："好胜、自夸、怨恨、贪欲都没有，可说是仁吗？"孔子说："可以说难能可贵，算不算仁，我不知道。"

【注】

①宪，即6.5的"原思"，姓原，名宪，字子思。曾任孔氏宰，给孔子当管家。

②"可以为仁矣"，单从字面看，似为肯定句，联系上下文看，却是疑问句。

③孔子所谓"仁则吾不知"，都是不承认对方为仁的托辞。

【评】

本章先问耻，后问仁。问耻部分可参阅8.13、14.3、15.7。这四章都说"有道"时人该如何,"无道"时又该如何。其实,"有道"与"无道"并无明确、绝对的界线。孔子归鲁后,说卫灵公无道(14.19),但孔子在卫国住的时间最长,领的俸禄最多。孔子"五十而知(行)天命"以后,从政心切,认为天下越无道,越要出来当官。18.6章说"天下有道,丘不与易也",这种积极入世的态度,与本章说法相反。原思小孔子37岁,本章应该是孔子归鲁后所说,目的大概劝原思不要出去当官,留在孔家当总管,因为现在天下无道,当官吃俸禄是"耻"。但孔家的粟,不是孔子任"国老"、"从大夫之后"的俸禄吗?"耻"还是不"耻"?《家语·弟子解》说"孔子卒后,原宪退隐,居于卫"。当时,原宪才38岁,就退隐不干,大概鉴于"邦无道,穀,耻也"的师训。旧说原宪任孔氏宰,在孔子为司寇时,恐不确。因孔子任司寇时,原宪才十几岁。担任家宰工作,需要生活经验。

14.2

子曰:"士而怀居,不足以为士矣。"

【译】

孔子说:"读书人怀恋家庭的安逸生活,就不配为读书人。"

【评】

本章大概是周游列国时说的话。有些学生离家久了,可能怀念家里人,不安心,孔子做了思想工作。

14.3

子曰:"邦有道,危①言危行;邦无道,危行言孙②。"

【译】

孔子说:"国家政治清明,言与行都可以高尚不俗;国家政治黑暗,行为仍要高尚,言论可得小心。"

【注】

①危,郑玄训"高",可从。

②孙,读作逊。

14.4

子曰:"有德者必有言^①,有言者不必有德。仁者必有勇,勇者不必有仁。"

【译】

孔子说:"有道德的人一定有珍贵的语言,有珍贵语言的人不一定有道德。仁爱的人一定勇敢,勇敢的人不一定仁爱。"

【注】

①人必"有言",除非哑巴,这里的"言",应指与德相称的珍贵语言。

【评】

"有言者不必有德","有德者"也未必"有言"。有些有德者性格内向,为人低调,只会埋头苦干,不想表现自己,颜渊就是这么一个老实人。7.16 是一段脍炙人口的名言,子曰:"饭疏食饮水,曲肱而枕之,乐亦在其中矣。不义而富且贵,于我如浮云。"这种话如果让颜渊讲,正合身份,但颜渊却无此类之言。孔子周游列国时还有"俸粟六万",晚年归鲁后,有家宰原思帮他理财,孔子讲这些话,就有点滑稽。两千年来,多少人击节欣赏,我却不理解。7.16 的评语,几经修改,最后以"安贫乐道"的想像之词说之,或为尊者讳乎?

孔子"有德"又"有言"的原因,是他性格外向,比较善言、多言。

微生亩批评他"佞"(14.32),可能不是完全没有根据。孔子有自知之明,经常强调要"谨言"、少言,经常批评"佞"。但人的个性特点很难彻底改变。孔子很重视修身,也无法改变自己的胆汁质气质和外向型性格,这样的人往往显得多言,容易给人以"佞"的印象。

14.5

南宫适问于孔子曰:"羿善射①,奡荡舟②,俱不得其死然。禹、稷躬稼而有天下。"夫子不答。

南宫适出,子曰:"君子哉若人! 尚德哉若人!"

【译】

南宫适问孔子:"羿擅长射箭,奡能陆上行舟,他们都不得善终。禹和稷亲自种庄稼却得到天下。(为什么会这样?)"孔子不回答。

南宫适出去后,孔子说:"这个人真是君子啊! 这个人多么尊重道德!"

【注】

①羿(yì 艺),夏代东夷有穷国君主,曾代夏政。传说他射落九日,其妻嫦娥奔月。

②奡(ào 傲),一作浇,夏代寒浞的儿子,也是东夷人,也是夏朝的乱臣贼子。传说奡有大力,能陆上行舟。

【评】

南宫适是孔子的得意门生,还是孔子的侄女婿。他请教的问题,孔子为什么不答? 详见7.21"评"。

14.6

子曰:"君子而不仁者有矣夫,未有小人而仁者也。"

【译】

孔子说:"执政者中有不仁的人,百姓中不会有仁人。"

14.7

子曰:"爱之,能勿劳乎? 忠焉,能勿诲(谋)^①乎?"

【译】

孔子说:"爱他,能不为他尽力吗? 忠于他,能不为他谋划吗?"

【注】

①诲,李零读作谋。李说:"战国文字,谋字的写法,最常见,是从心从母(如中山王鼎和郭店楚简)。《说文·言部》,谋字的古文写法,也是从口从母或从言从母,相当诲。参看:《学而》1.4'为人谋而不忠乎'。"(第252页)谨按:诲与忠不如谋与忠相配,李说既有古文字根据,又有《论语》1.4章的文本根据,拙译从之。

14.8

子曰:"为命^①,裨谌^②草创之,世叔^③讨论之,行人子羽^④修饰之,东里子产^⑤润色之。"

【译】

孔子说:"郑国政令文件产生的过程是这样:裨谌起草,世叔提意见,外交官子羽修改,子产最后润色。(因此很少出问题。)"

【注】

①命,即令,此指政令。

②裨(bì 庇)谌(chén 臣),郑国大夫,又称裨灶。据《左传》记载,他对郑国农村很熟悉,善于出谋划策。

③世叔,即《左传》的子太叔,名游吉。他有文采。

④行人子羽,行人是外交官名,子羽是公孙挥的字。

⑤东里子产,东里是地名,在今郑州市,子产所居地。子产的姓名是公孙侨,属于郑国七大贵族(七穆)之一的国氏。

14.9

或问子产①,子曰:"惠人也。"

问子西②,曰:"彼哉!彼哉!"

问管仲。曰:"人③也。夺伯氏骈邑三百,饭疏食,没齿无怨言。"

【译】

有人问子产是怎么样的人。孔子说:"是个对人民有恩惠的人。"

又问到子西。孔子说:"他么,他么……"

又问到管仲。孔子说:"是个仁人。他夺了伯氏骈邑三百户的采地,使伯氏只能吃粗食,而伯氏至死无怨言。"

【注】

①子产是郑国最著名的执政大臣,始见于《左传》襄公八年(前565年)。前554年,子产任少政,始为卿。前544年,子皮当国,次年,子皮授政子产,前522年卒,当政时间首尾22年。这段时间,郑国强盛。子产当政之初(前543年),孔子才9岁;子产死时,孔子31岁。《左传》襄公三十一年,孔子说:"人谓子产不仁,我不信也。"《左传》昭公二十年,子产临终前,对继承人子大叔说:"我死,子必为政。唯有德者能以宽服民,其次莫如猛。"子产死后,"大叔为政,不忍猛而宽。郑国多盗……"。"仲尼曰:'善哉!政宽则民慢,慢则纠之以猛。猛则民残,残则施之以宽。宽以济猛,猛以济宽,政是以和。'"《左传》是年又记:"及子产卒,仲尼闻之,出涕曰:'古之遗爱也。'"

②子西,春秋时期有三个子西,一是子产的同宗兄弟、子产的前任执政公孙夏;二是楚国的斗宜生,生当鲁僖公、文公之世;三是楚国的公子申(根据古文字资料,应称王子申),与孔子同时。此"子西",不知指谁。

③人,读作仁。下文 14.16 孔子称赞管仲道:"如其仁,如其仁。"《荀子·大略》:"子谓子产惠人也,不如管仲。"因为管仲可以称仁。

【评】

管仲夺伯氏的骈邑三百户,是猛政,不是宽政。孔子仕鲁期间,杀少正卯,镇压公山弗扰,堕三都,也都是猛政。可知孔子的仁政思想,不是妇人之仁,而是宽猛相济的仁。上文 12.19 季康子问政,孔子对曰:"子为政,焉用杀?"是在野道德家空谈政治,唱高调,是孔子偏激性格的表现,是他经常失言的一例,不能反映孔子的真实思想。

14.10

子曰:"贫而无怨难,富而无骄易。"

【译】

孔子说:"贫而无怨,难啊! 富而不骄,容易。"

14.11

子曰:"孟公绰①为赵、魏老②则优③,不可以为滕、薛④大夫。"

【译】

孔子说:"孟公绰如果做晋国诸卿赵氏、魏氏的家臣,能力绰绰有余,却当不了滕、薛这些小国的大夫。"

【注】

①孟公绰,鲁大夫,三桓孟氏之后,以贤闻名。《左传》襄公二十五年(前548)有记载,当时孔子才5岁。他是孔子景仰的前贤。

②"赵、魏"都是晋国的卿大夫。大夫的家臣古称"老",或"室老",工作清闲,但要贤良。

③优,优裕,力有余裕。

④滕的故城在今山东滕县西南十五里,薛的故城在今滕县南四十四里。滕、薛都是小国,在鲁附近。

【评】

下章说孟公绰"不欲"。孔安国注云:"公绰性寡欲,赵、魏贪贤,家老无职,故优。滕、薛小国,大夫政烦,故不可为。"贤人也各有特点,各有不同的用处。

14.12

子路问成人①。子曰:"若臧武仲②之知(智),公绰之不欲,卞庄子③之勇,冉求之艺,文之以礼乐,亦可以为成人矣。"曰④:"今之成人者何必然?见利思义,见危授命,久要⑤不忘平生之言,亦可以为成人矣。"

【译】

子路问怎样才是完人。孔子说:"像臧武仲的聪明、孟公绰的清心寡欲、卞庄子的勇敢、冉求的多才多艺,(综合这四人的长处,)再用礼乐来包装美化,就可以成为完人了。"(子路)说:"如今的完人何必要这样呢?能见利思义,想想该拿不该拿;能见义勇为,愿意付出生命;长期贫困仍不忘平生诺言,(具备这三条)也可以说是完人了。"

【注】

①成人，犹今"完人"，完美的人。

②臧武仲，鲁大夫臧孙纥。臧或臧孙都是氏，纥是名，武是谥号，仲是排行。他是臧文仲（见于5.18、15.14）的孙子、臧宣叔的儿子，为继室所生，立为臧氏接班人，不合礼法，但以聪明闻名于世。据《左传》、《孔子家语》记载，他生前就以聪明而被鲁人普遍称为"圣人"。圣人就是聪明人、智者，不一定是伟人，这是"圣"的本义。孔子只称他"智"，不称他圣，因为孔门师生口中的"圣"、"圣人"都是变义的，要求高得多，详见本书附录一：《圣字的本义与变义》。

③卞庄子，鲁国勇士，子路的乡人，《荀子·大略》和《韩诗外传》卷十载有他的勇敢故事。

④曰，此"曰"字，古今绝大多数学者都认为是孔子继续说，或过段时间再说。朱熹《论语集注》引"胡氏曰：今之成人以下乃子路之言"。宋人胡氏是始发难者，但不知其理由如何。朱熹只引胡氏的观点，他自己不予赞同。晚清刘宝楠《论语正义》说，胡氏"独以为子路言，于义似较长"，也没有说明理由。程树德《论语集释》引了多本著作的不同见解，其中引宋人郑汝谐《论语意原》："此皆子路之所长也，以'何必然'三字观之，必子路之言。"李零支持"子路之言"的说法，并列举一些理由。我也支持这些少数派的观点，理由详见下文"评"语。

⑤要，读作约，穷困。

【评】

子路是孔子思想的第一个修正主义者。本章就提供了一个绝妙的"修正"案例。孔子回答"成人"的标准后，子路打出"今"的旗帜，提出"成人"的新标准。这新标准只有三条：一是"见利思义"；二是"见危授命"；三是久处穷困之境而不改平生之志。这三条，都是子路的胜人之处。他不提"智"、"艺"、"礼乐",因为这三者都是子路的弱项。他的"成人"新标准好像是根据自己的情况设计的。这个子路啊,真是心直口快,毫不掩饰,既可笑又可爱!

这个"曰",如果是孔子说,"礼乐"是绝对不会删掉的。尤其于"今","礼坏乐崩",非强调不可。而子路对孔子的修正,首先针对旧"礼乐"。孔子的"正名"首先要正礼制的名实关系,子路却批评他为"迂"(13.3)。本章则明目张胆地把"礼乐"删掉,真是胆大妄为。子路这番话为什么能被收进《论语》呢?因为《论语》不是孔子编的,而是他的弟子与再传弟子编的。孔子的学生都不为旧礼制唱挽歌,不像孔子那么恋旧。3.17 章"子贡欲去告朔之饩羊",孔子却要保留那名存实亡的"礼"。翻遍《论语》,没有一个学生谴责"礼坏乐崩",没有一个学生谴责"天下无道",没有一个学生谴责僭越违礼。在那社会转型日趋剧烈的时代,师生的代沟日渐加深,其他学生对老师采取"不争论"的态度,只有子路快人快语,他又是弟子中的大师兄,胆敢向老师叫板,与老师顶嘴。不过,本章子路之"曰",应该是在另外的时间、地点说的,如果当着孔子的面、紧接孔子的话说,非遭到老师劈头盖脸的训斥不可。不过,"野哉由也"(13.3)的千古之评,反得到今人的由衷喜爱。

14.13

子问公叔文子①于公明贾②曰:"信乎,夫子不言,不笑,不取乎?"

公明贾对曰:"以③告者过也。夫子时然后言,人不厌其言;乐然后笑,人不厌其笑;义然后取,人不厌其取。"

子曰:"其然?岂其然乎?"

【译】

孔子向公明贾探问公叔文子的情况,说:"是真的吗,听说他老人家不说话,不笑,不取钱财?"

公明贾答道:"这是传话的人说错了。他老人家该说的时候才说,人家不讨厌他的话;真正高兴才笑,人家不讨厌他的笑;该取的钱财才取,人家不讨厌他的取。"

孔子说:"这样吗? 难道真的这样吗?"

【注】

①公叔文子,卫国大夫,即吴季札称卫国六君子之一的公叔发(《左传》襄公二十九年),《礼记·檀弓上》记有他的故事。公叔是氏,发(或作拔)是名,文子是谥号。见于14.13、13.18。

②公明贾(jiǎ 假),卫灵公的大臣,见于3.13、14.19。

③以,代词,犹"此"。

14.14

子曰:"臧武仲以防求为后于鲁①,虽曰不要②君,吾不信也。"

【译】

孔子说:"臧武仲以献出私邑防地为交换条件,请求鲁襄公替他在鲁国立嗣(继承人),虽然有人说不是要挟国君,我不相信。"

【注】

①事见《左传》襄公二十三年(前550年)。臧武仲是继室所生,即位不合礼法。后来,他又积极参与季孙氏的废立活动,也是支持废长立幼,既得罪被废的季氏长子,又得罪孟氏,遭到诬陷与围攻。他料到自己无法在鲁国立足,在逃亡齐国之前,献出封邑防

城作为交换条件,请求鲁君在防地为臧氏立继承人,鲁君立其异母之弟为其后。他逃到齐国后,齐庄公想封给他土地,他设法推辞,因为他预料齐庄公将不得善终。献出防城,拒封齐土,是他聪明过人、料事如神的两大举措,被时人称为"圣人"。圣的原义是聪明睿智。但孔子不认可,因为孔子重德甚于重才,只称他智,不称他圣。孔子使用的是变义的"圣",单凭聪明是不能称圣的。《左传》:"仲尼曰:'知之难也。有臧武仲之知(智),而不容于鲁国,抑有由也,作不顺而施不恕也。'《夏书》曰'念兹在兹',顺事、恕施也。""作不顺"是批评他废长立幼,"施不恕"是批评他没有将心比心,为被废者想想。防是臧氏的私邑,在今山东费城东北六十里的华城,接近齐国边境。

②要(yāo 腰),要挟。称此事为要挟,似乎言之过甚。用今天的话称"交换条件",可能更妥,臧武仲以"有后"作为"致防"的交换条件,他本人虽失去防地,其家族仍保有防,这是退而求其次的聪明办法。孔子对臧武仲没有好印象,与当时鲁人的看法不同。当时鲁人都称臧武仲为圣人,孔子可能不满。

14. 15

子曰:"晋文公谲①而不正,齐桓公正而不谲。"

【译】

孔子说:"晋文公玩弄阴谋诡计,作风不正派;齐桓公作风正派,不搞阴谋诡计。"

【注】

①谲(jué 决),狡诈。

【评】

齐桓公、晋文公、楚庄王、吴阖闾、越勾践,先秦著作《墨子》等书,称之为春秋五霸,而以齐、晋二霸最为著名。按孔子的说法,齐桓公称霸是"礼乐征伐自诸侯出"的始作俑者,是"天下无道"的重要表现之一。但孔子褒齐桓而贬晋文。褒齐桓是表彰他的"尊王攘夷"功绩,连带把管仲也褒进去。其实,晋文公的"尊王攘夷"功绩决不在齐桓公之下。先说"尊王"。公元前635年,周王朝发生王子带之乱,襄王出逃在外,王子带进入王城。晋文公出兵送襄王回城,诛王子带,挽救了一场王朝危机。再说"攘夷"。晋文公除了北抗戎狄,还南战强楚。楚君称"王",被中原诸夏视为蛮夷,其势力日益强大,威胁中原诸夏。公元前633年的城濮之战,晋军大败楚军。次年,先后会盟诸侯于践土与温。白寿彝任总主编的《中国通史》说:"晋文公的霸业,比齐桓公更有军事上的成就,也有更大的政治影响。而且齐桓公的霸业,是及身而论,晋文公的霸业在他身后仍有延续。"这是确论。孔子褒齐桓而贬晋文,有失公正。践土与温之盟,晋文公邀请周襄王参与,孔子对此大为不满。《左传》僖公二十八年,引"仲尼曰:'以臣召君,不可以训'"。这是重名轻实、重形式轻实质,是孔子"复礼""正名"的思想表现,正如子路说的:"有是哉子之迂也!"(13.3)在当时的新形势下,周王无力召诸侯会盟,侯伯请周王参加,正是"尊王"的表现。孔子的批评脱离实际,顾名不顾实。

14.16

子路曰:"桓公杀公子纠,召忽死之,管仲不死。"[1]曰:"未仁乎?"子曰:"桓公九[2]合诸侯,不以兵车,管仲之力也。如[3]其仁! 如其仁!"

【译】

子路说:"齐桓公杀了(哥哥)公子纠,(公子纠的师傅)召忽因此自杀殉职,(他的另一位师傅)管仲却没有去死(被俘后还当了齐桓公的宰相)。"又说:"(管仲)总未能称仁吧!"孔子说:"桓公多次会盟诸侯,停止战争,都是管仲出的力,这就是仁! 这就是仁!"

【注】

①事见《左传》庄公八年、九年。公子纠与齐桓公是兄弟关系,都是齐襄公之弟。齐襄公无道,公子纠由管仲和召忽侍奉逃往鲁国,齐桓公由鲍叔牙侍奉逃往莒国。后来,襄公被杀,桓公先入齐国,立为国君,兴兵伐鲁,鲁国被迫杀公子纠,召忽自杀,管仲被俘,后来还做了齐国宰相,辅佐齐桓公称霸。

②九,读作纠。齐桓公纠合诸侯十一次。

③如,犹乃。晚清黄式三《论语后案》:"如,犹乃也。《诗》'如震如怒',《扬子法言·学行》篇'如其富,如其富',《吾子》篇'如其智,如其智',《问道》篇'如申韩,如申韩',皆如训为乃之证也。"(凤凰出版社,2008 年,第 404 页)

【评】

《说苑·善说》与《家语·致思》写子路问管仲"为人何如",子曰:"仁也。"理由比本章周详。

14.17

子贡曰:"管仲非仁者与? 桓公杀公子纠,不能死,又相之。"子曰:"管仲相桓公,霸诸侯,一匡天下,民到于今受其赐。微①管仲,吾其②被③发左衽④矣。岂若匹夫匹妇之为谅⑤也,自经⑥于沟渎⑦而莫之知也?"

【译】

　　子贡说:"管仲不是仁人吧,齐桓公杀公子纠,他没有以身殉难,反而辅佐桓公。"孔子说:"管仲辅佐桓公,称霸诸侯,一统天下,人们至今还受到他的恩惠。没有管仲,我大概要披头散发,穿左襟衣服,(沦为夷狄吧!)他难道能够(不顾天下大任,)像普通小百姓那样,拘于小节小信,自杀于小山沟里而默默无闻吗?"

【注】

　　①微,无。

　　②其,揣测之词,犹"大概"。

　　③被,同披。

　　④左衽,衣襟左开。华夏束发右衽,夷狄披发左衽。齐桓公时,北方夷狄强盛,威胁中原。齐桓公联合中原诸侯,尊王攘夷,击败夷狄。例如卫国曾亡于夷狄,是齐桓公帮助它复国迁都。

　　⑤谅,小信(朱熹《集注》),周南、召南和卫国方言(卷一《方言》)。

　　⑥经,缢死。

　　⑦沟渎,即《孟子·梁惠王》中的"沟壑"。

【评】

　　子路、子贡都说管仲不仁,后来的孟子也如此说。子路与子贡都是重视事功的人,他们反映的应该是当时不少人的观点。但孔子盛赞管仲,竟破例慷慨,肯定他为"仁者"。孔子指名称许的仁人、仁者只有六位:微子、箕子、比干、伯夷、叔齐、管仲。前五位都是数百年前的商周古人,管仲(?—前645年)是春秋初期人,与孔子属同一时代。孔子一生,虽为道德家,"五十而知天命"以后,又身兼政治家。14.15、14.16、14.17三章应是"五十而知(行)天命"

以后说的话,故能重政治而轻道德。孔子曾认为:"博施于民而能济众"是行仁的最高境界(6.30)。

管仲的主要贡献是"尊王"与"攘夷"。"微管仲,吾其被发左衽矣",即属"攘夷"之功。孔子此话表明,他的华夷之辨甚严,不可能有"欲居九夷"(9.14)的想法,那是幽默的玩笑话,不可信以为真。

孔子曾批评管仲"不知礼"(3.22),这里又称他为仁者。从理论言,"克己复礼为仁",礼与仁是一致的。但是人的一生言行,不可能完全一致,仁者不但可能有非礼的行为,甚至可能有不仁的行为。3.22章批评管仲"不知礼",说的是些行为小节,本章称他"仁",是就管仲一生的主要事业贡献而言。就事论事,不搞一刀切,是孔子的务实精神,值得后人学习。

14.18

公叔文子①之臣大夫僎②,与文子同升诸③公。子闻之,曰:"可以为'文'矣。"

【译】

公叔文子的家臣大夫僎,(由于文子推荐)与文子一起晋升为国家大臣。孔子听到这事,说:"可以给他'文'的谥号啊!"

【注】

①公叔文子,已见于14.13。文是谥号。《公冶长》5.15孔子曾说:"敏而好学,不耻下问,是以谓之文也。"

②僎(zhuàn 篆),公叔文子的家臣,其事迹书传未闻,仅见于此。公叔文子可能"不耻下问",经常向僎请教问题,而被后人谥为"文"。孔子也有"每事问"(3.15、10.21)的特点,故对此特别

重视。

③诸,于。

14. 19

子言卫灵公①之无道也,康子曰:"夫如是,奚而不丧?"孔子曰:"仲叔圉②治宾客,祝鮀③治宗庙,王孙贾④治军旅。夫如是,奚其丧?"

【译】

孔子讲到卫灵公的糊涂昏乱,季康子说:"既然如此,卫国怎么不会败亡?"孔子说:"仲叔圉办外交,祝鮀管祭祀,王孙贾率领军队,这样,怎么会败亡?"

【注】

①卫灵公(前534—前493年),孔子于公元前497年开始事卫灵公。《论语》写到卫灵公两次:14. 19、15. 1。

②仲叔圉,即孔文子。已见于5. 15。

③祝鮀,卫灵公的太祝。已见于6. 16。

④王孙贾,已见于3. 13。

14. 20

子曰:"其言之不怍①,则为之也难。"

【译】

孔子说:"一个人大言不惭,实践起来就难了。"

【注】

①怍(zuò作),惭(马融说)。

14. 21

陈成子①弑简公。孔子沐浴而朝,告于哀公曰:"陈恒弑其君,请讨之。"公曰:"告夫三子②!"

孔子曰:"以吾从大夫之后③,不敢不告也,君曰'告夫三子'者!"

之三子告,不可。孔子曰:"以吾从大夫之后,不敢不告也。"

【译】

陈成子杀了齐简公。孔子斋戒沐浴,然后上朝,报告鲁哀公说:"陈恒杀了他的君主,请讨伐他。"哀公说:"你去告诉他们三个吧。"

孔子(退朝后对人)说:"因为我曾经忝为大夫,不敢不来报告,君主却叫我去问他们三位。"

孔子去向那三位卿大夫报告,他们都不肯出兵。孔子说:"因为我曾经忝为大夫,不敢不来报告。"

【注】

①陈成子,名恒,即《史记》田常,陈、田古通。其祖先陈完,本是陈国贵族,因内部斗争,于齐桓公十四年(前671年)逃奔齐国,为工正。到陈成子的祖父陈桓子、父亲陈僖子,已位居正卿。陈成子相简公。陈恒治齐,很得民心;简公平庸,无所作为。陈恒杀简公后,立其弟为齐平公,陈恒继续为相,遂专齐政。

②三子,指季孙氏、叔孙氏、孟孙氏。

③"从大夫之后",这是谦称。孔子曾做过鲁司寇,是大夫级的官,但早已退职,故自称是大夫中的"从"而"后"之者。

【评】

这一章,被一些学者看作是孔子"知其不可而为之"(14. 38)的典型案例之一。钱穆说:"孔子亦知其所请之不得行,而必请于君,请于三家,亦所谓知其不可而为之也。"(第 371 页)李泽厚说:"这就是孔夫子的'迂'劲……虽知白说,也要去说。这也是一种'知其不可而为之'的精神?!"(第 394 页)

孔子是否"虽知白说,也要去说"呢? 未必。《左传》哀公十四年记载:

> 孔子三日齐(斋),而请伐齐三。公曰:"鲁为齐弱久矣,子之伐之,将若之何?"对曰:"陈恒弑其君,民之不与者半。以鲁之众加齐之半,可克也。"

根据这条记载,孔子建议伐齐,并非纯粹出于义愤与尽责,而且考虑到胜算后果。孔子的胜算是否正确可靠,那是另外问题,单就孔子的主观判断而言,他是"知其""可克"才建议讨伐陈恒,不是"知其不可而为之"。

"陈成子弑简公",在鲁哀公十四年(前 481)六月五日,孔子 72 岁。这年春,"西狩获麟"(《春秋经》)。这一年不知哪个时候,颜渊卒。"陈成子弑简公",是孔子最痛恨的"天下无道"的典型案例。人已垂暮,还要拍案而起,仗"道"执言,不在其位,仍谋其政。古今学者都说孔子晚年已知其"道不行",不知何据?

14. 22

子路问事君。子曰:"勿欺也,而犯之。"

【译】

子路问怎样服事君主。孔子说:"不能(阳奉阴违)欺骗他,而要(当面直谏)触犯他。"

14.23

子曰:"君子上达,小人下达。"

【译】

孔子说:"君子向上走,小人往下滑。"

14.24

子曰:"古之学者为己,今之学者为人。"

【译】

孔子说:"古人学习是为了充实自己的道德学问,今人学习是为了装点门面给别人看看。"

14.25

蘧伯玉①使人于孔子。孔子与之坐而问焉,曰:"夫子何为?"对曰:"夫子欲寡其过②而未能也。"

使者出,子曰:"使乎! 使乎!"

【译】

蘧伯玉派一位使者来拜访孔子。孔子请他坐,然后问道:"他老人家在干什么?"答道:"他老人家想减少过错却未能做到。"

使者出去后,孔子赞叹道:"好一位使者! 好一位使者!"

【注】

①蘧(qú 渠)伯玉,卫大夫,名瑗,字伯玉,是吴季子盛赞的卫六君子之一(《左》襄二十九年)。比孔子年长,孔子在卫时,曾住在他家。又见于 15.7。

②寡其过,《淮南子·原道篇》说:"蘧伯玉年五十而知四十九非。"杨伯峻说:"大概这人是位求进甚急善于改过的人。使者之言既得其实,又不卑不亢,所以孔子连声称赞。"(第 154 页)

14.26

子曰:"不在其位,不谋其政。"①

曾子曰:"君子思不出其位。"②

【译】

孔子说:"不在那个职位,就别管那边的政务。"

曾子说:"君子思考的问题不超出自己的职位。"

【注】

①已见于《泰伯篇》8.14。

②意思与孔子的话相同。

【评】

曾子是在野儒士,思想与孔子"五十而知(行)天命"以前相似,故把两人意思相同的话编在一起。

14.27

子曰:"君子耻其言而过其行。"

【译】

孔子说:"君子耻于言过其行。"

14.28

子曰:"君子道者三,我无能焉:仁者不忧,知者不惑,勇者不惧。"子贡曰:"夫子自道也。"

【译】

孔子说:"君子的标准有三条,我都达不到:仁爱的人不忧愁,聪明的人不糊涂,勇敢的人不畏惧。"子贡说:"老师在说自己。"

14.29

子贡方①人。子曰:"赐也贤乎哉? 夫我则不暇。"

【译】

子贡经常闲聊人家的缺点。孔子批评道："赐啊！你就够好了吗？我可没有这么多(耍嘴皮损人的)闲工夫。"

【注】

①方，读作谤。

14. 30

子曰："不患人之不己知，患其不能也。"

【译】

孔子说："不怕人家不知道，只怕自己没本事。"

14. 31

子曰："不逆①诈，不億②不信，抑亦先觉者，是贤乎！"

【译】

孔子说："不事先设想别人欺诈，不臆测别人不诚信，却临事能见微知著，及时觉察别人的欺诈和无信，这种人是贤人。"

【注】

①逆，逆料，即事先猜测。

②億，读作臆。

14. 32

微生亩①谓孔子曰："丘何为是栖栖者与？无乃为佞乎？"孔子曰："非敢为佞也，疾固也。"

【译】

微生亩对孔子说："丘啊，你干么这样忙忙碌碌(到处游说)？不是要逞口才吧？"孔子说："我哪敢逞口才，而是痛心有些人的顽固不化(想给他们开开窍)。"

【注】

①微生亩,生卒年不详,他直呼孔子之名,言辞傲慢又尖刻,应年长于孔子。"生"读作"甥",他是微氏家族的外甥,以外公、舅舅家的氏为氏,亩是名。《通志·氏族略》说他是"鲁武城人"。

【评】

本章是一场刀来枪往、针锋相对的辩论记录。孔子一生讨厌油嘴滑舌、花言巧语,是个"恶夫佞者"(11.25)的人。微生亩以子之矛攻子之盾,讥孔子"佞"。孔子因是晚辈,修养较好,注意礼让,开头说自己"非敢为佞也"。"非敢"是谦词,最后还是当仁不让,露出锋芒,讥微生亩"固",但没有指明其人,还是注意礼让,做到"礼恭而言直"(朱熹《集注》)。孔子生前遭遇的辩论一定不少,可惜基本上没有记录下来,这一章很珍贵。

14.33

子曰:"骥①不称其力,称其德也。"

【译】

孔子说:"称'千里马',不是赞它的力,而是赞它的德。"

【注】

①骥,千里马。

【评】

千里马何德之有? 这是以"骥"比喻人才。人才的素质包括德与才两大方面,孔子不是不爱才,而是重德超过重才。所谓"不称其力,称其德也",是孔子常见的偏颇之言,为了突出主要的,往往否定次要的。此章类似于"未能事人,焉能事鬼?""未知生,焉知死?"为了突出颜渊的"好学",说颜渊死后,学生中再也找不出"好学"的人。

14.34

或曰:"以德报怨①,何如?"子曰:"何以报德? 以直报怨②,
以德报德。"

【译】

有人说:"用恩德来报答怨恨,怎么样?"孔子说:"那用什么报
答恩德呢? 应该以正直报答怨恨,以恩德报答恩德。"

【注】

①"以德报怨"意同《老子》的"报怨以德"。老子其人年长于
孔子,《老子》其书却晚于《论语》,孔子此话不可能针对《老子》而
发。但这种话孔子时完全可能存在,这种实际上做不到的道德高
调,不但中国有,外国也有,例如《圣经》的"右脸被打,送上左脸"、
佛经的"舍身饲虎"等,都是外国版的"以德报怨"。

②"以直报怨",古今学者歧解纷繁,都是以字说字,空言说经。
其实,最准确的答案就在下文 14.36。

14.35

子曰:"莫我知也夫!"子贡曰:"何为其莫知子也?"子曰:
"不怨天,不尤①人,下学而上达②,知我者其天乎!"

【译】

孔子叹道:"没有人了解我啊!"子贡说:"为什么没有人了解先
生呢?"孔子说:"不怨天,不怪人;下学人事,上达天命,了解我的,
只有天吧!"

【注】

①尤,古通怣,责怪。

②皇侃《论语义疏》说:"下学,学人事;上达,达天命。我既学人事,人事有否有泰,故不尤人。上达天命,天命有穷有通,故我不怨天也。"

【评】

本章与上文14.30有矛盾。矛盾的原因与说话的时间不同有关。14.30与1.1、1.16、15.19都是"五十而知天命"以前和周游列国早期说的话。本章与下文14.39都是周游列国后期说的话,这时候,生活实践使孔子尝到"人不知"、"人之不己知"的滋味。知识分子,尤其是用世之心较强的知识分子,最大的痛苦莫过于"怀才不遇",历史上多少文人留下这方面的怨言哀叹!孔子是圣人,圣人也是人,他怀才不遇,能不"怨""尤"吗?他说自己"不怨天,不尤人",是"克己"的话,内心的"怨""尤"谁能禁止呢?"五十而知(行)天命"以后,他对天下大势的估计非常乐观(详见16.2、16.3的评语),他对自己的仕途也很乐观(详见10.26、13.10的评语)。但是,十多年的求君行道活动结果如何呢?子路、子贡、冉有等经常受老师批评的学生,纷纷被鲁、卫、齐等国任用,在政治舞台上大显身手。只有孔子与他的模范学生颜渊始终不得任用。将心比心,谁处于孔子与颜渊的位置,都会痛苦的,都会收起"不患人之不己知"的高调,而要流露出"莫我知也夫"的哀叹。

"知我者其天乎",这是孔子相信天有神性的又一坚证。由于坚信天有神性,故敢"以直报怨"。14.34—14.36,三章是一个意思。

14.36

公伯寮①愬②子路于季孙。子服景伯③以告,曰:"夫子固有惑志于公伯寮,吾力犹能肆诸市朝④。"

子曰:"道之将行也与,命也;道之将废也与,命也。公伯寮其如命何!"

【译】

公伯寮向季孙毁谤子路。子服景伯把这事告诉孔子,并说:"季孙他老人家已经被公伯寮迷惑了,但我还有能力把公伯寮杀掉,把他的尸体拿到街头示众。"

孔子说:"真理将实行,是天命;真理将废弃,也是天命。公伯寮能对天命怎么样?"

【注】

①公伯寮,字子周,鲁人,孔子学生,明嘉靖年间被开除出孔庙。

②愬,同诉。

③子服景伯,子服是氏,景是谥号,伯是排行,名何。鲁大夫。子服氏是仲孙氏的一个分支,属孟孙之族,是孟献子第四世孙,也算三桓子弟。

④市朝,罪人尸体在街道或朝廷示众。

【评】

"公伯寮愬子路于季孙",这对孔子来说,是一件可"怨"恨的事,子服景伯想对公伯寮施行"市朝",这是以怨报怨。孔子不同意,主张"犯而不校"(8.5),听天由"命"。这就是孔子"报怨"的态度。上文14.34孔子主张"以直报怨"。什么叫"直"呢? 古今学者说法纷纭,都是以字解字,空言说经。本章所述之事,是解"直"的绝妙案例,那就是由老天爷来处理,因为老天爷直而不枉,会主持公道。本章没有天字,只有"命"字,而在孔子心目中,命由天定,"命"与"天命"是一个概念。本章的三个"命"字,都可换成"天"

字。用具体事例来解释孔子思想,可以避免空言说经的流弊,比以字解字更能准确地读懂文本。从孔子对公伯寮的态度可以看出,"以直报怨",犹言"树正不怕影斜"、"白天不做亏心事,夜半敲门心不惊"。为什么不"怕"不"惊"?因为相信老天有眼,直而不枉,"知我者其天乎",故敢"以直报怨"。

14.37

子曰:"贤者辟(避)世^①,其次辟地^②,其次避色^③,其次避言^④。"

子曰:"作者七人矣^⑤。"

【译】

孔子说:"贤人避世隐居,次一等的择地而居,再次一等的不看别人难看的脸色,更次一等的不听别人的恶言恶语。"

孔子又说:"这样的人已有七位。"

【注】

①辟,同避。下文18.6隐士桀溺自称是"辟(避)世之士"。本章孔子说"贤者辟世",与隐士同调。

②辟地,8.13孔子说:"危邦不入,乱邦不居。"

③辟色,不要看盛气凌人的脸色,意谓避坏人。

④辟言,不要听恶言恶语,也是避坏人。下文18.6,桀溺批评子路"从辟人之士",意谓孔子只是避坏人的人,不如自己是"辟世之士",咱们隐士比你老师更高明。与本章意合。

⑤"作者七人",下文18.8"逸民:伯夷、叔齐、虞仲、夷逸、朱张、柳下惠、少连"可能指这七人。

【评】

本章肯定说于"五十而知(行)天命"以前。当时,孔子是半个隐士逸民,"为政"观念淡薄,故以"避世"为最贤。周游列国后期,孔子与子路遇上两位隐士,隐士桀溺对子路说"与其从辟人之士也,岂若从辟世之士",也以避世为最贤。孔子听了子路的转述后,怃然叹道:"鸟兽不可与同群,吾非斯人之徒与而谁与? 天下有道,丘不与易也。"意思是说,他只能永远与世人同处,无法避世,天下愈无道,愈要参与救世。态度与本章完全相反。人生态度发生剧变的原因,是"五十而知天命"。可以想见,如果没有"五十而知天命",孔子不会有仕鲁四年、周游列国的壮举,他的一生将波澜不惊,生命必将逊色不少。

14. 38

子路宿于石门①。晨门②曰:"奚自?"子路曰:"自孔氏。"曰:"是知其不可而为之者与③?"

【译】

子路投宿石门。(第二天早晨)看守城门的人说:"从哪里来?"子路说:"从孔家来。"守门人说:"就是那个知道做不到却硬要去做的人吗?"

【注】

①石门,郑玄注:"鲁城外门也。"

②晨门,早晨守城门的人。古今学者都认为他是个隐者,思想属道家前驱。

③"知其不可而为之者",汉代包咸说:"言孔子知世不可为而强为之也。"包氏此言被后人纷纷称引,笔者未看到反对意见。现

当代学者的解释与翻译也都与包氏的解释一致。钱穆与李泽厚的译文一字不差,说孔子是"知道不可能还要去做的人"。杨伯峻的译文是"知道做不到却定要去做的人"。南怀瑾的解释是"明知道做不到却硬要做"。总之,明知是条死胡同,捧着脑袋去撞墙,这不是一个既可笑又可怜的大傻瓜吗? 晨门隐者这句话就是讥笑孔子是傻瓜,批评他不该入世,与《论语》里其他隐士的话完全一致。

【评】

杨伯峻说:"'知其不可而为之',可以说是'不识时务',但也可以说是坚韧不拔。"(《试论孔子》,第 13 页)如果就字解字,望文生义,杨氏的两可之说,或许有点可通。但若紧扣文本,联系具体语境,那就绝对不成立。杨伯峻与古今所有研究《论语》的学者一样,也认为石门司门者是"隐士",却又认为这句话是赞扬孔子"坚韧不拔"、"热心救世"的"极难得"、"可敬佩"的"精神"(第 13、14 页)。"隐士"怎么会表彰孔子"热心救世"呢? 杨氏此说,显然扦格难通,但在现当代却具有极高的代表性。例如:

胡适在 1919 年写的《中国哲学史大纲》一书中说:"'知其不可而为之'七个字写出一个孳孳恳恳终身不倦的志士。"(东方出版社,1996 年,第 61 页)他在 1930 年写的《中国中古思想史长编》中说:"儒家的特别色彩就是想得君行道,想治理国家。孔子的栖栖皇皇,'知其不可而为之',便是这种积极精神。"(华东师范大学出版社,1996 年,第 226 页)

现在,隐士这句话已成为彰显儒家积极入世精神的经典名言,是现当代《论语》研究的一个新亮点。而在古代,隐士这句话从来没有享受过这种殊荣,相反地,要受到一些正统儒学家的严厉批判。

　　朱熹《集注》说:"胡氏曰:晨门知世之不可而不为,故以是讥孔子,然不知圣人之视天下无不可为之时也。"朱注划清"晨门"与孔子的根本区别,指出"知"世不可为的是隐士,不是孔子,在圣人眼里,"天下无不可为之时"。

　　张居正《论语别裁》说,"知其不可而为之","盖讥孔子之不隐也"(陕西师范大学出版社,2007 年,第 230 页)。

　　朱熹与张居正的观点是当时的官方观点,也是古代的主流观点。朱熹引同时代学者胡氏(寅)的话作注,说明这不仅仅是他的个人意见。胡寅是著名经师胡安国的侄儿,过继给胡安国作儿子,胡寅的说法可能来自胡安国。

　　到了近现代,情况出现戏剧性变化,学者们整体倒戈。从康有为 1902 年著的《论语注》,到李零 2007 年出版的《丧家狗——我读〈论语〉》,无不以"知其不可而为之"来概括孔子的"一生"。

　　那么,让我们回顾一下,孔子"一生"究竟在"为"些什么? 有没有干过"知其不可而为之"的事情?

　　众所公认,孔子"一生""为"的最多的,莫过于办私学,从"三十而立""为"到七十多岁,"化三千,七十士",成绩无人可比,可说是知其大可而大为。似乎没有人说,孔子办私学也是"知其不可而为之"。单凭办私学这件事,就足以把孔子"一生"的主要实践活动,从"知其不可而为之"的评语中排除出去。

　　鲁定公五年,孔子 48 岁,季氏家臣阳虎窃取朝政,想拉孔子出仕,给自己支撑门面。孔子不愿意为虎作伥,坚决不去,《论语·阳货》(17.1)有生动记载。孔子对这件事是"知其不可而避之"。

　　鲁定公九年,阳虎政变失败,出逃国外,他的党羽公山弗扰犹在,占据费邑,打算叛变,派人请孔子参加,孔子想去,目的是想借此机会在东方复兴周公事业,幸亏被子路劝阻,避免了一场政治灾难。详见《论语·阳货》(17.5)。

这件事能不能说明孔子曾经"知其不可而为之"呢? 不能。孔子当初是因为"五十而知(行)天命"、用世之心太急切而一时糊涂,使他不"知"此事不可为,子路指点迷津后,他立即醒悟,"知其不可",立即不"为"。

从这年到第二年,孔子官运亨通,鲁定公先后任命他为中都宰(县长)、司空(建设部长)、司寇(公检法总长)、摄相(代丞相),连升四级。孔子这次出仕是"知其可为而为之"。

孔子出仕后的最大政绩,是鲁定公十年春,在齐鲁夹谷盟会上的出色表现,为鲁国赢得外交胜利,《左传》、《史记》都有详细记载。

笔者为此写过一首绝句:

夹谷歌

书生一展栋梁材,四步登天晓色开。

盟会台前深饮恨,风光此去不重来。

夹谷盟会是外交斗争,鲁国各派力量能团结一致,支持孔子。此后,孔子的工作转向国内,各派力量各怀鬼胎,孔子的工作就不那么顺利了。鲁定公十二年,孔子为了加强公室,领导了"堕三都"事件。由于鲁国卿大夫"三桓"的力量过于强大,"堕三都"基本失败,这对孔子的信心打击颇大。

我们今天可能会说,"堕三都"是"知其不可而为之",但孔子当初并非"知其不可",而是"未知不可而为之"。我们不能做事后诸葛亮,后人"知",不等于历史当事人也"知"。

"堕三都"失败后,加上其他不愉快事件,使孔子觉得鲁国不可为,才拂袖而去,开始了十四年的周游列国生活,这叫"知其不可而去之"。周游列国是孔子一生最坎坷的经历,往往被现当代学者选为"知其不可而为之"的样本案例。现在让我们来看看,这个首选案例是否可以成立。

周游列国之初,孔子对天下形势的分析非常乐观,详见 16.2 和 16.3 两章。他初到卫国,非常兴奋,13.10 记载:子曰:"苟有用我者,期月而已可也,三年有成。"

如此亢奋的情绪,难道是"知其不可而为之"的思想流露吗?孔子当时是知其大"可"而准备大"为"。冯友兰说,孔子"周游列国","明知不可能成功,却仍然坚持不懈"(《中国哲学简史》,第41页)。冯氏此说,没有提供任何史料根据,只是晨门那句话的通俗搬用。周游列国不是个人单干行为,孔子是带着一批最优秀、最贴心的学生出国的,是一次规模不小的集体行动。如果周游列国是"知其不可而为之",或"明知不可能成功",孔子将可以被评为世界历史上最不负责任的坏教师。

周游列国没有达到孔子预定的目的,但也不像今人所说的那么"倒霉"、"狼狈"、"完全失败"、"彻底失败"。

古希腊的柏拉图(前 427—前 347),也有十二年(前 399—前 387)的周游列国经历,到过埃及与南意大利。他出游的目的也是为了宣传与实现自己的政治理想,他的"理想国"比孔子更迂阔,更缺乏历史根据。公元前 387 年,他来到南意大利的叙拉古城邦。叙拉古是当时世界人口最多的希腊城市,是希腊本土以西最强大的城邦。柏拉图的德政思想触怒了叙拉古的统治者(僭主),本想处死柏拉图,因旁人劝阻,免于一死,但仍被当作奴隶卖到斯巴达的一个海岛上,后来被朋友安尼克里赎出,送还雅典❶。

柏拉图的周游列国,不但遭遇比孔子悲惨得多,而且缺乏开创意义,因为古希腊本来就有这种风气。孔子的周游列国意义重大,它是中国文化史上的破冰之旅,后来的墨子、孟子、荀子等人,接踵而来,以自己的政治思想游说诸侯,扩大社会影响,这不是后来百家争鸣的一种常见的活动形式吗? 冯友兰说得对,孔子"不断游说干君,带领学生,周游列国。此等举动,前亦未闻,而以后则成为风气;此风气亦孔子开之"(《中国哲学史》上册,华东师范大学出版社,2000 年,第 46 页)。此"风气"即百家争鸣的风气。

孔子带一大班学生周游列国,目的是当官行道。他自己没能当上官,"不得志",是因为他的"志"与时代背道而驰,咎由自取,能怪谁呢? 他的优秀学生,除颜渊外,几乎都当了官,使老师也沾了光。

孔子虽然没有当上官,却在卫、陈二国获得"俸粟六万"的"公养"待遇。这是中国两千五百年间在野文人仅见的殊荣。人生容许失败,但要拒绝平庸。周游列国是孔子一生中最有个人特色、最富有冒险精神的壮举,说明孔子是一个敢闯能创、勇于开风气的伟人。秦汉之际,出现"丧家之狗"的传说故事,用来揶揄孔子,由于载入《史记》,盛传两千多年,影响极坏,应予纠正(详见本书附录

---

❶ 柏拉图是名门贵族,回家后要把赎金还给朋友,"安尼克里不肯收回赎金,柏拉图就用这笔钱在英雄阿卡德摩的圣祠附近买下一座花园,接着(公元前 387 年)他在那里开设了他的学校即学园(Academy)"(爱德华·策勒尔著,翁绍军译《古希腊哲学史纲》,上海人民出版社,2007 年,第 130 页)。孔子是先办学,然后周游列国,柏拉图是先周游列国,然后办学。

二:《"丧家狗"学案》)。西方人崇尚冒险,柏拉图的遭遇比孔子悲惨得多,却没有受时人与后人的嘲笑,值得中国人深省。

哀公十一年冬,孔子结束周游列国,回到鲁国以后,主要精力用于整理传统文献与音乐,立下不朽功勋。《论语·子罕》(9.15)记载:"子曰:'吾自卫反鲁,然后乐正,雅颂各得其所。'"大概没有人说,这也是"知其不可而为之"吧!

孔子72岁时,为"陈成子弑简公",拍案而起,也是"知"其大可而准备大"为"(详见14.21)。

纵观孔子一生的社会实践,都是知其可为而为之,至于他的"知"是否正确,那是另外的问题。这不是孔子的高明,因为任何正常的人都不会"知其不可而为之"。"晨门"用这句话概括孔子一生,是对孔子的丑化与讽刺,笑他是傻瓜。朱熹早就把这张"讥孔子"的漫画扔到地上,踩上一脚;近现代学者却把它从地上捡起来,作为奖状献给孔子。这使"晨门"空前风光,在儒家第一经典里,隐士竟成为一言九鼎的舆论权威,这是中国儒学史上少见的"援道入儒"的突出例子。

古今之间,为什么会出现这么富有戏剧性的巨变呢? 笔者分析,这与西学东渐有关。

相对而言,中国的儒家文化比较重视集体利益,重视个人的社会责任;而西方文化提倡个性自由,比较重视个人利益。中国的儒家强调个人服从集体,西方文化强调集体尊重个人。中国的道家文化是极端的个人主义,与西方文化有较多共同的志趣,因此西方人喜欢中国的道家著作,视老、庄为知音,《老子》的译本,数量仅次于《圣经》。近现代的中国知识分子,受到西学东渐的深刻影响,也对道家热乎起来。有的著名哲学家称道家思想是中国文化吸收西方文化的"接合点"或"生长点"。李泽厚说自己的"兴趣也许更在老庄玄禅",对《论语》"远非钟爱"(第 1 页)。又说:"现代国人和西方人不喜欢孔子,而倾心于一任自然的道家。"(第 463 页)李泽厚说的是大实话,这种感情倾向,很容易产生援道入儒、郢书燕说的学术偏差。现在,有些青年学者还为历史上的"援道入儒"唱起赞歌:"何晏、王弼等魏晋玄学家的援道入儒,如同在一沟虽未腐臭,但缺少补给的水池里投入了几枚石子或放进了一溪活水。"赞扬历史上的援道入儒,是现实生活援道入儒的反映。

现当代人对《论语》里的几位隐士,普遍感兴趣;对《论语·侍坐》里的狂士曾皙,更是赞不绝口;《论语》里一些明哲保身的话,特别受当代人的喜爱与引用,例如"不在其位,不谋其政"等。有些通俗读物,把孔子说得像庄子那么超然淡定。突出的例子当然是对"晨门"这句话的热捧。人们都说魏晋南北朝时期有援道入儒现象,我觉得,现当代的援道入儒,有过之而无不及。例如何晏的《论语集解》和皇侃的《论语义疏》,由于受时代思潮的影响,二书都有一些援道入儒的倾向,但对"知其不可而为之者",二书只引"包氏曰:言孔子知世不可为而强为之也",都是客观地解释原话原意,而未加任何评论,没有帮隐士说一句好话。现当代学者则把隐士这句话捧上了天。这种认识上的倒退现象,值得人们深思。时代前进了,人不一定对任何问题的认识都随之提高,对某些个别问题的认识,可能出现暂时的倒退。

14. 39

子击磬于卫①,有荷蒉②而过孔氏之门者,曰:"有心哉,击

磬乎!"既而曰:"鄙哉,硜硜③乎! 莫己知也,斯己而已矣④。深
则厉,浅则揭⑤。"子曰:"果哉! 末之难矣。"

【译】

　　孔子在卫国时候,有一天正在击磬,一个挑草筐的人从门前走
过,叹道:"有心事啊,击磬的人!"过了一会,又说:"太粗俗了,磬声
生硬! 没有人了解你,就孤芳独赏算了。(《诗》说:)'水深穿着衣
服游,水浅提起裙子走。'(君子处世如涉水,当视水的深浅定,道可
行则行,不可行则停;何必为别人不了解自己而悲鸣? 何必知其不
可为还要拼老命?)"孔子说:"好果断啊! 没法与他辩难讨论了。"

【注】

　　①孔子初到卫国时,非常兴奋,充满信心。这次"击磬于卫",
却叹"莫己知也",情绪与上次迥异,应在周游列国后期的卫出公
时期。

　　②蒉(kuì 愧),草筐。

　　③硜硜(kēng 坑),坚硬貌,此指磬声生硬。

　　④"斯己而已矣",自己知道就成了。

　　⑤"深则厉,浅则揭(qì 器)",见于《诗经·邶风·匏有苦叶》。
"厉"是连着衣裳过河,"揭"是提起下裳过河。用在这里是比喻,含
义见译文括弧里的文字。

【评】

　　古今学者都认为荷蒉者是个隐士。隐士不需要别人了解,故
说"莫己知也,斯己而已矣"。孔子是圣人,以救世为己任,如果得
不到当权者的知遇,就无法施展怀抱。孔子与隐士是道不同不相
为谋,所以说"末之难矣"。

　　本章是一篇诗意寓言,是中国最早的"知音"故事,后来《列

子·汤问》的"高山流水"寓言,可能是从这里汲取灵感而创作出来的。听到乐器声,就能从中知道弹奏者那么多重要心事,恐怕是不现实的。这两个知音故事,说的都是两千多年以前的事,现当代反而未闻这么富有诗意的知音事迹,难道现当代人的音乐欣赏水平降低了吗? 本章虽为寓言故事,不是生活实录,但它能反映一个生活真实,即孔子晚年为"莫己知"而苦恼,但还不至于"愠"(怒)。

14.40

子张曰:"《书》云:'高宗谅阴①,三年不言。'何谓也?"子曰:"何必高宗,古之人皆然。君薨②,百官总己③以听于冢宰④三年。"

【译】

子张说:"《尚书》记载:'殷高宗守孝,住在草庵里,三年不说话。'这是什么意思?"孔子说:"不仅高宗,古人都是这样:诸侯死了,继位的国君三年不问政务,百官管好本职工作而听命于宰相。"

【注】

①高宗,即商王武丁。"高宗谅阴,三年不言",见于《尚书·无逸篇》。"谅阴",《礼记·丧服四制》作"谅闇"。谅,读作凉;闇,读作庵,"凉庵"指孝子所住的遮凉的草庵。

②薨(hōng 轰),周代诸侯死之称。《礼记·曲礼下》:"天子死曰崩,诸侯曰薨。"

③总己,管好本职工作。

④冢宰,即宗宰、总宰、宰相。

【评】

"三年不言"、"听于冢宰三年",说明殷代已实行"三年之丧"。

14. 41

子曰:"上好礼,则民易使也。"

【译】

孔子说:"上头喜欢礼,百姓好使唤。"

14. 42

子路问君子。子曰:"修己以敬①。"

曰:"如斯而已乎?"曰:"修己以安人②。"

曰:"如斯而已乎?"曰:"修己以安百姓。修己以安百姓,尧、舜其犹病诸③?"

【译】

子路请教怎么才算君子。孔子说:"修身而敬业。"

子路问:"这样就行了吗?"孔子说:"修身而使他人安乐。"

子路问:"这样就行了吗?""修身而使百姓安乐。修身而使百姓安乐,尧、舜也担心难以做到。"

【注】

①敬,敬业。《论语》有四次写到敬事:1. 5"敬事而信";13. 19"执事敬";15. 38"事君敬其事而后其食";16. 10"事思敬"。敬事,犹今"敬业",即严肃认真地对待工作。

②"修己以安人","人"对"己"而言,是他人的意思。朱熹《集注》:"人者对己而言,百姓则尽乎人矣。""百姓"在"人"的概念之内。"安人"是泛言,"人"是泛称;"百姓"是"人"中的一个专称,"安百姓"是"安人"中最难之事,故最后言之。

③"尧、舜其犹病诸",已见于6.30,是极言其难,不是说尧、舜也做不到。

【评】

　　"修己以安人"的"人",杨伯峻注为"狭义的人",不包括百姓,译作"上层人物"(第159页)。李零也说"'人'是上流君子"(第267页)。此说古已有之,是受《诗·假乐》"宜民宜人"毛传误释"人"为"官人"的影响(详见1.5评语)。此说缺乏训诂根据,单个"人"字犹今人类,是泛称,不是某种人的专称,"人"与"己"对举,则是他人的意思。本章语序颇似3.12"祭如在,祭神如神在",上句的"祭"字包括下句的"祭神";"修己以安人"的"人",包括"修己以安百姓"的"百姓"。

14. 43

　　原壤①夷俟②。子曰:"幼而不孙弟③,长而无述④焉,老而不死,是为贼。"以杖叩其胫⑤。

【译】

　　原壤两腿像八字一样张开,坐在地上。孔子骂道:"少时不敬兄长,长大没有一件事值得称道,老了还不去死,你这个害人精。"说着用拐杖敲他的小腿。

【注】

　　①原壤,孔子的少年朋友,《礼记·檀弓下》记载,他母亲死后,孔子去帮他治丧,他却登上棺木唱歌,孔子装作没听见。随从弟子对孔子说:先生还不与他断绝关系吗?"夫子曰:'丘闻之:亲者毋失其为亲也,故者毋失其为故也。'"显得十分宽容温和,与本章迥异。笔者认为,《檀弓》里的孔子形象,应该是后儒润改所致,它磨

掉孔子的个性棱角,太可惜了! 两相对照,更显出《论语》的本真可贵,因为《论语》是"录音"资料,详见15.6。

②夷,即箕踞,两腿分开,坐在地上,像只畚箕,故称。俟,等待,等待孔子。

③孙弟,读作逊悌。

④无述,无可称述。

⑤胫(jìng),膝盖以上称股,即大腿;膝盖以下称胫,即小腿。

【评】

原壤无礼,孔子粗暴,以牙还牙,情有可原。不过,圣人打人、骂人,都被记录在案。如此真实可爱的伟人言行录,中国两千多年还只有这么一本,不知道要多少年以后,才能出现第二本?

14. 44

阙党①童子将命②。或问之曰:"益者与?"子曰:"吾见其居于位也,见其与先生并行也。非求益者也,欲速成者也。"

【译】

阙里有一个少年来向孔子传话。有人问孔子:"这少年是肯上进的人吗?"孔子说:"我看他老三老四地坐在位置上,又看他同老师并肩而行。这不是追求上进的人,是想走捷径的人。"

【注】

①阙党,即今曲阜阙里,是孔子故里之一。

②将命,传话。

卫灵公篇第十五（共四十二章）

15.1

卫灵公问陈^①于孔子。孔子对曰："俎豆之事^②,则尝闻之矣;军旅之事,未之学也。"明日遂行^③。

【译】

卫灵公向孔子请教军事问题。孔子答道:"祭祀的事我曾经听说过,军队的事,还没有学过。"第二天就离开卫国。

【注】

①陈,原义是陈列,引申为军阵、军旅。隋唐时期,流行阵字,从此陈、阵分家。

②俎(zǔ 阻)与豆,都是祭祀时盛放食品的器具,"俎豆之事",指祭祀之事。

③"明日遂行"是夸张的说法,形容很快离开。

【评】

孔子时候,耕战文化开始取代礼乐文化,成为时代主流,决定国家盛衰。在孔子的有生之年,地处蛮夷之地的吴、越二国,迅速崛起,先后称霸中原。"周礼尽在鲁",却使鲁国步步走向衰落。吴、越迅速崛起的根本原因,就是重视耕战。

田野考古,尚未在中原发现实用的青铜农具。青铜文化整体水平不如中原的吴越地区,反而发现大量由青铜制作的农具与其他生产工具,出土地点除苏州、昆山、绍兴之外,还包括舟山、温州、舒城等边远地区。著名农史学家游修龄教授说:"从目前已掌握的资料看,吴越青铜农具有镰、锸、犁铧、畲、锄、镢、破土器等。从翻土整地到中耕除草,再到收割,每道工序,都有青铜农具,与中原相比,几乎有'隔代'之感。"(《中华文化通志·吴越文化志》,上海人民出版社,1998 年,第 156 页)

刻铭铜器是各类铜器中的佼佼者。中原的刻铭铜器基本上都是礼乐器,兵器极少刻铭。据我最近统计,吴国刻铭铜器共 84 件,其中,礼乐器 49 件,兵器多达 35 件,兵器比例之高仅次于越国。吴国刻铭兵器不但比例特高,而且制作精良,讲究艺术性。吴国刻铭铜器中,铭文属鸟篆体者 11 件、错金者 6 件,都是兵器;礼乐器一件也没有。这是吴国的情况。越国刻铭铜器共 76 件,其中,兵器 54件,礼乐器 22 件,刻铭兵器占刻铭铜器总数的 71%。铭文鸟篆者共 60 件,兵器占 54 件;错金者 15 件,兵器占 13 件;错银者 4 件,全是兵器。

上述资料,是吴越比中原重视耕战的铁证。吴、越先后称霸中原,是耕战文化战胜礼乐文化,这是特殊时代的特殊现象,孔子没有从中吸取经验教训,仍然轻视农业(13.4)、轻视军事(15.1),并以不懂耕战为荣。《越绝书·记地传》有勾践拒绝孔子入境传道的生动故事:

> 勾践伐吴,霸关东,从琅琊起观台……躬求圣贤。孔子从弟子七十人,奉先王雅琴,治礼往奏。勾践乃身被赐夷之甲,带步光之剑,杖物卢之矛,出死士三百人,为阵关下。孔子有

项姚稽到越。越王曰："唯唯,夫子何以教之?"孔子对曰:"丘能述五帝三王之道,故奉雅琴至大王所。"勾践喟然叹曰:"夫越性脆而愚,水行而山处,以船为车,以辑为马;往若飘风,去则难从;锐兵任死,越之常性也。夫子异则不可。"于是孔子辞,弟子莫能从乎。

这故事未必真实,但寓意深刻,耐人寻味。春秋战国是耕战时代,轻视耕战,必败无疑。孔子不得志,一个重要原因就是轻耕战,重礼乐,与时代背道而驰。

秦国早有排斥儒学的基本倾向,进入战国时期,重视耕战的秦国,从西陲迅速崛起。秦统一中国以后,历史转入礼乐时代,秦始皇思想却未能及时转轨,结果二世而亡。汉皇吸收秦亡的教训,被钉在十字架上的儒学,很快复活,使历史进入正常轨道。

15.2

在陈绝粮,从者病,莫能兴①。子路愠见曰:"君子亦有穷乎?"子曰:"君子固穷②,小人穷斯滥矣。"

【译】

孔子在陈国被人包围,绝粮七天,随从的弟子病倒了,起不来。子路生着气见孔子,说:"君子怎么也会穷困?"孔子说:"君子当然也有穷困的时候,(但仍然能坚持原则,)小人穷困会胡作非为。"

【注】

①兴,起来。

②"固穷",固有穷时。潜台词是:虽穷,却能坚守原则不变节。

15.3

子曰:"赐也,女以予为多学而识①之者也与?"对曰:"然。

非与?"曰:"非也,予一以贯之②。"

【译】

孔子说:"赐啊,你以为我是个博闻强记的人吗?"子贡说:"对啊,难道不是这样吗?"孔子说:"不对。我提纲挈领,执简驭繁(用一条红线把满地散珠串联起来,变散珠为贯珠)。"

【注】

①识(zhì 志),记忆。"多学而识之",犹今成语博闻强记,知识虽多,却如满地散珠。

②"一以贯之",提纲挈领、纲举目张的意思。只要抓住关键,知识就如贯珠在握,不必鸡零狗碎,字字强记。

【评】

4.15 说的"一以贯之"是"忠恕"之"道",后者("忠恕")是对前者("一以贯之")的解释,不是否定。本章说的"一以贯之"是一种学习方法,是针对"多学而识之"而言,是对它的否定,故说"非也"。但古今学者都把这两章的"一以贯之"混为一谈,认为本章的"一以贯之"也是"忠恕"之"道"。"忠恕"之"道"与"多学而识之"有什么对应关系呢?不是牛头对马嘴,谁也"非"不到谁吗?李零解释本章,大多谈"执简驭繁"的学习方法,本来很正确,可惜最后也回到 4.15 的"吾道一以贯之"、"孔子的'道'是'忠恕'"(第271页)上去。

15.4

子曰:"由! 知德者鲜矣。"

【译】

孔子对子路说:"由啊,懂得道德的人很少了!"

15.5

子曰："无为而治者,其舜也与! 夫何为哉? 恭己正南面而已矣。"

【译】

孔子说:"'无为而治',大概只有舜做得到吧! 他干了些什么呢? 自己恭恭敬敬地朝着南面坐着(天下就自然太平),如此而已!"

【评】

孔子认为,执政者只要"恭己",即把自己的道德修养搞好,天下就自然太平,这是道德家的理想主义。本章的"无为而治",不是后来道家说的"无为而治",而是"为政以德"(2.1)的意思。

15.6

子张问行。子曰："言忠信,行笃敬,虽蛮貊之邦①,行矣。言不忠信,行不笃敬,虽州里②,行乎哉? 立则见其参③于前也,在舆则见其倚于衡也,夫然后行。"子张书诸绅④。

【译】

子张请教怎样才能使自己的行为通达无阻。孔子说:"说话衷心诚信,做事认真严肃,即使到蛮夷国家,也能通达无阻。说话不诚信,做事不认真,即使在国都郊外,行得通吗? 站在地上就仿佛看见'忠信、笃敬'这几个字竖立在眼前;坐在车厢里就仿佛看到这几个字在车前的横木上,这样就能通达无阻,到处行得通。"子张随即把这几句话写在腰间大带上。

【注】

①蛮貊(mò 寞)之邦,古代"蛮"字多指南方少数民族,故有"南

蛮"之称。当时南方是"百越"分布地区,吴、越二"邦"(国)的基本群众即为越人。貊,或作貉(hé 核),古指中国东北与朝鲜半岛的民族,广义的夷包括貊貉。

②周代实行国野制度,城郊编为州里。

③参,直竖。与下文"衡"的横向对举。

④绅,腰间大带的下垂部分。

【评】

"子张书诸绅",是一条珍贵资料,后人研究《论语》的成书过程,都要写上这一条。类似的资料,《孔子家语》保留更多:

子张既闻孔子斯言,遂退而记之。(《入官》)

子夏蹴然而起,负墙而立,曰:"弟子敢不志之!"(《论礼》)

冉有跪然免席,曰:"言则美矣!求未之闻。"退而记之。(《五刑解》)

子贡以告孔子,子曰:"小子识之:苛政猛于暴虎。"(《正论解》)

孔子闻之,曰:"弟子志之:季氏之妇,可谓不过矣。"(《正论解》)

在上引五条资料中,"志"、"识"都是"记"的意思。第1—3条,是弟子主动记录;第4、5条是孔子提醒弟子注意、记住。尤其值得注意的是《家语·弟子解》中的一条资料:

叔仲会,鲁人,字子期,少孔子五十岁。与孔璇年相比。每孺子之执笔记事于夫子,二人迭侍左右。孟武伯见孔子而问曰:"此二孺子幼也于学,岂能识于壮哉?"孔子曰:"然!少成则若性也,习惯若自然也。"

这至少说明,孔子晚年归鲁后,有专人负责记载他的言行。陈桐生说:"孔门弟子记录其师言行的风气可能是仿效朝廷的史官……是效法'君举必书'(《汉书·艺文志》)的官方规则。"(《孔子语录的节本与繁本》,《孔子研究》2006年第2期)所谓"官方规则",或可备一说。不过,学生随时记下孔子的话,更重要的原因,是老师没有论文,没有讲义,只口述不写作,话是唯一的思想载体,物以稀为贵,学生非随时笔录记载不可。

上引《家语》的六条资料很珍贵,但长期被人忽视,忽视的原因是人们长期视《家语》为伪书。近年新的考古资料开始改变人们的成见。

1973年发掘的河北定县八角廊西汉晚期墓,出土简文《儒家者言》二十七章,释文载《文物》1981年第8期。1977年发掘的安徽阜阳双古堆西汉早期墓,出土三块木牍等物,其《阜阳汉简简介》,载《文物》1982年第4期。这两处的出土资料,证明《孔子家语》来源有自,专家发表相关研究成果不少。例如:李学勤《竹简〈家语〉与汉魏孔氏家学》,载《孔子研究》1987年第2期;胡平生《阜阳双古堆汉简与〈孔子家语〉》,载《国学研究》第七卷,北京大学出版社2000年版;庞朴《话说"五至三无"》,载《文史哲》2004年第1期;杨朝明、宋立林主编《孔子家语通解》,齐鲁书社2009年版等。

长期以来,对《家语》过分疑伪、否定,现在,要防止相反的偏向。《家语》的基础资料可能来自先秦,但最后成书于三国魏人王肃之手。孔安国、王肃等人即使主观上不作伪,也难以抵挡时代意识等沧桑因素的客观干扰。数百年的增损、润色在所难免,这使《家语》不可能像《论语》那么新鲜本真,两者的价值无法相提并论。

本书采用《家语》资料十多条,数量可称不少,基本上以不违背《论语》的思想为原则。本书也顺便指出《家语》失真的文字数处。对《家语》的真伪问题,要作具体分析,不可一概而论。

15.7

子曰:"直哉史鱼^①! 邦有道,如矢;邦无道,如矢。君子哉蘧伯玉^②! 邦有道,则仕;邦无道,则可卷而怀之。"

【译】

孔子说:"正直啊史鱼! 国家政治清明,像箭那么直;国家政治黑暗,也像箭那么直。君子啊蘧伯玉! 国家政治清明,就出来做官;国家政治黑暗,就把本领卷起来藏在肚子里。"

【注】

①史鱼,名鳔(qiū 秋),字子鱼,卫大夫。吴季子所说的卫国"六君子"之一。《论语》仅见于此。《韩诗外传》卷七第二十一章记载,史鱼临死时嘱咐儿子:"我数言蘧伯玉之贤而不能进,弥子瑕不肖而不能退。为人臣,生不能进贤而退不肖,死不当治丧正堂,殡我于侧室足矣。"卫君知道后,"召蘧伯玉而贵之,而退弥子瑕,徙殡于正堂,成礼而后去。生以身谏,死以尸谏,可谓直矣"。

②蘧伯玉,已见于 14.25。他历事献公、殇公、襄公、灵公四世。孔子曾说卫灵公"无道"(14.19),灵公前面的三世,哪个"有道"?蘧伯玉如何"仕"? 如何"卷而怀之"? 不清楚。

15.8

子曰:"可与言而不与之言,失人;不可与言而与之言,失言。知者不失人,亦不失言。"

【译】

　　孔子说:"可以与他交谈而不谈,会错过人才;不可交谈而与他谈,会浪费语言。聪明的人不错过人才,也不浪费语言。"

15.9

　　子曰:"志士仁人,无求生以害仁,有杀身以成仁。"

【译】

　　孔子说:"志士仁人,没有贪生怕死而损害仁德,只有勇于牺牲而成全仁德。"

15.10

　　子贡问为仁。子曰:"工欲善其事,必先利①其器。居是邦也,事其大夫之贤者,友其士之仁者。"

【译】

　　子贡请教行仁问题。孔子说:"工匠想搞好自己的工作,必须先磨利他的工具。住在一个国家里,先要敬奉大夫中的贤者,结交士中的仁人。"

【注】

　　①利,或作厉,读砺,磨刀石,作动词用,磨之使利。

【评】

　　这一章,我有几点看不懂。一、"大夫之贤者","士之仁者",是国君治国的利器,不是个人"为仁"的工具。"工欲善其事,必先利其器",这个成语用在这里恰当吗? 二、《论语》中"仁者"少之又少,怎么可能在"士"中找到"仁者"为"友"? 三、《论语》中贤人比仁人多得多,普遍得多,其道德层次,当然在仁人之下,既然如此,怎么把"贤者"放在"大夫"之中、把"仁者"放在"士"之中,是否结错了对子?

上述第一个问题,似乎还可以解释,因为孔子等古人有一条交友格言:"无友不如己者"(1.8、9.25),交朋友要交比自己好的人。但本章子贡问的是"为仁",不是交友,怎么可以把"仁者"、"贤者"当作自己"为仁"的工具使用呢? 这条语录,应该是子贡所记。子贡是商人与外交家,商人与外交家都以逐利为目标,子贡可能把自己的逐利思想化装为"为仁",偷换了概念,并借孔子之口说出来。

15.11

颜渊问为邦。子曰:"行夏之时①,乘殷之辂②,服周之冕,乐则韶舞③。放郑声④,远佞人;郑声淫,佞人殆。"

【译】

颜渊请教怎样治理国家。孔子说:"用夏代的历法,坐殷代的车子,戴周代的礼帽,音乐用《韶》与《武》。清除郑国的音乐,疏远花言巧语的小人;郑国的音乐淫秽,花言巧语的小人危险。"

【注】

①"行夏之时","时"指历法。夏代的历法以建寅之月(旧历正月)为每年的第一个月,符合自然现象,便于农业生产。周历以建子之月(旧历十一月)为每年的第一个月,以冬至日为元旦。周历有利于观测天象,而不便于指导农业生产。周代仍有很多国家用夏历。

②辂(lù 路),大马车。李零说:"《世本》说'奚仲作车',似乎夏代已有马车。但中国最早的马车,从考古发现看,目前只有商代晚期的例证。"(第274、275 页)

③"韶"是舜时的音乐;"舞"读"武"(俞樾《群经平议》),是周

武王时的音乐。孔子最喜欢《韶》乐（7.14），其次是《武》乐（3.25）。

④"放郑声"，放，清除；"郑声"，郑国的音乐。

【评】

孔子对"郑声"很痛恨，除本章外，17.18 还说："恶郑声之乱雅乐也。"照字面解释，"郑声"是郑国音乐。但当时诗乐一体，"郑声"与郑诗相表里，犹今曲与词的关系，不可能曲淫而词正。《左传》襄公二十九年记载吴季札观"乐"，他发表的评论，就是兼及诗与乐的。《诗经》"郑风"有 21 篇，数量为十五国风之最。据朱熹的说法，21 篇郑风中，绝大部分是"女惑男"的"淫奔之诗"（《诗集传》，上海古籍出版社 1980 年新一版，第 56 页），"淫"诗比例之高，也为十五国风之最。

《史记》说孔子删诗，首当其冲删的应该是郑诗，但在《诗经》里，最淫的郑风，偏偏选得最多。这说明《诗经》的编选者决不是孔子。上古文化有一条演变规律：年代愈早，对爱情愈宽容，《诗经》的编选者年代肯定早于孔子不少。

2.2 章记载，孔子称赞"诗三百""思无邪"，其说与本章的"郑声淫"明显矛盾，两者必有一误。"郑声淫"有《诗经》郑风可证，"思无邪"当然不符合《诗经》的实际情况。本书认为，"思无邪"不可能是孔子首倡，应该是早于孔子、对爱情诗还比较宽容的前贤所言。到孔子时候，爱情诗虽然被贬为"淫"，《诗》《书》《礼》《乐》却是经典，《诗》还是第一经典，岂容沾上半点污水？对"诗三百""思无邪"这一祖宗遗训，当然要"述而不作"，照传不误。孔子不说郑诗淫，而说"郑声淫"，玩了一下文字游戏，打了一个擦边球，想使整体与局部都加以保护。当时,祖训比现代宪法还要权威,孔子只得骂"声"不骂诗,后人照学不误。《孟子·尽心下》也称"郑声",《礼记·乐记》、《荀子·乐论》都称"郑卫之音",《新序·杂事》称"郑卫之声",《吕氏春秋·本生》称"郑卫之音",其《音初》篇称"郑卫之声",《史记·乐记》先称"郑卫之曲",后称"郑卫之音"。首恶分子都是"郑",都骂音乐不骂诗,却又称"声"称"音"不称"乐"❶,《史记》骂到"郑卫之曲"了,也不敢称"乐",因为"乐"也是经典,虽不是老大,也总是老四。名分避讳之严,可谓至矣! 发明者,仲尼也。

　　出于诗乐教化的客观需要,圣人也不得不鹦鹉学舌、掩耳盗铃,玩一把文字"变脸"的游戏。其效果还好得出奇,朱熹以前的一千多年,一直没有人对诗"无邪"与"郑声淫"的矛盾提出质疑。朱熹发难(详见 2.2"评")以后,还有不少人为之辩护,如明人杨慎《丹铅总录》说:"谓郑作乐之声淫,非谓郑诗皆淫也。"清人陈启源《毛诗稽古篇》说:"朱子以'郑声淫'一语断尽郑风二十一篇,此误也。夫子言郑声淫耳,曷尝言郑诗淫乎?"(以上两条材料引自三大册《论语》下册第 2141、2142 页)杨慎行文还不够谨慎,孔子只说"郑声淫",没有说郑"乐"淫,其他传世文献也不敢触犯"乐"字,他却不小心撞到"乐"字。杨慎顾头不顾尾,只回避"诗",未回避"乐",尚未领会圣人称"郑声淫"的全部苦衷。不过,有人为之辩护:杨慎是"谓郑作乐之声淫",没有说郑乐淫。"乐之声"居然可以与"乐"分家,难怪"诗"与"乐"也可以分别论处! 杨慎等人生活在

---

　　❶ 郭店楚简《性自命出》称"郑卫之乐",当是抄写的一时失误。

独尊儒术时代,受蒙蔽情有可原,但愿今人能领会圣人的苦衷,再不要上文字"变脸"的当,以为"郑声淫"只言声不言诗,甚至只言声不言乐。抚今追昔,敝人不得不佩服朱熹,在那经典句句是真理、字字皆珠玑的时代里,这位权威大儒家,既敢说"不是一部《诗》皆'无邪'",又敢挑明郑诗淫,说出孔子不敢说的话,堪称是晴天霹雳,令人五体投地。参阅2.2"评"语。

15.12

子曰:"人无远虑,必有近忧。"

【译】

孔子说:"人无长期打算,必有近期忧患。"

15.13

子曰:"已矣乎! 吾未见好德如好色者也。"

【译】

孔子说:"完了吧! 我没有见过爱好道德像爱好女色一样的人。"

【评】

已见于9.18。本章增加"已矣乎",写得更严重。

15.14

子曰:"臧文仲①其窃位者与! 知柳下惠之贤而不与立也。"

【译】

孔子说:"臧文仲的官位大概是偷来的吧,他明知柳下惠贤德而不给职位。"

【注】

①臧文仲(？—前617年)，已见于5.18。他是历事庄、闵、僖、文的四朝元老。《论语》两章都对他持批评态度。

【评】

在《论语》里，孔子对臧文仲的评价全是负面的。但在上博简第五册《季康子问于孔子》一文中，孔子正面肯定并引用臧氏的话，以回答季孙肥的问"强"："丘闻之臧文仲有言曰：'君子强则遗，威则民不导，逾则失众，礛则无亲，好刑则不祥，好杀则作乱……。'"

孔子务实，对人就事论事，不搞一刀切，他对管仲的评价，有褒有贬，对臧文仲又是如此，《论语》中孔子对某人的正面或负面评价，不一定能代表孔子对某人的整体看法。

15.15

子曰："躬自厚而薄责于人①，则远怨矣。"

【译】

孔子说："多反省自己，少责备别人，怨声自然远去。"

【注】

①"躬自厚而薄责于人"，何晏《集解》引"孔曰：责己厚，责人薄"。"躬自厚"因下文"薄责于人"而省"责"字，是"躬自厚责"之意。

15.16

子曰："不曰'如之何①、如之何'者，吾末如之何也已矣。"

【译】

孔子说："不想想'怎么办、怎么办'的人，我也不知道他该怎么办。"

【注】

①杨伯峻说:"'不曰如之何'意思就是不动脑筋。《荀子·大略篇》说:'天子即位,上卿进曰如之何,忧之长也。'则说如之何的,便是深忧远虑的人。"(第165页)

【评】

孔子说话幽默,于本章可见一斑。

15.17

子曰:"群居终日,言不及义,好行小慧,难矣哉!"

【译】

孔子说:"整天鬼混在一起,讲话无关道义,只喜欢卖弄小聪明,这种人真难办啊!"

15.18

子曰:"君子义以为质,礼以行之,孙以出之,信以成之。君子哉!"

【译】

孔子说:"君子以义为原则,依礼来行动,出言必须谦逊,诚信完成任务。真君子啊!"

15.19

子曰:"君子病无能焉,不病人之不己知也。"

【译】

孔子说:"君子只担心自己能力不够,不担心别人不了解自己。"

【评】

这是在野儒士唱的高调,是"五十而知(行)天命"以前的风凉话。"五十而知(行)天命"以后,因用世心切,就很在乎"人之不己知"了。

15.20

子曰:"君子疾没世而名不称焉。"

【译】

孔子说:"君子以身后无名为恨。"

15.21

子曰:"君子求诸己,小人求诸人。"

【译】

孔子说:"君子求自己,小人求别人。"

15.22

子曰:"君子矜而不争,群而不党。"

【译】

孔子说:"君子自尊而不争名夺利,合群而不结党营私。"

15.23

子曰:"君子不以言举人,不以人废言。"

【译】

孔子说:"君子不只凭言论来推举人,不因人而否定他的一切言论。"

15.24

子贡问曰:"有一言而可以终身行之者①乎?"子曰:"其恕乎! 已所不欲,勿施于人②。"

【译】

子贡问:"有一句可以终身奉行的话吗?"孔子答道:"那大概是恕吧! 自己不想要,不要给别人。"

【注】

①"一言而可以终身行之者",即4.15"吾道一以贯之"的"道"。4.15称此"道"为"忠恕",本章称"恕"。"恕"与"忠恕"都是"能近取譬"(6.30)、推己及人的意思。"忠"读作中(衷),形容"恕","忠恕"是一个德目,不是两个德目。详见4.15的注与评。

②"己所不欲,勿施于人",已见于12.2章,本章称它为"恕",12.2称它为"仁",《中庸》"子曰"称它为"忠恕"。"恕"与"忠恕"同义,都是行仁的方法,故又称"仁"。还有一句话与此相似而较积极,那就是"己欲立而立人,己欲达而达人","子曰"称它为"仁"、"仁之方"(6.30)。朱注:"以己及人,仁者之心也。"

15.25

子曰:"吾之于人①也,谁毁谁誉②? 如有所誉者,其有所试③矣。斯民也,三代之所以直道而行也。"

【译】

孔子说:"我对古人,批评了谁,称赞了谁? 如果有所称赞,一定有所考察。正因为有这些(受我称赞的)先民,夏、商、周三代才能直道而行。"

【注】

①人,从下文看来,这"人"字是指三代的精英。

②孔子对三代古人,只有誉,没有毁。所以下文只写"有所誉",没有写有所毁。《论语》写到的三代古人,有尧、舜、皋陶、禹、羿、奡、汤、伊尹、纣、微子、箕子、比干、老彭、周任、稷、泰伯、虞仲、

文王、伯达、伯适、仲突、仲忽、叔夜、叔夏、季随、季骊、武王、伯夷、叔齐、虞仲、周公、伯禽,共32人。其中,反面人物只有羿、奡、纣三个。羿与奡是出于南宫适之口,而"夫子不答"(14.5)。纣是出自子贡之口(19.20),与夫子无关。从这份名单可知,孔子只谈三代的好人,不谈三代的坏人,只誉不毁。

③试,同9.7"吾不试,故艺"的试,这里是考察的意思。

【评】

孔子厚古薄今,对三代,只说好话,不说坏话。

本章第一句的"人",下面"斯民"的"民",都是狭义,都是指孔子"有所誉"、"有所试"的"三代之所以直道而行"的社会栋梁,如禹、汤、文王、武王、周公等人,他们也可称"民"。本章可与1.5章的"节用而爱人,使民以时"以及3.21章"周人以栗,曰使民战栗"互读,这三章"人""民"都同义,不同的是,1.5与3.21的"人"与"民"广义,泛指一切人;本章的"人"与"民"狭义,仅指人中的精英。

15.26

子曰:"吾犹及史之阙文①也,有马者,借人乘之。今亡矣夫!"

【译】

孔子说:"我还看过正式史书以外的一些资料,当时有马的人,会借给别人骑。现在,这种精神丢失了。"

【注】

①阙文,即佚文。

【评】

　　本章素以难解著称,有的学者认为有错简、衍文。其实,本章与上章一样,都在颂古非今,发思古之幽情,只要明确了这点,就会觉得文从字顺,毫无障碍。

15. 27

　　子曰:"巧言乱德。小不忍,则乱大谋。"

【译】

　　孔子说:"花言巧语会扰乱道德。小事不忍耐,扰乱大计划。"

15. 28

　　子曰:"众恶之,必察焉;众好之,必察焉。"

【译】

　　孔子说:"大家厌恶他,一定要考察;大家喜欢他,也一定要考察。"

【评】

　　孔子不迷信舆论一律,不迷信多数,不迷信民主,因为真理有时掌握在少数人手里,真正聪明的人、富有创造性思维能力的人,总是喜欢、善于发现意外的人与事。本章表明,孔子喜欢发现特例,唯其如此,所以他能作出与众不同的贡献。参阅 13.24"乡人皆好之"。

15. 29

　　子曰:"人能弘道,非道弘人。"

【译】

　　孔子说:"人能弘扬真理,不是真理弘扬人。"

【评】

　　这又是孔子的偏激之词,类似"骥不称其力,称其德也"(14.33)。任何划时代的文化巨人,都是由"道弘"成的,他的"道"都是有所继承的。以孔子为例,首先是周公的"道"哺育了孔子(道能弘人),然后,孔子才创立儒家学派(人能弘道)。杨向奎老前辈说得对:"没有周公就没有儒家的历史渊源","以德、礼为主的周公之道,世世相传,春秋末期遂有孔子以仁、礼为内容的儒家思想"(《宗周社会与礼乐文明》,人民出版社,1992 年,第 136、279 页)。首先是马克思主义武装了毛泽东的头脑,然后,毛泽东以"农村包围城市"的战略思想发展、丰富了马克思主义。人与道之间存在互"弘"关系,只执其任何一端,都是错误的。本章言辞明显错误,不能反映孔子的真实思想。但是,历代经师总要把《论语》解释得句句是真理,于是不得不绞尽脑汁,为之圆说,结果越说越糊涂。其实,《论语》里的偏颇之辞很多,这是孔子的天生性格造成的,不必为之圆说。大多数偏颇之辞,经过经师的改装文饰,尚可蒙混过关,这一章的错误太露骨、太僵硬,连朱熹都拿它没有办法。奇怪的是,现当代学者虽对"非道弘人"不予认可,对古代经师的圆说也认为难通,却不敢说它一个"错"字。例如李零,对这一章不注也不评,只译释为:"道是人追求的目标,不是帮助人出名的。"(第 279 页)游离文本,自说一套。

15. 30

　　子曰:"过而不改,是谓过矣。"

【译】

　　孔子说:"错误不改正,才是真错误。"

15. 31

子曰:"吾尝终日不食,终夜不寝,以思,无益,不如学也。"

【译】

孔子说:"我曾经整天不吃,整夜不睡,老是在想,毫无收获,还不如去学习。"

【评】

2.15"学而不思则罔,思而不学则殆",本章说的就是"思而不学"。《大戴礼记·劝学》:"孔子曰:'吾尝终日而思矣,不如须臾之所学也。'"是孔子同一讲话的不同记录。这些语录说明,孔子经常遐思,这是有思想、有追求的人常有的精神状态,而梦想成真的捷径还是醒来。

15. 32

子曰:"君子谋道不谋食。耕也,馁在其中矣;学也,禄在其中矣。君子忧道不忧贫。"

【译】

孔子说:"君子追求真理,不追求衣食。种田吃不饱肚皮,读书可得到禄米。君子担忧真理,不担忧贫穷。"

【评】

本章说的是大实话,后世民间流传的"书中自有黄金屋,书中自有千钟粟,书中自有颜如玉",得到全社会普遍认同。"私订终身后花园,落难公子中状元",是传统戏曲长演不衰、人民群众百看不厌的题材,这是鼓舞下层民众通过读书改变命运的积极人生态度。孔子及其大多数优秀学生,都通过读书"谋道",而提升了自己的社会地位。不过,孔子师生之所以能通过读书而改变命运,除了靠个人的主观努力之外,更要归功于时代的恩赐,归功于礼坏乐崩,归功于土地私有化,归功于贵族世袭制度的松动。他们如果生在周公时代,读书"谋道",就不可能有这么大的作用。参阅11.1、13.4。

15.33

子曰:"知及之,仁不能守之;虽得之,必失之。知及之,仁能守之,不庄以莅之,则民不敬。知及之,仁能守之,庄以莅之,动之不以礼,未善也。"

【译】

孔子说:"凭聪明才智得到(禄位),如果仁德不足以守住它,虽然已得到,一定会失掉。凭聪明才智得到它,仁德水平也足以守住它,如果不能庄严地治理国家,人民就不敬他。凭聪明才智得到它,仁德水平也足以守住它,还能庄严地对待它,如果行为不依从礼制,也不够完善。"

15.34

子曰:"君子不可小知而可大受也,小人不可大受而可小知也。"

【译】

孔子说:"君子不可以有小聪明,却可以承担大任务;小人不可以承担大任务,却可以有小聪明。"

15.35

子曰:"民之于仁也,甚于水火。水火,吾见蹈而死者矣,未见蹈仁而死者也。"

【译】

孔子说:"人民对仁的需要,比水火还迫切。我看过有人进入水火而死掉,未见过为行仁而死的人。"

【评】

参阅4.6章"子曰:'我未见好仁者,恶不仁者'"。这两章所犯的错误性质相同,为了批判不仁的世风,竟使杀身成仁者遭到整体抹煞。

15.36

子曰:"当仁,不让于师。"

【译】

孔子说:"面临仁的问题,对老师也不必谦让。"

【评】

单从字面看,这句话可与亚里士多德的名言比美:"吾爱吾师,吾更爱真理。"但是,孔子这句话有名无实,在孔门里,在中国古代,师言不可违。而在柏拉图创建的学苑里,学术民主,蔚然成风。亚里士多德是柏拉图的学生,他对老师的思想提出不少疑问与批评,柏拉图接受了这位学生的意见,改变并发展了自己的思想,由"人治"转向"法治"。在中国,从孔子的杏坛,到朱熹的白鹿洞书院,再到俞樾的诂经精舍,从来没有古希腊那样的学术民主风气。即使今天的中国学术界,恐怕也无法望其项背。当国家的主人固然难,当自己脑袋的主人恐怕更难。

15.37

子曰:"君子贞①而不谅②。"

【译】

孔子说:"君子追求内心纯正,不愿对外炫耀。"

【注】

①贞,有内、正诸义。

②谅,通"亮",炫耀。

15.38

子曰:"事君,敬其事而后其食。"

【译】

孔子说:"服事君主,先要敬业(把工作干好),然后考虑俸禄问题。"

15.39

子曰:"有教无类①。"

【译】

孔子说:"教学生要一视同仁。"

【注】

①"有教无类"的含义,照字面解释,可有多种层次:

一、在教学过程中,对学生一视同仁;

二、招收学生,不设阶级、地域、民族等条件限制;

三、有了教育,可消灭人间区别,实现世界大同。

如果就字论字,空言说经,这三种解释都可以说得通;如果联系孔子的时代背景与他的言行实际,我取第一义。因为第二、三义都无据可查,言之无故。第一义有《论语》7.24、16.13 可为佐证。其 7.24 记载:子曰:"二三子以我为隐乎? 吾无隐乎尔。吾无行而不与二三子者,是丘也。"16.13:"陈亢问于伯鱼曰:'子亦有异闻乎?'对曰:'未也.'……闻君子之远其子也."这两章说明,孔子在教学过程中,对学生一视同仁,连亲生儿子也不例外.

【评】

现在,"有教无类"知名度很高,小学生都知道,人们把它捧成孔子的"教育宗旨"、"孔子教育思想的代表性语言"或"最重要的口号",称这四字是孔子对中国教育事业的最大贡献,徐复观称它是"最伟大的话"(第73页).但是,"有教无类"是《论语》里字数最少的一章,没头也没尾.在《论语》其他篇章里没有类似的语句,孔子弟子后学以及孟子、荀子都没有引到它,其他诸子著作也都没有提到它.近年出土简帛很多,只有1973年河北定县出土的竹简《论语》,与传世的《论语》一样,也只有光秃秃的"有教无类"四字,其他简帛资料连这光秃秃的四字都未见到."有教无类"在全部先秦著作中,是个来无影、去无踪、上不及天、下不着地、东南西北无邻居的孤例,这说明它在孔子的思想库中不是一句很重要的话,只是一块边角料.

凡是反映孔子重要思想的语句,即使没有在《论语》里重复出现,也会在后儒著作中反复出现.例如"性相近也,习相远也"(17.2),《论语》论人性仅此一次.但孔门后学谈论人性者很多,到孟子与荀子时代,性善与性恶还成为热门话题,不像"有教无类"那样,一孤到底.

现在,"有教无类"四字,常被人们解释为提倡"普及教育"、"平民教育"的理论、口号.《论语》7.7记载:"子曰:'自行束脩以上,吾未尝无悔焉!'"古今学者都把它与"有教无类"配套解释.其实,民间办学,学生多多益善,谁会附加阶级、地域、姓族等条件,以限制生源、限制自己的经济收入呢？这在主观上不是提倡什么教育思想，而是追求经济利益。如果这算提倡普及教育、全民教育，那么，办私学的人都要给他们这样的桂冠。

历史上一些伟大创举，不是先有了不起的理论宗旨，然后出现相应的社会后果，而是先有实践，是实践产生意想不到的伟大后果，大大超出创始者预想的目标。哥伦布发现新大陆，当初的目的是为了到东方寻找黄金，由于没有找到黄金，哥伦布晚年穷困潦倒，受人讥笑。其客观后果却是掀起地理大发现的热潮，促进资本主义大发展。张骞通西域，任务是联络大月氏，共同攻打匈奴。这个任务没有完成，客观后果是开通丝绸之路，促进东西方文化交流。后人不可因此而说哥伦布提倡资本主义，张骞提倡东西方文化交流。"自行束脩以上，吾未尝无诲焉"，这种做法的目的是为了扩大生源，增加经济收益，客观后果是为打破贵族对教育的垄断，为普及教育迈出可贵的第一步。

胡适的《说儒》，称"有教无类"是"一项了不起的四字真言的教育哲学"，"这一观念之形成，也使孔子变成世界上最伟大的教育家之一"。上面说过，"有教无类"在全部先秦文献中都是一个孤例，它出现在《论语》里，具有极大的偶然性。《论语》编者当初如果把这四个字剔掉、漏掉，世界不是少了一位"最伟大的教育家"吗？想不到中国现代"实验主义"旗手，也会重理论、轻实践！

15.40

子曰："道不同，不相为谋。"

【译】

孔子说："信仰不一样，没啥好商量。"

15. 41

子曰:"辞达而已矣。"

【译】

孔子曰:"辞能达意就成了。"

【评】

《论语》"子曰",往往辞过其意,这是孔子的缺点,却是《论语》的优点,使孔子的个性特点跃然纸上。孔子有自知之明,提出"辞达而已",这是对自己的"因材施教",是他的座右铭。但他的偏激个性,使他未能修养到位,尤其在学生面前,由于没人抓他的辫子,使他口无遮拦,过头话不少。

过头话特别多,是孔子语言的一大特色,没人比得上,这为我们研究孔子提供方便。例如6.29"评"语所引《中庸》的那七条"子曰",条条过激,那肯定是真"子曰"。而《礼记·仲尼燕居》与《家语·论礼》写的"子张、子贡、言游侍",孔子把掌握中庸之道("制中"),简单明白地概括为"中礼"(符合礼制)二字,做到"辞达而已",这个"子曰"颇可怀疑。下文的"子曰"还说:"苟知此矣,虽在畎亩之中,事之,圣人矣。"种田的农夫,只要知礼,也可以成为圣人。而《论语》里孔子师生所说的"圣人",都是高不可攀的超级伟人。《仲尼燕居》的"子曰"肯定是后儒代言。称孔子为"仲尼",也说明它的晚出,它是《侍坐》的仿制品。

15. 42

师冕①见,及阶,子曰:"阶也。"及席,子曰:"席也。"皆坐,子告之曰:"某在斯,某在斯。"

师冕出。子张问曰:"与师言之道与?"子曰:"然;固相②师之道也。"

【译】

　　师冕来见孔子,走到台阶边,孔子说:"这是阶沿了。"走到坐席旁,孔子说:"这是坐席了。"都坐下,孔子告诉他:"某人在这里,某人在这里。"

　　师冕出去后,子张问:"这是同(瞎子)乐师讲话的规矩吗?"孔子说:"对,这历来是帮助(瞎子)乐师的规矩。"

【注】

　　①师冕,师指宫廷乐师,冕是他的名。古代宫廷乐师多为盲人。

　　②相,帮助。

【评】

　　此写孔子对盲人的礼貌、尊重。孔子对社会弱势群体特别关爱,这是仁心的表现。孔子成为仁学创始人,就是从这种小事情做起,他不是空头理论家。

季氏篇第十六（共十四章）

16.1

季氏^①将伐颛臾^②。冉有、季路见于孔子曰："季氏将有事^③于颛臾。"

孔子曰："求！无乃尔是过与？夫颛臾，昔者先王以为东蒙主^④，且在邦域之中^⑤矣，是社稷之臣^⑥也。何以伐为？"

冉有曰："夫子欲之，吾二臣者皆不欲也。"

孔子曰："求！周任^⑦有言曰：'陈力就列，不能者止。'^⑧危而不持，颠而不扶，则将焉用彼相矣？且尔言过矣，虎兕^⑨出于柙^⑩，龟^⑪玉毁于椟^⑫中，是谁之过与？"

冉有曰："今夫颛臾，固而近于费。今不取，后世必为子孙忧。"

孔子曰："求！君子疾夫舍曰欲之而必为^⑬之辞。丘也闻有国有家者，不患寡（贫）而患不均，不患贫（寡）而患不安^⑭。盖均无贫，和无寡，安无倾。夫如是，故远人不服，则修文德以来之。既来之，则安之。今由与求也^⑮，相夫子，远人不服而不能来也，邦分崩离析而不能守也，而谋动干戈于邦内。吾恐季孙之忧，不在颛臾，而在萧墙之内⑯也。"

【译】

季孙氏将要攻打颛臾，冉有与子路来见孔子，说："季氏将对颛臾用兵。"

孔子说："求啊，这难道不是你的过失吗？那颛臾，从前周先王任命他主持东蒙祭祀，而且在鲁国的封土之内，是臣服于鲁的藩属，有什么理由攻打他呢？"

冉有说："季康子要这样，我们两人都不想这样。"

孔子说："求啊！周任有句话说：'量力而任职，无力就辞职。'主子遇险不去救，跌倒不去扶，这样的助手有啥用？你的话是错的，老虎兕牛逃出笼，龟甲宝玉毁于匣，这是谁的责任？"冉有说："现在的颛臾，城墙坚固，离费很近。现在不攻取，将来一定会成为子孙的忧患。"

孔子说："求啊，君子讨厌那种贪要不直说、转弯抹角找借口的假话。我听说，拥有邦国的诸侯，拥有家臣的大夫，不怕财富少，只怕不均匀；不怕人口少，只怕不安全。因为财富均匀就不贪，和睦团结力量大，社会安定不会垮。这样的话，远方的人如果还不服，就加强礼乐制度吸引他们。他们来了，就把他们安顿好。现在仲由与冉求，辅佐季孙氏，远方的人不服而吸引不来，国家分崩离析而不能守，还要在国内动干戈。我想，季孙担忧的恐怕不在颛臾身上，而在萧墙之内。"

【注】

①季氏，季康子。

②颛（zhuān 专）臾（yú 渝），风姓小国，以太昊为祖，在鲁都东南、季氏封邑费城的西北，是鲁国附庸。现在山东费县西北八十里有颛臾村。

③有事，指用兵。

④东蒙，即蒙山，因在鲁都之东，故称东蒙，在今山东蒙阴县南，与费县接界。蒙山有祠，由颛臾负责祭祀，故称"东蒙主"。

⑤"邦域之中"，邦，《释文》引或本作封，邦、封古通。颛臾在鲁国的封土之中，是鲁的附庸。

⑥社稷之臣，颛臾是鲁社稷的臣。

⑦周任，《左传》隐公六年马融注："古之良史。"

⑧"陈力就列，不能者止"，原话背景不明，此谓为臣者要量力任职，不能胜任就该辞职。

⑨兕（sì 四），犀牛。

⑩柙（xiá 匣），兽笼。李零说："柙的古文字写法是从虎从卒（音 niè），象老虎戴着手铐，本指关押老虎或关押老虎的笼子。"（第286页）

⑪龟，李零说："这里指占卜的龟壳、龟版，古代从远方贡输者，在古代是宝物。出土发现，红山玉器和商周玉器，都有玉制的仿品。"又说："过去，晋侯墓地63号墓出土过一件'铜鼎形方盒'，内盛玉器，其中就有玉龟壳。"（第286页）

⑫椟，已见于9.13。

⑬"舍曰欲之而必为"，不说想要，却又一定要得到手。

⑭"不患寡而患不均，不患贫而患不安"，"寡"与"贫"二字应属互误。

⑮"今由与求也"，本篇主要批评冉有，但只见冉有滔滔不绝地答辩，不闻子路发一言。因冉有是季氏家宰，是主要责任人。冉有

把子路拉来一起见孔子,可能考虑子路年龄大、资格老,可以挡挡风。孔子把子路摆在冉有前面,则是尊重他的年长,这也是当时的礼。

⑯萧墙之内,"萧墙"指鲁君宫廷外面阻挡来人视线的矮墙,犹屏风。来人至此,必肃然起敬。萧古同肃。萧墙之内,指鲁君。

【评】

颛臾是季氏费邑的紧邻,可能亲鲁君而疏季氏,季氏吞并颛臾,一可增强自己,二可削弱公室。孔子的政治路线,一直是强公室、弱三桓,而子路、冉有一直站在季氏一边,所以孔子非常生气。本章是孔子师生"路线斗争"的典型案例。当时,子贡也在鲁国当官,而且很红。在公室与季氏的斗争中,子贡肯定也站在季氏一边,否则,不可能那么红。只因子贡担任外交工作,鲁君与季氏都要一致对外,他不是处于矛盾中心,容易避过孔子的视线,故孔子临终几年,最信任子贡。

16. 2

孔子曰:"天下有道,则礼乐征伐自天子出;天下无道,则礼乐征伐自诸侯出①。自诸侯出,盖十世希不失矣;自大夫出,五世希不失矣;陪臣执国命,三世希不失矣。天下有道,则政不在大夫;天下有道,则庶人不议。"

【译】

孔子说:"天下有秩序,制礼作乐和出兵打仗,由天子下命令;天下无秩序,制礼作乐和出兵打仗,由诸侯出面。由诸侯出面,大概不到十代就会失掉君位;由大夫出面,五代之内就会失败;大夫的家臣掌握国家政权,三代之内就会失败。天下有秩序,政权不会落在大夫手里;天下有秩序,老百姓不会议论纷纷。"

【注】

①"礼乐征伐自诸侯出",是从齐桓公算起的。杨伯峻说:"齐自桓公称霸,历孝公、昭公、懿公、惠公、顷公、灵公、庄公、景公、悼公、简公十公,至简公而为陈恒所杀,孔子亲身见之;晋自文公称霸,历襄公、灵公、成公、景公、厉公、平公、昭公、顷公九公,六卿专权,也是孔子所亲见的。所以说'十世希不失'。鲁自季友专政,历文子、武子、平子、桓子而为阳虎所执,更是孔子所亲见的。所以说'五世希不失'。至于鲁季氏家臣南蒯、公山弗扰、阳虎之流都当身而败,不曾到过三世。当时各国家臣有专政的,孔子言'三世希不失',盖宽言之。"(第175页)

【评】

"十世希不失"、"五世希不失"、"三世希不失",都算到孔子时候为止,这就是说,"天下无道"已到了尽头。由此可知,孔子对天下大势的预测是非常乐观的。孔子周游列国有两个精神动力,一是"五十而知天命";二是对天下大势的乐观估计。孔子想改造天下的那份急切,今天读来,还能感同身受。

16.3

孔子曰:"禄之去公室五世①矣,政逮于大夫四世②矣,故夫三桓之子孙微矣。"

【译】

孔子说:"鲁国公室丧失权力已经五代,政权落在大夫手里已经四代,所以,三桓的子孙快要衰微了。"

【注】

①鲁君丧失权力已经历宣公、成公、襄公、昭公、定公五代。

②季氏擅权已经经历文子、武子、平子、桓子四代。孔子这些话是在鲁定公、季桓子时说的。

【评】

上章泛言天下,本章专谈鲁国,以鲁国的情况印证上章"五世稀不失"的说法。他对鲁国的结论是三桓专政的局面快要完了。这两章都是在鲁定公在位、季桓子执政时期,而且是在周游列国初年说的,如果还在鲁国当官,估计他不敢说"三桓之子孙微矣"。鲁定公卒于公元前495年夏五月,孔子是公元前497年春开始周游列国,这两章可能是周游列国的形势报告与动员令。周游列国最后未能达到孔子的目的,那不是孔子所预知的。孔子当时预知的是一个"天下有道"的新时代,是"三年有成"(13.10)的个人政绩。他把天下、鲁国都放在手心掂量掂量,认为有把握了,才毅然决然地迈出周游列国的步伐。从2.23章的"虽百世可知"等话看来,孔子对历史的预见,始终非常自信。即使到了72岁饱经曲折的垂暮之年,仍然如此(14.21)。周游列国初期的孔子,更是豪气干云,哪里有"知其不可而为之"的寒酸味?这两次形势报告,不但乐观,而且很煽情,当年的"仪封人"听了也怦然心动(3.24)。有趣的是,他的三千弟子,却无人鼓一下掌。

当时,有几个著名人物,对天下大势的分析,与孔子完全相反。《左传》昭公三年,齐国的晏婴与晋国的叔向,饮宴时互相谈心。晏婴说,齐国公室已到"季世"(末世),政权将落到陈氏手里。叔向说:"晋之公族尽矣(快完蛋了)。"后来的事实证明,两人的预测都很正确。《左传》昭公三十二年记载,鲁昭公客死于晋,晋人史墨不予同情,说:"鲁君世从(纵)其失,季氏世修其勤,民忘君矣。虽死于外,其谁矜(怜)之? 社稷无常奉,君臣无常位,自古以(已)然。"把当时的公室衰微、大夫篡权,说得那么理直气壮。三人成众,这三位著名贤人都号准了时代的脉,圣人孔子却看反了"天下"的"道",这三位著名贤人的话,一定能代表当时多数士人、尤其是年轻士子的观点。子路、子贡、冉有等孔门弟子,肚子里恐怕也是这么想的,因为"道之不行,已知之矣"(18.7),所以他们都矢忠三桓;所以在《论语》里,找不到一句弟子赞同老师形势分析的话,不如门外汉、小人物"仪封人"那么容易受感动。

16.4

孔子曰:"益者三友,损者三友。友直,友谅①,友多闻,益矣。友便辟②,友善柔,友便佞,损矣。"

【译】

孔子说:"有益的朋友有三种,有害的朋友也有三种。结交正直的人、信诚的人、博学多闻的人,有益。结交工于取宠的人、八面玲珑的人、花言巧语的人,有害。"

【注】

①谅,《说文》:"信也。"

②便(pián 蹁)辟(bì 愎),便,善于、工于;辟,读作嬖,取宠。

16.5

孔子曰:"益者三乐,损者三乐。乐节礼乐,乐道人之善,乐多贤友,益矣。乐骄乐,乐佚游,乐宴乐,损矣。"

【译】

孔子说："有益的快乐有三种,害人的快乐也有三种。以礼乐节制的快乐,称道别人优点的快乐,以贤友多多为快乐,这样的快乐有益。骄傲自大的快乐,放荡游玩的快乐,花天酒地的快乐,这样的快乐会害人。"

16.6

孔子曰:"侍于君子①有三愆②:言未及之而言谓之躁,言及之而不言谓之隐,未见颜色③而言谓之瞽。"

【译】

孔子说:"侍候君子容易犯三种过失:还轮不到你说,你却抢先说了,这叫急躁;该你说时你不说,这叫隐瞒;不看君子的脸色说话,这叫瞎说。"

【注】

①君子,此指身份地位高的人。

②愆(qiān 千),过失。

③古称脸色为"颜色"。

16.7

孔子曰:"君子有三戒:少之时,血气未定,戒之在色;及其壮也,血气方刚,戒之在斗;及其老也,血气既衰,戒之在得。"

【译】

孔子说:"君子要有三种戒备:少年时期,血气还没有稳定,要戒迷恋女色;壮年时期,血气正旺,要戒争强好斗;到了老年时期,血气已衰,要戒贪得无厌。"

16.8

孔子曰："君子有三畏：畏天命，畏大人，畏圣人之言。小人不知天命而不畏也，狎大人，侮圣人之言。"

【译】

孔子说："君子有三怕：怕天命，怕领导，怕圣人的话。小人不知天命而无所畏惧，不尊重领导，轻侮圣人的话。"

【评】

"天命"又摆在首位。"大人"与"圣人之言"都是看得到、摸得着的，反而不如玄虚的"天命"可怕。因为"天"是最高主宰神，"命"是天的意志与命令，决定每个人的寿夭穷达，虽然看不见、摸不着，却是最要敬畏的。这不是专属孔子个人的天命观，而是普遍性的时代意识，是那个时代的精神文明。缺乏这种精神文明，就会被人贬称为"小人"。

16.9

孔子曰："生而知之者上也；学而知之者次也；困而学之，又其次也；困而不学，民斯为下矣。"

【译】

孔子说："天生聪明的人是上等；经过学习而变得聪明是次一等；遇到困难才去学，又其次；遇到困难还不学习，这样的人属下等。"

【评】

6.21"中人以上，可以语上也；中人以下，不可以语上也"，17.3"唯上知与下愚不移"，与本章观点一致。人的智商有高有低，它是天生的，现代人也承认。至于"生而知之者"，现代人当然不承认，古人却是普遍认可的。这是对伟人圣哲的神化。在古代,神化伟人是家常便饭,我们不必多加责怪。

16.10

孔子曰:"君子有九思:视思明,听思聪,色思温,貌思恭,言思忠,事思敬,疑思问,忿思难,见得思义。"

【译】

孔子说:"君子有九种考虑:看的时候要想想看明白了没有,听的时候要想想听清楚了没有,脸色要想办法温和一些,体态要想办法庄重一些,说话要考虑是否忠实,工作要考虑是否敬业,有疑问要考虑向人家请教,发怒时要想想后患,见到利益要想想能不能拿。"

【评】

李泽厚对本章评道:"非常具体的生活规范,这也就是'礼'。'礼'确乎管得太广,也太严,连言语、脸色都管束。难怪现代国人和西方人不喜欢孔子,而倾心于一任自然的道家。然而,连 Frued 也指出,有规范、有抑制才有文明。"(第463页)

16.11

孔子曰:"见善如不及,见不善如探汤。吾见其人矣,吾闻其语矣。隐居以求其志,行义以达其道。吾闻其语矣,未见其人也。"

【译】

孔子说:"看到善事,只怕赶不上,拼命去追求;见到坏事,像见到沸水,缩手而逃避。我见到过这样的人,我听到过这样的话。隐居避世而追求洁身自好,仗义行事以实现信仰。我听到过这样的话,还没有见到过这样的人。"

【评】

"见善如不及,见不善如探汤",这是儒者的积极处世态度。"隐居以求其志,行义以达其道",这是孔子对隐者的批评。有些隐者可能说过这样的话,但没有人"行义以达其道",他们只说不做,故孔子说:"吾闻其语矣,未见其人也。"这是"五十而知(行)天命"以后的话。

16. 12

齐景公有马千驷①,死之日,民无德而称焉。伯夷、叔齐饿于首阳②之下,民到于今称之。其斯之谓与③?

【译】

齐景公有马车千乘,死的时候,人民没有称赞他的德行。伯夷、叔齐饿死于首阳山下,人民到现在还称颂他们。那就是这个意思吧?

【注】

①千驷,古代四匹马驾一辆车,称一乘,又称一驷,千驷即千乘。齐是千乘大国。

②首阳,殷亡后,伯夷叔齐耻不食周粟,隐居首阳山下,采食野豌豆为生。有妇女对他们说:一草一木都是周朝的。他们连野菜也不吃,最后饿死。首阳山的地望,"旧有蒲坂说、岐山西北说、陇西说、辽西说、偃师说。其中应以蒲坂说较有来历。首阳山,在今山西永济县西南的蒲州镇,也叫雷首山、首山,汉代设有首山宫"(李零,293页)。

③"其斯之谓与"的"斯"不知所指,古今学者都有疑问,都不得

其解,前面应有阙文。

16. 13

陈亢问于伯鱼曰:"子亦有异闻乎?"

对曰:"未也。尝独立,鲤趋而过庭。曰:'学诗乎?'对曰:'未也。''不学诗,无以言。'①鲤退而学诗。他日,又独立,鲤趋而过庭。曰:'学礼乎?'对曰:'未也。''不学礼,无以立。'②鲤退而学礼。闻斯二者。"

陈亢退而喜曰:"问一得三。闻诗,闻礼,又闻君子之远③其子也。"

【译】

陈亢问伯鱼说:"夫子对你有与众不同的传授吗?"

答道:"没有。他曾独个儿站在庭院中,我恭敬地快步走过去,他问我:'学诗了吗?'我说:'没有。'他说:'不学诗,没法讲话。'我下去就学诗。有一天,他又独个儿站在庭院中,我恭敬地快步过去,他问:'学礼了吗?'我答道:'没有。'他说:'不学礼,无法立身处世。'我退下去就学礼。单独对我教诲的就这么两次。"

陈亢回去以后,非常高兴。说:"我问一件事,却知道了三件,知道诗,知道礼,又知道君子不溺爱自己的儿子。(像对其他学生一样,一视同仁。)"

【注】

①"不学诗,无以言"的"言",不是一般意义的"说话",而是指朝聘、盟会、宴飨等政治、外交场合的"赋诗"应对活动,即上文13.5"诵《诗》三百,授之以政","使于四方",用于"专对"的"言"。《左

传》僖二十六年,记齐高厚因不会赋诗,引起众怒;《左传》僖二十七年与昭十六年,记齐庆封、宋华定因不会赋诗,被人鄙视,成为笑料。

②礼是各种社会制度、社会秩序,君子不学礼,无法立足于社会。《左传》昭公七年,鲁大夫孟僖子说:“礼,人之干也;无礼,无以立。”他后来要两个儿子“孟懿子与南宫敬叔师事仲尼”“学礼”。昭公七年,孔子才十八岁,孔子年轻时,大概已以知书达礼而闻名于世。

③远,不是一般意义的疏远,而是不要过分亲昵、溺爱,与6.22“敬鬼神而远之”的“远”字同义。6.22 的“远”字,不是疏远鬼神,而是不谄媚鬼神。

16.14

邦君之妻,君称之曰夫人,夫人自称曰小童;邦人称之曰君夫人,称诸异邦曰寡小君;异邦人称之亦曰君夫人。

【译】

国君的妻子,国君称她“夫人”,她自称“小童”;国内的人称她为“君夫人”,她对外国人自称“寡小君”,外国人称她也叫“君夫人”。

阳货篇第十七（共二十六章）

17.1

阳货①欲见孔子,孔子不见,归孔子豚②。

孔子时③其亡也,而往拜之。

遇诸涂④。

谓孔子曰:"来! 予与尔言。"曰⑤:"怀其宝而迷其邦,可谓仁乎?"曰:"不可。好从事而亟失时,可谓知乎?"曰:"不可。日月逝矣,岁不我与。"

孔子曰:"诺,吾将仕矣⑥。"

【译】

阳货想要孔子去拜会他,孔子不去见他,(他趁孔子不在家时,派人)给孔子送去一只小烤猪。

孔子也趁阳虎外出时,去登门拜谢。

两人却在路上相遇。

阳虎对孔子说:"来,我跟你说。"接着就说:"怀抱一身才能,听任国家昏乱,可称仁吗?"(孔子不作声,他)又说:"不可以的。喜欢从事政治,却屡次失去机会,可称智吗?"(孔子还不作声,他)又说:"不可以的。日月在飞逝,岁月不等人啊。"

孔子说:"好,我将出来做官。"

【注】

①阳货,或作阳虎。《论语》中仅见于此。阳虎本是孟氏的小宗,身份是士,后来当了"季氏宰",身份是大夫,历事季平子、季桓子。现在的年轻人可能不太知道阳虎这个名字,但知道他的一句话:"为富不仁,为仁不富",这话出于《孟子·滕文公上》。此人似乎也有可爱之处,说话痛快坦率,不太伪善。鲁定公初年,他篡了季氏的权,专了鲁国的政。定公五年(前505年)六月,季平子死,其子季桓子执政。九月,阳虎囚禁季桓子,发动推翻三桓的政变。定公八年,阳虎战败,逃入齐国,后来又转到晋国,投靠赵鞅。阳虎专权,是孔子说的"陪臣执国命"的显例之一。本章记的应是定公五年的事,阳虎想拉孔子为他支撑门面。

②归,同"馈",赠送。豚,小猪。

③时,读作侍,义同伺,伺机。按当时礼节,大夫赏赐东西给士,如果士未能在家当面受赐,事后要亲自到大夫家拜谢。《孟子·滕文公下》:"大夫有赐于士,不得受于其家,则往拜其门。"

④涂,读作途。"遇诸涂",路上相遇。

⑤自此以下三个曰字,都是阳货自问自答,古书常有此例。

⑥"吾将仕",是搪塞应付的话。李零说"孔子心动"(第297页),非也。四年以后,公山不扰叛乱,孔子因"五十而知天命",才心动"欲往"。

【评】

定公五年,孔子虚龄48岁,尚未"知天命",从政之心不迫切,故显得那么清高、洒脱,四年以后,情况才发生翻天覆地的变化,详见17.5。

17.2

子曰:"性相近也,习相远也。"

【译】

孔子说:"各人的自然本性很接近,后天的学习使他们的距离愈拉愈远。"

【评】

这是至理名言,绝对真理。孔子只说"性相近",没有说性相同。后来,孟子说人性皆善,告子说人性皆无善无恶,荀子说人性皆恶。这三种人性划一论,都不符合人性实际,与孔子思想也不同。孔子多次谈到人性的个体差别(4.2、6.21、16.9、17.3)。他的学生宓子贱、漆彫开等人,认为性有善与不善之别,此说符合人性实际,按理说,孔子可能是这一派的开山老祖,但孔子不言性的善恶,原因详见4.2注与评。

17.3

子曰:"唯上知与下愚不移。"

【译】

孔子说:"只有上等的聪明人和下等的愚人改变不了。"

【评】

参看16.9:"生而知之者上也……。"

17.4

子之武城①,闻弦歌之声。夫子莞尔而笑,曰:"割鸡焉用牛刀?"

子游对曰:"昔者偃②也闻诸夫子曰:'君子学道则爱人,小人学道则易使也。'"

子曰:"二三子,偃之言是也。前言戏之耳。"

【译】

孔子到武城,听到弹琴唱歌的声音,老先生微微而笑,说:"杀鸡何必用牛刀?(管理这种小县城还用得着礼乐教育吗?)"

子游答道:"以前我听老师说过:'当官的学礼乐就会爱护老百姓,老百姓学礼乐就容易听使唤。'"

孔子说:"同学们,偃的话说得对,我刚才那句话只是开个玩笑。"

【注】

①武城,子游时任武城邑宰。

②偃,子游姓言,名偃。

【评】

这一章写得很生动。孔子毕生从事高等教育,对初等教育缺乏感性认识,所以对普及性的礼乐教育流露出轻蔑不屑之情,与自己平日对学生宣讲的言论发生脱节。《论语》能如实记下这一生活细节,十分可贵!

17.5

公山弗扰①以费畔②,召,子欲往。

子路不说,曰:"末之也已③,何必公山氏之之也④。"

子曰:"夫召我者,而岂徒哉?如有用我者,吾其为东周乎?"

【译】

公山弗扰在费邑谋反,邀请孔子,孔子想去。

　　子路不高兴，说："都没有去处了吗？何必去公山氏那里？"

　　孔子说："那召我去的人，难道是空召的吗？如果有人用我，我将使周道在东方复兴。"

【注】

　　①公山弗扰，《左传》称公山不狃，字子洩。公元前505年（定公五年），任费邑宰，参与阳虎之乱。前501年（定公九年），阳虎失败，逃亡齐国。公山弗扰仍留在鲁国。前498年（定公十二年），孔子堕三都，将堕费，公山弗扰叛，率费人进攻鲁都，孔子率军反击，打败公山弗扰。公山弗扰先奔齐，后奔吴。本章所记应是定公九年之事。

　　②畔，通叛。从《论语》原文看，定公九年，公山弗扰似乎已经叛乱。从后来的事实看，当时只有反叛的阴谋，尚未行动。他本想借孔子作造反义旗，孔子听了子路的劝阻没有去，他只好隐忍下来。三年后，孔子"堕三都"，他被逼上梁山，才叛变攻鲁。

　　③末之也已，末读作蔑，同音通假，无也。之，去。没有去处了吗？

　　④杨伯峻说："何必公山氏之之也——'何必之公山氏也'的倒装。'之之'的第一个'之'字只是帮助倒装用的结构助词，第二个'之'字是动词。"（第183页）

【评】

　　定公五年，孔子48岁，阳虎执政，请孔子出仕，孔子推三阻四，坚持不去，显得很清高。阳虎的斗争对象是三桓，正符合孔子强公室、弱三桓的政治路线。阳虎之所以召孔子，大概看中孔子对三桓的反感。当时去，可以打着张公室的旗帜，不必背犯上作乱的罪名。虽然阳虎以"陪臣执国命"，是僭越行为，但这种现象当时人们已司空见惯,见怪不怪。定公九年,公山弗扰召孔子,不是出仕,而是参与叛乱,替叛乱者当义旗,孔子反而想去。公山弗扰与阳虎是一路货色,请他当官他不干,请他造反他心欢,为什么如此是非颠倒呢?因为这两件事有四年的时间差,中间隔着五十岁的整数关。孔子"五十而知天命",定公九年,孔子52岁,因已知天命,急于用世,到了饥不择食的地步,幸亏子路劝阻而未去。我曾为此写了一首七律《子路一》:

> 天命催人万绪纷,冯河暴虎一时昏。
>
> 青天白日周公梦,削壁悬崖管蔡身。
>
> 至圣先师名有损,乱臣贼子罪非轻。
>
> 如无子路迷津指,将为庄周笑料增。

《论语》7.11,孔子批评子路"暴虎冯河","暴虎"是赤手打虎,"冯(凭)河"是徒步过河,拙诗把这四个字还给孔子,恐怕并不过分。不过都是"天命"在作怪,使他病急乱投医,情有可原。

不知道什么原因,孔子听从子路的劝阻后,立即官运亨通,由中都宰而司空,由司空而司寇●。我为此事写过一首五律《子路二》:

> 五十知天命,茫茫正道迷。
>
> 公山抛画饼,子路化危机。
>
> 熬过寒心夜,迎来报晓鸡。
>
> 珍珠离大海,骏马奋轻蹄。

● 此中原因,可能是子路瞒着孔子,向季孙氏告密,揭发公山弗扰阴谋反叛,从而得到季孙氏的信任,子路也因此而被委任为季氏宰。在政治舞台上,这种事不算不道德,但为道德家所讳言。好在子路不是道德家,而是政治家。

鲁定公十年春,齐鲁在夹谷会盟,任命孔子为"摄相"(代国相),孔子的外交才能、政治魄力、礼乐修养,得到充分发挥,为鲁国赢得外交胜利,夹谷盟会是孔子一生政治生活最光彩的一页。《左传》定公十年、《史记·孔子世家》都有详细记载。根据二书记载,孔子在会上的表现,是鲁君的头号外交代表,是鲁方的指挥官,不少学者称他为"摈相"(司仪),似不确。《左传》称孔子为"相",《史记》称"摄相",应为国相,是国君的辅佐大臣。《孔子家语》第一篇题名《相鲁》,记载孔子四年仕鲁的辅佐事迹,名实相符。

17.6

子张问仁于孔子。孔子曰:"能行五者于天下为仁矣。"

"请问之。"曰:"恭,宽,信,敏,惠。恭则不侮,宽则得众,信则人任焉,敏则有功,惠则足以使人。"

【译】

子张向孔子请教仁的问题。孔子说:"能在天下实行五种品德,那就是仁。"

子张问:"请问哪五种品德?"孔子说:"恭敬、宽容、诚信、勤敏、恩惠。恭敬就不会欺侮别人,宽容就会得到群众,诚信就会得到人家的信任,勤敏才会成功,给人恩惠才能使唤人。"

【评】

"能行五者于天下为仁矣",这是以事功说仁,不是以道德修养说仁。孔子"五十而知(行)天命"以后,建功立业之心强烈,论管仲即以事功说仁。子张小孔子49岁,这些话肯定是孔子晚年居鲁时所说。子张热衷政治,性格激进,孔子对他的"问仁",从"天下""外王"的角度来论述,与对颜回、曾参的问仁,着重于修德"内圣"

不同,也是因材施教之一例。

20.1"宽则得众,信则民任焉,敏则有功"与本章重复。惟"人"字换作"民"字,说明"民""人"同义通用。

17.7

佛肸^①召,子欲往。

子路曰:"昔者由也闻诸夫子曰:'亲于其身为不善者,君子不入也。'佛肸以中牟^②畔^③,子之往也,如之何!"

子曰:"然。有是言也。不曰坚乎,磨而不磷^④;不曰白乎,涅^⑤而不缁? 吾岂匏瓜^⑥也哉? 焉能系而不食?"

【译】

佛肸召孔子,孔子想去。

子路说:"从前我听老师说过:'亲身干坏事的人那里,君子不进入。'佛肸在中牟抵抗,老师要去参加,怎么成啊?"

孔子说:"是,我说过这话。不是说坚固的东西磨不薄,不是说洁白的东西染不黑吗? 我难道是那苦味的匏瓜,只能挂在腰间游泳而不能吃吗?"

【注】

①春秋晚期,晋国军政大权落到异姓的六卿手里。六卿是指韩氏、赵氏、魏氏、范氏、中行氏、智氏。鲁定公十三年(公元前497年)秋七月,范氏与中行氏联合攻打执政的赵鞅(简子),赵鞅失败,退到自己的私邑晋阳(今山西太原),继续抵抗。冬十一月,智氏、韩氏、魏氏劫持晋侯,以晋侯名义攻打范氏与中行氏,二氏不敌,败走卫国旧都朝歌继续抵抗。十二月,赵鞅回到晋国都城绛(今山西曲沃西南),重新执政。范氏的家臣佛肸(xī),是中牟邑宰,仍矢忠

旧主,对抗赵鞅,坚守中牟达七年之久,难能可贵。哀公三年(前492年),赵鞅围朝歌。哀公五年春,范氏、中行氏败走齐国。"夏,赵鞅伐卫,范氏之故也,遂围中牟。"(《左传》哀公五年)佛肸是赵鞅心目中最硬的钉子,故留着最后拔除。哀公五年(公元前490年)春,主子范氏从卫国的朝歌逃到齐国去了,他仍不投降,也不逃奔他国,准备以身殉职,这样的事例在春秋晚期极为罕见。定公十三年(前497)冬末,范氏、中行氏败走卫国,佛肸继续抵抗之初,曾经邀请孔子参与、支持。《论语》这一章即记此事。佛肸事迹还见于《左传》哀公五年、《史记·孔子世家》、《说苑·立节》、《新序·义勇》。

②中牟,属晋地,范氏家臣佛肸之邑。故址说法不一,有河南鹤壁市西、在今日河北省邢台和邯郸之间诸说。

③畔,同"叛"。先秦叛(畔)字,不一定是反叛、叛乱的意思。《春秋经》定公十三年:"秋,晋赵鞅入于晋阳以叛。冬,晋荀寅(范氏)、士吉射(中行氏)入于朝歌以叛。"敌对双方败退后继续抵抗,都称"叛"。《论语》此"畔"(叛)字,与上面的两个"叛"字相同,都是抗拒、抵抗的意思。钱穆《孔子传》说佛肸"其迹若为叛,其心犹近义"(第45页),把叛(畔)读作"义"的反义词,是政治道德的贬义词。当代一些著作也是如此,抹煞"叛"字的古今差异。其今译《论语》,把原文"畔"(叛)字直接移入译文,说佛肸"叛乱"、"造反"、"谋反"。为了迁就"叛"字的这些贬义,钱穆说佛肸本是"晋大夫赵简子(鞅)之邑宰"(第449页)。如果佛肸本是赵鞅的中牟邑宰,后以中牟叛赵,怎么能称赞"其心犹近义"呢?钱的说法明显矛盾。定公十三年冬末以后,赵鞅势力开始走向顶峰,范氏逃亡国外,如果佛肸本是赵鞅邑宰,怎么可能在此时反赵向范呢?杨伯峻说:"佛肸是范、中行的家臣","依据中牟来抗拒赵简子",却又译

"畔"为"谋反"。杨伯峻的说法也是矛盾。若将此"畔"(叛)字视同上引《春秋经》定公十三年的两个"叛"字,译作"抗拒"、"抵抗",则与佛肸本是范氏家臣的历史事实没有矛盾,"其迹"、"其心"都堪称是忠义的典范。

　　④磷(lìn 吝),薄。

　　⑤涅,矾石,古人用作黑色染料,此作动词,染黑。

　　⑥瓠瓜,有甜、苦两种,苦的不能吃,但可系腰泅渡。《国语·鲁语》:"苦瓠不材,于人共济而已。"《庄子·逍遥游》:"今子有五石之瓠,何不虑以为大樽,而浮乎江湖。"

【评】

　　孔子于定公十三年(前 497)春到卫国。冬,晋国范氏、中行氏败退卫国旧都朝歌,是时孔子曾西行,可能路经中牟附近时,佛肸派人来召。"佛肸以中牟畔"与"公山弗扰以费畔"性质不同。公山弗扰是反叛上级季氏,是犯上作乱;佛肸是矢忠上级范氏,抵抗外敌。由于佛肸是抵抗,不是叛乱,所以子路这次态度比上次的态度有所缓和,没有表示"不悦"。他这次主要考虑利害得失,即孔子说的"危邦不入,乱邦不居"(8.13)。晋国这场斗争的性质是众卿之间的争权夺利,并无正邪之别。就个人政治道德而言,服从上司,忠于旧主,是义之所在,无可厚非。当时的中牟是真正的"危邦""乱邦",孔子竟也想去,可见他的用世之心何其急切!

17.8

　　子曰:"由也,女闻六言①六蔽②矣乎?"对曰:"未也。"

　　"居③,吾语女。好仁不好学④,其蔽也愚;好知不好学,其

蔽也荡;好信不好学,其蔽也贼⑤;好直不好学,其蔽也绞⑥;好
勇不好学,其蔽也乱;好刚不好学,其蔽也狂。"

【译】

孔子说:"仲由啊,你听说过六种品德和六种流弊吗?"子路答
道:"没有。"

孔子说:"坐下,我告诉你。爱好仁德而不爱好学道,其流弊是
容易被人愚弄;喜欢卖弄聪明而不喜欢学道,其流弊是荡而无根;
好诚信而不好学道,其流弊是被人利用,害了自己;好直率而不好
学道,其流弊是尖刻好斗;好勇而不好学道,其流弊是捣乱闯祸;好
刚强而不好学道,其流弊是狂妄自大。"

【注】

①六言,指下面的六句话。

②六蔽,六种流弊。蔽,读作弊。

③居,坐。

④《论语》的"好学",主要指学道,即要树立正确的人生观。今
人都译作"学习"、"学问",变成知识挂帅,似未确。

⑤贼,害。

⑥绞,好斗。

【评】

仁、智、信、直、勇、刚,虽是六种好品德,却都要配上"好学",即
要有正确的人生观来驾驭它们,如果不好好学"道",缺乏正确的人
生观,六德也会变质。孔子这个观点,今天看来,还是正确的,值得
抽象继承。

17.9

子曰:"小子何莫学夫诗? 诗,可以兴①,可以观,可以群,

可以怨。迩之事父②,远之事君。多识于鸟兽草木之名。"
【译】

孔子说:"小伙子为什么不学诗?诗可以激发感情,可以观察民情,可以团结众人,可以讥讽时弊。近可以侍奉父亲,远可以服务君主。还可以多多认识鸟兽草木的名称。"
【注】

①《论语》两次谈到"诗"与"兴"的关系。除本章外,还有 8.8 "兴于诗"。这两次都是从读诗的角度谈"兴"。《论语》这两个"兴"字,都是《说文》所训的"起也"之意。"兴""起"什么呢?《文心雕龙·比兴篇》答道:"兴情。"甚确。《毛诗大序》"发乎情,止乎礼义"的"发"字,也是"兴""起"的意思,不过,它说的是作诗。诗的主要特点,可以归结为一个"情"字。写诗要有"情"来"发"动,读诗能激发人的感情。孔子是音乐家,是诗人,感情充沛是他的天赋特点,故能一字中的,以"兴"情说诗。

②事父,《论语》讲孝,对象大多是"父",其次是"父母",没有一次单说"母"。这种偏父现象,曾参更为突出。

17.10

子谓伯鱼曰:"女为《周南》、《召南》①矣乎? 人而不为《周南》、《召南》,其犹正墙面而立也与?"
【译】

孔子对伯鱼说:"你研读过《周南》、《召南》吗? 做人而不研读《周南》、《召南》,大概像面壁而立一样吧! (将一无所见,寸步难行。)"
【注】

①《周南》、《召南》,现为《诗经》十五国风中为首的两"风",合

称"二南"。西周初期,周公姬旦住东部洛邑,召公姬奭(shì 式)住西部镐京,两人分管东、西两部分地区,以陕(今河南陕县)为界。"周南"指周公管辖的南方地区,"召南"指召公管辖的南方地区。"周南"北到汝水,南到江汉合流的武汉地区。"召南"南到武汉以上的长江流域地区。

【评】

由于周南、召南是周公、召公治过的地方,这两地的民歌也沾了光,被编在十五国风的最前面。孔子以《周南》、《召南》代表《诗》三百。汉儒毛苌、郑玄等人,都说二南产生的年代是西周初年。清代疑古思潮兴起,崔述《读风偶识》、魏源《诗古微》等书文认为,二南是西周末年至春秋初期的作品,是《诗》三百篇里的晚辈。

17.11

子曰:"礼云礼云,玉帛云乎哉? 乐云乐云,钟鼓云乎哉?"

【译】

孔子说:"说礼道礼,就指供玉献帛吗? 说乐道乐,就指敲钟打鼓吗?"

17.12

子曰:"色厉而内荏①,譬诸小人,其犹穿窬②之盗也与!"

【译】

孔子说:"外表严厉而内心脆弱,如果拿小人作比喻,大概像是挖墙洞入室行窃的盗贼吧!"

【注】

①荏,弱。

②窬(yú 愉),打洞。

17.13

子曰："乡原①,德之贼也。"

【译】

孔子说："全乡人都称赞的好好先生,是道德的窃贼(窃取了德名)。"

【注】

①乡原,或作乡愿。愿的本义是忠厚,但在孔孟书里,乡愿(原)都是贬称。《孟子·尽心下》说："阉然媚于世也者,是乡原也。"

【评】

孔子原则性很强。夏渌老教授说:孔子"偏激好斗,疾恶如仇","没有折衷调和、和稀泥的余地"(《孔子与中庸无关说》,载《武汉大学学报》1994年第3期)。但骂"乡原"为"德之贼",则失之过分。"过",正是孔子的个性特色。

17.14

子曰："道听而涂说,道之弃也。"

【译】

孔子说："单凭道听途说,(不作调查研究,)是道德法庭的弃权者。"

17.15

子曰："鄙夫①可与事君也与哉?其未得之也,患(不)得之②;既得之,患失之。苟患失之,无所不至矣"。

【译】

孔子说："卑鄙的小人,可与他一起服事国君吗?还没有得到,只怕得不到;得到以后,又怕失掉。如果生怕失掉,什么坏事都干得出来。"

【注】

①鄙夫,照字面解释是乡下人,此指道德低下的人。好比君子、小人,都有身份与道德二义。

②"患得之",是"患不得之"之误。《荀子·子道篇》:"孔子曰……小人者,其未得也,则忧不得;既已得之,又恐失之。"《说苑·杂言篇》同。王符《潜夫论·爱日篇》:"孔子疾夫未之得也,患不得之;既得之,患失之者。"可见战国、西汉、东汉人所见到的本子都有"不"字。

【评】

这些话,应是孔子仕鲁四年期间所说,是他的经验之谈。孔子当官,是为了求道、行道,不是为当官而当官。而"鄙夫"当官是为了干禄,故会患得患失,为了保住乌纱帽,"无所不至矣"。

17. 16

子曰:"古者民有三疾,今也或是之亡也。古之狂也肆,今之狂也荡;古之矜也廉①,今之矜也忿戾;古之愚也直,今之愚也诈而已矣。"

【译】

孔子说:"古人有三种可爱的缺点,现在呢,或者都没了。古代的狂士追求自由自在,现在的狂士无法无天;古代矜持的人自尊,现在矜持的人伤人;古代的愚者直率,现在的愚者装傻欺诈。"

【注】

①廉,本义是器具有棱角,此指人的言行方正有威严,即有自

尊。孔子反对乡原,说明他是一个有棱角的人,处世不圆滑。

【评】

连人的缺点也是今不如古! 颂古非今已到极点。

17. 17

子曰:"巧言令色,鲜矣仁。"

【评】

已见于1.3。这句话《论语》里出现两次,说明孔子很重视真诚,讨厌虚伪。

17. 18

子曰:"恶紫之夺朱①也,恶郑声之乱雅乐也②,恶利口之覆邦家者。"

【译】

孔子说:"痛恨紫色夺走了大红的地位,痛恨郑国的声调扰乱了典雅的音乐,痛恨强嘴利舌颠覆国家。"

【注】

①朱,大红色,本是西周最贵重的颜色,但到春秋时期,却流行紫色为正色,齐桓公和鲁桓公都喜欢穿紫色衣服,卫国的浑良夫因"紫衣狐裘"而被罪(《左传》哀公十七年),孔子看不惯。他仍然尊重传统的"朱",厌恶时髦的"紫"。

②详见15.11"评"语。

【评】

李零说:"反对时髦是孔子的特点。"(第305页)此说有一定的事实根据,但不可一概而论。办私学,周游列国,何止"时髦",更是创新!

17. 19

子曰:"予欲无言。"子贡曰:"子如不言,则小子何述焉?"子曰:"天何言哉? 四时行焉,百物生焉,天何言哉?"

【译】

孔子说:"我不想说话。"子贡说:"老师如果不说话,那学生有什么可传述的呢?"孔子说:"天说了什么话啊? 四时照样运行,百物照样生长,天说了什么话啊?"

【评】

"予欲无言",又是孔子的过头话,其本意应该是少言、谨言,这是孔子的一贯主张,详见1.14、4.24、12.3等。

本章给古今学者留下广阔的想像推理空间,不少学者把这些话称为孔子的天道观。其实,孔子说的是小孩子都知道的最普通的自然现象,并没有从中绁绎出什么道理来。本章只是劝子贡少说话、多干事,如此而已。孔子也是善言者,本章可能还有自勉之意。

17. 20

孺悲①欲见孔子,孔子辞以疾。将命者②出户,取瑟而歌,使之闻之。

【译】

孺悲想见孔子,孔子托病推辞。传话的人刚出房门,孔子就弹瑟唱歌,故意让孺悲听到。

【注】

①孺悲,生卒年不详,鲁人。《论语》仅见于此章。《礼记·杂记下》:"恤由之丧,哀公使孺悲之孔子学士丧礼,士丧礼于是乎

书。"本章所记当为孔子晚年居鲁时事。

②将命者,传话人、通报者。

【评】

骗人欺人虽不该,调皮幽默也可爱;圣人不是泥菩萨,《论语》好比录像带。参阅14.43。

17.21

宰我问:"三年之丧,期已久矣。君子三年不为礼,礼必坏;三年不为乐,乐必崩①。旧谷既没,新谷既升,钻燧改火②,期③可已矣。"

子曰:"食夫稻④,衣夫锦,于女安乎?"

曰:"安。"

"女安,则为之! 夫君子之居丧,食旨不甘,闻乐不乐,居处⑤不安,故不为也。今女安,则为之!"

宰我出。子曰:"予之不仁也! 子生三年,然后免于父母之怀。夫三年之丧,天下之通丧也。予也有三年之爱于其父母乎!"

【译】

宰我问道:"父母去世,守孝三年,时间太长了。君子三年不行礼,礼仪一定会荒废;三年不奏乐,音乐一定会生疏。陈谷已经吃光,新谷已经登场,取火的木头经历了一次轮回,一年就够了。"

孔子说:"(父母去世不到三年,)你就吃白米饭,穿罗着缎,你心安不心安?"

宰我说:"心安。"

孔子说:"你心安,你就干。君子守孝,吃美食不知味,听音乐不快乐,住在家里不舒服,才不这样干。如今你觉得心安,去干好了。"

宰我退出来。孔子说:"宰予真不仁啊!儿女生下来,三年后才脱离父母怀抱,守丧三年,是天下通例。宰予也得到过父母三年的怀抱之爱啊!"

【注】

①"礼必坏"、"乐必崩",此指个人荒疏礼乐。后来的成语"礼坏乐崩"源于此,意指旧制度的崩溃。

②钻燧改火,"钻"指钻木取火。取火所用的木材,四季不同,一年一轮回,称"改火"。"燧"指击燧石取火。

③期(jī基),同朞,即13.10的"期月",一周年。

④中原以稷为主粮,稻较珍贵,故与"锦"对举。

⑤居处不安,古代孝子守孝期间,住的临时搭成的简陋房子称凶庐。这里的"居处"指原来的房子。

【评】

"三年之丧",始于殷代(14.40),的确是"天下之通丧"。对于这么一个根深蒂固的重大礼制,宰我竟敢提出反对意见。不管他的意见是否正确,其胆量魄力、独立思考精神,都值得今天的青年学生们学习。

17.22

子曰:"饱食终日,无所用心,难矣哉!不有博弈①者乎?为之,犹贤乎已。"

【译】

孔子说:"饱食终日,无所用心,这种人难办啊!不是有掷骰子博弈的游戏吗?玩玩那些,也比闲着好。"

【注】

①博弈,李零说:"中国古代的两种棋艺。'博'是六博,战国秦汉时期非常流行,失传已久(估计在唐以后)。其棋具有不少出土实物,行棋路线也已知道(通过尹湾汉简《博局占》),但具体下法还是不知道。'弈'是围棋,现在还下。这两种棋艺到底是什么时候发明,不清楚。《左传》襄公二十五年提到'弈棋',但未及博戏。此章同时提到'博'、'弈',是年代较早的记录,特别是'博',这是最早的记录。"(第306页)

17.23

子路曰:"君子尚勇乎?"子曰:"君子义以为上。君子有勇而无义为乱,小人有勇而无义为盗。"

【译】

子路问:"君子以勇为上吗?"孔子说:"君子以义为上。君子有勇而无义会捣乱,小人有勇而无义会当强盗。"

【评】

子路好勇,孔子以义辅之,也是因材施教。

17.24

子贡曰:"君子亦有恶乎?"子曰:"有恶:恶称人之恶者,恶居下流①而讪上者,恶勇而无礼者,恶果敢而窒②者。"

曰:"赐也亦有恶乎?""恶徼③以为知者,恶不孙以为勇者,恶讦④以为直者。"

【译】

子贡说:"君子也有憎恶吗?"孔子说:"有:憎恶一味传播别人

缺点的人,憎恶在下位而毁谤上位的人,憎恶勇敢而没有礼貌的人,憎恶果敢而顽固不化的人。"

孔子说:"子贡,你有憎恶吗?"子贡说:"憎恶偷窃别人的成果以显示自己聪明的人,憎恶不谦逊却自以为勇敢的人,憎恶揭人隐私却自以为直率的人。"

【注】

①居下流,汉石经没有"流"字,按文义也不应该有"流"字,"流"字应删。

②窒,壅塞不通,此指顽固不化。

③徼(jiāo 交),窃取,抄袭。

④讦(jié 结),当面攻人之短或揭人之私,使对方下不了台,汉代称"面折"(《史记·汲郑列传》)。

17.25

子曰:"唯①女子与小人为难养②也,近之则不孙,远之则怨。"

【译】

孔子说:"最难供养的是女人和小人,亲近他(她)们就不谦逊,疏远他(她)们又会埋怨。"

【注】

①唯,"最"的夸张词。

②养,供养,养活。《尚书·盘庚中》有"奉畜汝众"一语,"畜"即"养","众"是下层大众。《论语》5.16 说子产"其养民也惠"。古人认为,是贵族养活小人,不是小人养活贵族。直到近现代,还有些落后地区认为是男人养活女人。本章的养字表明,孔子认为是男人养活女子、君子养活小人。这是当时男人、君子的共识,孔

子并不比别人落后。现在的《论语》读本,往往把"养"字译释为
"共处"、"相处"、"对付"等平等性词语,表达不出原文"养"字的特
定时代意识。

【评】

　　本章原不起眼,古代注家着墨不多。因为孔子时代,歧视妇女
是理所当然的事。到了"五四"时期,本章才成为"打倒孔家店"的
重点靶子,一时万箭齐发,使它名噪九州。其实,这些反孔勇士,只
要早生五十年、一百年,可能也会说"女子""难养"。这是时代条件
的限制,时代条件是谁也打不倒的。柏拉图的学苑里有两名女学
生,那是古希腊的"国情",中国任何古人都不敢想像、无法学习,这
是古代中国的国情,子孙们不必为难自己的祖先。

17. 26

　　子曰:"年四十而见恶焉,其终也已。"

【译】

　　孔子说:"人到四十还被人厌恶,这一生也就完了。"

微子篇第十八（共十一章）

18.1

微子①去之，箕子②为之奴，比干③谏而死。孔子曰："殷有三仁焉。"

【译】

微子离国出走，箕子做了奴隶，比干忠谏被杀。孔子说："殷商有三位仁人。"

【注】

①微子，名启（一作开），商纣王的同母兄。他出生时，母亲还是帝乙的妾，后来才立为妻，生了纣。所以帝乙死后，立纣不立微子（详见《吕氏春秋·仲冬纪》）。古书中唯《孟子·告子篇》说微子是纣的叔父。微子因数谏纣王而不听，遂出走。武王伐纣时，向周乞降。周公攻灭武庚后，封微子于宋，为周代宋国始祖。

②箕子，纣王的诸父（伯父或叔父），官为太师。封于箕（今山西太谷东北）。因进谏而被囚禁。武王灭商后释放。《尚书·洪范》记有他答武王的话。

③比干，官为少师，因屡次劝谏纣王，被剖心而死。

【评】

《论语》里俱名的仁人只有六位：微子、箕子、比干、伯夷、叔齐、管仲。指名这六位古人为"仁"人,带有很大的随意性,我们不必过分认真,而失之拘泥,说什么孔子心中的仁人只有六位,或说这六位最具代表性。"殷有三仁",殷末就占了一半,有什么代表性? 孔子心中的楷模是周公,但《论语》未称周公为仁为圣,这不等于说,孔子认为周公还没有达到仁人、圣人的标准。指名的圣人只有尧舜,但没有称他们为仁人,难道仁人的标准比圣人还高吗?

18.2

柳下惠①为士师,三黜。人曰:"子未可以去乎?"曰:"直道而事人,焉往而不三黜? 枉道而事人,何必去父母之邦?"

【译】

柳下惠当法官,多次被罢免。有人对他说:"你不可以离开鲁国吗?"他说:"当官正直,到哪里不会被屡次罢免? 当官走歪门邪道,何必离开祖国?"

【注】

①柳下惠,旧注都说他就是《左传》僖公二十六年与文公二年的展禽。展禽以展为氏,名获,字禽,排行为季,故又称展季。"柳下"是食邑名,或说居柳下,因以为号,惠是谥。展氏出自鲁公子展(约当鲁惠公时)。在《论语》里,柳下惠出现三次:15.14、18.2、18.8。三次的形象都是正面的,称他"贤"、"逸民"。

18.3

齐景公待孔子曰:"若季氏,则吾不能;以季、孟之间待之。"曰:"吾老矣,不能用也。"孔子行。

【译】

齐景公给孔子的待遇,先是说:"像鲁君对待季氏那样,我做不到,我要用低于季氏而又高于孟氏的标准待他。"后来又说:"我老了,不能用他了。"孔子就离开齐国。

【评】

孔子36岁(前517年、鲁昭公二十五年)到齐国,做了齐景公宠臣高昭子的家臣,得到齐景公的几次接见。景公本想把尼溪地方的田地封给孔子(见于《墨子·非儒下》、《晏子春秋·外篇·不合经术者》、《史记·孔子世家》等),据说受晏婴的谏阻而没有下文。根据《史记·孔子世家》记载,晏婴向齐景公的进言如下:

> 夫儒者滑稽而不可轨法;倨傲自顺,不可以为下;崇丧遂哀,破产厚葬,不可以为俗;游说乞贷,不可以为国。自大贤之息,周室既衰,礼乐缺有间。今孔子盛容饰,繁登降之礼、趋详之节,累世不能殚其学,当年不能究其礼。君欲用之以移齐俗,非所以先细民也。

晏婴的话,上半截有恶意污蔑之嫌,下半截对儒家之"礼"的批评,还是切中要害的。西汉初年刘安所编的《淮南子·要略篇》记载:"墨子学儒者之业,受孔子之术,以为其礼烦扰而不说(易),厚葬靡财而贫民,服伤生而害事,故背周道而用夏政。"孔子之"礼",当时受到的非议一定不少,孔子一定会给予反驳。为礼问题,孔子一定与时人发生过激烈争论,可惜《论语》是孔子的"一言堂",没有把对方观点记录下来。

5.17 孔子说:"晏平仲(晏婴)善与人交,久而(人)敬之。"晏婴是老练的外交家,可能当面善待孔子,背后恶意中伤,孔子被蒙在鼓里。他们两人对天下大势的预测判断迥异,详见16.3"评"。晏婴不可能支持孔子仕齐,劝阻景公,全在情理之中。

18.4

齐人归女乐^①,季桓子^②受之,三日不朝,孔子行。

【译】

　　齐国送来歌姬舞女,季桓子接纳了她们,多天不上朝听政,孔子就离开鲁国。

【注】

　　①"齐人归女乐",归,通"馈"或"遗",与17.1"归孔子豚"的"归"同义,赠送也。《韩非子·内储说下》:"仲尼为政于鲁,道不拾遗,齐景公患之。梨(犁)且谓景公曰:'去仲尼,犹吹毛耳。君何不迎之以重禄高位,遗哀公(应为定公,下同)女乐,以骄荣其意?哀公新乐之,必怠于政,仲尼必谏,谏必轻绝于鲁。'景公曰:'善。'乃令犁且以女乐二八遗哀公。哀公乐之,果怠于政,仲尼谏不听,去而之楚(应为卫)。"《史记·孔子世家》说:孔子仕鲁政绩斐然,"齐人闻而惧,曰:'孔子为政必霸,霸则吾地近焉,我之为先并矣。盍致地焉?'黎鉏曰:'请先尝沮之;沮之而不可则致地,庸迟乎!'于是选齐国中女子好者八十人,皆衣文衣而舞《康乐》,文马三十驷,遗鲁君。陈女乐文马于鲁城南高门外。季桓子微服往观再三,将受,乃语鲁君为周道游,往观终日,怠于政事。子路曰:'夫子可以行矣。'孔子曰:'鲁今且郊,如致膰(祭肉)乎大夫,则吾犹可以止。'桓子卒受齐女乐,三日不听政;郊,又不致膰俎于大夫。孔子遂行,宿乎屯"。

　　②季桓子(?—前492年),名斯,季平子之子,除见于本章外,13.2"仲弓为季氏宰"的季氏、14.36"公伯寮愬子路于季孙"的季孙,都是季桓子,死于哀公三年。

【评】

本章写孔子周游列国的原因,说法与《韩非子》、《史记》基本一致,都归因于"齐人归女乐"。历史上许多重大政治事件,人们都喜欢拿女人说事,女人都扮演"祸水"角色。这种"样板戏"演了两千多年,大多不真实。

按照《韩非子》与《史记》的说法,齐人害怕孔子执政,会使鲁国称霸,对齐国不利。《史记》的说法更加离谱,说齐人曾打算送些土地给鲁国,提前通好。孔子在齐人心目中如果真的那么可畏,二十多年前,孔子送上门来,齐景公为什么不给他一官半职?孔子周游列国,齐国为什么不把孔子请去?事实证明,齐人对孔子的治国之道,一直不看好。

孔子挂冠离鲁的根本原因,《孟子·告子下》另有说法:"孔子为鲁司寇,不用。从而祭,燔(膰)肉不至,不税(脱)冕而行。"首要原因是"不用",即不被信任,不被重用。没有提到"齐人归女乐"。《孟子》的说法比较合理可靠。

孔子一以贯之的政治路线是强公室、弱大夫,"堕三都"是其典型举措。"三都"指季孙氏的费邑、叔孙氏的郈(hòu 后)邑和孟孙氏的成邑。郈的邑宰本是侯犯,定公十年因叛叔孙氏失败而逃到齐国,这时,叔孙氏主动毁掉城墙。费的邑宰公山弗扰,早就对抗季孙氏,季孙氏当然支持堕费。结果是孔子指挥鲁军打败费军,公山弗扰逃到齐国,后来投靠晋国赵鞅。这年周历十二月,鲁定公率兵包围成城,由于孟孙氏阳奉阴违,季孙氏袖手旁观,成城没有攻下。"堕三都"拆掉费、郈二城,反而增强了季孙、叔孙的力量,三桓的力量丝毫无损,未能达到增强公室的目的。"堕三都"暴露了孔子强公室、弱三桓的基本路线,当然会遭到三桓的冷落"不用",这才是孔子离鲁赴卫的根本原因。至于"齐人归女乐"、"膰肉不至",充其量只能算是导火线而已。

《论语》始终瞒着一个重大事实:孔子的基本政治路线是强公室、弱三桓,使他晚年与冉有、子路的矛盾越来越尖锐。把周游列国的原因归罪于"女乐",是隐瞒孔子与三桓矛盾的一个最简便办法。《论语》本章说接受齐国女乐的是"季桓子";上引《韩非子》说是"鲁君";《史记》兼说"鲁君"与"季桓子"。《论语》似有袒护鲁君、矛头专指季桓子的微意。

18.5

楚狂接舆①歌而过孔子曰:"凤②兮凤兮! 何德之衰? 往者不可谏③,来者犹可追④。已而,已而! 今之从政者殆⑤而!"

孔子下,欲与之言。趋而辟之,不得与之言。

【译】

楚国的狂士接舆,唱歌走过孔子的车边:"凤啊凤啊,你的德行怎么如此衰微? 过去的事无法更改,未来的事还可追悔。完了,完了,如今的从政者都是败类!"

孔子下车,想与他交谈。他小步快走避开,未能与他谈。

【注】

①接舆,名声颇大,屡见于先秦诸子著作。《庄子·人间世》说孔子在楚国遇到接舆,如果此说属实,则事在前489年。《韩诗外传》说,楚狂接舆亲身耕种,自食其力,楚王派使者送去黄金"百镒",请他管理河南,接舆没有答应,与妻子一起归隐,不知去向。《韩诗外传》写的是寓言。"接舆"这名字是《论语》编者虚拟的,孔

子当时坐车（"舆"）和他碰上（"接"），故称"接舆"。后世诸子写"接舆"，必晚于《论语》成书。它们写的故事都是从《论语》推演出来的。

②"凤兮凤兮！何德之衰"，古人以凤鸟为祥瑞。接舆以凤鸟比喻孔子，又批评凤鸟德衰，这是对孔子的讽刺。李白诗云："我本楚狂人，凤歌笑孔丘。"正是此意。

③谏，更也（《玉篇》）。

④追，追悔，使"来者"不像"往者"。

⑤殆，古今学者多训为"危"。何新说："殆，读为歹，坏也。旧说皆谬。"（第 242 页）谨按：训"殆"为"坏"，比训"危"较长。殆字本有"败"、"坏"之义，不必读为"歹"。歹字出现较晚，传世与出土的先秦文献，似未见歹字。《广雅·释诂三》："殆，败也。"王念孙《广雅疏证》："殆者，卷一云：'殆，坏也。'坏与败同义。"《荀子·议兵》："兵殆于垂沙，唐蔑死。"此殆即败。

18.6

长沮、桀溺①耦而耕②，孔子过之，使子路问津焉。

长沮曰："夫执舆③者为谁？"

子路曰："为孔丘。"

曰："是鲁孔丘与？"

曰："是也。"

曰："是知津矣。"

问于桀溺。

桀溺曰："子为谁？"

曰："为仲由。"

曰："是鲁孔丘之徒焉？"

对曰:"然。"

曰:"滔滔者天下皆是也,而谁以^④易之? 且而与其从辟人之士也,岂若从辟世之士哉?"耰而不辍^⑤。

子路行以告。

夫子怃然^⑥曰:"鸟兽不可与同群,吾非斯人之徒与而谁与? 天下有道,丘不与易^⑦也。"

【译】

长沮与桀溺一起耕地,孔子路过那里,叫子路去问渡口。

长沮问子路:"那个驾车的是谁?"

子路答道:"是孔丘。"

他又问:"是鲁国的孔丘吗?"

子路答道:"是的。"

他说:"他应该知道渡口在哪里。"

子路去问桀溺。

桀溺说:"您是谁?"

子路答道:"我是仲由。"

桀溺说:"是鲁国孔丘的门徒吗?"

答道:"是的。"

他说:"浊水滔滔,天下一个样,谁能改变它? (孔丘只以为个别人坏了,不知道整个社会都不成了。)您与其跟(孔丘这种)'避人之士'跑,还不如跟(我们这些)'避世之士'走。"说完就埋头播种不停。

子路回来,一一告诉孔子。

孔子失望地说:"我既然不可能与鸟兽同居,如果不与人群交往,能同谁交往呢? 如果天下太平,我就不必参与改变世道的工作了。"

【注】

①长沮、桀溺,这两个人名也是《论语》编者虚拟的,孔子与子路因问路而与他们相遇,故两个人名都有一字从水。

②耦(ǒu 偶)而耕,古代的一种耕作方法,两人并耜而耕。

③执舆,执缰绳驾车。因子路下车问津,由孔子临时执舆。

④以,与也,参与。

⑤耰(yōu 优)而不辍,本是一种击碎土块的农具名称,此作动词用,即用耒耜翻土后,再用耰击碎土块,播种之后,用土覆盖。辍,停。

⑥怃(wǔ 舞)然,怅然若失的样子。

⑦与易,参与改易。

【评】

"天下有道,丘不与易",意思是说:天下越无道,我越应该出来救世;如果天下有道,"与易"(救世)的迫切性较低。这是孔子"五十而知(行)天命"以后的新态度。他原来的态度是"天下有道则见,无道则隐"(8.13),有明哲保身思想。本章却说:天下无道,更不能隐,更要有担当精神,非出来救世("与易")不可。这是"五十而知(行)天命"以后更加积极的入世态度。

14.37"子曰:'贤者辟(避)世,其次辟地,其次辟色,其次辟言。'""避色"与"避言"都是避人。当时的孔子曾以"避世"为最贤。本章隐士桀溺说:"与其从辟人之士也,岂若从辟世之士哉?"也以"辟世"为最贤。说明孔子以前的思想曾与隐士有相通之点,"五十而知天命"以后,思想才发生剧变,不再以避世为贤。

古今学者都把孔子一生的思想写成一潭死水,毫无发展变化,深可惋叹!

18.7

子路从而后,遇丈人①,以杖荷蓧②。

子路问曰:"子见夫子乎?"

丈人曰:"四体不勤③,五谷不分④,孰为夫子?"植其杖而芸⑤。

子路拱⑥而立。

止子路宿,杀鸡为黍而食之,见其二子焉。

明日,子路行以告。

子曰:"隐者也。"使子路反见之。至,则行矣。

子路曰:"不仕无义。长幼之节,不可废也;君臣之义,如之何其废之? 欲洁其身,而乱大伦。君子之仕也,行其义也。道之不行,已知之矣。"

【译】

子路随行却掉了队,碰到一个老人,用拐杖挑着除草工具。

子路问:"你看到我老师吗?"

老人说:"四肢不勤,五谷不分,算什么老师?"说完,便把拐杖竖插田中,耘草去了。

子路拱手站着。

(老人看子路那么恭敬有礼,)就留他住宿,杀鸡做饭给他吃,还叫两个儿子出来相见。

第二天,子路赶上了孔子,告诉了这件事。

孔子说:"这是隐士啊!"叫子路回去找他。

子路到了那里,老人却躲开了。

子路叹道:"不当官没道理。长幼的规矩不可废,君臣的大义如何能放弃?想洁身自好,却会乱了社会秩序。君子出来当官,是履行人生义务。至于周道无法实现,早就知道了。"

【注】

①"丈人"的称呼,字义双关,它本身有老人的意思;丈与杖谐音,又带有"以杖荷蓧"的意思。本篇四个隐士的三个名字("接舆"、"长沮"、"桀溺")和一个称号("丈人")都是虚拟的,都不是他们的真实名字。

②蓧(diào 掉),古代除田中草的工具。

③四体,手、臂、腿、脚。

④五谷,粟、稻、菽、黍、稷。

⑤芸,用蓧耘田除草。

⑥拱,拜手。

【评】

本章最后,子路的那番议论与感叹,非常重要。古今学者都未得真谛,尤其是"道之不行,已知之矣"八字,都说是子路为孔子代言,大误。

"长幼之节"、"君臣之义"、"大伦",古皆可以称"道",这些道,皆不可废,需要君子以仕行之,但下文突然说"道之不行,已知之矣",前后说法,看似矛盾而实无矛盾。"长幼之节"、"君臣之义"、"大伦"等,是儒家行道的底线,故司马谈《论六家要旨》说,"儒者""序君臣父子之礼,列夫妇长幼之别"。没有这些"道",社会就会乱套;放弃这些道,就不是儒家。下面那个"不行"之"道",是指孔子的最高政治纲领:"复礼",即恢复周道。子路认为,此"道""已知"
"不行"。"知"周道"不行"的是子路,不是孔子,孔子至死不知周
道"不行"。孔子与子路、冉有的矛盾,思想根源就在这里。笔者此
说,有古注与史实为据。

何晏、皇侃、邢昺的《论语》注本,都引"包曰:言君子之仕,所以
行君臣之义,不必自己道得行。孔子道不见用,自己知之"。包咸
此注,为朱熹所不引,今人也鲜有称引。"不必自己道得行"令人费
解。但包咸此注自有值得今人重视之处。他的话里有两个"道":
"自己道"与"孔子道"。并说:"孔子道不见用,自己(或己)知之。"
根据包咸的说法,"道不见用"(即"道之不行")的"道",是指"孔子
道";"已知"其"不行"的人,是子路"自己",而不是孔子。也就是
说,子路这些话,只代表他自己,不代表孔子。笔者如此解释包咸
古注,不是咬文嚼字、望文生义,主要是从孔门师生大量社会实践
中概括出来的,是用史实解释古注。且看孔门师生的行道事实吧。

周游列国是孔门师生大规模的求仕行道活动,其成绩一开始
就显得冰炭两重天:老师没人要,学生偏"热销"。这个不争的事
实,至终未有变化。尤其是子路,经常与老师顶嘴,偏偏是学生中
仕途最畅通、政绩最卓著的一个。他批评孔子的"正名"主张是
"迂"(13.3),即迂腐,就是不识时务、教条主义。因为"正名"是
"复礼"的具体措施。迂与不迂,即要不要复礼,是孔子与子路的分
歧所在。子路等人纷纷出仕,只追求"君臣之义",序"长幼之节",
维护社会"大伦",守住儒家之道的底线,不追求渺不可及的周
"道"。用本章子路的话说,只行"义",不求"道",因为"道之不行,
已知之矣"。如果学生不偏离老师的教条之"道",走自己的灵活之

"道",周游列国必将全军覆灭,惨不忍睹;孔子可能客死他乡,连骨头都回不到父母之邦。

孔子归鲁后,仍根据周道,坚持强公室、弱三桓的政治原则,丝毫没有醒悟周"道之不行",以致与冉有经常发生矛盾。冉有挨骂后,不予辩解,有事仍来请示。孔子仍然倚老卖老,坚持周道、抨击时政的火气如故,连齐国"陈成子弑简公"(14.21),他都想干预。

先秦时代,师徒如父子,有一定程度的人格依附关系。师徒政治路线("道")不同,老师可以"鸣鼓而攻之",学生只能运用"不争论"的政治智慧,默默地我行我素,不可公开指责老师的"道不行"。只有子路快人快语,既当面批评老师"迂",又在背后喊出"道之不行,已知之矣",吐出众弟子不敢说出口的心底话。

李零目光敏锐,常有不同凡响的惊人之语,他对孔子师生的政治分歧有所觉察,说法很有意思,且看:

孔子的特点,是重在掺乎。他对他当代的政治,不满归不满,决不放弃从政的机会。他批评鲁侯,批评季氏,批评阳货,但还是想应他们的召,出来做官。(董按:这是孔子"五十而知天命"以后的新态度,不是孔子的一贯态度。)国内不行国外,自己不行就派学生。比如仲由、冉雍、冉求到季氏那里做官,就是他派去卧底,希望通过他们,影响季氏,改变季氏。(董按:孔子不是季氏的上级,又不是特务头子,怎么能"派"学生去"卧底"?孔子充其量只能推荐。季氏任用子路等人,是看中他们的"道"与自己的"道"有相通之处。)阳货和公山弗扰,按孔子的标准,是坏蛋中的坏蛋,但他们打招呼,孔子也动心。他派学生,想打入敌人心脏,给他来个黑虎掏心,但效果不理想,被改造的反而是儒门自己,胳膊拧不过大腿。(董按:子路等学生站到季氏一边,有"被改造"的因素,但主要原因是经过周游列国的实践教育,他们的"道"与季氏之"道"已有相通之处。)(第292页)

18. 8

逸民①:伯夷、叔齐、虞仲②、夷逸③、朱张④、柳下惠⑤、少连⑥。子曰:"不降其志,不辱其身,伯夷、叔齐与!"谓"柳下惠、少连,降志辱身矣,言中伦,行中虑,其斯而已矣"。谓"虞仲、夷逸,隐居放言,身中清,废中权⑦。我则异于是,无可无不可"。

【译】

古代著名隐士有七人:伯夷、叔齐、虞仲、夷逸、朱张、柳下惠、少连。孔子说:"不降低志向,不玷辱身份,是伯夷、叔齐。"又说:"柳下惠、少连,降低志向,玷辱身份,但说话中规中矩,行为经过考虑,如此而已。"又说:"虞仲、夷逸,隐居而放纵直言,洁身自好,处世灵活。我不同于他们,可以出来做官,也可以不出来做官。(比他们自由潇洒。)"

【注】

①逸民,隐逸的人。"民"即"人","民""人"同义无别。钱穆说"民者,无位之称"(第475页),失之,这是毛传旧训的遗误,详见1.5"评"。

②虞仲,前人认为就是吴太伯之弟仲雍,但传说仲雍随兄奔吴,后继兄而立为吴君,不得称"逸民"。根据考古与古文字资料分析,先周时期,太伯仲雍所统治的是北方的虞国,西周康王时期,才从北虞中分封出南方的吴国,现已发现的江南周文化遗存,其年代

未有早于康王时期的,而且在殷末先周的古公时期,周人还不可能从西北远征到东南。古史渺茫,此虞仲可能另有其人。

③夷逸,见于《尸子》,有人劝他做官,他不肯。傅斯年考证为《洛诰》之"作册逸","必即史佚"。"史佚虽仕为周公之作册,仍是不在其位之人,犹得称逸士也"(《性命古训辨证》,广西师范大学出版社,2006年,第101页)。可备一说。

④朱张,于史无征,下文孔子也未论及。

⑤柳下惠,已见于15.14、18.2。他的特点是大隐隐于朝、出勤不出力,这是一种特殊的"逸民",缺点是"降志辱身"。

⑥少连,见于《礼记·杂记下》,孔子说他是"东夷之子","善居丧"。

⑦废中权,废读作法,其为人法则符合权宜之计。

【评】

本章肯定是孔子"五十而知天命"以前的言论,评说古代几位著名"逸民"的不同特点,说自己"无可无不可",这是在野儒士的洒脱风度。最值得注意的是,孔子把自己列在"逸民"里评说,他至少也是半个"逸民",与"五十而知天命"以后的孔子判若两人。

18.9

大师挚适齐,亚饭干适楚,三饭缭适蔡,四饭缺适秦,鼓方叔入于河,播鼗武入于汉,少师阳、击磬襄入于海。

【译】

(鲁国的音乐长官)大师挚到了齐国,(国君用餐时奏乐的乐官)亚饭干到了楚国,三饭缭去了蔡国,四饭缺去了秦国,(击鼓的乐官)鼓方叔迁居黄河之滨,(奏拨浪鼓的乐官)播鼗武入居汉水边,(乐官)少师阳、击磬襄迁居海边。

【评】

"周礼尽在鲁",鲁国的礼乐文化最为发达。到春秋晚期,历史进入耕战文化战胜礼乐文化的新时期,连鲁国也出现礼坏乐崩的萧瑟景状。

18.10

周公谓鲁公曰:"君子不施①其亲,不使大臣怨乎不以②。故旧无大故,则不弃也。无求备于一人。"

【译】

周公旦对儿子鲁公伯禽说:"君子不怠慢自己的亲族,不使大臣埋怨得不到任用。老臣老友没有大错误,就不要抛弃。不能对人求全责备。"

【注】

①施,同弛,松弛。

②以,用。

【评】

这是任人唯亲的旧教条,不利于人才的新陈代谢。西周三百年,除周初的文王、武王、周公等人之外,后来就没有产生过大名人。孔子如果生在西周,肯定默默无闻。

18.11

周有八士:伯达、伯适、仲突、仲忽、叔夜、叔夏、季随、季骝。

【译】

西周有八个名士:伯达、伯适、仲突、仲忽、叔夜、叔夏、季随、季骝。

【评】

　　三百年只出八个名士,竟无一人可考,其事迹、贡献可想而知。名士与逸民同类。本章也是孔子"五十而知(行)天命"以前的话,当时孔子也是在野的名士,惺惺惜惺惺,名士爱名士!

子张篇第十九（共二十五章）

19.1

子张曰："士见危致命，见得思义，祭思敬，丧思哀，其可已矣。"

【译】

子张说："读书人遇到国家危难能献出生命，遇到利益能想一想该得不该得，祭祀时想到恭敬，居丧时想到哀伤，那样就行了。"

19.2

子张曰："执德不弘①，信道不笃，焉能为有？焉能为亡②?"

【译】

子张说："持德不发扬，信仰不忠诚，（这种人啊，）有他不多，没他不少。"

【注】

①弘，发扬光大。弘德，意近"崇德"（12.10、12.21）。

②焉能为有，焉能为亡，何晏《论语集解》说："言无所轻重。"

19.3

子夏之门人问交于子张。子张曰："子夏云何？"

对曰："子夏曰：'可者与之，其不可者拒之。'"

子张曰:"异乎吾所闻:君子尊贤而容众,嘉善而矜不能。我之大贤与,于人何所不容? 我之不贤与,人将拒我,如之何其拒人也?"

【译】

子夏的学生向子张请教交友问题。子张说:"子夏怎么说?"

答道:"子夏说:'可交就结交,不可交就拒绝。'"

子张说:"这和我听(老师)说的不同:君子尊重贤人又容纳众人,赞美善才又同情无能。我如果是大贤人,对他人有什么容纳不了;我如果是不贤之辈,他人将拒绝我,还用得着我拒绝他人吗?"

【评】

子夏与子张的交友之道,都"闻"之于孔子,说法却有不同,原因是"师(子张)也过,商(子夏)也不及"(11. 16)。李零说:"子夏待人宽,所以孔子的忠告是,可交者交之,不可交者拒之,让他有所区别,别来者不拒。子张待人薄,所以孔子的忠告是,比你强的人要尊,比你差的人要容,人家的优点要欣赏,人家的不足要同情,让他宽容一点。……这段话很能体现孔子的因材施教。"(第 321 页)

19. 4

子夏曰:"虽小道,必有可观者焉。致远恐泥,是以君子不为也。"

【译】

子夏说:"虽为雕虫小技,必有可观之处。追远求大,只怕会陷身难返,所以君子不为。"

【评】

子夏的话分为上下两节。上节说"小道""可观";下节说"致远恐泥""君子不为"。尚"小道",斥"致远",观点非常明确。但自汉代以来,"致远恐泥"都被解释为"小道""恐泥"。李零解释下文19.12章时,说得很对:"子夏重小道,子游重大道。"(第324页)但在解释本章时,却与古今广大学者一样,在"致远"前面添加转折词"但",把子夏的话改称为"孔子说,小道当然有可观之处,但用于长远的事,却恐怕会有妨碍,所以君子不为"(第322页)。

　　子夏之学,可能像汉学、清代乾嘉之学那样,重实证、轻义理,重微观、轻宏观,所以最为汉人所重。《后汉书·邓张徐张列传》载徐防曰:"《诗》、《书》、《礼》、《乐》,定自孔子,发明章句,始于子夏。"章句训诂是小学、小道,为子夏所长。而孔子重"道"轻"器",说"君子不器"(2.12),并讥子贡像是瑚琏这种高级祭"器"(5.4)。所谓"器",犹本章之"小道"。子贡是个实干家,政绩、商贸双丰收,很少坐而论道,故被孔子所讥。孔门内部的思想本非铁板一块。子路说"道之不行,已知之矣",本章又冒出一个子夏,说"小道""可观",而"致远恐泥",与孔子唱反调。孔子曾警告子夏:"女(汝)为君子儒,无为小人儒。"(6.13)子夏晚年讲学西河,培养了一大批改革派人才,他的"大道"恐怕也与孔子有所不同。《礼记·檀弓上》记载,子夏居西河授业,不称其师,自为谈说,引起曾参的问罪。其实,任何学派内部都有思想分歧,这符合"和而不同"的客观规律,毫不足怪,但后人为了维护孔子的绝对权威地位,千方百计弥合这些思想裂痕。如说"道之不行,已知之矣"是子路代表孔子发言。本章子夏的话,《汉书·艺文志·诸子略》小说家序和《汉书·蔡邕传》也都说是孔子的话,并把"致远恐泥"曲解为"小道""恐泥"。但下文19.6子夏提倡"切问而近思",明显看轻"致远";

19.12 子游讽刺子夏有末无本,子夏重"小道"、轻"致远"的特点,早已被同窗揭明。杨伯峻说:"汉人引《论语》,不论是否孔子之言,多称'孔子曰'。"(第 209 页)杨氏所举例证甚多,包括本章的"小道可观"。这样一来,孔门各种不同思想都被统一在"子曰"的大红旗之下。

19.5

子夏曰:"日知其所亡①,月无忘其所能,可谓好学②也已矣。"

【译】

子夏说:"每天增加新知识,每月巩固旧技能,可称是好学了。"

【注】

①亡,无,此指本来没有的新知识。

②《论语》"子曰"的"好学",主要指学道。本章的"好学",指学习知识与技能。

19.6

子夏曰:"博学而笃志①,切问而近思②,仁在其中③矣。"

【译】

子夏说:"广博求学,专心牢记,紧扣问题,思考当前,仁就在其中。"

【注】

①志,记也。

②切问而近思,李零说:"问和思,最大忌讳,是不着边际,'切'和'近'都是近的意思,可以互训,都是紧扣问题。"(第 322 页)李零解释得很对,想要补充的是,子夏提倡"切问近思",是与贬斥"致

"远"相联系的。本章证明,19.4 的"君子不为",指的是"致远",而不是"小道"。子夏可能是中国提倡"多谈问题,少谈主义"的第一人。

③仁在其中,仁是孔子一以贯之的伦理思想核心,是孔子的"大道"之一。它怎么就在"博学而笃志,切问而近思"这四种朴实的学习方法之中呢? 朱熹《论语集注》早已看出这个问题,他说:"四者皆学习思辨之事耳,未及乎力行而为仁也。"但朱熹接着还是要为儒家经典圆说:"然从事于此,则心不外驰,而所存自熟,故曰仁在其中矣。"朱熹的辩解是无话找话,离仁千里,竟把"心不外驰"也说成是仁! 世上仁人可以多如牛毛矣!

【评】

中外古今,治学方法多种多样,不必以此非彼,更不可以此解彼。子夏的治学态度与孔子有别,两千多年来,人们都以孔子学说曲解本章子夏的话,抹煞子夏之学的独特贡献。汉学朴实,于孔子学生中最崇子夏之学。子夏是中国朴学之祖,不能被孔学掩盖而泯灭。

19.7

子夏曰:"百工居肆以成其事,君子学以致其道。"

【译】

子夏说:"各种工匠在作坊里完成自己的工作,君子通过学习以实现自己的理想信念。"

【评】

子夏把"事"与"道"等量齐观,认为各人把自己本行工作做好就行,君子学习好,就是思想("道")好,仁与道都在"学"之中,好学就是行仁达道。如果可以开一个现代化的玩笑,本章堪称是中国最早提倡走"白专"道路的经典指示。子夏反对空言论道,有实事求是的积极一面;但以孔学标准衡量,似缺乏一个挂帅的"思想灵魂"。

19. 8

子夏曰:"小人之过也必文。"

【译】

子夏说:"小人有过失,一定会掩饰。"

19. 9

子夏曰:"君子有三变:望之俨然,即之也温,听其言也厉。"

【译】

子夏说:"君子有三种'变脸':看去很庄严;接近他,很温和;听他的话严厉不马虎。"

19. 10

子夏曰:"君子信而后劳其民;未信,则以为厉己也。信而后谏;未信,则以为谤己也。"

【译】

子夏说:"君子要先取得人民的信任,然后动员他们出力;否则,他们会以为你在折磨他们。君子要取得君主的信任,然后才进谏;否则,君主会以为你在诽谤他。"

19. 11

子夏曰:"大德不逾闲①,小德出入可也。"

【译】

子夏说:"大德不可马虎,小德可以有出入。"

【注】

①闲，界限。

19. 12

子游曰："子夏之门人小子，当洒扫应对进退，则可矣。抑末也，本之则无，如之何？"

子夏闻之，曰："噫！言游①过矣！君子之道，孰先传焉？孰后倦②焉？譬诸草木，区以别矣③。君子之道，焉可诬也？有始有卒者，其惟圣人乎④！"

【译】

子游说："子夏的门徒学生，洒扫庭院、接待宾客、礼仪的进退动作，那还可以。不过，那是细枝末节，深根主干却没有，怎么行呢？"

子夏听到后，说："啊！子游错了！君子的学问，哪一种先传，哪一种后教，好比草木，要区别对待。（要先传"末"，后传"本"。）君子的学问，岂可诬蔑？有始有终，（把学问传授得完整无缺，）大概只有圣人做得到吧！"

【注】

①子游姓言名偃，故称他"言游"。

②后倦，"诲人不倦"之倦，先传者不会倦，后传者可能倦。"后倦"即后传之意。

③"譬诸草木，区以别矣"，子游批评子夏传道只传其"末"，不传其"本"。子夏也以草木的本末为譬，认为要先传末，后传本，使学生从"末"入手，再了解"本"。这恐怕是子夏的借口，他的真实情况，可能是重"末"轻"本"，这是子夏治学的特点，也是后来汉学、清

学的特点。

④"有始有卒者,其惟圣人乎",所谓"有始有卒",是"有末有本"的意思。子夏认为,能把局部与整体、表面与内涵,完整无缺地传授给学生的,只有圣人做得到。换句话说,他与子游都不是圣人,都做不到。说到底,子夏还是承认自己有末无本,或重末轻本。

【评】

子游与子夏是孔门文学科的两个代表性人物,他们的治学传道方法刚好相反,子游重大道,子夏重小道。后人治经,也有重义理论道与重训诂考证的区别,这两种治学方法各有千秋,不必以此非彼;要"和而不同",不可为追求"同"而弄得彼此"不和"。本章可以证明:上述19.4"子夏曰",是"致远恐泥",不是"小道""恐泥"。

19.13

子夏曰:"仕而优则学,学而优则仕。"

【译】

子夏说:"做官有余力就学习,学习有余力就做官。"

19.14

子游曰:"丧,致乎哀而止。"

【译】

子游说:"丧礼,只要能表达哀情就要适可而止。"

【评】

《檀弓下》记载,有若与子游讨论丧礼问题,子游发表了与此相同的意见,认为居丧时的感情也要节制合礼,与孔子的说法略有不同。子游与曾子一样,也是理论家,比较理性,先天气质可能也属黏液质。参阅 3.4、11.10、19.17。

19.15

子游曰:"吾友张也为难能也,然而未仁。"

【译】

子游说:"我的朋友子张也算难能可贵了,但还没有达到仁。"

19.16

曾子曰:"堂堂乎张也,难与并为仁矣。"

【译】

曾子说:"威风凛凛的子张啊,很难与他一起践行仁德。"

【评】

《家语·弟子解》说子张"居不务立于仁义之行,孔子门人友之而弗敬"。

19.17

曾子曰:"吾闻诸夫子:人未有自致者也,必也亲丧乎!"

【译】

曾子说:"我听老师说:人缺乏充分发泄感情的机会,有的话,只有在亲人去世的时候。"

【评】

"夫子"此说与子游略异,详见 3.4、11.10、19.14"评"语。

19.18

曾子曰:"吾闻诸夫子:孟庄子①之孝也,其他可能也;其不改父之臣与父之政,是难能也。"

【译】

曾子说:"我听老师说:孟庄子的孝,别的都容易做到,而他仍旧任用父亲的旧臣,仍不改父亲的政治措施,真是难能可贵。"

【注】

①孟庄子,名速,鲁大夫孟献子仲孙蔑之子,是个著名的孝子。其父死于鲁襄公十九年,本人死于二十三年,相距仅四年。

【评】

本章可参阅1.11的"三年无改于父之道,可谓孝矣"。这种保守恋旧的孝道,现代人不可学习。

19.19

孟氏①使阳肤②为士师,问于曾子。曾子曰:"上失其道,民散久矣。如得其情,则哀矜而勿喜!"

【译】

孟氏任命阳肤当法官,阳肤向曾子请教。曾子说:"上头不守规矩,百姓离心离德,已经很久了。你如果破案,得真情,要怜悯罪犯,不可沾沾自喜。"

【注】

①孟氏,即孟敬子。马融注:"孟敬子,鲁大夫仲孙捷。"和曾子同岁。已见于《论语》8.4。《礼记·檀弓下》曾写到他。

②阳肤,是曾子七弟子之一。

【评】

曾子是在野的道德先生,情大于法,难怪终身不仕。

19.20

子贡曰:"纣之不善,不如是之甚也。是以君子恶居下流,天下之恶皆归焉。"

【译】

　　子贡说:"纣王的劣迹,不像传说的那么严重。所以君子怕处劣势,否则,天下的坏名声都会归到他身上。"

19.21

　　子贡曰:"君子之过也,如日月之食焉。过也,人皆见之;更也,人皆仰之。"

【译】

　　子贡说:"君子的过错,像日蚀、月蚀。有了过错,人人都会看见;改正了,人人都会景仰。"

19.22

　　卫公孙朝①问于子贡曰:"仲尼焉学?"子贡曰:"文武之道,未坠于地,在人。贤者识其大者,不贤者识其小者,莫不有文武之道焉。夫子焉不学? 而亦何常师之有?"

【译】

　　卫国的公孙朝问子贡:"仲尼的学问是向谁学的?"子贡说:"周文王、周武王的道统,还没有完全失传,还留在人间。贤能者认识它的深根主干,不够贤的人认识它的细枝末节,生活中莫不有文武之道。我的老师什么地方不能学? 何必要有固定的老师?"

【注】

　　①卫公孙朝,生卒年未详。《论语》仅见于本章。《左传》有两个公孙朝,一为鲁臣(《昭公二十六年》),一为楚臣(《哀公十七年》),《列子》里有郑子产之弟叫公孙朝。此为卫国的公孙朝,与子贡同一时代。

19. 23

叔孙武叔①语大夫于朝曰:"子贡贤于仲尼。"

子服景伯以告子贡。

子贡曰:"譬之宫墙,赐之墙也及肩,窥见室家之好。夫子之墙数仞,不得其门而入,不见宗庙之美、百官②之富。得其门者或寡矣,夫子之云,不亦宜乎!"

【译】

叔孙武叔在朝廷上对大夫们说:"子贡比仲尼贤能。"

子服景伯把这话告诉子贡。

子贡说:"拿房屋的围墙作比喻吧,我家的围墙只有肩膀那么高,谁都看得到里面房子的美好。我老师的围墙有数丈高,找不到大门进去,就看不到里面宗庙的美轮美奂、房屋的富丽堂皇。能找到大门的人或许不多,武叔他老人家的话,不也很自然吗?"

【注】

①叔孙武叔,鲁大夫,名州仇,武是谥号。叔孙氏是鲁三桓之一,出自桓公之子公子牙之后。

②"官"是"馆"的初文,后来引申为官职。此"百官"谓众多房舍,仍用其本义。

19. 24

叔孙武叔毁仲尼。子贡曰:"无以为也! 仲尼不可毁也。他人之贤者,丘陵也,犹可逾也;仲尼,日月也,无得而逾焉。人虽欲自绝,其何伤于日月乎? 多见其不知量也。"

【译】

叔孙武叔诽谤仲尼。子贡说:"不要这样做,仲尼是诽谤不了的。别人的贤能,好比丘陵,还可以越过;仲尼,如日月啊,无法超越的。有人想自绝,跟日月碰撞一下,日月会损伤吗? 显得多么不自量力啊!"

19. 25

陈子禽谓子贡曰:"子为恭也? 仲尼岂贤于子乎?"

子贡曰:"君子一言以为知,一言以为不知,言不可不慎也!夫子之不可及也,犹天之不可阶而升也。夫子之得邦家者,所谓立之斯立,道之斯行,绥①之斯来,动之斯和②。其生也荣,其死也哀,如之何其可及也?"

【译】

陈子禽对子贡说:"你对老师真恭敬,仲尼哪里贤于你?"

子贡说:"君子一句话就可以显示他的聪明,一句话也可以显示他的无知,所以说话不可不谨慎。我老师的高不可攀,好比青天,无法用梯子爬上去。他老人家如果得国家当诸侯,得采邑当卿大夫,要立就会立,引导就会行,安抚有人来,动员就响应。他生前得到尊荣,死后人们哀伤,这怎么可能赶得上啊?"

【注】

①绥,安抚。

②和,唱和的和,响应也。

【评】

本篇最后三章,都是记载孔子死后,有人说他的坏话。钱穆认为,19. 22—19. 25 都是记孔子死后的事(第 496 页)。李零认为,19. 20、19. 21 也是。他还说:"孔子死后,不知怎么回事,有一股潮流,贬孔子而抬子贡。子贡是有感于此吧?"(第 327 页)

孔子死后,三桓集团里的人说他坏话,是意料中的事。因为他生前得罪三桓的言行很多,死后能不受报复吗?《论语》所录,可能是挂一漏万。幸好孔子有大批有作为的学生为他顶着,子贡只是其中的一位罢了。

不管孔子的政治路线是否正确,他那不畏权贵、直抒胸臆的独立精神是非常可贵的,这是一方面;另一方面,三桓对孔子这个反对派人物还算尊重,当时政治气氛还算宽松。矛盾双方都有可圈可点之处。人们常把孔子比作古希腊的苏格拉底。当时,希腊的雅典是世界史上著名的民主国家,中国各诸侯国都实行专制政治。但是,雅典的民主政府以莫须有的罪名,把苏格拉底关进监狱,判他死刑,迫使他饮鸩而终。孔子却能言论自由,享尽天年,死得非常体面❶。相比之下,孔子堪称幸运。

---

❶　孔子死后,鲁哀公致悼词,相当于现在的国葬规格;弟子为他守庐三年,子贡甚至守庐六年。中国古今文人,没有谁比孔子死得更体面。可说其生荣,其死也荣。

尧曰篇第二十(共三章)

20.1

尧曰:"咨!尔舜!天之历数^①在尔躬,允执其中^②。四海困穷,天禄永终。"舜亦以命禹。

曰:"予小子履^③敢用玄牡,敢昭告于皇皇后帝:有罪不敢赦。帝臣不蔽,简在帝心。朕躬有罪,无以万方。万方有罪,罪在朕躬。"

"周有大赉^④,善人是富。虽有周亲,不如仁人。百姓有过,在予一人。"^⑤

谨权量,审法度^⑥,修废官,四方之政行焉。兴灭国,继绝世,举逸民,天下之民归心焉。

所重:民、食、丧、祭。

宽则得众,信则民任焉^⑦,敏则有功,公则说。

【译】

尧说:"啊!你这位舜啊!上天把治天下的任务落在你的身上,要诚实执行、稳妥适中。如果天下穷困,天降的禄位会永远止。"舜对禹也下这样的命令。

(汤向上天求雨时)说:"我这个小子履,谨用黑色公牛作牺牲,明白禀告正大光明的上帝:有罪的人我不敢擅自赦免,你的臣仆们的善恶我也不敢隐瞒,要让你心里完全明白。我本人如果有罪,不要牵连天下万方。天下万方如果有罪,归罪于我,由我承担。"

(周武王说):"周朝大封诸侯,善良的人们富贵起来。我虽然有至亲,总不如有仁人。百姓若有罪,归于我一人。"

统一度量衡,恢复原机构,天下政令都通行。复兴被商灭掉的国家,延续被商断绝的香火,提拔被商驱逐的人才,天下万民都心向周朝。

重视四个方面:人民,粮食,丧礼,祭祀。

宽容会拥有群众,诚信会得到人们的信任,勤政就会成功,公正使大家高兴。

【注】

①历数,本指历法,此指帝位相承的次序。古人认为,帝位相承的次序,与天象运行的次序相应,故称。

②允,《说文》:"信也。""允"是诚实,"中"是不偏不倚、恰如其分。清华楚简《保训》篇记载,周文王临终前给武王的遗嘱,也有尚"中"内容,该篇的"中",与本章的"中",《周易》的"中行"、"中道"以及《论语》"中庸"的中,皆同义,都是适中的意思。尚中思想很古老。

③小子履,古代帝王在天帝面前,常自称"予小子",表示谦卑。履,商汤王的名。李零说:"《世本》说汤名天乙,前人猜测,汤本名履,后改名天乙,不对。其实,商代取名之法不同于周,据甲骨卜辞,天乙是汤的日名。履和汤,可能是名、字关系或一人二名,就像受亦称纣,日名为帝辛一样。……《论语》此节是古本《尚书》的佚文。上节也一样。"(第332—333页)

④赉(lài 赖),赏赐,此指大封诸侯。

⑤今本《尚书·泰誓》也有"虽有周亲,不如仁人……百姓有过,在予一人"。以上抄录古本《尚书》,写古帝王有罪己之心,能勇于承担天下责任,这是孔子的一贯思想。

⑥谨权量,审法度,杨伯峻说:"'法度'不是法律制度之意。《史记·秦始皇本纪》和秦权、秦量的刻辞中都有'法度'一词,都是指长度的分、寸、尺、丈、引而言。所以'谨权量,审法度'两句只是'齐一度量衡'一个意思。这一说法,清初阎若璩的《四书释地又续》已发其端。"(第 208 页)

⑦信则民任焉,杨伯峻说:"《汉石经》无此五字,《天文本校勘记》云:'皇本、唐本、津藩本、正平本均无此句。'足见这一句是因《阳货篇》'信则人任焉'而误增的。《阳货篇》作'人','人'是领导。此处误作'民','民'指百姓。有信实,就会被百姓任命,这种思想绝非孔子所能有,尤其可见此句不是原文。"(第 209 页)谨按:因很多古本均无此句,这一句可能是后人误增。但说"'人'是领导……'民'指百姓",则不对。过去的赵纪彬、现在的李零等学者,都把"人"与"民"说成两个对立的阶级,失之,详见本书 1.5 章评语。本章"信则民任焉",《阳货篇》17.6 作"信则人任焉",正是"民""人"同义,可以互换的铁证。即使属"误增",也不会把"领导"误作"百姓"。"举逸民"的"民"主要指夏、商的贵族,"天下之民归心"完全可以改成"天下之人归心"。17.6"惠则足以使人",可以改为"惠则足以使民"。赵纪彬认为,《论语》里的"人"是剥削阶级,"民"是被剥削阶级。而 17.6 为什么有"惠则足以使人"呢?他解释道:"此章所谓'使民'之'人',本来即为'民'字。经典中'民'字,在唐代因避太宗讳,多被改为'人'字,此或即其一例。"(《论语新解》,第 4 页)人们不禁要问:一、《论语》有"民"字 49 个,

都没改,为什么只改掉这一个? 二、同章的"信则人任焉",到《尧曰篇》里,为什么反而改为"信则民任焉"? 竟敢冲着避讳改,与它唱反调? 三、有些古籍的"民"字,在唐代因避讳而改为"人",不正说明"人"、"民"同义可以互换吗? 如果"人"与"民"字义对立,怎么可以互换? 参阅1.5"评"。

【评】

本章分两大部分:一、从"尧曰"至"在予一人"三段,摘录古本《尚书》中有关君王要对天下万民负责、要有"罪己"勇气的文句;二、从"谨权量"至"公则说"三段,正面介绍西周的政治措施与政治思想。第一部分是借古书表达仁政思想,第二部分是借"周道"表达仁政思想。本章可能是孔子平时讲授仁政问题的常用教材。

商汤王的话,一口气用了三个"帝"字。翻遍《论语》,"帝"字仅见于此。孔子口中的至上神,称"天"不称"帝"。殷墟卜辞的至上神,称"帝"不称"天",殷墟卜辞甚至没有今义的"天"字。因为天很抽象,人类造字,往往先造"日"、"月"、"山"、"川",天字出现较晚。甲骨文的天字,象正面人形,上从口或〇,像人的头,天字的本义是人的头顶,即后来的"颠"。后来随着人类抽象思维能力的提高,形成了"天"的概念,并常常用到"天"这个概念,于是人们就把表示头顶的"天"(颠)字借作天地之天。老天爷很霸道,久借不还,人们只得另造一个"颠"字,来表示自己的头顶,把天字索性让给了老天爷专用,故"天"、"颠"同音。《说文》:"天,颠也,至高无上。"总之,甲骨文"天"字的本义是"头顶上的",好比过去的男人称自己的老婆为"我家里的",不很尊重。在商代,"天"只是一片辽阔的自然空间,是日月星辰的活动场所,与人的关系似乎不大,因此，人们还没有赋予它以神性，没有对它进行祭祀。

周代开始，燎（烤火）以祭天。殷墟卜辞有寮祭资料，寮祭的对象有"帝"、"帝云"、"东母"、"岳"、"大甲"（先王名）、"高妣已"（先妣）、"黄尹"（旧臣）等，就是没有"天"，因为殷人不祭天。不但寮祭不祭天，其他名目繁多的祭法，都未见祭天迹象（详见拙文《良渚文化不祭天，玉璧象天也象地》，载《中国文物世界》1997年五月号）。周人开始祭天，赋天以神格，而且是与殷人的"帝"同义的至上神。西周金文，至上神"天"、"帝"并用。"天"是周人的发明，"帝"是周人笼络殷人的策略性称号。周公的诰文，"天"、"帝"也是并用。孔子口中的至上神只称"天"，不称"帝"，比周公更像周人。《论语》三个"帝"字，都出于古本《尚书》中的商汤之口，孔子是商汤的远代子孙，丝毫不染祖先遗习。这说明孔子头脑里的周文化已进化得非常纯净。

"帝"与"天"虽然都是具有人格意志的至上神，但相对而言，"天"比"帝"抽象，从"帝"到"天"，是中国古人抽象思维能力发展进步的表现，是宗教思想趋向理性化而迈出的一大步。孔子的至上神只称"天"，不称"帝"，是其宗教思想比较理性的表现之一，但他还没有超越时代水平，发展到"无神"的地步。

20. 2

子张问于孔子曰："何如斯可以从政矣？"

子曰："尊五美，屏①四恶，斯可以从政矣。"

子张曰："何谓五美？"

子曰："君子惠而不费，劳而不怨②，欲而不贪③，泰而不骄④，威而不猛⑤。"

子张曰："何谓惠而不费⑥?"

子曰："因民之利而利之,斯不亦惠而不费乎? 择可劳而劳之,又谁怨? 欲仁而得仁,又焉贪? 君子无众寡,无小大,无敢慢,斯不亦泰而不骄乎? 君子正其衣冠,尊其瞻视,俨然人望而畏之,斯不亦威而不猛乎?"

子张曰："何谓四恶?"

子曰："不教而杀谓之虐;不戒视成⑦谓之暴;慢令致期⑧谓之贼;犹之与人也,出纳之吝谓之有司⑨。"

【译】

子张问孔子:"怎么样才能当官从政?"

孔子说:"尊重五种美德,拒绝四种恶习,就可以当官从政。"

子张问:"哪五种美德?"

孔子说:"君子给人民实惠,自己无需耗费;人民出劳力而不埋怨;求仁求义而不贪财贪色;安泰而不骄傲;威严却不凶猛。"

子张问:"怎么样才能做到'惠而不费'等美德?"

孔子说:"根据人民的利益而让他们去获利,这样不是惠而不费吗? 选择农闲时间来服劳役,参加军训,谁会怨恨呢? 自己求仁而得仁,还贪求什么? 不分人口多少,势力大小,君子对他们都不敢怠慢,这不是泰而不骄吗? 君子衣冠整整,目不斜视,俨俨然一看就令人敬畏,这不是威而不猛吗?"

子张问:"什么叫'四恶'呢?"

孔子说:"不教育就杀人,叫残酷;不事先告诉却突然要看成果,叫粗暴;传令迟缓而期限匆促,叫害人;对于人们应得的财物,却出于吝啬,小里小气,叫做小出纳作风。"

【注】

①屏,屏弃。

②劳而不怨,已见4.18。

③欲而不贪,欲,追求仁义;贪,追求财色。下文云:"欲仁而得仁,又焉贪?"皇侃《义疏》:"欲仁义者为廉,欲财色者为贪。"

④泰而不骄,已见13.26。

⑤威而不猛,已见7.38。《说苑·修文》:"孔子曰:'正其衣冠,尊其瞻视,俨然人望而畏之,不亦威而不猛乎?'"

⑥从下文孔子的回答看来,子张要问的不只"惠而不费"一"美",而是以"惠而不费"为代表的"五美",故译文改为"惠而不费等美德"。

⑦不戒视成,朱注:"卒遽无渐。"李泽厚译文:"不事先告诉却突然要看成果。"(第533页)

⑧致期,朱注:"刻期也。"

⑨"犹之与人"句,何晏《集解》与皇侃《义疏》,都引孔安国注云:"谓财物俱当与人,而吝啬于出纳,惜难之,此有司之任耳,非人君之道。""有司"是低级办事员。

【评】

本章专讲施仁政问题。

20.3

孔子曰:"不知命①,无以为君子也;不知礼,无以立也;不知言,无以知人也。"

【译】

孔子说:"不知天命,无法成为君子;不知礼,无法立足于社会;听不出别人说话的是非善恶,无法了解人。"

【注】

①命,天命。《论语》的天命之"命",包括命运与使命两大内容,此"命"对"君子"而言,是指上天赋予的使命。孔子认为,君子是社会栋梁,要有自觉的使命感。《论语》第一章,谈如何学习,成为君子;最后一章,谈君子要知道自己承担的上天赋予的社会使命。以"君子"开始,又以"君子"结束,《论语》编者的匠心安排,后人不可不察。

【评】

李泽厚说:"最后一章又回到'命'。本读已多次讲过了,这里再简略重复一下:'命也者,不知所以然而然者也',即人力所不能控制、难以预测的某种外在的力量、前景、遭遇或结果。所以,可以说,'命'是偶然性。'不知命,无以为君子也',就是说不懂得、不认识外在力量的这种非可掌握的偶然性(及其重要),不足以为'君子'。"(第535页)李泽厚关于"'命'是偶然性"的观点,在《论语今读》中一再申述,他完全以今人的命运观解释孔子的天命观。

李泽厚还引宋代理学家的话说:"理学家也说'圣者惟知义而已,命在其中。……得之以义,不必言命'(《河南程氏遗书》卷二),'程子言义不言命之说,有功于学者,亦前圣所未发之一端'(《朱子语类》卷三十六),'大人造命'(《王心斋语录》)。可见,恰恰不是俯首帖耳,屈从于命运,而是要自己去建造命运,这才是'知命',即认识偶然性的意义所在,这才是把握和体验自己的存在之所在。"(第536页)

程子与朱子都是无神论者,他们不信天,而信"理",因此"言义不言命",发孔子等"前圣所未发"。既然如此,怎么可以把他们的观点说成是孔子的观点,用他们的话来解释孔子的天命观?

　　在孔子心目中,"命"是天意所定,或如郭店楚简《性自命出》所说:"命自天降",是可知的必然性,可以通过卜筮而知之。在今人看来,孔子的这种"天命"思想当然是错误的,但我们要尊重他的"错误",不可对他进行"思想改造",然后把"改造"结果说成是孔子的思想。

　　今人读古书,最大的忌讳是以今释(改)古,把自己的思想装到古人的脑袋里去。遗憾的是,《论语今读》经常出现这种换脑袋的手术。这种手术往往用虚玄深奥的哲学语言来进行,具有学术魅力,一般读者往往觉得莫测高深,只得望"哲"兴叹,自惭不如!

圣字的本义与变义

　　"圣"或"圣人"是中国传统文化的一个关键词。弄清"圣"或"圣人"的本义与变义及其演变轨迹,对阅读先秦文献,对研究孔子,都有举足轻重的意义。但是,古今学者对这个问题似未作过专门研究❶,往往把本义与变义混为一谈,或以本义说变义(如俞樾),或以变义充本义(如李零)。

　　上世纪 20 年代,顾颉刚对《诗经》、《尚书》、《论语》三书的圣字作过基本准确的阐述,但对《左传》及其以后文献的圣字都未涉及❷。

　　李零在《去圣乃得真孔子——〈论语〉纵横读》❸中,似乎想对"圣"、"圣人"进行专门研究,该书有一节专门谈"圣字的本义"、"圣人的本义",他所概括的"本义"有四条:(1)"圣人是无所不知、无所不晓的聪明人。"(2)"圣人是南面听治统治天下、安定万民的人,古代的用法实与圣王同义,没有权位不能当圣人……圣人本来是王者,古书绝无异词。"(3)"圣人是多种发明的集大成者,不是自

---

　　❶　本文作者不是专攻训诂学的专家,对古今训诂学成果了解不多,说"古今学者对这个问题似未作过专门研究",是仅就个人有限的见闻而言,未必准确,故添一"似"字,以留余地。倘有人知道前人作过这方面的专门研究,敬请赐教。

　　❷　《春秋时的孔子和汉代的孔子》,载《古史辨(二)》,上海古籍出版社,1982 年。

　　❸　三联书店 2008 年 3 月出版。下文引用该书,简称《去圣》。

己发明,也是臣下发明。"(4)"古人说的圣人是尧、舜一类古帝王,都是死了很久的人。"(第 115—118 页)他引以为据的古书,最古只古到《论语》,孔子以前的古书,都未涉及。现在让我们先去翻查一下春秋中期以前的古书,看里面的圣字是什么意思。

一、《诗经》、《尚书》的圣字

《周易》本经,作于西周,可惜没有一个圣字。李书《去圣》引的《易》都是战国以后人们解说本经所写的《彖辞》、《说卦》,所显示的都是圣字的变义,不是"本义"。

《诗经》各篇的具体著作年代虽然未必都可确定,但都作于西周至春秋中期之间,则是古今学者一致公认的。《诗经》有九个圣字,是春秋中期以前圣字最多的典籍,这九个圣字分布于《风》、《小雅》、《大雅》、《颂》四大部分,以《小雅》最多。《诗经》年代可靠,圣字最多,分布普遍,是探讨圣字本义的首要文献。李零一字未引,不知何故。《诗经》的九个圣字分布如下:

一、《邶风·凯风》:"母氏圣善,我无令人。"这是儿子颂母自责的诗,年代无考。母亲饱经"劳苦",养育了七个儿子,这七个儿子却无一成材,不能"慰母心"。其"圣"字,毛传训为"叡",字同睿,即聪明睿智。下文的八个圣字都是这个意思。这个"母氏"不是"姜嫄",也不是"太任"、"周姜"❶,而是个普通人家的聪明能干的母亲,是个无名氏。

二、《小雅·正月》:"召彼故老,讯之占梦。具曰'予圣',谁知乌之雌雄?"(译文:请来元老辨西东,又请占梦问吉凶。都说自己最聪明,谁知乌鸦雌与雄?)这是一位失意官员忧国忧民的诗,约作

---

❶　"姜嫄"见于《诗·生民》,是周族的始祖娘娘;"太任"是文王之母,"周姜"是王季之母,都见于《诗·思齐》。

于幽王时期。"故老"与"占梦"者,都自称为"圣"。

三、《小雅·十月之交》,这首诗有中国最早记载日食的资料,现代天文史专家确定它作于周幽王六年,即公元前 776 年。这首诗讽刺幽王无道,重点批判幽王宠臣皇父的胡作非为。诗有一句"皇父孔圣",孔是很、甚之意,"孔圣"即很聪明,说他干坏事很精明。坏事干得精明也可称"圣",可知圣字只言才,不言德。

四、《小雅·小旻》:"国虽靡止,或圣或否。"与"圣"对举的仅"否"而已,可知这"圣"没有"无所不知,无所不晓"那么神奇。

五、《小雅·小宛》:"人之齐圣,饮酒温克;彼昏不知,壹醉日富。"(译文:心清聪明人,喝酒挺斯文;那些糊涂蛋,整天醉醺醺。)"齐"的对立面是"昏"❶,"圣"的对立面是"不知(智)",喝酒克制温和,也可称"圣"。

六、《小雅·巧言》:"奕奕寝庙,君子作之;秩秩大猷,圣人莫(谟)之。"(译文:庙堂好崇高,都靠君子造;典章有条理,圣人谋划好。)这里的"君子"与"圣人",可能包括文王、武王、周公等伟人,但又不限于他们。值得注意的是,"圣人"排在"君子"后面。"君子"指地位、道德都高尚的人,圣人指聪明睿智者,故君子高于圣人。到后来的《论语》里,孔子师生所说的"圣人"都是伟人,高于一切人等,故君子远低于圣人。

七、《大雅·板》:"靡圣管管,不实于亶。"(译文:无知者自以为是,不实者夸夸其谈。)旧说这是周公后裔共伯和劝谏厉王的诗。

---

❶ "齐圣"是古代习语,齐与圣字义应该相近。毛传:"齐,正也。"失之。此齐应读作斋。斋的原义是"洗心"示敬,动词,引伸为"敬"、"肃"、"庄"等形容词。详见拙撰《吴越徐舒金文集释》对□钟铭"齐休祝成"的解释(浙江古籍出版社,1992 年,第 185 页)。本诗"齐圣"之齐(斋)的对立面是"昏",应是清醒、清心、清静之意,与圣(智)义近,故组成"齐圣"一词,成为古代习语。

"靡圣"即无知。

八、《大雅·桑柔》："维此圣人,瞻言百里;维彼愚人,覆狂以喜。"与"圣人"对举的只是"愚人"而已。在《诗经》里,与"愚人"对举的还有"哲人"。《大雅·抑》："其维哲人,告之话言,顺德之行。其维愚人,覆谓我僭,民各有心。"(译文:你是聪明人,格言你会听,马上就实行。你是糊涂蛋,反骂我混账,人心不一样。)哲与圣都是聪明睿智的意思,故哲人与圣人的对立面都是"愚人"。

九、《商颂·长发》："汤降不迟,圣敬日跻。"(译文:成汤降生恰逢盛,聪明谨慎日日升。)汤是《诗经》里唯一指名的"圣"者,"圣敬"连文,圣指聪明,敬指谨慎。

综上所引,《诗经》的九个圣字,只是聪明能干的意思,而且有七个用于普通人。一个明确用于商汤王,一个可能用于文王、武王、周公等伟人。平常人聪明能干可称圣,伟人聪明能干,当然也可称圣。有趣的是,坏人善于出鬼点子,坏事干得精明,也可称"圣"。可知"圣"的本义只谈才,不谈德,没有道德含义,而且在才智方面并没有无所不知、无所不晓的神秘意味。《诗经》里的圣人品格低于君子。

《尚书》有圣字22个❶,分布如下:《大禹谟》、《胤征》、《汤诰》、《微子之命》各一个;《洪范》、《多方》、《囧命》、《秦誓》各二个;《伊训》、《君陈》各三个;《说命》四个。《尚书》里年代可靠的周初名篇《牧誓》、《大诰》、《康诰》、《酒诰》、《梓材》、《召诰》、《洛诰》、《多士》、《君奭》、《立政》等,都无圣字。这与《周易》本经无圣字是一致的。上述22个圣字所处的十一篇中,年代可靠、作品真实的只有《多方》与《秦誓》。《多方》是周公代表成王发表的诰令,作于周

❶ 《尚书》篇数不一,此据顾颉刚《尚书通检》统计。上海古籍出版社,1990年。

初。《秦誓》是春秋中期，秦穆公袭郑失败后所作的检讨书，言辞沉痛真切，是先秦散文的杰作。探讨圣字的本义，《尚书》里可以采用的标本，仅此两篇里的四个圣字。

《多方》："惟圣罔念作狂，惟狂克念作圣。"（译文：理智者一旦没有了思想就变成狂乱者，狂乱者一旦有了思想就变成理智者。）"圣"的对立面是"狂"，圣者与狂者只有一"念"之差。这里的"圣"字是用于已被战败、失去天下的殷人。

《秦誓》："人之有技，若己有之；人之彦圣，其心好之，不啻如自其口出。……人之有技，冒疾以恶之，人之彦圣而违之，俾不达，是不能容。""彦圣"义同"彦哲"，都指能人俊才。这"彦圣"是秦穆公指自己臣工中的才能人士，地位并非"南面"、"有天下"者。

《尚书》其他 18 个圣字，大多也是聪明睿智的意思，是平常人也可具备的素质，如《洪范》❶"睿作圣"（睿智者作圣人）。只有个别圣字有点神秘兮兮，高不可攀。如《大禹谟》"帝德广运，乃圣乃神，乃武乃文"。《大禹谟》公认是战国时期作品，不能作为探索圣字本义的根据。

二、《论语》、《左传》的圣字

上面我们检索了春秋中期以前，即孔子以前的圣字，下面，我们再具体检索一下孔子以后，即《论语》、《左传》、《墨子》、《老子》、《孟子》五本书里的"圣"字。

《论语》有八个圣字：

　　《雍也篇》(6.30)："子贡曰：'如有博施于民而能济众，何

---

❶ 《洪范》的写作年代，传统说法是周初；近代多认为是战国；近年，金景芳（《古史论集》，第 176—180 页）、李学勤（《李学勤集》，第 370 页）认为作于周初。

如？可谓仁乎？'子曰：'何事于仁，必亦圣乎！尧、舜其犹病诸！'"

《述而篇》(7.26)："子曰：'圣人'，吾不得而见之矣；得见君子者，斯可矣。"

《述而篇》(7.34)："子曰：若圣与仁，则吾岂敢？"

《子罕篇》(9.6)："太宰问于子贡曰：'夫子圣者与？何其多能也！'子贡曰：'固天纵之将圣，又多能也。'"

《季氏篇》(16.8)："孔子曰：君子有三畏：畏天命，畏大人，畏圣人之言。小人不知天命而不畏也，狎大人，侮圣人之言。"

《子张篇》(19.2)："有始有卒者，其惟圣人乎！"

《论语》这八个圣字，只有《子罕篇》的"太宰"以"多能"说"圣"，还保留着圣的本义"智"，孔子及其学生说的七个圣字，都已超出圣的本义，都不仅仅是聪明睿智之意。孔门的圣字，有如下特点：一、它的品位比"仁"高，比"君子"更高，犹今"伟人"，是常人难以学习的最高人格标准；二、孔子指名的圣人只有尧、舜二人；三、子贡说，孔子是"天"要他当圣人，圣人是天命所定；四、孔子说自己不但不是圣人，连仁人都够不上，在别处甚至说自己连"君子"都不配❶。孔子这些话显然客气过头，不可信据。我们不能因孔子本人的过分客气，而说孔子连君子、仁人都不配。孔子是不是圣人，不能由他自己说了算，而要由后人作实事求是的分析。孔子生前有两顶圣人帽子，一顶是子贡等学生送的变义的圣人帽子，犹今"伟

---

❶　《论语·述而》："子曰：文莫吾犹人也，躬行君子，则吾未之有得。"俞志慧译文："孔子说：书本上的学问么，我同别人差不多，在生活实践中做一个君子，那我还没有成功。"莫为语气助词，无义(《华学》第四辑，第210页)。

人";另一顶是"太宰"送的本义的圣人帽子,犹言智者、聪明人。春秋时期的孔子,不但已是圣人,而且是双料圣人。

80多年前,顾颉刚曾说:"《论语》中的圣人,比了《诗》《书》中的圣人确是改变了意义了……圣人置于君子之上……圣人成了理想中的最高的人格,不是普通人能够达到的。""但《论语》中有一条似乎还沿着《诗》《书》中的原义。太宰问于子贡曰:'夫子圣者与,何其多能也?'""以多能为圣人的标征……这是古义。"但是,古今训诂学家,似乎都忽略了《论语》八个圣字之间的这种差异,看不到孔门师生说的七个圣字的变义、新义,往往以圣字的"本义"、"原义"、"古义"来解释孔门的圣字。《群经平议·论语一》"若圣与仁"俞樾按:"圣与仁,犹言智与仁也。"这是以本义说变义。俞樾关于圣犹智的话,应该在《子罕篇》(9.6)太宰问话"夫子圣者与"后面。在这一章里,有两个圣字,第一个圣字还是本义的"智",第二个圣字就不是"犹言智"了。变义的"圣"含义复杂、高大得多,今天恐怕要用"伟大"来表达。如果子贡等学生以"圣犹智"的古老本义来称赞老师,老师未必要谦辞。

为什么孔门师生所说的圣都是变义,与他们对话的太宰用的却是本义?双方使用同一个圣字,性质为什么不同?变义的圣是不是孔门的独家创造?为了弄清这些问题,我们要查阅与孔子基本同时的文献,看看当时社会流行的"圣"、"圣人"是什么意思,是本义还是变义,或两者交叉流行。

与孔子基本同时代的典籍,最可靠者莫如《春秋》与《左传》。《春秋》只有一个带圣字的人名"圣姜"(文公十七年),或作"声姜",与探索"圣"的字义无关。

《孟子·滕文公下》说孔子"作《春秋》",写得有声有色。但是,那么重大的事,《论语》与《左传》都不着一字,真是奇怪!《春秋》不但没有圣字,也没有仁字。《论语》有仁字109个,是孔子学说的核心概念。《论语》圣字虽然只有八个,但它是孔子心目中最崇高的人格概念,圣字的这种最高品位,是孔子首倡的。如果《春秋》是孔子所作,怎么会既无圣又无仁呢?我怀疑孔子"作《春秋》"的说法,无圣又无仁,只是小小的疑点之一。

《左传》有圣字26个,其中,"圣人"九次11个,"圣王"三个,"圣哲"两个,"圣贤"与"齐圣"、"神圣"各一个,单独的圣字七个。《左传》与《论语》同时代、同地区、同属儒家思想,圣字又较多,《左传》应该是探讨圣字从本义到变义演化轨迹的重点检索对象。《左传》九次11个"圣人"如下:

1. 成公六年:"圣人与众同欲……《商书》曰:'三人占,从二人。'"这是智者服从多数的意思。

2. 成公十四年:"惩恶而劝善,非圣人,谁能修之?"这个"圣人"指"修"《春秋》的史官,称赞他们遣词精密准确,此圣人即聪明人。

3、4. 成公十六年:"惟圣人能外内无患。自非圣人,外宁必有内忧,盍释楚以为外惧乎?"当时,晋、楚军队相遇于鄢陵,晋国大臣大多主战,唯范文子主退。主退的理由是鉴于晋厉公骄侈,君臣不和,如果战而胜楚,国内矛盾将更加尖锐,还不如留着楚国这个外患,以缓和国内矛盾。这段话是"文子曰"。"圣人"泛指当代精明能干的政治家,有"夫子自道"的成分。《国语·晋语六》记载此事,也以主退者为"圣人"。当代的智者、聪明人,也可称"圣人"。

5. 襄公二十二年:"春,臧武仲如晋。雨,过御叔。御叔在其邑,将饮酒,曰:'焉用圣人?我将饮酒而已,雨行,何以圣为?'穆叔闻之,曰:'不可使也,而傲使人,国之蠹也。'令人倍其赋。"这里的"圣人"指当代人臧武仲。臧武仲不是鲁卿,地位不是很高,但有圣人的美名,连对他极不友好的御叔,也称他"圣人",也说他"圣"。
《家语·颜回》记载颜回的话说:"武仲世称圣人。"可见,孔子时候
的鲁国,除了孔子被学生称为圣人、被"太宰"称为"圣者"之外,至
少还有臧武仲也被人们普遍称为圣人。臧武仲为什么会被时人称
为圣人呢?因为他非常聪明,富有预见,是个智者。孔子也称赞臧
武仲聪明,但不像别人那样称许他"圣",而只称他"知(智)";别人
称他"圣人",孔子称他"成人"(《论语·宪问》14.12)。孔子心目
中的"圣人",不再是本义的智者,而是变义的伟人。

6. 襄公二十七年:"圣人以(兵)兴,乱人以(兵)废。废兴、存
亡、昏明之术,皆兵之由也。""圣人"的对立面是"乱人",圣的对立
面是昏乱,圣是精明、聪明之意。

7、8. 襄公二十九年,吴公子季札到中原观礼,"见舞《韶濩》
者,曰:'圣人之弘也,而犹有惭德,圣人之难也。'"《韶濩》是"汤
乐",这两个"圣人"都指商汤王,论他的"弘"大,论他的道德缺点,
这圣人犹今伟人,是变义。

9. 昭公四年:"圣人在上,无雹。虽有,不为灾。"这是神化的
圣人、变义的圣人。

10、11. 昭公七年:孟僖子说:"吾闻将有达者曰孔丘,圣人之后
也,而灭于宋……臧孙纥有言曰:'圣人有明德者,若不当世,其后
必有达人。'今其将在孔丘乎!"这两个"圣人"都指孔子祖先弗父何
与正考父❶。弗父何与正考父都不是诸侯,也可称圣人。弗父何让
位于弟,正考父以谦卑名世,臧孙纥称赞他们为"有明德者"。他们
可能以道德高尚而被孟僖子称为圣人。春秋晚期,有些圣字开始
含有道德因素。

---

❶ 详见王引之《经义述闻》卷十九。

12. 哀公十八年:"惠王知志。《夏书》曰'官占唯能蔽志,昆命于元龟',其是之谓乎!《志》曰'圣人不烦卜筮',惠王其有焉。"这"圣人"明显指聪明人、智者,包括"知志"的楚惠王和官员们。

综上所引,《左传》九次 11 个"圣人",一个似神似人,明显不符合"圣人"的本义;还有两个"圣人"指弗父何与正考父,他们可能因"有明德"而被称为"圣人";另有两个"圣人"指成汤,其"圣人"犹今伟人。这三次五个"圣人"都是变义。其他六次六个"圣人"都是"聪明人",是本义。

《左传》还开始出现三次"圣王"称呼:

1. 桓公六年:"夫民,神之主也,是以圣王先成民而后致力于神。"这"圣王"是臣子对当代隋侯的期待。能"先成民而后致力于神"的王侯,都可称圣。后来隋侯听从这个谏言,修明政治,没有与楚国作战。根据那个臣子的说法,这隋侯也可称"圣"。这个圣字指治道,不是专指智慧。

2. 文公六年:"圣王同之。"此"圣王"指生前"并建圣哲"(培养人才)的"古之王者",并借此对照秦穆公,批评他要三位年轻人才为自己殉葬。此"圣王"之圣,也指治道,圣王指有道君王。

3. 昭公五年:"是以圣王务行礼,不求耻人。"这是一位楚臣劝谏楚灵王,不要羞辱晋国使臣叔向等人。后来楚灵王接受劝谏,以礼待客,楚灵王也就可称"圣王"。

这三个"圣王"的圣字,都指治道,不是专指人的聪明睿智。这是圣字的变义。这三个圣王,一个指"古之王者",两个是对当代诸侯的期许,希望他们做个有道(圣)君主。"圣王"一词,后来很流行,而始见于《左传》,说明春秋晚期,圣字开始向社会顶层流动。

《左传》有两个"圣哲",一个已见上引文公六年"并建圣哲";另一个在昭公六年"犹求圣哲之上、明察之官……"。"上"指执政之卿。这两个"圣哲"都指贤能人才,是圣的本义,可用于古圣王,也可用于当代的执政之卿。

《左传》还有七个单独的圣字,"圣贤"与"齐圣"、"神圣"各一个,四者合并列举于下:

1、2. 文公二年:"跻圣贤,明也。子虽齐圣,不先父食久矣。"此"圣贤"即"圣人",指已死的鲁僖公。此圣贤之圣,究竟是本义还是变义,难以确定。"齐圣"连文是古代习语,已见上引《诗·小雅·小宛》"人之齐圣",齐读斋,是心境清净之意,圣是聪明睿智。

3. 文公十八年:"昔高阳氏有才子八人:苍舒、隤敳、梼戭、大临、尨降、庭坚、仲容、叔达,齐、圣、广、渊、明、允、笃、诚,天下之民谓之八恺。"齐与圣分开,与广、渊、明、允、笃、诚并立,都是一般的良好品德素质,都不是伟人的特有素质。此圣究竟言才还是言德,不明确。

4、5. 成公十五年:"子臧辞曰:'《前志》有之曰:圣达节,次守节,下失节。为君非吾节也。虽不能圣,敢失守乎?'遂逃,奔宋。"这两个圣字,沈玉成都译作"圣人"❶,甚确。这圣人的圣字,不再只是聪明的意思,这圣人要"达节",圣字有道德含义。

6. 襄公二十一年:"《书》曰:'圣有谟勋,明征定保。'"此"圣"即圣人,沈玉成译作"智慧的人"❷,甚确。这圣人,是指当代人叔向。叔向是晋国贤大夫,他是能人,是"社稷之固",因罪被囚。当代囚犯因聪明能干,也可称圣人。

7. 襄公二十二年:"焉用圣人……何以圣为?"这"圣为"之"圣",前面已顺便解释过,也是聪明的意思。

---

❶ 沈玉成《左传译文》,中华书局,1987 年,第234页。

❷ 同上书,第308页。

8. 昭公六年:"《书》曰:'圣作则。'无宁以善人为则,而则人之辟乎?"这个"圣"字,即指圣人❶。这里以"善"释"圣",圣人就是好人、善人,可能含有道德意义。

9. 昭公二十六年:"至于灵王,生而有颜。王甚神圣,无恶于诸侯。"此写楚灵王,生下来就有胡子,很神奇,沈玉成译此"神圣"为"神奇聪明",甚确。《汉语大词典》将此"神圣"与后世流行的"神圣"一词混为一谈,都解释为"形容崇高、尊贵,庄严而不可亵渎",似不正确。

《左传》与《论语》是同一时代、同一邦国、同属儒家思想的著作,最具有可比性。《左传》的大多数圣字还保留着圣的本义:一、聪明睿智;二、今人、常人也可学习做到。《左传》少数"圣"字含有以下变义:一、有道德;二、有神秘性;三、"圣人"相当于"伟人"。

春秋晚期(或可早到春秋中期)是圣字变义的萌生期。孔子恰逢其时,为圣字的变义推波助澜,趋向极端,使圣人更加伟人化。这与他的思想、实践有关。他是道德家,有道德挂帅的思想倾向,容不得只言才、不言德的圣字本义。他认为"生而知之者,上也;学而知之者,次也;困而学之,又其次也;困而不学,民斯为下矣"(《论语·季氏》);还认为"惟上智与下愚不移"(《论语·阳货》)。孔子是创办私学的伟大教育家,但他一生从事的是精英教育,轻视普及教育❷,他的教育目标是培养"君子",培养社会栋梁。他的思想实践与圣字的变义新趋势一拍即合,使他成为乘势拔高圣字变义的急先锋。他不但拔高"圣人",还拔高仁人、君子的标准,拉大社会精英与常人的距离。孔子说自己"述而不作",此话基本属实,但

---

❶ 沈玉成《左传译文》,中华书局,1987年,第412页。

❷ 详见《论语·阳货》17.4"子之武城,闻弦歌之声。夫子莞尔而笑,曰:'割鸡焉用牛刀?'……"

对圣字却大"作"一番。不过他是乘势而"作",不是凭空而"作",当时圣字已有变义趋势,孔子是第一个乘势拔高圣字含义的权威学者。他的权威地位,使他的拔高工作一举成功。

《礼记·檀弓上》记载,孔子临终前七天歌道:"泰山其颓乎!梁木其坏乎!哲人其萎乎!"人之将死,其言亦真!"哲人"即圣人,自喻"泰山"、"梁木",这圣人不是本义的智者,而是变义的伟人。孔子是谦谦君子,临终"交心"才吐出真言,难怪他的一生始终以伟人的标准要求自己。

三、《墨子》、《老子》、《孟子》的圣字

墨子以"非儒"、"毁儒"闻名于世,是系统批判孔子的第一人。孔、墨都是鲁国人,可谓狭路相逢。墨子本是孔门弟子,后来反戈一击,自立门户。墨子对孔学既有批判,也有继承,墨子的入世态度比孔子更为积极与强烈,《墨子》进一步发展《论语》圣字的变义,扬弃圣字的本义。《墨子》共有圣字 191 个,是圣字最多的先秦典籍。其中,"圣王"120 个,还有三个单独的圣字是"圣王"漏字所致❶。加上这三个,共有"圣王"123 个,几占全部圣字的三分之二。《墨子》还有"圣人"52 个,其《非命》中、下篇有"圣善人"三个,是"圣人与善人"的合称,加上这三个"圣人",共有"圣人"55 个。《墨子》还有"先圣"、"至圣"各两个,"元圣"、"圣君"、"圣者"、"圣武知人"、"上圣"各一个,共九个,它们都是"圣王"、"圣人"之属,共187 个。剩下四个圣字都是"圣智",圣犹智,是本义。

总之,《墨子》的 191 个圣字中,只有四个"圣智"的圣字是本义,187 个"圣王"、"圣人"以及"先圣"等的圣字,都不是聪明睿智

---

❶　这三个圣字是:《三辩篇》"今圣有乐而少";《尚贤中》"则此言圣之不失以尚贤使能为政也";《非儒下》"圣将为世除害"。

的意思。"圣王"的对立面是"暴王","圣人"的对立面是"暴人"。187 个"圣王"、"圣人"等都是伟人。

《论语》里没有"圣王",具名圣人的只有尧、舜二人,《墨子》把尧、舜升格为"圣王",再增加"禹、汤、文、武",共有六个具名"圣王",这六个圣王又称"先圣六王"(《兼爱下》)。在《论语》里,箕子、微子只是仁人,到《墨子》里升格为"圣人",如"箕子、微子为天下之圣人"(《公孟篇》)。《论语》没有称周公为圣人,《墨子·公孟篇》说:"周公旦为天下之圣人。"圣王当然也是圣人。《墨子》里的具名圣人共有九人。其中尧、舜的圣人桂冠是《论语》所赐,禹、汤、文、武、周公、箕子、微子这七个"圣人",都是《墨子》始封。《左传》只有三个"圣王",有两个指当代诸侯,《左传》还有好几位活"圣人"。到墨子时,天下之圣,愈来愈集中到古代伟人身上。活圣王一个都没有,活圣人只有墨家数名。《公孟篇》记载,学生跌鼻对墨子说:"今先生圣人也,何故有疾?"墨子只回答为什么"有疾"的问题,没有拒绝"圣人"的称呼。据《庄子·天下篇》记载,墨家"以巨子为圣人",下属团体头头,也称圣人。孔子对"圣人"尊号一再推辞,因客气过分、用力过猛,连"仁人"、"君子"的帽子都摔掉了。墨子可能不够"知礼",不来这一套,他的下属头头也当上圣人,墨家圣人最多。

《老子》共有 32 个圣字,其中"圣人"占了 31 个。单独的圣字只出现一次:"绝圣弃智。""绝圣弃智"是同义并列结构,圣亦智也。这个圣字是取其本义,即聪明睿智。本义的圣字虽只出现一次,《老子》的反圣观点却贯穿全书。第十九章:"绝圣弃智,民利百倍。"第六十五章:"民以难治,以其智多,故以智治国,国之贼;不以智治国,国之福。"智亦圣也。《老子》全书的反圣主题颇有"知识越多越反动"的味道。奇怪的是,这个最反动的"圣",只要下面加个

"人"字,就从"国之贼"变成治天下的伟人,"圣人"竟是反圣的英雄好汉!从字面看,说圣人反圣,好比说智者反智、神人反神、佛家反佛、儒家反儒、墨家反墨、革命家反对革命……。

反"圣"领袖怎么可称"圣人"呢?《老子》怎么会犯这么低级的语言错误?原来《老子》书里的"圣人"之"圣"与"绝圣弃智"之"圣",字义是不同的。"绝圣弃智"的圣,还是本义的圣,是聪明睿智的意思,而"圣人"的圣,不再是聪明睿智的意思,从孔子开始,到了墨子,"圣人"不再是《诗经》里一般意义的"聪明人",而是德才兼备、治国平天下的伟人。从孔子到墨子,人们头脑已彻底完成"圣人"从本义(聪明人)到变义(伟人)的过渡。《左传》里的"圣人"大多还是聪明人的意思,《墨子》里的 187 个"圣王"、"圣人"、"先圣"等,全部都是治天下的伟人,无一例外。圣人即伟人的观念已深入人心,牢不可破,在这样的语言背景下,请"圣人"(伟人)来领导"绝圣弃智",才不可能成为笑话。由于"绝圣弃智"的圣还是本义(至今还是本义),而"圣人"的"圣"早已为变义(其变义至今牢不可破)。由变义的"圣人"(伟人)来反对本义的圣智,在语言逻辑上就不会矛盾。《老子》的"圣人"反"圣",说明《老子》不但晚于孔子,而且晚于墨子。《老子》的"圣人"反"圣",是它晚于孔墨的一条内证。笔者不是研究先秦诸子的专家,这条内证不知前人提出过没有?

《孟子》有圣字 48 个,其中"圣人"29 个,加上"圣贤之君"、"圣王"各一个,共有 31 个圣人。单独的圣字 17 个,其中不少圣字是"圣人"的省文。

《孟子·公孙丑上》说:"由汤至于武丁,贤圣之君六七作。"从汤到武丁,共有 23 个商王,"贤圣之君"只有六七个,绝大多数不是圣王,可知王侯未必都可称圣。《万章下》说:"伯夷,圣之清者也;

伊尹,圣之任者也;柳下惠,圣之和者也;孔子,圣之时者也。"这四个人没有一个是王侯,当权派只有一个伊尹,是二把手,他们各以"清"(清高)、"任"(担当)、"和"(随和)、"时"(识时务)而被称为圣人,没有一个因"智"而入选。不过,《孟子》在别处还是重视"智"的,但"智"不等于"圣",智只是圣的一个条件,而且不是最重要的条件,最重要的条件是"仁"、是德。《孟子》对圣人要求德才兼备,以德为主。《离娄上》说:"圣人,人伦之至也。"圣人是人间伦理道德的典范。

公孙丑是孟子的学生。《公孙丑上》第二章记载师生之间的几段对话,颇有意思。孟子说自己既"知言",又"善养""浩然之气"。前者是才,后者是德,这等于说自己兼备圣人的两方面条件。于是,公孙丑说:宰予、子贡善于辞令,冉牛、闵子、颜回长于德行,孔子兼而有之,却说自己不擅长辞令。老师您既善于辞令,又善养浩然之气,德与才兼而有之,您已经达到圣的标准了。孟子惊讶地说:哎,这是什么话啊("是何言也")! 孟子接着说:从前子贡问孔子,老师已经是圣人吧? 孔子说:圣,我达不到,我只是学而不厌、诲人不倦而已。子贡说:学而不厌是智,诲人不倦是仁,既仁又智,老师已经圣了。但是孔子还是不敢以圣人自居,你却把圣人的帽子扣到我的头上,这像什么话啊("是何言也")?

公孙丑又说:从前我听人说,子夏、子游、子张各有孔子的部分优点;冉牛、闵子骞、颜回大体接近孔子而不如孔子那么博大精深。请问老师,您属于哪一类? 孟子说:暂时不谈这个("姑舍是")。

上引对话,原文不太连贯,杨伯峻的译文不得不做些补充连接,其中的潜台词,值得好好品味。公孙丑两次称孟子为圣人,孟子都没有否认、拒绝,只是说,这是什么话? 而且说,孔子都不敢以圣人自居,我怎么敢? 但是,不敢不等于不是。孟子没有从仁与智的条件上否定自己,也就是承认自己具备圣人的两方面条件。后来连这样不合逻辑的客气话都不说,只说一声"姑舍是"。好比别人塞给他一个大红包,他说:暂时("姑")别来这个吧。暂时过后怎么样呢? 要,还是不要? 如果不要,当初为什么不断然拒绝? 显然孟子对"圣人"这个大红包是心已领而口不说,羞羞答答,不好意思。因为孔子老人家都推三阻四,他孟子怎敢满口接受呢! 孟子还有个绝招,说:"伯夷……伊尹……孔子也,皆古圣人,吾未能有行焉,乃所愿,则学孔子也。"在古圣人中他最想学的是孔子。公孙丑问:伯夷、伊尹与孔子不是一样的吗? 您为什么只学孔子? 孟子说:"否。自有生民以来,未有孔子也。"这就是说孔子是中国最伟大的圣人,是头号大圣人。口号喊得震天响,却说不出孔子是头号大圣人的一条理由来,虽然没有理由,却偏要大树特树,为什么? 因为他与孔子是同行同派,孔子是第一大圣人,他能掉到哪里去? 至少也是个一般圣人。平心而论,凭孟子的德与才,无论本义与变义,圣人的桂冠,孟子都可当之无愧,无奈他是东方黄种人,脸皮较薄,天生谦虚。如果换作西方的白种人,或非洲的黑人,都可能拍拍胸膛说:"吾非圣,孰为圣焉?"中国古人,尤其是儒家知识分子,最缺这种胆量,既没有胆量承认自己是圣人,又舍不得拒绝这份厚礼,"犹抱琵琶半遮面",含蓄,谦虚,很有中国味,更有儒雅风度。

除了孟子,《孟子》书里还有一个活圣人,那就是滕文公。《滕文公上》记载:"陈良之徒陈相与其弟辛,负耒耜而自宋之滕,曰:'闻君行圣人之政,是亦圣人也,愿为圣人氓。'"滕是一个迷你型小国,相当于现在的一个乡镇,公元前 414 年曾被越王州勾灭过一次。滕文公是公侯里的小人物,也有人称他为"圣人"。当时活圣人可能还不少呢! 正是在这样的时代背景下,公孙丑才会称老师为圣人,孟子才会吞吞吐吐,很想当圣人。

《论语》八个圣字,七个是变义,还有一个太宰老爷说的"圣者"是本义。《墨子》虽有187个"圣人"等变义的圣字,还有四个"圣智(知)"之圣是本义。《老子》31个变义的"圣人",在围攻一个本义的"绝圣弃智"的"圣"字。到了《孟子》,48个圣字都是变义,没有一个是本义。但是《群经平议·孟子二》"圣人之于天道也"俞樾按:"盖圣之本义与知(智)相近。"轻舟已过万重山,俞樾却在刻舟求剑。此《孟子》引文出自《尽心下》:"仁之于父子也,义之于君臣也,礼之于宾主也,知之于贤者也,圣人之于天道也,命也。……可欲之谓善,有诸己之谓信,充实之谓美,充实而有光辉之谓大,大而化之之谓圣,圣而不可知之之谓神。"这里两次讲到的"圣",都无法用"智"来解释。第一次,智对贤者,圣人对天道,智与圣属于两个范畴;第二次,圣的地位仅次于神,是神的第一紧邻。俞樾说"圣之本义与知相近",这是对圣字本义的确诂,可惜《孟子》里没有一个"本义"的圣字,与"智"已去万重山,而与"天"与"神"则触手可及。俞樾以"圣之本义"来说《孟子》的圣之变义,失之远矣!与俞樾相反,李零则在孔孟时代变义的圣字里寻找"圣的本义",好比在中国东部地区寻找三江源,失之反矣!

四、结语:孔子是圣人,是至圣先师

因限于笔者的学力与精力,本文的圣字搜索工作只能进行到《孟子》为止。从《诗经》到《孟子》,圣字的字义经历了沧桑之变,但"圣人"一直未"死","圣"、"圣人"始终没有成为古人与死人的专利。

李零的《丧家狗——我读〈论语〉》,虽然书名取得不好,但仍不失为有功力、有特色的好书,它的附录是我这一年来案头必备之书。其自序说"孔子不是圣,只是人",把"圣"与"人"对立起来,是

李零的一个基本观点,其书其文都一再强调"孔子不是圣人",故有
《去圣乃得真孔子》之续作。其实,本义的"圣",全都是人。变义的
"圣",至少到《孟子》为止,基本上还是人。公孙丑与孟子讨论孔、
孟是不是圣人时,双方都说得很人性化,丝毫没有把圣人神化。孔
子活着的时候,太宰称他"圣者",只是能人而已,子贡等学生心目
中的孔子,基本上也是世俗的伟人,只有"固天纵之将圣"六个字有
点神化。在古代,神化伟人是家常便饭,不必大惊小怪,只要把神
化的部分去掉,不就得了,何必连累"圣"呢? 本义的圣人是聪明
人,变义的圣人是伟人,孔子都当之无愧。留圣去神方得真孔子!
明嘉靖九年(1530 年),世宗皇帝采纳首辅张璁意见,祭孔时给他老
人家摘掉"文宣王"帽子,改称"至圣先师"。这"至圣先师",确不
可易,译成白话就是:最伟大的最早教师。孔子是中国第一位有杰
出成就的民办教师,是中国最伟大的教育家。"至圣先师",货真价
实,没有丝毫神化,也没有半点水分。这个谥号沿用到清代,今后
仍可沿用下去。

"丧家狗"学案

2007 年,李零出版《丧家狗——我读〈论语〉》一书,2008 年又出版《去圣乃得真孔子》。这两本书有个基本观点:孔子不是圣人,而是丧家狗。孔子是不是圣人? 圣人的圣是什么意思? 笔者已有专文阐述,这篇小文主要谈"丧家狗"问题。据《去圣》说,"丧家狗"问题,网上讨论热烈,无奈我是个网盲,这篇小文只能专谈一己之见,无法吸取他人精义。

孔子自比"丧家狗",或别人把他比作"丧家狗",故事不见于《论语》与《左传》,也不见于任何先秦著作。

"丧家狗"故事最早见于汉初两种著作,一是《韩诗外传》,二是《史记·孔子世家》。这两个文本差别很大。

《韩诗外传》的作者韩婴,是汉文帝时(前 179 年—前 157 年)的博士,早于司马迁(约前 145 年或前 135 年—?)。《韩诗外传》第九卷第十八章记载:

> 孔子出卫之东门,逆姑布子卿,曰:"二三子引车避,有人将来,必相我者也,志之。"姑布子卿亦曰:"二三子引车避,有圣人将来。"孔子下步,姑布子卿迎而视之五十步,从而望之五十步,顾子贡曰:"是何为者也?"子贡曰:"赐之师也,所谓鲁孔丘也。"姑布子卿曰:"是鲁孔丘欤? 吾固闻之。"子贡曰:"赐之

师何如?"姑布子卿曰:"得尧之颡,舜之目,禹之颈,皋陶之喙。从前视之,盎盎乎似有土者。从后视之,高肩弱脊,此惟不及四圣者也。"子贡吁然。姑布子卿曰:"子何患焉? 污面而不恶,葭喙而不藉,远而望之,赢乎若丧家之狗。子何患焉!"子贡以告孔子。孔子无所辞,独辞丧家之狗耳,曰:"丘何敢乎?"子贡曰:"污面而不恶,葭喙而不藉,赐以知之矣。不知丧家狗,何足辞也?"子曰:"赐,汝独不见夫丧家之狗欤? 既敛而椁,布席而祭。顾望无人,意欲施之。上无明王,下无贤方伯;王道衰,政教失,强陵弱,众暴寡,百姓纵心,莫之纲纪。是人固以丘为欲当之者也,丘何敢乎?"

文章开头,姑布子卿就称孔子是"圣人"。后面虽称孔子"赢乎若丧家之狗",却又一再对子贡说"子何患焉",颇似仪封人说:"二三子何患于丧乎? 天下之无道也久矣,天将以夫子为木铎。"(3.24)文章最后,孔子把这"丧家之狗"比喻为乱世担"当"者(举丧人家的看家狗),也即乱世圣人。对这称号,他"辞"不敢受,一再说"丘何敢乎"。显然,《韩诗外传》的"丧家之狗"是褒义的,故孔子一再"辞"让。这与孔子生前一再推辞"圣人"称号的作风完全一致。

《史记·孔子世家》说法不同:

孔子适郑,与弟子相失,孔子独立郭东门。郑人或谓子贡曰:"东门有人,其颡似尧,其项类皋陶,其肩类子产,然自腰以下不及禹三寸,累累若丧家之狗。"子贡以实告孔子。孔子欣然笑曰:"形状末也。而谓似丧家之狗,然哉! 然哉!"

文章没有称孔子为圣人,孔子对"丧家之狗"这个诨号欣然笑纳,可知《史记》的"丧家之狗"没有褒义,而有贬义。因为孔子谦虚,不可能笑纳具有褒义的称号,至少在表面上是不可能的。"累累若丧家之狗",语似《老子》第二十章"累兮如无所归"(疲惫得像丧失归处)。《史记》的"丧家狗"是无家可归的流浪狗,它没有什么社会义务需要担当。

两书异同表

项　目 ＼ 书　名	《韩诗外传》	《史记》
地点	卫之东门	郑之东门
看相者	赵人姑布子卿	郑人
看相缘由	事先约见	走失偶遇
"丧家之狗"意思	举丧人家的看家狗	丧失家养的流浪狗
褒贬	褒义	贬义
对孔子评价	圣人、乱世担当者	缺
孔子态度	谦辞	笑纳
同	都说孔子有古圣人部分骨相,但有缺陷	
	都是子贡转告孔子	

这两个文本的"丧家之狗",由于存在一褒一贬的差别,可知"丧家"二字的含义有所不同。《韩诗外传》的"丧家"明显是"举丧人家"、"丧者之家"的意思,丧字是形容词,读平声;《史记》的"丧家"应该是丧失家养的意思,丧字是动词,读去声。李零采用《史记》文本,称其"丧家之狗"是"流浪狗",甚确。

韩婴早于司马迁,《韩诗外传》可能早于《史记》,但是,《韩诗外传》的"丧家之狗"故事鲜为人知,后世只流传《史记》的"丧家之狗”故事。究其原因,除了《韩诗外传》的权威性不如《史记》之外,更重要的原因恐怕还在故事本身。把人比作狗,就人们的普遍感受而言,总是一种贬称,甚至是带有侮辱性的贬称。《韩诗外传》以"丧家之狗"比喻乱世担当者,是以贬称喻褒义,显得不伦不类,使人感到别扭,难以接受。《史记》用"丧家之狗"来调侃孔子,是以贬称喻贬义,显得顺理成章,比较自然;尤其是孔子笑纳这个诨号,自嘲为"丧家之狗",显得风趣横生,令人喜爱。再加上《史记》的文字简洁,语句清通,不像《韩诗外传》的文字那么拖泥带水,难以卒读。由于这些原因,《韩诗外传》的"丧家狗"故事后世默默无闻,《史记》的"丧家狗"故事独传于世。

《史记》的裴骃《集解》引三国时魏人王肃的话来解释《史记》文本。王肃注云:"丧家之狗,主人哀荒,不见饮食,故累然而不得意。孔子生于乱世,道不得行,故累然不得志之貌也。《韩诗外传》曰'丧家之狗,既敛而椁,有席而祭,顾望无人'也。"王肃引《韩诗外传》的"丧家之狗"来解释《史记》的"丧家之狗",有张冠李戴之嫌。王肃与裴骃可能都没有读懂这两个文本的"丧家之狗"含义不同。今本《辞海》"丧家狗"词条"引王肃曰",删去《韩诗外传》那四句话,是正确的,但说:《史记》"本谓有丧者之家的狗,丧读作平声,比喻沦落不遇的人……后人读丧作去声,以为无家可归的狗,比喻穷迫无归的人"。《辞海》此说不够确切。因为《史记》的"丧家之狗"本来就是"无家可归的狗",不是"有丧者之家的狗",其丧字本来就该读去声,不是"后人"把它读变了。看来,该条目作者也与王肃、裴骃一样,没有搞清楚《韩诗外传》的"丧家之狗"与《史记》的"丧家之狗"的区别。

《韩诗外传》与《史记》的"丧家之狗",有褒贬之别,"丧家"的字义也有不同,至于故事情节,差别就更大了。故事发生的地点、看相者、看相缘由等都不相同。同一个故事,差别这么多、这么大,使人不得不怀疑它的真实性。如果确有其事,传说异辞要受事实限制,差别不会很大;如果是传说故事,可以随意编造,不受事实限制,差别自然就大。《史记》说孔子在周游列国时一个人走散掉,这也不大可能。孔子出门应有学生陪护,怎么可能走失呢? 个别学生可能走失,老师是不大可能走失的。《韩诗外传》就没有这个不合理的情节。

两书也有两个相同情节:一、都是子贡把别人关于"丧家狗"等话转告给孔子。这恐怕也不真实。尤其是《史记》的"丧家之狗"是贬义的,学生在老师面前怎么说得出口? 即使是转述别人的话,也难以启齿。子贡善于辞令,最会恭维,更不可能当面把老师比作狗。二、两书都说孔子有古圣贤的部分骨相,又有某些缺陷。这倒可能是当时民间传说的底本,两个文本的不同故事情节可能都是根据这个共同底本演化而来的。

上述诸问题是"丧家狗"故事的几个疑点。"丧家狗"故事的最大疑点还是它的晚出。这故事有趣生动,尤其是《史记》,说孔子自嘲为"丧家之狗",是人们乐于传诵的佳话。《论语》喜欢记载孔子师生生动有趣的生活小故事,这么幽默诙谐的故事怎么会漏掉呢? 墨子是鲁国人,就学于孔门,如果真有其事,不可能不知道。他后来反戈一击,成为中国最早的反孔大专家。《墨子》书里充满反孔、反儒内容,就是找不到"丧家狗"形迹。道家反儒喜讲故事,"丧家狗"故事,既生动幽默,又容易写成讥孔主题,为何不利用? 为什么到了汉初尊孔时代到来之际,突然冒出这个故事? 笔者猜测,它可能是秦始皇焚书坑儒时代的产物,原故事是讥讽孔子,称他是"丧家之狗",原意是无家可归的流浪狗。到汉初作了修改。《韩诗外传》把"丧家狗"写成举丧人家的看家狗,比喻乱世圣人。《史记》

的故事添上孔子的自嘲,化腐朽为神奇,这办法最巧妙,修改不多,而风趣横生,孔子成了正面人物。总之,"丧家狗"故事的疑点太多、太大,不可信从,如果用"丧家狗"三字来概括孔子的一生,更是万万不可。

李零读《史记》"丧家之狗"的"丧家"为丧失家养,是对的,但他说"问题的关键""在'丧家'怎么读"(《去圣》,第131页),则不对。问题的关键,不在"丧家"二字,而在一个"狗"字。不管是"举丧人家的狗",还是"丧失家养的狗",都是狗,都是畜生。丧失家养的狗,即"流浪狗",又是狗中最被人看不起的一种。李零比喻孔子的正是这种狗。我不知道欧美的宠物狗有多高贵,只知道在中国传统文化里,把人比作狗,都是贬称,带有侮辱性,除非自嘲。《韩诗外传》以"丧家之狗"比喻乱世圣人,未能被人接受,《史记》写孔子自嘲为"丧家之狗",反而受人喜爱,因为自嘲与嘲人性质完全不同,不可混为一谈。

曲阜孔府收藏的彩绘《圣迹图》,把《史记》记载的这个故事绘成图,取名为《累累说圣图》,李零援引这个例子,为自己的《丧家狗》书名辩护(《去圣》,第128页)。人们不禁要问:此图为什么不取名为《丧家之狗图》? 为什么去"狗"添"圣"? 不过,孔府也与大家一样,犯了一个错误,即盲目信从《史记》,不辨真伪,彩绘了《圣迹图》,助长这个故事的流传。

马相伯(1840年—1939年)是中国近代的"孔夫子",百岁华诞之后,弟子胡愈之前来拜访,他沉痛地说:"我是一只狗,只会叫,叫了一百年,还没有把中国叫醒。"这些话,只有他老人家自己说得出口,胡愈之等弟子是绝对说不出口的。如果有人写一本马相伯传,书名采用马老的话,叫《一条只会叫的狗》,不知李零感觉如何?

2000年,南非全国警察总署大楼的办公室里,电脑屏幕上的黑人总统曼德拉头像,逐渐变成大猩猩,警察总监和公安部长勃然大怒,人民也义愤填膺,而曼德拉本人却一笑置之。不久,曼德拉在一所新建的乡村学校落成典礼上,兴高采烈地对孩子们说:"看到你们有这样好的学校,连大猩猩都十分高兴。"话音刚落,数百名孩子笑得前仰后合。人们看了这个故事,会不会说,电脑屏幕把曼德拉的头像变成大猩猩不是人格侮辱,也不是种族歧视,因为曼德拉也自称"大猩猩"!

后　记

　　我自幼瘦弱，到虚龄十一岁时，却口出狂言，说长大后要当大官。我外公是儒生，他因势利导地说：想要将来当大官，现在就必须背《论语》，因为"半部《论语》治天下"。在外公的指导下，我背起了《论语》。背到第十篇《乡党》时，觉得太枯燥，就罢课了，理由是"半部《论语》治天下"，再背下去会治到天上去，玉皇大帝会骂的。外公只得一笑了之。

　　以后，我对《论语》一直没有兴趣。我对《论语》没有兴趣，理由有二，第一，在我心目中，孔夫子是"礼"的模特儿，了无个性，道德说教，絮絮叨叨，不像庄子那么可爱、屈原那么可敬；第二，两千多年来，研究《论语》的书据说已出过两千种，每个时代的一流学者几乎都参与爬梳，地上还能有多少稻穗、麦粒可供捡拾？我何必白费力气？

　　2006 年 9 月至 12 月，我在医院里住了四个月，与学术界完全隔绝。2007 年元旦前两天出院。我有在节日逛书店的习惯，元旦那天，我拖着病体，到新华书店走走，一进门，吃了一惊，摆在门口最显眼位置的竟是大量以《论语》为首的国学书。这些书本来像老头子、老太婆那样，躺在三楼角落里打瞌睡，现在却春风满面地站在门口，充当迎宾小姐。杭州有一家"特价书店"，也贴上"国学书店"四字，以招徕顾客。《论语》带动国学，一下子火了，我的心顿时也热了起来，当场买了几本《论语》书回家，把它当作消遣养病的闲书，随便翻翻，并不想研究它。

由于我过去没有研究过《论语》，成见不多不深，更无思想包袱，再加上是作为养病的闲书来读，既没有自定的目的任务，又没有外来的指导原则，脑子空空如也，处于无知状态。读着读着，几天工夫就发现，孔子的过头话特别多，脾气很大，俏皮话也不少，他还会骂人、打人、骗人，是个棱角鲜明、个性很强的人，与我原来的印象大不相同；接着，又发现"子不语怪力乱神"，应该读作"子不语怪力、乱神"；第十一篇最后的《侍坐》章，不是生活实录，而是中国第一篇小说；接着又发现"五十以学《易》"与"五十而知天命"，对孔子是一个具有界碑式的转折点……这些无意的发现使我兴奋起来，3月初动笔写"学术相声"《孔子对话录》，边写边寄给庞朴、俞志慧等师友，请他们指正。写满十篇，想出一本小册子，请庞先生题签书名，他很快就寄来墨宝。2008年以后，由于发现的问题越积越多，灵感滚滚而来，我便改变主意，决定把游戏文字《孔子对话录》放一放，先写一本正规一点的学术著作《论语钩沉》。

2010年春，《论语钩沉》基本成型，它像一只好斗的公鸡，到处找人商榷争论。我明白，这样的书，在当今中国颇属另类，容易得罪人。我在改革开放初期，曾经为农民战争问题，在史学界树敌多多，这次恐怕又会闯祸了。我于5月中旬，战战兢兢地把书稿寄给中华书局，5月28日，张继海先生就打来电话，说同意出版。这只好斗的公鸡，这么快就被人抱走，这使我非常感动。为了爱护中华书局的牌子，我又主动作了四次修改与补充，耗时近一年。

　　回顾最近四年的《论语》研究,与过去五十多年研究其他课题相比,常有"得来全不费工夫"的快感。生命的最后一站,能有这么愉快的精神享受,大概要归功于我的无知。儿童由于无知,才可能发现皇帝裸体。中国有句成语,叫"熟视无睹",太熟悉了,有时可能反而看不出问题;还有个成语,叫"旁观者清";还有诗句说:"不识庐山真面目,只缘身在此山中。"不过,知与无知,熟悉与不熟悉,各有优势,《论语》像其他学问一样,需要有各种不同知识结构和各种不同视角的人,共同参与"钩沉"。写到这里,我突然想到一首唐诗,遂模仿其开头两句,凑成一首五言绝句,以为此文作结。

　　　白发依时尽,　　（白发随时光的流逝而凋尽,

　　　黄粱❶入梦频。　　梦想与追求却依旧频频。

　　　文章千古事,　　学术研究是千秋事业,

　　　《论语》共钩沉。　《论语》靠大家共同钩沉。）

　　　　　　　　　　　2011 年 2 月 25 日凌晨初稿

　　　　　　　　　　　5 月 7 日修改

　　　　　　　　　　　杭州古运河畔

---

　　❶　黄粱者,梦想也,追求也,此无贬义。

补　记

　　我研究《论语》,是从发现孔子的过头话特别多开始的。这一发现,得益于金克木老先生一篇文章的启发。《读书》杂志发表了金老一篇随笔,指出《论语》"子曰"一段错话:"季康子问:'弟子孰为好学?'孔子对曰:'有颜回者好学,不幸短命死矣,今也则亡。'"孔子那么多学生,只有颜回好学,至圣先师的教育效果难道真的这么差吗?看了金老那篇随笔,思想震动很大。2007 年 1 月初,我戏读《论语》,想起金老那篇文章,存心要在《论语》里找岔子,几天工夫,就找到大量过头话。一连串的过头话,像引路人的脚印,把我领进孔子的另一个世界:个性世界。

2011 年 5 月 29 日补记